कलियुग में इतिहास की तलाश

कलियुग में इतिहास की तलाश

ओम् प्रकाश प्रसाद

राजकमल प्रकाशन

ISBN : 978-81-267-0809-3

मूल्य : ₹ 600

पहला संस्करण : 2004
दूसरा संस्करण : 2016

प्रकाशक : राजकमल प्रकाशन प्रा. लि.
1-बी, नेताजी सुभाष मार्ग, दरियागंज
नई दिल्ली-110 002

शाखाएँ : अशोक राजपथ, साइंस कॉलेज के सामने, पटना-800 006
पहली मंजिल, दरबारी बिल्डिंग, महात्मा गांधी मार्ग, इलाहाबाद-211 001
36 ए, शेक्सपियर सरणी, कोलकाता-700 017

वेबसाइट : www.rajkamalprakashan.com
ई-मेल : info@rajkamalprakashan.com

मुद्रक : बी.के. ऑफसेट
नवीन शाहदरा, दिल्ली-110 032

KALIYUG MEIN ITIHAS KI TALASH
by Om Prakash Prasad

प्रोफेसर रमेन्द्रनाथ नन्दी
को

विषयानुक्रम

भूमिका 15

1. सतयुग-त्रेता-द्वापर-कलियुग 27

1.1 धार्मिक अवधारणा, 1.2 युगों का वर्ष-अवधि, 1.3 सतयुग, 1.4 त्रेतायुग, 1.5 द्वापरयुग, 1.6 कलियुग, 1.7 काल, 1.8 कलियुग का प्रारम्भ, 1.9 कलियुग का अन्त और 1.10 कलियुग का महत्त्व।

2. महाभारत में कलियुग 42

2.1 कृतयुग से कलियुग तक, 2.2 गंगा नदी का महत्त्व बढ़ना, ब्राह्मणों द्वारा शूद्रकर्म करना, शूद्रों द्वारा वैश्यों और क्षत्रियों का पेशा अपनाना, मनुष्य नाटे एवं रोगी, स्त्रियाँ चरित्रहीन, सूखा, पारिवारिक तनाव, 2.3 सभी वर्णों का म्लेच्छ हो जाना, जीविका-संकट, अपहरण, वर्णसंकर सन्तानों में वृद्धि, चोरी में वृद्धि, 2.4 परशुराम द्वारा क्षत्रियों की हत्या और क्षत्राणियों का ब्राह्मणों से सम्बन्ध, छलकपट और माया का बोलबाला, राजनीति में धोखा, 2.5 प्रमुख पात्रों का जन्म और जाति, 2.6 कृष्ण, 2.7 पांडव और उनका अन्त।

3. जातक में कलियुग 64

3.1 कलि का अर्थ, स्त्रियों में निर्लज्जता और घमंड, 3.2 अधार्मिक कृपणराजा, प्रजा का शोषण, 3.3 भ्रष्ट और अधार्मिक राजकर्मचारी, अयोग्य अधिकारी, 3.4 लोभीभिक्षु, अकुलीन धनाढ्य और कुलीन निर्धन, पलायन।

4. पाराशरस्मृति में कलियुग 68

आचारादि का अन्त, कलि में शाप का फलावधि, चारों युगों की विशेषताएँ और भ्रष्टाचार का माहौल।

5. श्रीविष्णुपुराण में कलियुग 70

5.1 कलियुग के शासक और उनका शासनकाल, 5.2 लोभी राजाओं से प्रजा पीड़ित, 5.3 स्त्रियों में निर्धनता एवं स्वेच्छाचारिता, शूद्र ब्राह्मणों के समकक्ष, व्यभिचार का बोलबाला, 5.4 वैदिकव्रत का अन्त, दुर्भिक्ष और कर से पीड़ित प्रजा का पलायन, माता-पिता का महत्त्व कम और सास-ससुर का महत्त्व ज्यादा, ब्राह्मणों द्वारा शूद्रों को श्रेष्ठ मानना, 5.5 सेवा करनेवाले शूद्रों का अभाव और पतियों की आज्ञा का पालन करनेवाली स्त्रियों का अभाव।

6. श्रीमद्भागवतपुराण में कलियुग 76

6.1 तीर्थस्थल कलि से पीड़ित, चरित्रहीन पंडित, भक्ति का महत्त्व, सत्य बोलनेवालों का अभाव, सप्तश्रवण, महापापी, कल्की अवतार, विद्या कुकर्मी ब्राह्मणों के हाथ में, 6.2 कलियुग के शासक और उनका शासनकाल, संस्कारहीन ब्राह्मणों की संख्या में वृद्धि, बलवानों का बोलबाला, घूसखोरी, कलियुग का नाश करने के लिए विष्णुयुश के रूप में विष्णु का अवतार, 6.3 मूर्ख शासकों पर पृथ्वी की हँसी, व्यापारी और धूर्तता।

7. मत्स्यपुराण में कलियुग 85

7.1 हिंसा, चोरी, असत्यभाषण, माया, धर्म का विनाश, मारकाट, 7.2 राजा प्रमति द्वारा म्लेच्छों का नाश, लूटपाट और भयभीत प्रजा, धर्म का अन्त, 7.3 कलियुग के शासक और उनका शासनकाल, 7.4 कालमाप।

8. ब्रह्मपुराण में कलियुग 92

8.1 वर्णाश्रम का उल्लंघन, स्वार्थ का बोलबाला, अनावृष्टि, अल्पभाग्यवाली स्त्रियाँ, कमजोर को कष्ट, 8.2 वैश्य द्वारा शूद्रकर्म, वर्णव्यवस्था का अन्त, बालमृत्यु, पाखंड में वृद्धि, विष्णुभक्तों की अनुपस्थिति, सूखा, युगों का फल, 8.3 द्वापर के अन्त में कलि का प्रवेश, जलवायु में बदलाव, पारिवारिक कलह, सामाजिक तनाव, 8.4 द्वापर का अन्त और कलि का प्रवेश, 8.5 वर्णसंकर और दुष्कर्म में वृद्धि।

9. नारदपुराण में कलियुग 100

9.1 सतयुग, त्रेता, द्वापर और कलियुग, 9.2 अधर्म का बोलबाला, लोभीराजा, सूखा, चरित्रहीन ब्राह्मण, राजकर्मचारियों का अत्याचार, 9.3 आत्महत्या, लोभी संन्यासी, यज्ञहीन समाज, 9.4 दान का धार्मिक महत्त्व और कीर्तन।

10. ब्रह्मवैवर्तपुराण में कलियुग 103

10.1 नदियाँ, 10.2 वर्णव्यवस्था का उल्लंघन, गाँवों एवं नगरों का पतन, भूत-प्रेत के उपासक, 10.3 देवताओं की बिक्री, अवैध सम्बन्ध, ब्राह्मणों द्वारा व्यापार, कल्की की भविष्यवाणी, तीर्थों का पतन, कलि का गुण, 10.4 बेईमानी का बोलबाला, म्लेच्छ राज, देवों का धन चुरानेवाले ब्राह्मण, अध्यक्ष, राजेन्द्र, सूखा, अतिवृष्टि, 10.5 जातियों का जन्म।

11. हरिवंशपुराण में कलियुग 113

गुणहीन ब्राह्मण, व्याकुल प्रजा, झूठे शिल्पी, सभी कर्मभ्रष्ट, जैन एवं बौद्ध, लोभी, 11.2 दुश्चरित्रा, पुरुषों की संख्या कम और स्त्रियों का अधिक, वर्षा-ऋतु में वर्षा नहीं, नकली विद्वान, अनुशासनहीन शिष्य, अधर्म, 11.3 वैदिक मत का लोप, आतंक और शक्तिशाली म्लेच्छ।

12. भविष्यपुराण में कलियुग 118

12.1 म्लेच्छ भाषा, म्लेच्छ शासक, बेगार, 12.2 जैन, रानियाँ, 12.3 नरभक्षी, ब्राह्मण- परिवार, राजा, संन्यासी, 12.4 अगला जन्म, 18 राज्य, आर्य, घोर कलियुग, 12.5 मुस्लिम शासक, 12.6 नागवंश, बौद्धशास्त्र, यज्ञ, 12.7 दिल्ली के म्लेच्छ शासक विश्वफूर्जि और अयोध्या।

13. कलियुग में ब्राह्मण 134

कर्म, चरित्र, जीविका, धर्म का पालन, पलायन, दान, परशुराम, आचार्य, पुरोहित, ब्राह्मण भिक्षु, सदाचारी, लोभी कुकर्मी और पाखंडी, हरिशर्मा, उज्जयनी का ब्राह्मण, जयस्थल नगर का ब्राह्मण, सामन्त, रसिकप्रेमी, 10 पुत्र वेदों के अपरहणकर्ता, शैव, वैष्णव, व्रतविरोधी और आचारहीन।

14. क्षत्रिय 142

जीविका, स्वभाव, आबादी, कर्म-धर्मभ्रष्ट व्यापारी के रूप में और संख्या नगण्य।

15. वैश्य 144

पेशा, ठगी, दीनदशा, शूद्र के रूप में, अधार्मिक, शासक के रूप में, लोभी और पापी।

16. शूद्र 147

वैश्य एवं क्षत्रिय के रूप में, दबदबा, भाषा, भोजन, जैन के रूप में, बौद्ध के रूप में, उपदेशक, शोषण, अपहरणकर्त्ता, शासक।

17. म्लेच्छ एवं चांडाल 151

17.1 ब्राह्मणीभाषा का निर्माणकर्त्ता, म्लेच्छाचार्य, यवन, गुरूंड, वर्णसंकर, 17.2 म्लेच्छ शासक और उनका व्यवहार।

18. परिवार एवं समाज 155

18.1 कलह, अनुशासनहीनता, निर्लज्जता, व्यभिचार, अभिभावकों की दीनदशा, बँटवारा, 18.2 आयु एवं शक्ति में कमी, बालमृत्यु, स्वार्थपरता, सेवक, स्वामी, नास्तिक, ज्ञानहीन, निर्धनता, पाखंड, 18.3 सामाजिक तनाव, वर्णसंकर, जीविका के लिए शत्रु-सेवा, धन का महत्त्व बढ़ा, सज्जनपुरुष का महत्त्व घटा, गुरु की दशा खराब, चोरी, अपहरण, वाराणसी, हर्ष अफल और क्रोध सुफल, अन्याय और भय।

19. स्त्रियाँ 165

कद, वचन, चरित्र, अपहरण, दासी, गृहस्वामिनी, बहू, सास, कृषिकार्य, विवाह, प्रेम, गुप्तसम्बन्ध, जीवन-स्तर, शृंगार, संख्या, शूद्रा, विधवा, दंड, गौड़देश की स्त्रियाँ, पुष्पावतीनगरी की कन्याएँ और उनका अवैध सम्बन्ध पुरुषों पर नियन्त्रण, पतिव्रता, जारप्रेमी।

20. राजा 170

20.1 राजानल-प्रथम विवेकहीन शासक, म्लेच्छ शासकों में वृद्धि, शोषण अत्याचार, कठोर कर्मचारी, प्रजा असुरक्षित, अयोग्य मन्त्री, राजा कलियुग का कारण, बौद्धशासक, न्यायालय में रिश्वत, शूद्र शासक, शासनकाल, तस्करशासक, प्रजा का शोषण, 20.2 पृथ्वी की हँसी, 20.3 अवन्तिपुरी के शासक, मगध के शासक, विष्णु का गौतम के रूप में जन्म और उसके द्वारा पटना में दस वर्ष तक शासन, चन्द्रगुप्त का पिता बुद्धसिंह, चित्रकूट का शासक, द्वारकानरेश वाराणसी का राजा, विक्रमादित्य, 20.4 धर्मस्थलपुरी का शासक, वर्धननगर का शासक, दक्षिण के शासक, मगधाधिपति, 20.5 अवतार, 18 राज्य, शालिवाहन, राजा भोज, मुस्लिम शासक, पुष्यमित्र और शासकों की सम्पत्ति।

21. धर्म 184

अधर्म बलवान, शुभकर्म और यज्ञादि का अन्त, वस्तुलोभी भिक्षु, परलोक पर

अविश्वास, बौद्धधर्म, धर्मभाव का ह्रास, शूद्र, उपदेशक, दान, भक्ति और धर्मरूपी बैल का काँपना; परीक्षित, शक्ति ही धर्म, तीर्थस्थलों की उपेक्षा, नरबलि, दुर्गा, सत्यनारायण काली, गौतमबुद्ध, राहु, भगवान के नाम का विक्रय और विवाह में मन्त्र का महत्त्व समाप्त।

22. भूगोल-पशु-फसल 194

22.1 वर्षा कम, गर्मी ज्यादा, उल्कापात, ऊसरभूमि, आँधी, कड़ी मिट्टी, वज्रघात, नदियों का लोप, अतिवृष्टि, 22.2 कौवों की संख्या में वृद्धि, गौओं की संख्या घटी, बकरी, बछड़ा, स्वल्प दुग्ध, 22.3 सुगन्ध का लोप, स्वाद का अभाव, कृषिकार्य मुश्किल, बीज, वृक्ष, फसल, वृक्षों का आकार छोटा, फल-फूलहीन वृक्ष और अन्न-जल स्वादरहित।

23. पलायन 198

निषिद्ध प्रदेश में बसना, आश्रम, ग्रामत्याग, नगरत्याग, सूखा, शोषण, पीड़ा, भुखमरी, प्लेग, अकाल, जंगल एवं कन्दराओं में वास, रक्षक ही संहारक, आबादी में वृद्धि, जीविका की समस्या, करभार, कृषि में रुकावट, पशुपालन की ओर और आक्रमण।

24. नगर-जनपद-चोरी-लूट 200

24.1 जनपद शून्य, गाँव बर्बाद, निगम बर्बाद, तीर्थों का पतन, सुन्दरपुरी, वद्धेभावनगर, कांचनपुर, काशीपुरी, हरिद्वार, मथुरा, उज्जयनी, प्रयाग, सौराष्ट्र, 24.2 धन का हरण, सज्जनों पर आक्रमण, चोरी, हत्या, अपहरण, क्रूरता, छल-कपट, असुरक्षा, डाकुओं का प्रकोप और रंगदारी।

25. कलियुग में इतिहास 204

25.1 कलियुग की ऐतिहासिक विशेषताएँ, पुराणकाल, 25.2 यजमान, पुरोहित, आर्थिक दशा, नगर, 25.3 धार्मिक काल विभाजन और इतिहास, 25.4 अवकाशभोगी और उत्पादकवर्ग, अर्थशास्त्र, मनुस्मृति, शूद्र, 25.5 महाभारत, 25.6 शिल्पकार और शूद्र-वैश्य, 25.7 शोषण, 25.8 सुविधाप्राप्त और दुरंगीचाल।

26. कलियुग और सामन्तवाद 219

26.1 ब्राह्मणीय व्यवस्था का कमजोर होना, सामन्ती संरचना, अभिलेखों में कलियुग, भूमिदान, संक्रमणकाल, 26.2 शूद्र, दास, यज्ञ, पट्टेदारी, खेतिहार मजदूर,

सौदागरी का पतन, करभार, नगरों का पतन और साहित्य।

27. ज्योतिष और कलियुग 229

28. निष्कर्ष 234

सन्दर्भ-ग्रन्थ सूची 245

कलियुग में इतिहास की तलाश

भूमिका

कलियुग में प्राचीन एवं पूर्वमध्यकालीन इतिहास की तलाश रोचक किन्तु कठिन कार्य है। इसीलिए इतिहासलेखन की भारतीय परम्परा के विकास के काफी बाद तक इस तलाश का प्रयास सम्भवतः नहीं किया गया। विदेशी लेखक पार्जिटर द्वारा 1913 में कलियुग पर प्रकाशित पुस्तक[1] भारतीय विद्वानों का ध्यान आकर्षित करने में उतनी सफल नहीं रही। भारत के गम्भीर अध्ययनवेत्ता एवं पूर्वमध्यकालीन इतिहास के विशेषज्ञ बी.एन.एस. यादव का हिन्दी में अनूदित शोधलेख 1992 में प्रकाशित हुआ।[2] मूल रूप में यह शोधलेख 1978 में अंग्रेजी में प्रकाशित हुआ था।[3] कलियुग में इतिहास की तलाश का सम्भवतः यह पहला भारतीय प्रयास था। महाभारत एवं पुराणों तथा कुछ अन्य स्रोतों के आधार पर कलियुग की प्रमुख विशेषताओं पर प्रकाश डालते हुए यादव लिखते हैं, जमीन की मिल्कियतवाले पहले के स्वतन्त्र वैश्य किसान आश्रित और अधीन स्थिति में पहुँच रहे थे, और वाणिज्य-व्यापार, मुद्रा-अर्थव्यवस्था तथा शहरी जीवन के ह्रास, सामन्त सरदारों तथा भूस्वामी श्रीमन्तों के उदय तथा न्यूनाधिक बन्द किस्म की कृषि-अर्थव्यवस्था की बढ़ती हुई प्रमुखता के कारण वैश्य वणिकों तथा व्यापारियों का पतन हो रहा था।[4] विदेशी आक्रमणों, विदेशियों के यहाँ बसने तथा उनके एक हिस्से के और कुछ सीमावर्ती लोगों के शासक-अभिजात वर्ग के रूप में उदय के फलस्वरूप 4 वर्णों वाली समाज व्यवस्था समूल हिल गई। कुछ नगरों का विनाश तथा पतन और जिनका अस्तित्व कायम रहा उनका गौरव समाप्तप्रायः का सिलसिला जारी हो गया। हमें अकालों, विदेशी आक्रमणों तथा आन्तरिक अशान्ति से उत्पन्न असुरक्षा, छोटे-छोटे राज्य-प्रदेशों तथा जागीरों के उदय, बन्द अर्थव्यवस्था की स्थिति, बेगार तथा भारी करों से उत्पन्न कठिनाइयों, जिनके कारण लोग कभी-कभी शहरों को छोड़कर गाँवों में बसने को विवश हो जाते थे, वाणिज्य-व्यापार तथा समाज के इनसे जुड़े हिस्सों के पतन तथा आर्थिक मन्दी का संकेत देते मुद्रा के अभाव की बात कलियुग में देखने को मिलती है।[5]

यादव ने कलियुग में पाई गई इन विशेषताओं का सम्बन्ध पूर्णमध्यकालीन संक्रमण से जोड़ा है। इन्हीं विशेषताओं को वे सामन्तवाद और नगरों के पतन से भी जोड़ते हैं किन्तु इन सभी तत्त्वों का सन्तुलित विश्लेषण न करके उन्होंने सामाजिक दशा और विशेषकर शूद्रों की दशा पर ज्यादा प्रकाश डाला है। ब्राह्मण, ब्राह्मणवादी व्यवस्था और धर्म तथा राजनीतिक दशा पर इस लेख में सन्तोषप्रद सामग्रियों का अभाव दिखाई देता

है। उनका लेख *महाभारत* में कलियुग से सम्बद्ध वर्णित तथ्यों पर ज्यादातर आधारित है। पाद-टिप्पणी में *महाभारत* से सम्बद्ध स्रोत-वर्णन त्रुटिपूर्ण हैं। इसके बावजूद यह शोधलेख अतिविस्तृत एवं गम्भीर अध्ययन पर आधारित है। कलियुग से सम्बद्ध विशेषताओं की ऐतिहासिक व्याख्या निश्चय ही इस विषय पर पुनः शोधकार्य करने को प्रोत्साहित करती है। अभिलेखों में वर्णित कलियुग की चर्चा इस लेख के महत्त्व को और बढ़ा देता है।

अपने शोधलेख के माध्यम से रामशरण शर्मा कलियुग पर प्रत्यक्ष प्रकाश डालते हैं। बी.एन.एस. यादव द्वारा कलियुग पर लिखित और 1978 में प्रकाशित शोधलेख के चार वर्ष पश्चात् शर्मा का लेख प्रकाशित हुआ।[7] यही लेख पुनः वर्ष 2000 में प्रकाशित हुआ।[8] इस लेख में उन्होंने हाजरा के विचारों के आधार पर कलियुग का ऐतिहासिक प्रारम्भ तीसरी-चौथी ई. सदी बताया है। कलिकाल की मुख्य विशेषता बताते हुए वे लिखते हैं, वर्णसंकर, शूद्रों तथा ब्राह्मणों के बीच वैर, वैश्यों द्वारा कर देने और यज्ञ से इनकार, करभार से पीड़ित प्रजा, चोरी-डकैती, परिवार और सम्पत्ति की असुरक्षा, योगक्षेम का विनाश, कर्मकांडी स्थिति के मुकाबला सम्पत्ति का बढ़ता महत्त्व तथा म्लेच्छ राजाओं का प्रभुत्व—सामाजिक संकट के मुख्य लक्षण थे (पृ. 41)।

कलि का अर्थ उन्होंने कर्मवाद की उपेक्षा तथा उसकी जगह पर पाषंडी सम्प्रदायों एवं गैर ब्राह्मणीय विदेशी शासकों का बोलबाला बताया है (पृ. 40)। कलियुग के प्रारम्भिक चरणों अर्थात् तीसरी सदी के अन्तिम और चौथी सदी के प्रारम्भिक चरणों में व्यापार का बार-बार उल्लेख हुआ है। इसके पक्ष में शर्मा लिखते हैं कि कुषाण-सातवाहन काल पण्य वस्तुओं के उत्पादन का काल था और तीसरी सदी के मध्य के उपरान्त भी कुछ समय तक उत्पादन की यही गति कायम रही होगी। इससे आन्तरिक व्यापार और विदेशी-व्यापार-दोनों को प्रोत्साहन मिला (पृ. 44-45)।

इस शोधलेख का महत्त्वपूर्ण पहलू यह भी है कि कई ग्रन्थों जैसे *दिव्यावदान* (तीसरी सदी), *वायुपुराण* (200-275 ई.), *ब्रह्मांडपुराण* (200-275 ई.), *विष्णुपुराण* (तीसरी सदी का अन्तिम या चौथी सदी का प्रथम चरण), *कूर्मपुराण* (700-800 ई.), *पद्मपुराण* (8वीं सदी), *मत्स्यपुराण* (950 ई. के लगभग), *पद्मपुराण* का अध्याय 101, 105 और 110 (950 से 1400 ई. के बीच) और *ब्रह्मांडपुराण* का अध्याय 223.31 (900 और 1200 ई. के बीच) का इसमें काल बताया गया है।[9] राजनीतिक बिखराव और आर्थिक ह्रास को रामशरण शर्मा के इस लेख का प्रधान आधार माना जा सकता है। नगरीय पतन को भी इसी के साथ जोड़ा जा सकता है। इसमें शूद्रों और ब्राह्मणों पर उतना विचार नहीं किया गया है। इस लेख में वर्णित कई बिन्दुओं पर विस्तृत विचार उनके कई प्रकाशित पुस्तकों[10] में की गई है। बी.एन.एस. यादव की तुलना में रामशरण शर्मा ने महाभारत को कम स्थानों पर उद्धृत किया है। किन्तु अति स्पष्ट ढंग से। कलियुग में इतिहास की तलाश करने में उन्होंने कुछ सम्बद्ध अभिलेखों को भी इस शोधलेख में प्रस्तुत किया है।

बी.एन.एस. यादव के कलि-लेख पर पूर्वमध्य का संक्रमणकाल ज्यादा भारी पड़ता दिखाई देता है। अधिकांश महत्त्वपूर्ण तथ्यों का अतिगहराई से परीक्षण करने में वे इतना व्यस्त दिखाई देते हैं कि सामान्य पाठक को कलियुग तलाशने में कठिनाई होने लगती है। इस दृष्टि से रामशरण शर्मा का कलि-लेख ज्यादा स्पष्ट चित्र प्रस्तुत करता है। वैसा पाठक जो उनके द्वारा लिखित पुस्तक–*भारतीय सामन्तवाद, भारत में नगरों का पतन* एवं *प्राचीन भारत में राजनैतिक विचारधारा एवं संस्थाएँ* आदि पुस्तकों का अध्ययन किया हो तो कलि-लेख में स्पष्ट चित्रण के कारणों को वह आसानी से समझ सकता है क्योंकि इन्हीं पुस्तकों की पृष्ठभूमि में इस लेख को लिखा गया है। पुराणों की ऐतिहासिकता को लोकप्रिय बनाने में इन विद्वानों की भूमिका अतिमहत्त्वपूर्ण रही है।

पी.वी. काणे ने 6 जिल्दों में *धर्मशास्त्र का इतिहास* लिखा। धार्मिक गतिविधियों के अध्ययन के लिए यह ग्रन्थ इतिहासकारों के बीच काफी परिचित है। जिल्द 2 का 34वाँ अध्याय कलिवर्ज्य (कलियुग में वर्जित कृत्य) है।[11] इसमें काणे ने उन अधिकांश प्राचीन एवं पूर्वमध्यकालीन साहित्यिक स्रोतों की चर्चा की है जिसमें कलियुग पर प्रकाश डाला गया है। सतयुग, त्रेता, द्वापर एवं कलियुग की अवधि क्रमशः 17 लाख 28 हजार मानववर्ष, 12 लाख 96 हजार मानववर्ष, 8 लाख 64 हजार मानववर्ष और 4 लाख 32 हजार मानववर्ष बताया गया है। आज की गणना के अनुसार, ई. पू. 3102 की 18वीं फरवरी (शुक्रवार) से कलियुग का प्रारम्भ काणे ने बताया है।[12] धार्मिक दृष्टिकोण से यही वर्ष स्वीकृत है। *वायुपुराण* (19.428-29), *ब्रह्मांड पुराण* (2.74.241), *मौसलपर्व* (1.13 एवं 2.20) तथा *युगपुराण* के आधार पर बताया गया है कि जिस दिन कृष्ण की मृत्यु हुई उसी दिन से कलियुग का प्रारम्भ हुआ और पुनः जिस दिन द्रौपदी की मृत्यु हुई उसी दिन से कलियुग का प्रारम्भ हो गया।[13]

उनके अनुसार, शूद्र एवं म्लेच्छ राजाओं का राजा होना, नास्तिक सम्प्रदायों की प्रधानता, जाति-सम्बन्धी कर्त्तव्यों एवं सुविधाओं में उलटफेर और शारीरिक एवं नैतिक शक्तियों का ह्रास कलियुग की प्रमुख बातें थीं।[14] कई ग्रन्थों का कालनिर्धारण भी उनके द्वारा किया गया है। सामाजिक एवं धार्मिक दशा के अध्ययन के लिए पुराणों को काणे ने अतिमहत्त्वपूर्ण स्रोत माना है। *महाभारत* पर भी विस्तृत वर्णन इसमें किया गया है। अन्त में, कलियुग में वर्जित करीब 55 कृत्यों का इसमें वर्णन किया गया है। इसकी लेखनशैली परम्परावादी रहने से धार्मिक माहौल का वर्णन ज्यादा दिखाई देता है। कलियुग की विशेषताओं और इनके कारणों की जानकारी के लिए यह अध्याय उपयोगी नहीं है; फिर भी कलियुग के अध्ययन-स्रोत के भीतर ही इसे रखना पड़ेगा।

इतिहास के जागरूक विद्वान द्विजेन्द्रनारायण झा ने प्रसिद्ध विद्वानों द्वारा लिखित कुछ अतिमहत्त्वपूर्ण लेखों को संकलित करके एक पुस्तक तैयार की और उसकी भूमिका लिखी।[15] यह भूमिका एक शोधलेख है। पुस्तक में संकलित सभी लेखों को पढ़ने, समझने और इतिहास की मुख्यधारा को ध्यान में रखते हुए अधिकांश पहलुओं से यह भूमिका अतिउपयोगी शोधलेख है। सामन्तवाद से सम्बद्ध अधिकांश तथ्यों को वैज्ञानिक शैली

में संक्षेप में प्रस्तुत करने के सिलसिले में लेखक ने कलियुग पर भी काफी कुछ लिखा है। ज्ञातव्य हो कि इस सम्पादकीय पुस्तक में दो स्वतन्त्र लेख कलियुग पर हैं। कलियुग पर सम्पादक की लेखनी इन दोनों लेखों से ही प्रभावित है। भूमिदान और कलियुग के बीच सम्बन्ध स्थापित करने का इसमें प्रयास किया गया है। सम्पादक की सबसे अधिक योगदान उन अभिलेखों का संकलन है जिनमें कलियुग की चर्चा है। बी.डी. चट्टोपाध्याय का कलियुग से सम्बद्ध विचार के प्रति सम्पादक ने असहमति प्रकट की है जो पुनर्विचार का एक गम्भीर विषय हो सकता है।

ऋग्वैदिककाल, दक्षिण भारतीय धर्म एवं धार्मिक सम्प्रदाय तथा सामन्तवादी तत्त्वों के प्रसिद्ध जानकार एवं विद्वान् रमेन्द्रनाथ नन्दी ने अपनी पुस्तक[16] में भारतीय धर्म के सामाजिक आधार की व्याख्या करने के सिलसिले में कलियुग पर पैनी दृष्टि डाली है। ये सम्भवतः प्रथम विद्वान् हैं जिन्होंने ब्राह्मण एवं ब्राह्मणीय व्यवस्था के कमजोर पक्षों को ठोस रूप में प्रस्तुत करते हुए इन्हीं तत्त्वों द्वारा अपनाए गए शोषण नीति को कलियुग का सर्वाधिक जिम्मेदार कारण माना है। लेखक ने अतिस्पष्ट ढंग से पुराणों को दो कालों में विभाजित किया है। तीसरी से पाँचवीं सदियों को प्रथमकाल मानते हुए वे बताते हैं कि *विष्णुपुराण, वायुपुराण* और *मत्स्यपुराण* के अधिकांश अंशों की रचना इसी प्रथमकाल में हुई जिसमें संकटावस्था के द्योतक पर्याप्त प्रमाण उपलब्ध हैं। चौथी सदी से लेकर पाँचवीं सदी के अन्त तक की कालावधि ब्राह्मणों के लिए खासतौर से कष्टप्रद और नए-नए रास्ते तलाशनेवाली साबित हुई। इस दौरान उन्होंने नए सिरे से यजमान बनाना शुरू किया, यहाँ तक कि स्वरोजगार जैसे गैरपरम्परावादी तरीके अपनाते हुए अपने जीविका-निर्वाह के लिए नए साधन भी तलाशे, जैसे—फलित ज्योतिष, भविष्य कथन और चिकित्सा व्यवसाय, शूद्रों के धार्मिक कृत्यों में सेवा-सहायता, वेदाध्ययन, मूर्तिपूजा-अर्चना आदि-आदि। विशिष्ट पौराणिक कथनशैली में इस संक्रमण काल को द्वापर का अन्त और कलियुग का प्रारम्भ कहा गया तथा कलियुग को चारों पौराणिक युगों में निकृष्टतम घोषित किया गया।[17]

करीब 500 ई. से 900 ई. के बीच को द्वितीय काल मानते हुए वे बताते हैं कि *वामनपुराण, वराहपुराण, कूर्मपुराण, भागवतपुराण* और *बृहन्नारदीयपुराण* में वर्णित अधिकांश बातों की रचना इसी द्वितीय काल में हुई। इन पुराणों के अध्ययन से नगर-सभ्यता का ह्रास और ग्राम-आधारित निर्वाह-व्यवस्था की संवृद्धि; जाति-व्यवस्था में आया विबन्धन (कठोर नियमों में बँधना) और विशाखन (अनेक जातियों-उपजातियों में बँटना); वर्णसंकर सन्तानों का आधिक्य; आवश्यक और उपयोगी कलाओं के काम में लगे दस्तकारों को 'अपवित्र' और 'अस्पृश्य' घोषित कर उनकी भर्त्सना करना; नगरवासी ब्राह्मणों के एक महत्त्वपूर्ण अंश का ग्रामीणी-भवन (गाँवों में जा बसना); सामाजिक असुरक्षा और राजनीतिक अराजकता; मन्दिर-केन्द्रित उपासना या पूजा पद्धति पर आधारित लोकधर्म का प्रसार; भक्ति सम्प्रदाय का प्रचलन आदि विशेषताएँ दिखाई देती हैं।[18]

पुराणों के दो कालों में विभाजन से इस तथ्य को समझने में आसानी होती है कि सम्पूर्ण कलिकाल में समान बातें नहीं पाई गई। लेखक ने इसे दूसरे ढंग से भी स्पष्ट किया है। छठी सदी से लेकर तेरहवीं सदी तक के उपलब्ध साहित्यिक स्रोतों का सर्वेक्षण करते हुए नन्दी बताते हैं कि इन कृतियों में नगरों और शहरी जीवन का जो चित्र प्रस्तुत किया गया उन्हें देखने से पता चलता है कि जिन साहित्यिक स्रोतों की रचना छठी से दसवीं सदी तक में हुई उनके लेखकों के पास नगरों और शहरी जीवन के बारे में लिखने के लिए कुछ भी नया नहीं था। इस अवधि में नगरों की संख्या में वृद्धि नगण्य रही। यही नहीं, इस काल के नगर या तो प्रशासनिक सत्ता के केन्द्र थे या फिर अस्थायी सैनिक छावनियाँ, जिन्हें तब स्कन्धावार कहा जाता था। छठी से लेकर दसवीं सदी तक के पुरालेखों में नगर को पुर, दुर्ग, राजधानी और स्कन्धावार कहा गया।[19]

दूसरी तरफ ग्यारहवीं से लेकर चौदहवीं सदी तक की करीब सभी कृतियों में नगर-आधारित व्यावसायिक गतिविधियों से सम्बन्धित महत्त्वपूर्ण सामग्री देखने को मिलती है। नगर-व्यवस्था के पुनरुत्थान की पुष्टि करनेवाले साक्ष्य ग्यारहवीं से लेकर तेरहवीं सदी तक के पुराभिलेखों में मिलते हैं। इस काल के पुरालेखों में नगर को पट्टन, नगर, महापट्टन, बनजुवट्टन और महानगर जैसे नामों से पुकारा गया है। पहलेवाली कालावधि में प्रचलित कुछ नाम दूसरी कालावधि में भी प्रयुक्त होते रहे किन्तु दूसरे वाली कालावधि का कोई नाम पहलेवाली कालावधि में नहीं मिलता।[20]

कलियुग में गिरावट की दशा लाने में ब्राह्मणों की भूमिका के सम्बन्ध में नन्दी का विचार है कि प्राचीन यज्ञ-व्यवस्था और संस्कार पर आधारित उपहार-विनिमय प्रथा में आई अवनति के परिणामस्वरूप पौरोहित्य व्यवसाय में विविधीकरण उत्पन्न हुआ। पुराणों में बार-बार इस बात पर बल दिया जाता रहा कि घोर निर्धनता से पीड़ित होने की अवस्था में ब्राह्मण यदि ब्राह्मणों के लिए वर्जित व्यवसाय अपना लें और शूद्र यजमानों के लिए पौरोहित्य कर्म करने लगें तो इन्हें अनुचित नहीं माना जाना चाहिए। इस प्रकार की निर्धनता का कारण पारम्परिक पौरोहित्य कर्मों से जीविकोपार्जन न कर पाना ही था। वेदाध्ययन अवनति की ओर अग्रसर था तथा विशेषतः वेदविहित यज्ञ सम्बन्धी कर्मकांडों का प्रचलन कम होता जा रहा था। पुराणकारों ने इस सोचनीय स्थिति का रोना रोया है और कहा कि कलियुग का आरम्भ हो चुका है और इसका कारण और परिणाम दोनों ही वेदविहित यज्ञों में आई कमी को माना जा सकता है। राजा और प्रजा दोनों ही यज्ञों से विरत हो चुके थे, इसलिए कलियुग शुरू हुआ। अन्ततोगत्वा कुछ ब्राह्मण वर्गों ने वेदविहित परम्परागत कर्त्तव्यों का त्याग कर दिया। *मत्स्यपुराण* के आधार पर नन्दी बताते हैं कि जब यज्ञ समाप्ति पर पशु बलि देने का समय आया तो पुरोहितों में इस बात को लेकर मतभेद उत्पन्न हो गया। कई ब्राह्मण पशुबलि को अधर्म मानते हुए उसका विरोध करने लगे। इस तरह ब्राह्मण समुदाय वर्गों में विभाजित होने लगा।[21] यज्ञ के स्थान पर तपस्या का प्रचलन प्रारम्भ हुआ जिसकी निन्दा करते हुए और ब्राह्मणों को पथभ्रष्ट बताते हुए कलियुग के शीघ्र आरम्भ का जिम्मेदार ठहराया गया।[22] इस पुस्तक में तीसरी से

बारहवीं सदी तक के दौर के धार्मिक विकास के सामाजिक आधार पर मुख्य रूप से विचार किया गया है। इसी सिलसिले में अवकाशभोगियों द्वारा वैश्यों और मुख्य रूप से शूद्रों का किए गए शोषण की विवेचना का एक आधार कलियुग को भी बनाया गया है। बी.एन.एस. यादव, रामशरण शर्मा, डी.एन. झा आदि विद्वानों द्वारा कलियुग पर जो भी बातें कही गई हैं उनमें से अधिकांश में सामान्यीकरण अधिक है। भारतवर्ष के किस क्षेत्र को कलियुग किस रूप में प्रभावित किया; कलियुग के प्रारम्भिक चरण, घोर कलियुग या कलियुग के अन्तिम चरण में सभी विशेषताएँ समान रहीं या कुछ अन्तर भी रहा—ऐसे प्रश्नों को स्पष्ट करने का प्रयास शेष है। इस मामले में रमेन्द्रनाथ नन्दी का प्रयास सराहनीय माना जा सकता है।

कलियुग ने इतिहास के किसी विद्वान को नहीं छोड़ा; रोमिला थापर को भी नहीं जो निश्चय ही अन्तर्राष्ट्रीय स्तर की ख्यातिप्राप्त इतिहासकार हैं। आदिकालीन भारत की व्याख्या करने के सन्दर्भ में रोमिला थापर ने पाठकों का ध्यान कई महत्त्वपूर्ण तथ्यों की ओर खींचा और इतिहास के क्षेत्र में उनका यह प्रथम प्रयास माना जा सकता है। कलियुग में इतिहास की तलाश इतिहास-लेखन में एक प्रकार से नई परम्परा के निर्माण का प्रयत्न कहा जा सकता है।[23] कलियुग की परिपक्व विशेषताएँ करीब 500 ई. से पाई जाने लगती हैं। इसी समय से भूमि के स्वामित्व के सम्बन्ध में यथार्थ सूचनाएँ अभिलेखों में पाई जाने लगी। ऐसे अभिलेखों का वाचन 19वीं सदी में ही सम्भव हुआ। अनेक अभिलेखों में ऐसे अज्ञात कुल-गोत्र परिवारों के बारे में सूचनाएँ उपलब्ध हैं जो भूमि के स्वामित्व और प्रशासनिक पदों के माध्यम से प्रतिष्ठा के उच्च सोपान पर पहुँचने में सफल हुए थे। जो परिवार शक्तिशाली हो जाते थे, वे अपने लिए ऊँची-ऊँची वंशावलियाँ बनवा लेते थे जिनमें उनके कुल को क्षत्रिय की हैसियत मिल जाती थी। अगर बहुत जरूरी हुआ तो प्राचीन राजवंशों से भी उनके सम्बन्ध जोड़ दिए जाते थे। ऐतिहासिक परिवर्तन के इन युगों में इन व्यवसायों की आवश्यकता होती थी, जो अन्त में जाति का स्वग्रहण कर लेते थे।

साम्राज्यकाल में उत्पादन का अधिशेष राजदरबार के हाथों में अवश्य पहुँच जाता था किन्तु छोटे-छोटे राज्यों में राजस्व से प्राप्त आय अनेक अभिजात समूहों में विभाजित हो जती थी। इसीलिए कला में शैलियों के कई प्रादेशिक भेद दिखाई देने लगे क्योंकि कला के संरक्षक चूँकि स्थानीय राजा होते, अतः शैलियों में भिन्नता अवश्यंभावी थी। 600 ई. के आसपास से राजनीतिक विकेन्द्रीकरण को और बल मिला जब वेतन पूर्वकाल की भाँति नकद न देकर पट्टों (ग्रांट्स) के जरिए और बाद में चलकर भूमि के पट्टों के जरिए दिया जाने लगा।[24]

वैश्यों और शूद्रों द्वारा निर्मित अर्थव्यवस्था पर नियन्त्रण स्थापित करने के उद्देश्य से एक अन्य उपाय राजा को देवता मानने का विश्वास था। इससे राजा को राजनीति के अलावा धार्मिक एवं मनोवैज्ञानिक अधिकार मिल जाते थे। राजा के देवत्व के कल्पना का प्रारम्भ ई. पू. प्रथम सहस्राब्दी में हुआ जब नृपतन्त्र का विकास हुआ। राजा को

अवतार मानने या देवता की सन्तान मानने के अधिकांश उल्लेख उस काल के हैं, जब अज्ञात कुल गोत्रवाले व्यक्ति अपने बाहुबल से राजा बने। उन्होंने जाली वंशावलियाँ तैयार करवाईं। इसके पीछे उनका यह भाव होता था कि इस प्रकार उनके राजपद को वैधता प्राप्त होगी।[25] इसका महत्त्व इस बात में था कि देवत्व मुख्यतः रूपक के रूप में आया है। यदि राजा के पास राजनीतिक शक्ति थी तो संन्यासी के पास नैतिक बल था। बार-बार संन्यासी वन से समाज में वापस आ जाता था। हालाँकि वह शासन में पूरी तरह से भाग नहीं लेता था, लेकिन पारम्परिक राजनीतिक अधिकार के बाहर उसकी बड़ी महत्त्वपूर्ण भूमिका होती थी। उसकी शक्ति का आधार मनोवैज्ञानिक, सामाजिक, नैतिक और अभिचार, यानी इन सबका मिश्रण होता था।[26] कलियुग के माध्यम से वर्णित इस इतिहास-पुराण पर काफी दिनों तक कोई ध्यान नहीं दिया गया। पुराणों के अध्ययन से पता चलता है कि इनके लेखक इतिहास से अपरिचित नहीं थे।

कलियुग के दौरान छठी शताब्दी से ब्राह्मणों के अनुदानों की मात्रा बढ़ती गई। ब्राह्मण राजवंशों को वैधता प्रदान करते और बदले में अनुदान प्राप्त करते थे। पुण्यलाभ के लिए भी राजवंश दान देते थे। नई बस्तियों की स्थापना को प्रोत्साहित करने के उद्देश्य से भूमि अनुदान में दी जाती थी। अनुदान प्रायः ऊसर-बंजर भूमि को आबाद करने के उद्देश्य[27] से भी दिए जाते थे। धार्मिक अनुदान प्राप्त करनेवाले ब्राह्मणों को वेदना की अभिव्यक्ति कलियुग के रूप में नहीं मिलती थी क्योंकि ऐसे ब्राह्मण सत्ता में भागीदार हो गए थे। मूर्तिपूजा और मन्दिरों का महत्त्व तथा भक्ति परम्परा की लोकप्रियता बढ़ी।[28] नए-नए मिथक जन्म लेने लगे। ब्राह्मणों ने पुराणों पर अपना एकाधिकार स्थापित कर लिया। लिपिबद्ध होने से पहले पुराण प्राकृत में थे। इनका संस्कृत में अनुवाद कर इन्हें लिपिबद्ध किया गया। इन पुराणों के माध्यम से देवताओं और सम्प्रदायों का आविर्भाव हुआ। *विष्णुपुराण* इसका आदर्श था।[29]

पुराणों में कलियुग के शासकों की लम्बी-लम्बी सूचियाँ हैं। राजवंश की स्थापना के लिए बल और प्रशासन पर नियन्त्रण आवश्यक था। प्रारम्भ में राजवंशों की उत्पत्ति मान्य क्षत्रिय वंशों से किन्तु कलियुग में नन्दवंश और मौर्य को शूद्र तथा शुंग और कण्व को ब्राह्मण बताया गया।[30] गुप्तकाल के बाद के शासकों ने अपना सम्बन्ध पुनः प्राचीन राजवंशों से जोड़ने का प्रयत्न किया। फलतः नकली वंशावलियों के निर्माण हुए जिसमें ब्राह्मणों की भूमिका महत्त्वपूर्ण होने लगी। इसके लिए कई ब्राह्मणों को अनुदान मिलने लगे।[31] कलियुग में पुराण बतलाने लगे कि अमुक राजा ने कितने वर्षों तक शासन किया। वंशानुचरित से यह बात स्पष्ट हो जाती है कि कलियुग में शासन प्रणाली नृपतन्त्री हो गई थी।

रोमिला थापर बताती हैं कि पुराण संस्कृत साहित्य की एक मान्य विधा है। इसमें जहाँ तक इतिहास लिपिबद्ध है, वह अन्तर्निहित इतिहास से वाह्यीकृत इतिहास का प्रारम्भ में संक्रमण था। इसका सम्बन्ध वीरगाथा परम्परा से था। सूत और मागध इसके आदि रचनाकार बताए जाते हैं। वेदों में सूत राजा का निकटवर्ती तथा बड़ी प्रतिष्ठावाला व्यक्ति

था, किन्तु मानव धर्मशास्त्र के काल तक आते-आते वह संकीर्ण जाति के रूप में बदल गया। कलियुग में ब्राह्मणों ने पुराणों पर अपना एकाधिकार स्थापित कर लिया था। ब्राह्मणों ने अतीत को मौखिक परम्परा में सुरक्षित रखने का महत्त्व भलीभाँति समझ लिया था।[32] बेबिलोन के ज्योतिष और गणित विज्ञान के आधार पर कलियुग 4 लाख 32 हजार मानववर्ष का बताया गया है।[33]

कलियुग में इतिहास की तलाश की अवधारणा 1960 के बाद ही विकसित हो सकी। इसी समय से व्यापक रूप में भारतीय इतिहास का अध्ययन सामाजिक और आर्थिक दृष्टि से किया जाने लगा। फलतः राजनीतिक घटनाओं और धार्मिक गतिविधियों में सामाजिक एवं आर्थिक कारणों की तलाश की जाने लगी। प्रस्तुत पुस्तक इसी प्रयास की एक छोटी कड़ी है। इसमें कुल 27 अध्याय हैं। प्रथम अध्याय में सतयुग, त्रेता, द्वापर और कलियुग को परिभाषित करते हुए इनकी धार्मिक अवधि बताई गई है। इन चारों युगों का प्रारम्भ और अन्त ब्राह्मणीय व्यवस्था पर आधारित है। *महाभारत* में चारों युगों, विशेषकर कलियुग के सम्बन्ध में जो भी वर्णित है उसे दूसरे अध्याय में संकलित किया गया है। कलियुग के कारण समाज में व्याप्त संकट एवं अव्यवस्था का वर्णन *जातक* में है। इस अंश का रचनाकाल 5वीं शताब्दी माना गया है। इसकी चर्चा तीसरे अध्याय में की गई है। *पाराशर स्मृति* में वर्णित कलियुग का वर्णन चौथे अध्याय में प्रस्तुत किया गया है। 5वाँ अध्याय विष्णुपुराण पर आधारित है। अध्याय 6 से 12 तक में *श्रीमद्भागवतगीता, मत्स्यपुराण, ब्रह्मपुराण, नारदपुराण, ब्रह्मवैवर्तपुराण, हरिवंशपुराण* और *भविष्यपुराण* में वर्णित कलियुग को वर्णित किया गया है।

इन सभी स्रोतों में वर्णित कलियुग में सामाजिक दशा को ऐतिहासिक दृष्टि से व्याख्या करने के सिलसिले में सबसे पहले 13वें अध्याय में ब्राह्मणों की दशा-दुर्दशा का परीक्षण किया गया है। क्षत्रियों की दशा की उतनी जानकारी नहीं हो पाती है; फिर भी 14वें अध्याय में इस वर्ग पर प्रकाश डाला गया है। वैश्यों की दशा 15वें अध्याय में बताई गई है। इस वर्ग पर भी सन्तोषप्रद सामग्रियाँ नहीं है। 16वें अध्याय में शूद्रों और 17वें अध्याय में म्लेच्छों एवं चांडालों की बात बताई गई है। इन वर्गों का तुलनात्मक अध्ययन करने से स्पष्ट है कि ब्राह्मणों की दशा वैदिककाल के अन्तिम चरण से खराब होने लगी। शुंगराजवंश आदि के काल में इनकी दशा कुछ बेहतर रही। गुप्तकाल और उसके बाद भूमिदान मिलने से कुछ ब्राह्मणों की दशा ठीक रही किन्तु सामाजिक संकट के दौर में जिसका प्रारम्भ तीसरी सदी के बाद से होने लगा, इनकी दशा पहले जैसी अच्छी नहीं रही। दूसरी तरफ शूद्रों, म्लेच्छ एवं चांडालों की सामाजिक दशा कलिकाल में तुलनात्मक दृष्टि से बेहतर रही। ऐतिहासिक दृष्टि से आर्थिक ह्रास का प्रारम्भ गुप्तकाल से होने लगा जिसके कारण सामाजिक तनाव बढ़े। परिवार की पारम्परिक एकता में बिखराव आने लगा। पिता-पुत्र और भाई-भाई में तकरार बढ़े। आर्थिक संकट के दौर में कम आयु में मरनेवालों एवं रोगियों की संख्या में वृद्धि हुई। पारिवारिक बन्धन ढीले पड़ने लगे। इस स्थिति को कलियुग की संज्ञा दी गई और 18वें अध्याय में इस सामाजिक संकट

को रेखांकित किया गया है। कलिकाल स्त्रियों के लिए लाभदायक और फलदायक रहा जिसका वर्णन 19वें अध्याय में किया गया है। कलियुग के राजा कठोर, अत्याचारी, चोरों के सरदार, डाकुओं के डाकू, तस्करों के सरदार, प्रजा को पीड़ित करनेवाले, स्वयं की सुरक्षा में व्यस्त, झूठे, अनुभवहीन और अयोग्य थे। ऐसे राजा गुप्तकाल के अन्तिम चरण से पाए जाने लगते हैं। ये सारी बातें 20वें अध्याय में प्रस्तुत की गई हैं। 21वें अध्याय में कलियुगी धर्म का चित्र प्रस्तुत करते हुए बताया गया है कि वैदिकधर्म का पालन ब्राह्मण तक नहीं करते थे। भूगोल, पशु और फसल से सम्बद्ध संकट की चर्चा 22वें अध्याय में की गई है। आर्थिक और सामाजिक संकट ने लोगों को पलायन करने को बाध्य कर दिया। जिसका वर्णन 23वें अध्याय में किया गया है। नगरों की जर्जरता पर 24वें अध्याय में प्रकाश डाला गया है।

इन सभी कलियुगी विशेषताओं के आधार पर कलियुग में इतिहास को तलाशने का प्रयास 25वें अध्याय में किया गया है। सामन्ती-विशेषताओं के चश्मे से कलियुग को देखने का प्रयास 26वें अध्याय में किया गया है। कलियुग और सामन्तवाद—दोनों का सम्बन्ध शहरी केन्द्रों के ह्रास, राजनीतिक बिखराव, जातियों की संख्या में वृद्धि तथा सिक्कों के चलन में कमी से रहा। 27वाँ और अन्तिम अध्याय में निष्कर्ष को प्रस्तुत करने के सिलसिले में अवकाशभोगियों और उत्पादनवर्ग के बीच पाए गए तनाव पर विचार करते हुए नैतिकता के कब्र पर विकसित आर्थिक और राजनीतिक तथा धार्मिक अव्यवस्था का ऐतिहासिक स्वरूप प्रस्तुत किया गया है।

वर्तमान समाज को कलियुग के ऐतिहासिक स्वरूप से परिचित कराने के उद्देश्य से इस पुस्तक को प्रस्तुत करना आवश्यक मालूम पड़ता है। साधारण व्यक्ति भी किसी दुःखद गम्भीर घटना को देख कह देता है कि कलियुग में कुछ भी सम्भव है। कलियुग को ठीक से समझना मेरे लिए भी सम्भव नहीं होता अगर बी.एन.एस. यादव और रामशरण शर्मा का कलियुग पर प्रकाशित लेख मैं नहीं पढ़ा होता तो। रमेन्द्रनाथ नन्दी से कलियुग पर जितनी बार मैंने बातें की उतनी बार मुझे नई-नई जानकारियाँ प्राप्त होती गईं। कलियुग की ऐतिहासिक व्याख्या की ओर मेरा ध्यान केन्द्रित होने लगा। गत वर्ष पटना पुस्तक मेला में मैंने रोमिला थापर द्वारा लिखित पुस्तक खरीदी और पढ़ गया। कलियुग की रोमिला थापर द्वारा की गई व्याख्या से भी मैं काफी प्रभावित हुआ। अतः इन सभी विद्वानों के प्रति मैं आभार प्रकट करता हूँ।

अपने मित्र वसीम आबदीन के साथ-साथ अपनी पत्नी स्नेहलता, छोटे भाई राजकुमार एवं प्रदीप कुमार तथा पुत्री ऋचा सोनाली को धन्यवाद देना चाहूँगा जिनके सहयोग के बिना यह पुस्तक लिखना मुश्किल था।

पटना, 13 मई, 2001

–ओम् प्रकाश प्रसाद

पाद-टिप्पणी

1. एफ.ई. पार्जिटर, *द पुराण टेक्स्ट्स ऑफ द डाइनेस्टीज ऑफ द कलि एज,* ऑक्सफोर्ड, 1913, पुनर्मुद्रण, चौखम्बा संस्कृत सीरीज, 1962
2. 'कलियुग के वर्णन और समाज का प्राचीनकाल से मध्यकाल में संक्रमण' *इतिहास,* भारतीय इतिहास अनुसन्धान परिषद की शोध-पत्रिका, अंक 1, जनवरी, 1992, राजकमल प्रकाशन, नई दिल्ली, 1992, पृ. 66-99
3. 'द एकाउंट्स ऑफ द कलि एज एंड द सोशल ट्रांजीशन फ्राम एंटिक्विटी टू द मिडिलएजेज', *इंडियन हिस्टॉरिकल रिव्यू,* इंडियन काउंसिल ऑफ हिस्टॉरिकल रिसर्च, संख्या 1 एवं 2, नई दिल्ली, 1978
4. बी.एन.एस. यादव, 'कलियुग के वर्णन और समाज का प्राचीनकाल से मध्यकाल में संक्रमण', इतिहास, पृ. 73
5. वही, पृ. 74-5
6. रामशरण शर्मा, द कलि एज : 'ए पीरियड ऑफ सोशल क्राइसिस', एस.एन. मुखर्जी (सं.) हिस्ट्री एंड सोसायटी : (एसेज इन ऑनर ऑफ प्रोफेसर ए.एल. बाशम), कलकत्ता, 1982; रमेन्द्रनाथ नन्दी की पुस्तक (प्राचीनभारत में धर्म के सामाजिक आधार, अनु. नई दिल्ली, 1998, पृ. 196) से उद्धृत
7. रामशरण शर्मा, 'कलियुग : सामाजिक संकट तथा परिवर्तन का काल', पूर्वमध्यकालीन भारत का सामन्ती समाज और संस्कृति, राजकमल प्रकाशन, नई दिल्ली, 1996
8. रामशरण शर्मा, 'कलियुग : सामाजिक संकट तथा परिवर्तन का काल', भारतीय सामन्तवाद, सं. द्विजेन्द्रनारायण झा, दिल्ली 2000, पृ. 63-87
9. आर.सी. हाजरा, *स्टडीज इन द पुराणिक रेकर्ड्स ऑन हिन्दू राइट्स एंड कस्टम्स,* दूसरा संस्करण, 1975
10. आस्पेक्ट्स ऑफ पॉलिटिकल आइडियाज एंड इंस्टीच्यूशंस इन एंशुएंट इंडिया, (चौथा संस्करण, दिल्ली, 1996); इंडियन फ्यूडलिज्मः सी. 300-1200, (कोलकाता यूनिवर्सिटी, कोलकाता, 1965) और *अर्बन डिके इन इंडिया,* सी. 300-1000, (न्यू दिल्ली, 1987)
11. पांडुरंग वामन काणे, *धर्मशास्त्र का इतिहास,* द्वितीय भाग, उत्तर प्रदेश हिन्दी संस्थान, लखनऊ (हिन्दी में प्रथम संस्करण, 1965) चतुर्थ संस्करण, 1992, पृ. 981-1010
12. वही, पृ. 986
13. वही
14. वही, पृ. 985-86
15. भारतीय सामन्तवाद, सं. द्विजेन्द्रनारायण झा, दिल्ली, 2000
16. रमेन्द्रनाथ नन्दी, *प्राचीन भारत में धर्म के सामाजिक आधार,* अनु. नरेन्द्रव्यास, प्रथम संस्करण, ग्रन्थ शिल्पी, दिल्ली, 1998
17. वही, पृ. 10-11
18. वही, पृ. 11
19. वही, पृ. 23
20. वही, पृ. 23-24
21. वही, पृ. 71
22. वही, पृ. 72

23. रोमिलाथापर, आदिकालीनभारत की व्याख्या, अनु. मंगलनाथ सिंह, नई दिल्ली, 1998
24. वही, पृ. 11-12
25. वही, पृ. 13
26. वही, पृ. 13-14
27. वही, पृ. 114-15
28. वही, पृ. 116
29. वही, पृ. 136-37
30. वही, 137
31. वही, 139
32. वही, पृ. 136
33. *वही,* पृ. 155; रोमिला थापर मिथक के सम्बन्ध में लिखती हैं, सबसे पहले मिथकों का प्रचार-प्रसार मौखिक रूप में होता है। जब समाज में विषमता आती है और अनेक स्तर हो जाते हैं तो इन मिथकों के बारे में प्रश्न होने लगते हैं। फिर इनकी व्याख्या का प्रयत्न होता है। कुछ मिथकों का स्थान दूसरे मिथक ले लेते हैं या उनके नए संस्करणों का निर्माण होता है। मिथक किसी न किसी रूप में समाज के दर्पण होते हैं। मिथक के अतिरिक्त साहित्य भी इतिहास का अंग बनने लगता है। ऋग्वेद का पुरूरवा *शतपथ ब्राह्मण* में स्वयं देवत्व की कामना करने लगता है और *महाभारत* में देवत्व भी प्राप्त कर लेता है। इसके बाद वंश के महत्त्व पर ध्यान दिया जाने लगता है। जो वंश अपने को जितना प्राचीन प्रमाणित करता उसका वंश उतना ही महत्त्वपूर्ण था। इसी उपदेश से राजसूय यज्ञ के अवसर पर युधिष्ठिर ने कृष्ण के हैसियत का प्रश्न खड़ा कर दिया था। नवस्थापित वंशों द्वारा अपने मूलवंश से सम्बन्ध रखना आवश्यक समझा जाने लगा ताकि समाज में उनका ऊँचा स्थान बना रहे। ऐसा प्रायः यज्ञ के माध्यम से किया जाता था। इस अवरार पर ब्राह्मण कल्याण की गारंटी देते थे। चल सम्पत्ति क्षत्रिय के घर से ब्राह्मण के यहाँ जाती थी। वंश के महत्त्व को बनाए रखने के लिए ऐसा आवश्यक था। वंश-परम्परा उन्हें सामाजिक वैधता प्रदान करती थीं और राजत्व को वैध सिद्ध करती थी। *महाभारत* में आदर्श चरित्र प्रायः देवता नहीं बल्कि मनुष्य हैं जो इसके मंच के केन्द्र में हैं, देवता तो पार्श्व में हैं। पुरातन देवताओं पर तो कभी-कभी कटाक्ष भी किए हैं। *महाभारत* के नायकों का महत्त्व इस बात में है कि वे प्राचीन मुख्य वंश के प्रायः अन्तिम नायक हैं। राजधर्म प्रजा के शासन से उत्पन्न होता और वीरों के आचार शास्त्र का प्रादुर्भाव युद्ध और विग्रह से होता है। वंश समाज के बाद नृपतन्त्र का महत्त्व बढ़ने लगता है। राजवंश की स्थापना के लिए बल और प्रशासन पर नियन्त्रण अब आवश्यक हो गया। जनपद पर दावे का आधार बाहुबल था। अब वैधता के लिए ब्राह्मणों द्वारा अभिषेक जरूरी नहीं था। क्योंकि कुछ राजवंशों के बारे में स्पष्ट कहा गया है कि वे वैदिक धर्म के अनुयायी न थे। बौद्ध और जैनधर्म के समय से ऐसा होने लगा और पुराणों में कलियुग के माध्यम से यह बात स्पष्ट रूप से दिखाई पड़ने लगती है। (*वही,* पृ. 133-37)

1

सतयुग-त्रेता-द्वापर-कलियुग

1.1 विश्वास के गर्भ से जन्मे वैदिककालीन धर्म के निर्माताओं का मानना था कि धर्म नहीं तो विश्व नहीं अर्थात् विश्व का अस्तित्व धर्म पर आधारित है। ब्राह्मण, क्षत्रिय, वैश्य और शूद्र को अपने-अपने कर्त्तव्यों का पालन करना ही धर्म था; यही कृत था; यही सत था। धर्म विश्वास पर आधारित था और विश्वास में तर्क की कोई गुंजाइश नहीं होती। वैदिक समाज, चार वर्णों—ब्राह्मण, क्षत्रिय, वैश्य एवं शूद्र में बँटा था। धर्म के भी चार पैर—सतयुग, त्रेता, द्वापर और कलियुग बताया गया। कई कारणोंवश ब्राह्मण और वैदिककालीन वर्णव्यवस्था के अस्तित्व पर खतरा उत्पन्न हुआ तो चार पैरोंवाला धर्म का एक पैर नष्ट हो गया अर्थात् सतयुग का अन्त हो गया। ब्राह्मणों के साथ क्षत्रियों के परम्परावादी अस्तित्व पर खतरा मँडराने लगा तो धर्म का दूसरा पैर अर्थात् त्रेतायुग का अन्त हो गया। धर्म का तीसरा पैर अर्थात् द्वापर का उस समय नाश हो गया जब तीसरा और अन्तिम-वैश्य-वर्णव्यवस्था नामक वैदिकधर्म का पालन करना छोड़कर ब्राह्मणों एवं क्षत्रियों के समान शूद्र-म्लेच्छ का पेशा अपना लिया। इसके पश्चात् धर्म मात्र 1 पैर पर खड़ा रहा। इसे कलियुग कहा गया। द्विजों के लिए यह बड़ा ही खराब युग था। कल्पना की गई कि देवतागण जब म्लेच्छों का पूर्णनाश कर देंगे तो कलियुग का अन्त हो जाएगा और सतयुग का सुआगमन होगा। इसी रूप में धर्मनाथों द्वारा चार प्रकार के धार्मिकयुगों की कल्पना की गई।

इतिहास चूँकि तर्क, विज्ञान एवं प्रमाण पर आधारित है, इसलिए ऐसे धार्मिक युगविभाजन को मनने के लिए वह तैयार नहीं। इस विभाजन के ऐतिहासिक कारणों की खोज करने पर जो तथ्य उभरकर सामने आते हैं उनका गहरा लगाव तत्कालीन सामाजिक एवं आर्थिक दशाओं से है जिन पर विस्तृत विचार करने का प्रयास अगले अध्यायों में किया गया है। यहाँ पर चार युगों की मुख्य विशेषताओं को संक्षेप में प्रस्तुत करने का प्रयास किया गया है।

1.2 चार हजार दिव्यवर्षों[1] का एक कृतयुग होता था। चार सौ वर्ष इस युग की संध्या और चार सौ वर्षों का संध्यांश होता था।[2] त्रेतायुग तीन हजार दिव्यवर्षों का, तीन सौ वर्ष संध्या और तीन सौ वर्ष संध्यांश होता था। दो हजार दिव्यवर्षों का द्वापर और

दो सौ वर्ष संध्यांश होता था। हजार दिव्यवर्षों का कलियुग और उसका संध्या एवं संध्यांश मिलाकर दो सौ वर्षों का होता था।[3] मानववर्ष में कृतयुग 17 लाख 28 हजार वर्षों का, त्रेता 12 लाख 96 हजार वर्षों का, द्वापर 8 लाख 64 हजार वर्षों का और कलियुग 4 लाख 32 हजार वर्षों का बताया गया है।[4]

1.3 सतयुग

परशुराम ने इक्कीस बार पृथ्वी को क्षत्रियरहित कर दिया तो क्षत्रिय-नारियों ने पुत्र की अभिलाषा से ब्राह्मणों की शरण ग्रहण की। हजारों क्षत्राणियों ने ब्राह्मणों से गर्भधारण किया और बलशाली क्षत्रियकुमारों तथा कुमारियों को जन्म दिया। इस प्रकार तपस्वीब्राह्मणों द्वारा क्षत्राणियों के गर्भ से सन्तानों की उत्पत्ति हुई। पुनः ब्राह्मण-प्रधान चार वर्ग प्रतिष्ठित हुए।[5] चारों तरफ सतयुग छा रहा था।[6] पृथ्वी जब बिना जोते-बोए ही अनाज पैदा करती थी और सभी वर्ण के लोग अपने-अपने धर्म का पालन करते थे तो सतयुग था।[7]

सतयुग में महानपराक्रमी तथा चारों समुद्रों से घिरी हुई समूची पृथ्वी के पालक राजा दुष्यन्त थे।[8] उनके पिता का नाम इलल था।[9] दुष्यन्त ने महर्षि कण्व की पुत्री शकुन्तला[10] से गान्धर्व विवाह किया[11] और एकान्तवास किया।[12] वे शकुन्तला को वहीं छोड़कर राजधानी लौट गए कि चतुरंगिणी सेना भेजकर, उसी के साथ शकुन्तला को उसके बच्चे के साथ राजभवन बुलाते।[13] शकुन्तला का पुत्र भरत[14] बारह वर्ष का हो गया किन्तु दुष्यन्त ने उन्हें बुलाने के लिए किसी आदमी को नहीं भेजा।[15] तब शकुन्तला अपने पुत्र के साथ स्वयं दुष्यन्त के राजसभा में उपस्थित हुई और अपने अधिकार की बात की तो दुष्यन्त ने उसे पहचानने से इनकार कर दिया और अपमानित किया। देवताओं के सहयोग से शकुन्तला को अपना अधिकार काफ़ी कठिनाई के बाद मिल पाया।[16]

सतयुग का काल त्रेता और द्वापर सभी वस्तुओं को नष्ट करनेवाला था। इस समय महातेजस्वी हनुमान का वह रूप नहीं रहा। पृथ्वी, नदी, वृक्ष, पर्वत, सिद्ध, देवता और महर्षि—ये सभी काल का अनुसरण करते थे। प्रत्येक युग के अनुसार सभी वस्तुओं के शरीर, बल और प्रभाव में न्यूनाधिकता होती रहती थी। काल का उल्लंघन करना किसी के लिए भी अत्यन्त कठिन था।[17]

कृतयुग में सनातनधर्म की स्थिति पूर्ण रहती थी। सतयुग को कृतयुग इसलिए कहा गया कि उस उत्तमयुग के लोग अपना सब कर्त्तव्य सम्पन्न कर ही लेते थे। उनके लिए कुछ करना शेष नहीं रहता था,[18] अतः इस व्युत्पत्ति के अनुसार वह *कृतयुग* कहलाता था। कृतयुग में धर्म का नाश नहीं होता था। प्रजा का अर्थात् माता-पिता के रहते हुए सन्तान का नाश नहीं होता था। तदन्तर कालक्रम से उसमें गौणता आ गई। कृतयुग में देवता, दानव, गन्धर्व, यक्ष, राक्षस और नाग नहीं थे अर्थात् ये परस्पर भेदभाव नहीं

रखते थे। उस समय क्रय-विक्रय का व्यवहार भी नहीं था। ऋक, साम और यजुर्वेद के मन्त्रवर्णों का पृथक-पृथक विभाग नहीं था। चिन्तन करने मात्र से सबको अभीष्ट फल की प्राप्ति हो जाती थी। सतयुग में एक ही धर्म था--स्वार्थ का त्याग। बीमारी नहीं होती थी। इन्द्रियों में क्षीणता नहीं आने पाती थी। कोई किसी के गुणों में दोष-दर्शन नहीं करता था। किसी को दुःख से रोना नहीं पड़ता था। किसी में घमंड नहीं था और न कोई अन्य विकार ही होता था। कोई लँगड़ा नहीं था। आलसी भी नहीं थे। द्वेष, चुगली, भय, सन्ताप, ईर्ष्या, मात्सर्य नहीं था। योगियों के परम आश्रय और सम्पूर्ण भूतों की अन्तरात्मा परब्रह्मस्वरूप भगवान नारायण शुभ लक्षणों से सम्पन्न थे। सतयुग में समस्त प्रजा अपने-अपने कर्त्तव्यों में तत्पर रहती थी।[19] परमात्मा ही सबके एकमात्र आश्रय थे। उन्हीं की प्राप्ति के लिए सदाचार का पालन किया जाता था। सबलोग एक परमात्मा का ही ज्ञान प्राप्त करते थे। सभी वर्णों के मनुष्य परब्रह्म परमात्मा के उद्देश्य से ही समस्त सत्कर्मों का अनुष्ठान करते थे और इस प्रकार उन्हें उत्तम धर्मफल की प्राप्ति होती थी। सबके वर्णाश्रमानुसार पृथक-पृथक धर्म होने पर भी वे एकमात्र वेद को ही माननेवाले थे। चार आश्रमसम्बन्धी सत्कर्मों का अनुष्ठान करके लोग कर्मफल की कामना और आसक्ति न होने के कारण परमगति प्राप्त कर लेते थे। योग नामक धर्म सतयुग का सूचक था।[20] सतयुग में लोगों की आयु चार हजार वर्ष होती थी।[21]

सत्ययुग में एक महर्षि की दो पत्नियाँ थीं। एक पत्नी को हजार नागपुत्र और दूसरी को दो पुत्र हुए। जिसे दो पुत्र हुआ उनमें से एक का ऊपरी भाग पूर्णस्व से विकसित और पुष्ट, किन्तु नीचे का आधा अंग अधूरा था। अपंग पुत्र ने आवेश में माँ को शाप दिया कि वह 5 सौ वर्षों तक दासी बनी रहेगी।[22] अमृतपान के रूप में शिष्य उत्तंग द्वारा बैल का गोबर खाया गया और मूत्र पीया गया।[23] ब्राह्मण की सहायता पवित्र कार्य था।[24] विभावसु नामक महर्षि का छोटा भाई सुप्रतीक अपने धन को बड़े भाई (विभावसु) के साथ एक जगह नहीं रखना चाहता और बँटवारे के लिए आग्रह किया तो महर्षि विभावसु ने अपने छोटे भाई को शाप दे डाला कि हाथी की योनि में वह जन्म लेगा। इस पर सुप्रतीक ने अपने बड़े भाई को शाप दिया कि वह कछुआ योनि में जन्म लेगा।[25]

जब ब्राह्मण शूद्रों के निकट वेदमन्त्रों का उच्चारण तक नहीं करते थे तब सत्ययुग था।[26] जब वैश्य दुर्बल अंगोंवाले निकम्मे पशुओं को भी दाना-घास देकर उनकी जीवनरक्षा करते तब सत्ययुग था।[27] सतयुग में देवता, दानव, गन्धर्व, यक्ष, राक्षस तथा सर्पों में भेद नहीं था; सबके सब देवताओं के समान स्वभाववाले थे। सब प्रसन्न और धर्मनिष्ठ थे। क्रय-विक्रय का व्यापार और वेदों का विभाग नहीं थे। ब्रह्मण, क्षत्रिय, वैश्य तथा शूद्र सभी अपने-अपने कर्त्तव्य के पालन में तत्पर रहकर भगवान नारायण की उपासना करते थे। काम, क्रोध से रहित, शम-दम आदि में तत्पर होकर अपनी-अपनी योग्यतानुसार तपस्या और ध्यान में लगे रहते थे। सतयुग में चारों आश्रयवाले अपने-अपने कर्मों के द्वारा कामना और फलासक्ति को त्यागकर परमगति को प्राप्त होते थे। भगवान का श्रीविग्रह निर्मल एवं शुक्लवर्ण का होता था।[28]

1.4 त्रेतायुग

त्रेता में धर्म के एक चरण का नाश हो गया। भगवान अच्युत का स्वरूप लालवर्ण का हो गया। लोग सत्य में तत्पर रहते थे। शास्त्रोक्त यज्ञक्रिया तथा धर्म के पालन में परायण रहते थे। यज्ञ, धर्म तथा नाना प्रकार के सत्कर्म आरम्भ होते थे। अपनी भावना तथा संकल्प के अनुसार वेदोक्तकर्म तथा दान आदि के द्वारा अभीष्ट फल की प्राप्ति होती थी। मनुष्य तप और दान में तत्पर रहकर अपने धर्म से कभी विचलित नहीं होते थे।[29] सभी स्वधर्मपरायण तथा क्रियावान थे। त्रेता को सभी वस्तुओं को नष्ट करनेवाला बताया गया है।[30] त्रेता में लोगों की आयु तीन हजार वर्ष होती थी।[31]

त्रेता के आदि में जो मनु और सप्तर्षिगण थे, उन लोगों ने श्रौत और स्मार्त-धर्मों का वर्णन किया था। सप्तर्षियों ने दार-सम्बन्ध (विवाह), अग्निहोत्र, ऋग्वेद, यजुर्वेद और सामवेद आदि श्रौतधर्मों का विवेचन किया। मनु ने वर्णों एवं आश्रमों के धर्मों से युक्त परम्परागत आचार-लक्षण रूप स्मार्त-धर्म का वर्णन किया। मन्त्र, सत्य, ब्रह्मचर्य, शास्त्रज्ञान, तपस्या, दर्शन आदि स्वयं प्रकट हो गए। मन्त्र देवताओं की प्रतिभाओं में उपस्थित हुए।[32] ब्राह्मणों का धर्म जपयज्ञ, क्षत्रियों का यज्ञारम्भ, वैश्यों का हविर्यज्ञ और शूद्रों का सेवायज्ञ था। सभी वर्ण के लोग उन्नत, धर्मात्मा, क्रियानिष्ठ, सन्तानयुक्त, समृद्ध और सुखी थे। परस्पर प्रेमपूर्वक ब्राह्मण क्षत्रियों के लिए और क्षत्रिय वैश्यों के लिए सब प्रकार का विधान करते थे। शूद्र वैश्यों का अनुवर्तन करते थे। उनके स्वभाव सुन्दर थे तथा धर्म वर्ण एवं आश्रम के अनुकूल होते थे।[33] देवताओं ने यज्ञ की प्रथा प्रचलित की। सत्य, जप, तप और दान--ये ही प्रारम्भिक धर्म कहलाते थे।[34]

इस युग में शूरवीर चक्रवर्ती सम्राट होते थे। वे दीर्घायुसम्पन्न, महाबली, दंड देनेवाले, महानयोगी, यज्ञपरायण और ब्रह्मनिष्ठ थे। वे 14 रत्नों[35] से अलंकृत होते थे। ये चक्रवर्ती सम्राट विष्णु के अंश से उत्पन्न होते थे।[36] त्रेता में एक वेद चार भागों में विभक्त होकर विधान करता था।[37]

त्रेता में औषधियाँ उत्पन्न हुईं। ग्रामों एवं नगरों में वार्ता-वृत्ति की स्थापना हुई। वर्णाश्रम स्थापित हुआ।[38] धर्म एक पाद से हीन हो गया। द्विज क्रियायोग और यज्ञकर्म में निष्ठा रखते थे।[39]

1.5 द्वापरयुग

द्वापर में धर्म के दो चरण ही शेष रहे। विष्णु का स्वरूप पीले वर्ण का हो गया और वेद चार भागों में (ऋक्, यजु, साम और अथर्व) में बँट गए। कुछ द्विज चार वेदों के ज्ञाता, कुछ तीन वेदों के विद्वान, कुछ दो वेदों के जानकार, कुछ एक वेद के पंडित और कुछ वेद की ऋचाओं के ज्ञान से सर्वथा शून्य होते थे। भिन्न-भिन्न शास्त्रों के होने से उनके बताए हुए कर्मों में भी अनेक भेद हो गए। प्रजा तप और दान में प्रवृत्त होकर

राजसी हो गई। द्वापर में सम्पूर्ण एक वेद का भी ज्ञान न होने से वेद के कई विभाग कर दिए गए। सात्विक बुद्धि का क्षय होने से कोई विरला ही सत्य में स्थित होता था। सत्य से भ्रष्ट होने के कारण द्वापर के लोगों में अनेक प्रकार के रोग उत्पन्न होने लगे। उनके मन में अनेक प्रकार की कामनाएँ पैदा होने लगीं। वे बहुत से दैवी-उपद्रवों से भी पीड़ित होने लगे। अत्यन्त पीड़ित होने पर लोग तप करने लगे। कुछ लोग भोग और स्वर्ग की कामना से यज्ञों का अनुष्ठान करते थे। इस प्रकार द्वापर आने पर अधर्म के कारण प्रजा क्षीण होने लगी।[40]

द्वापरयुग के अन्तिम चरण में कलियुग का असर दिखाई देने लगा।[41] द्वापरयुग की रानी दमयन्ती को उसके पति राजा नल कलियुग से प्रभावित होकर निकाल देने का निश्चय किया।[42] द्वापर के अन्तिम चरण में ही राजा विवेकहीन होने लगे थे।[43] द्वापर को सभी वस्तुओं को नष्ट करनेवाला बताया गया है।[44] द्वापर में लोगों की आयु दो हजार वर्ष होती थी।[45]

द्वापर के प्रारम्भिक चरण में प्रजाओं को त्रेतायुग की ही भाँति सिद्धि प्राप्त होती थी किन्तु द्वापर का प्रभाव जब पूर्णरूप से व्याप्त हो गया तो प्रजा में लोभ, धैर्यहीनता, वाणिज्य, युद्ध, सिद्धान्तों की अनिश्चितता, वर्णों का विनाश, कर्मों का उलटफेर, भिक्षावृत्ति, संहार, परायापन, दंड, अभिमान, दम्भ, असहिष्णुता, बल तथा रजोगुण एवं तमोगुण बढ़ गए। अधर्म विशेष रूप में व्याप्त हो गया। चारों वर्णों तथा आश्रमों के धर्म परस्पर घुलमिल गए। श्रुतियों एवं स्मृतियों में भेद उत्पन्न हो गया। धर्म का तत्त्व लुप्त होने लगा और बुद्धि में भेद उत्पन्न होने लगे। फलतः धर्म और अधर्म में अन्तर मुश्किल हो गया।[46] विभिन्न विचारवाले ऋषि पुत्रों द्वारा वेदों के शाखा-प्रशाखा में विभाजित कर दिया गया। भिन्न विचारवाले श्रुतर्षियों ने ब्राह्मणभाग, कल्पसूत्र तथा भाष्यविद्या आदि को कहीं-कहीं सामान्य रूप से और कहीं-कहीं विपरीत क्रम से परिवर्तित कर दिया। कुछ लोगों ने उसका समर्थन और कुछ ने विरोध किया। ऋषियों ने अपने-अपने विचारानुसार वैदिकप्रथा में भेद उत्पन्न कर दिया। यजुर्वेद को दो भागों—कृष्ण और यजुः में ऋषियों ने बाँट दिया। **अथर्ववेद** और **सामवेद** के मन्त्रों का भी ह्रास एवं अर्थपरिवर्तन हुआ।[47]

द्वापर में शास्त्रविरोधी लोग उत्पन्न होने लगे। आयुर्वेद, ज्योतिषशास्त्र के अंगों, अर्थशास्त्र, हेतुशास्त्र, कल्पसूत्रों तथा मनुष्य के विचारों में कई तरह के भेद प्रचलित हो गए। मन-वचन-कर्म से लगे रहने पर भी कठिनाई से जीविका उपलब्ध हो पाती थी। प्राणियों का जीवन कष्टमय हो गया। जनता में लोभ, धैर्यहीनता, युद्ध, वाणिज्य-व्यवसाय, धर्मसंकरता, वर्णाश्रम धर्म का विनाश, द्वेष की भावना आदि दुर्गुणों का प्राबल्य हो गया। द्वापर के चतुर्थांश में उसका सन्ध्याकाल आया। द्वापर में लोगों की पूर्ण आयु दो हजार वर्षों की होती थी।[48] द्वापर का अंशमात्र शेष रहा तो कलियुग आ गया।[49]

1.6 कलियुग

सोया व्यक्ति कलि है, उठने के लिए सन्नद्ध होते समय वह द्वापर हो जाता है, जब उठता है तो त्रेता हो जाता है और जब इधर-उधर चलने लगता है तो कृत हो जाता है।[50] कलि हरानेवाला (अभिभू) है।[51] जब राजा विवेकहीन हो गए तो कलियुग आ गया।[52] जब क्षत्रियों को कठोरकर्म करना पड़ा तो कलियुग हो गया।[53] उस राजा को मूर्तिमान कलियुग कहा गया जो प्रजा की रक्षा नहीं करे, प्रजा के धन को लूटता-खसोटता हो और जिसके पास योग्य मन्त्री न हो।[54] जब विष्णु का रंग काला हो गया तो वह कलियुग कहलाया।[55] जब धर्म का चार में से एक हिस्सा शेष रहा तो कलियुग कहलाया।[56] ब्राह्मणों को जब घोड़ा, गाय, दासी, अलंकृत हथिनी, गाँव, खेत, घर आदि दान मिलना बन्द हुआ तो कलियुग हो गया।[57] इस काल को नन्दिक कहा गया।[58] जिस दिन कृष्ण की मृत्यु हुई उसी दिन कलियुग प्रारम्भ हुआ।[59]

सतयुग के देवता ब्रह्म, त्रेता के सूर्य, द्वापर में यज्ञ और जिस युग में शिव (महेश्वर) देवता बने वह कलियुग कहलाया।[60] जिस काल में सेवा के बदले दान मिलता वह कलियुग था।[61] विष्णु के 20वें अवतार के रूप में बुद्ध का जन्म (अवतार) जिस दिन मगध में हुआ उसी दिन से कलियुग प्रारम्भ हुआ।[62] जिस समय सप्तर्षि[63] मघा से चलकर पूर्वाषाढ़ा-नक्षत्र में चला गया उसी समय राजा नन्द का राज्य स्थापित हुआ और तभी से कलियुग प्रारम्भ हुआ।[64] न्यूह जब राजसिंहासन पर बैठा उसी समय कलियुग का आरम्भ हुआ।[65] शूद्रशासक गाय-बैल को ठोकरों से मारने लगे तो कलियुग आया।[66]

1.7 काल

15 निमेष (आँख के खोलने और मूँदने का समय) = 1 काष्टा
3 काष्टा = 1 कला
30 कला = 1 मुहूर्त
30 मुहूर्त = दिन-रात
पितरों के रात-दिन = 1 लौकिक मास मनुष्यों के
मनुष्यों के 30 मास = पितरों का 1 मास
360 मानवमास = 1 पितृवर्ष
मनुष्यों के 100 वर्ष = पितरों के 3 वर्ष
1 मानव वर्ष = देवताओं का एक दिन-रात
3 मानव वर्ष = 1 दिव्य मास
100 मानव वर्ष = 3 दिव्य मास
3 सौ 60 मानव वर्ष = 1 दिव्य वर्ष
3 हजार 30 मानव वर्ष = 1 सप्तर्षि वर्ष

9 हजार 90 मानुष वर्ष = 1 ध्रुवसंवत्सर

96 हजार मानव वर्ष = 1 हजार दिव्य वर्ष[67]

1.8 कलियुग की अवधि 4 लाख 32 हजार वर्ष बताई जाती है।[68] इस अवधि में से अब तक 5102 वर्ष बीत चुके हैं। इस तरह कलिवर्ष 5102 ही शकसंवत् 1923 या विक्रम संवत् 2,057 या अंग्रेजी वर्ष 2, 001[69] है। किसी गणनाविशेष के अनुसार, कलियुग का प्रारम्भ ई. पू. 3102 में 18 फरवरी, दिन शुक्रवार को हुआ।[70] ऐहोल अभिलेख के अनुसार कलियुग का प्रारम्भ महाभारत की लड़ाई से हुआ और शकसंवत् 556 में 3735 वर्ष बीत चुके थे।[71] आर्यभट्ट जब 23 वर्ष के थे तो कलियुग के 3600 वर्ष बीत चुके थे।[72] *युगपुराण* ने द्रौपदी की मृत्यु के दिन से कलियुग का प्रारम्भ माना है।[73] वराहमिहिर के अनुसार, जब युधिष्ठिर राज्य कर रहे थे तो चित्रशिखंडी नक्षत्र मघा में थे। यह काल वर्तमान शकसंवत् (1922) में 2526 वर्ष जोड़कर अर्थात् 4448 वर्ष बताया गया है।[74] इसके अनुसार युधिष्ठिर कलियुग के 653वें वर्ष में थे।[75] *राजतरंगिणी* में वराहमिहिर के विचार को स्वीकृति प्रदान की गई है।[76]

कलियुग के 2 हजार 7 सौ वर्ष व्यतीत होने पर गौतमबुद्ध हुए।[77] कलियुग के तीन हजार वर्ष व्यतीत होने पर अवन्तिपुरी में शंख नामक राजा राज्य करता था।[78] कलियुग में 3 हजार 7 सौ 10 वर्ष बीतने पर राजा प्रमर ने 6 वर्ष तक राज्य किया।[79] कलियुग के 3 हजार वर्ष व्यतीत होने पर विक्रमादित्य का जन्म हुआ।[80] कलियुग के आगमन के 68 हजार वर्ष व्यतीत होने पर म्लेच्छों का भारत में आगमन हुआ।[81] कलियुग के हजार वर्ष व्यतीत होने पर देवकन्या आर्यावती को पति कण्व के संयोग से दस पुत्रों—उपाध्याय, दीक्षित, पाठक, शुक्ल, मिश्र, अग्निहोत्री, द्विवेदी, त्रिवेदी, पांडेय और चतुर्वेदी का जन्म हुआ।[82] जयरामकृत *पर्णाल पर्वत—ग्रहणाख्यान* (1673 ई.) में बीजापुरी सेना के सेनापति बहलोलखान द्वारा वजीर खवासखाँ से कहलाई गई है—'हिन्दूशास्त्रों में कुछ लोगों का कहना है कि विष्णु के दसवें अवतार कल्कि का प्रादुर्भाव होगा जो यवनों का नाश करेंगे। शिवाजी उस कल्कि के अग्रदूत के रूप में आ गए हैं।'[83] जिनप्रभ सूरि द्वारा 14वीं सदी में रचित जैनग्रन्थ *विविधतीर्थकल्प* में महावीर जैन द्वारा भविष्यवाणी कराई गई है कि विक्रमसंवत 14वीं सदी में कक्कि (कल्कि) पाटलिपुत्र में जन्म लेंगे।[84]

5वीं सदी का ग्रन्थ *लंकावतारसूत्र* के अनुसार कलियुग का आरम्भ बौद्धधर्म के पतन से हुआ। गुप्तकाल के बाद जब म्लेच्छ राजाओं (हूणों) का शासन होगा, युद्धों का दौर चलेगा तो बौद्धधर्म का पतन और कलियुग का प्रारम्भ होगा।[85] जैसे-जैसे ब्राह्मणों की हानि हुई वैसे-वैसे कलियुग में वृद्धि हुई।[86]

1.8 कलियुग का अन्त

हाहाकार मचेगा; एक साथ भयंकर संहार होगा।[87] इसके बाद कलियुग का अन्त और सतयुग का आरम्भ होगा।[88] इस समय सूर्य, चन्द्रमा और वृहस्पति एक साथ पुष्य नक्षत्र

और तदनुरूप एक राशि कर्क में पदार्पण करेंगे। मेघ समय पर वर्षा करेगा और नक्षत्र शुभ एवं तेजस्वी हो जाएँगे। रोग-व्याधि का नाम भी नहीं रहेगा।[89] सम्भल नामक ग्राम में किसी ब्राह्मण के मंगलमय गृह में एक महान शक्तिशाली बालक प्रकट होगा, जिसका नाम होगा *विष्णुयशा कल्की।* वही बालक भगवान का कल्की अवतार कहलाएगा। वही धर्म-विजयी चक्रवर्ती राजा होगा। कलियुग का अन्त करने के लिए ही उसका प्रादुर्भाव होगा। वह सम्पूर्ण म्लेच्छों का संहार कर डालेगा तो सत्ययुग हो जाएगा।[90]

मत्स्यपुराण के अनुसार कलियुग में अधर्मियों का नाश करने के लिए भृगुवंश में चन्द्रगोत्रीय प्रमति नामक राजा होगा जो तीस वर्षों तक पृथ्वी का भ्रमण करेगा और वीर म्लेच्छों का नाश कर देगा। शूद्रयोनि में उत्पन्न राजाओं का पूर्ण संहार करके सम्पूर्ण पाखंडों को नष्ट कर देगा। वह उत्तरदिशा के निवासी, मध्यदेशीय, पर्वतीय, पौरस्त्य, पाश्चात्य, विंध्याचल के ऊपर तलहटियों में स्थित, दक्षिणात्य, सिंहलोंसहित, द्रविड़, गान्धार, पारद, पह्लव, यवन, शक, तुषार, वर्वर, श्वेत, हलीक, दरद, खस, लम्पक, आन्ध्रक तथा चोर जातियों का संहार कर अपना शासनचक्र प्रवृत्त करेगा।[91] विष्णुयशा नामक ब्राह्मण के यहाँ नारायण की कला के अंश से महाबली कल्की भगवान पुत्ररूप में प्रकट होंगे। वे एक ऊँचे घोड़े पर बैठकर लम्बी तलवार से तीन रात में ही पृथ्वी को म्लेच्छों से शून्य कर देंगे और अन्तर्धान हो जाएँगे। उस समय पृथ्वी पर अराजकता फैल जाएगी और चारों ओर चोर-डाकुओं का उपद्रव बढ़ जाएगा। तब 6 रात्रि तक मोटीधार से इतनी वर्षा होगी कि पृथ्वी पर जल ही जल दिखाई देगा। प्राणी, वृक्ष तथा घर कुछ भी दिखाई नहीं देगा। इसके पश्चात् एक साथ 12 आदित्य उदय होकर अपने तेज से इस पृथ्वी को सुखा डालेंगे और तब कलियुग का अन्त और कृतयुग का आरम्भ होगा।[92] इस युग का नाश करने के लिए विष्णु अपने 21वें अवतार के रूप में विष्णुयश नामक ब्राह्मण के घर कल्कीरूप में अवतार लेंगे।[93] परीक्षित को कलियुग का दमन करनेवाला बताया गया है।[94] अर्जुन का पौत्र परीक्षित जब कलियुग को मारना चाहा तो वह परीक्षित के पैरों पर गिर पड़ा। उसने कलियुग को सभी जगहों से निकालकर चार स्थानों—जुआ, मद्यपान, स्त्रीसंग और हिंसा—में रहने की अनुमति प्रदान की जहाँ क्रमशः असत्य, मद, आसक्ति और निर्दयता नामक अधर्म निवास करते थे। पुनः उसे 5वाँ स्थान धन (स्वर्ण) मिला। इस तरह जब तक परीक्षित सम्राट थे तब तक कलियुग का कोई प्रभाव नहीं था किन्तु जिस दिन, जिस क्षण श्रीकृष्ण ने पृथ्वी का परित्याग किया उसी समय पृथ्वी पर कलियुग आ गया।[95] जब सभी म्लेच्छ राजा हो गए तो कलियुग का पूर्ण अन्त करने के लिए भगवान कल्की अवतार ग्रहण करेंगे।[96]

कलियुग का नाश करने के लिए विष्णु शम्भलग्राम में विष्णुयश नामक ब्राह्मण का अवतार लेंगे। वे सभी विरोधियों का नाश करेंगे और जिस समय चन्द्रमा, सूर्य और वृहस्पति एक ही समय एक ही साथ पुष्य नक्षत्र के प्रथम पल में प्रवेश कर एक राशि पर आएँगे उसी समय सतयुग का आरम्भ होगा।[97] कलि के अन्त में विष्णु कल्की अवतार और युगान्त प्रलय करने के उपरान्त वे अपने शरीर को दो रूपों में विभक्त कर सत्यधर्म

स्थापित करेंगे।[98] कलियुग के आगमन का 8 हजार 8 सौ वर्ष जब बीत चुका था तो राजाविश्वफूर्जि ने कलियुग का दमन किया। क्षत्रिय, वैश्य, शूद्र, वर्णसंकर, पिशाच, गुरूंड और म्लेच्छ सभी ब्राह्मण हो गए। वैदिक विधान द्वारा संध्या, तर्पण एवं देवों की पूजाएँ सुसम्पन्न होने लगीं।[99] जिस समय पुराणपुरुष तुला राशि पर स्थित हुआ उस समय वैवस्वत मनु के मध्यकाल में भगवान का कल्की अवतार हुआ। कलियुग में 32 हजार शेष रहने पर कल्की अवतार हुआ।[100] कल्की ने म्लेच्छों का नाश करने के बाद मुख से गैरवर्णब्राह्मण, भुजा से रक्तवर्ण क्षत्रिय, जानु से पतिवर्ण वैश्य और चरणों से श्यामवर्ण के शूद्रों को उत्पन्न किया। कल्की के आदेश से मनु अयोध्या की गद्‌दी पर बैठा।[101]

कलियुग में अधर्मियों का नाश करने के लिए भृगुवंश में चन्द्रगोत्रीय प्रमति नामक राजा होगा जो तीस वर्षों तक पृथ्वी का भ्रमण करेगा और सभी वीरम्लेच्छों का नाश कर देगा। शूद्रयोनि में उत्पन्न राजाओं का पूर्ण संहार करके सम्पूर्ण पाखंडों को नष्ट कर देगा। वह उत्तर दिशा के निवासी, मध्यदेशीय, पर्वतीय, पौरस्त्य, पाश्चात्य, विंध्याचल के ऊपर तथा तलहटियों में स्थित, दाक्षिणात्य, सिंहलोंसहित, द्रविड़, गन्धार, पारद, पह्लव, यवन, शक, तुषार, बर्बर, श्वेत, हलीक, दरद, खस, लम्पक, आन्ध्रक तथा चोर जातियों का संहार कर अपना शासनचक्र प्रवृत्त करेगा।[102]

कलियुग में लोगों की आबादी घटती गई। थोड़े-से लोग बचे। आहार-शुद्धि के कारण इनकी जनसंख्या में वृद्धि हुई। कलियुग का सन्ध्यांश (सौ दिव्य वर्ष) बीत जाने पर पूर्व प्रजाएँ मर गई। नूतन सन्तानों के कारण कृतयुग की वृद्धि और कलियुग का विनाश हुआ।[103] कलियुग के अन्त में शेष लोगों में सतयुग की तरह सन्तानोत्पत्ति होने लगी।[104] मनुष्यों का शरीर मानवों के अंगुल-प्रमाण से 84 अंगुल के होते थे।[105] जिसका शरीर पैर से लेकर मस्तकपर्यंत नौ वित्ता अर्थात् 108 अंगुल का होता तथा भुजाएँ जानु तक लम्बी होतीं वह आदर की दृष्टि से देखा जाता था। बुद्धि का अभाव होने से उनका शारीरिक भाव पशु-पक्षियों के समान होते थे।[106]

उपकार के बदले कोई प्रत्युपकार नहीं करता था। अधर्म का संचार होने से समस्त प्रजा अधर्मी हो गई। उनकी आयु घटने से बल क्षीण हो गया और बल क्षीण होने से रंग बदल गया। अतः उनमें व्याधिकष्ट बढ़ गया। व्याधिकष्ट बढ़ने से लोगों में निर्वेद उत्पन्न हुआ। निर्वेद की उत्पत्ति से आत्मतत्व का बोध हुआ। आत्मतत्व का ज्ञान होने से पुनः धर्म का संचार होगा और सतयुग का आविर्भाव होगा।[107]

संकटकाल में साधुशुश्रूषा तथा साधुदर्शन के प्रति उत्सुकता बढ़ गई। दुर्व्यवहार में न्यूनता आने लगी। सत्य का प्रादुर्भाव होने लगा। इच्छाएँ पूर्ण न होने से लोग धर्मात्मा होने लगे। इन्द्रियशक्ति क्षीण होने से लोगों को कुत्सितवृत्ति के लिए अवकाश नहीं मिलता था। इस स्थिति में लोगों को धर्म अच्छा लगने लगा। धर्मभाव की वृद्धि से कलियुग में ह्रास होने की सम्भावना बढ़ी।[108]

द्वापर के संध्या में कलियुग का आगमन होने पर विष्णु की समस्त कला और वामन की एक कला आपस में मिलकर एक हुए और मथुरा निवासी वसुदेव के घर

देवकी के गर्भ से विष्णु प्रकट हुए। घोर कलियुग में सभी वेद गोपी के रूप में प्रकट हो गए। कलि के अन्त में विष्णु कल्की अवतार लेंगे और युगान्त प्रलय करने के बाद वे अपने शरीर को दो रूपों में विभक्त कर सत्य धर्म स्थापित करेंगे।[109] भयानक कलि के समय कृष्णसप्तसुदर्शन निम्बादित्य के रूप में उत्पन्न होकर ख्यातिपूर्वक देवों का कार्य सफल करेगा और धर्म की ग्लानि को हरेगा।[110] भीषण कलि के समय वृन्दावन में उत्पन्न होकर सूर्यरूप ब्राह्मण देवकार्य की सिद्धि करेगा। माधव नामक ब्राह्मण के घर पुत्ररूप में उत्पन्न होकर वह बालक मधु नाम से प्रख्यात, महायोग्य एवं वैदिक धर्म का प्रचारक होगा।[111] म्लेच्छ राज कलियुग में सूर्य वृंदावन में अवतरित होकर देवकार्य करेगा।[112]

द्वापर में धर्म का ह्रास होने पर प्रजा गुणविहीन थी। दुर्व्यसन के कारण उसकी आयु अल्प, शरीर बलहीन, स्वभाव नीच और जीवन समस्याओं से भरा था। समस्या से लोगों को दुःख का बोध और आत्म-जागृति के बाद उनमें धर्मशीलता बढ़ी। धर्मशीलता के अन्तिम सीमा (पराकाष्ठा) में पहुँचकर प्रजा सतयुग में पहुँचेगी।[113] आयु क्षय होने से लोग विषय से विरत हो गए तथा साधुओं की जमात में रहने लगे। वे साधुओं की सेवा-शुश्रूषा एवं दर्शन में निरत हो जाएँगे तो उनमें सत्यता का उदय होगा और धर्म-जागरूकता होगा। तब अभाव से पीड़ित होकर वे अपना संस्कार बदलेंगे। इस प्रकार सेवा, दान, सत्य तथा जीवरक्षा में उनकी रुचि होगी। तब चारों चरण लेकर धर्म के प्रादुर्भाव होने पर उनका कल्याण होगा। उनके गुणों में परिवर्तन होगा और धर्म उन्हें ठीक लगेगा। फिर समृद्धि होगी और वे सतयुग का दर्शन करेंगे।[114] जिसके घर में ब्रह्मपुराण था उसे कलिकाल का कोई डर नहीं था।[115] विष्णु शम्भलग्राम में विष्णुयशस् के नाम से कल्की अवतार लेंगे।[116]

विष्णुयशा नामक ब्राह्मण के यहाँ नारायण की कला के अंश से महाबली कल्की भगवान पुरुष रूप में प्रकट होंगे। वे एक बहुत ऊँचे घोड़े पर बैठकर लम्बी तलवार से 3 रात में ही पृथ्वी को म्लेच्छों से शून्य कर देंगे और अन्तर्धान हो जाएँगे। उस समय पृथ्वी पर अराजकता फैल जाएगी और चारों ओर चोर-डाकुओं का उपद्रव बढ़ जाएगा। तब 6 रात्रि तक मोटीधार से इतनी वर्षा होगी कि पृथ्वी पर जल ही जल दिखाई देगा। प्राणी, वृक्ष तथा घर कुछ भी दिखाई नहीं देगा। इसके बाद एक साथ 12 आदित्य उदय होकर अपने तेज से इस पृथ्वी को सुखा डालेंगे और तब कलियुग का अन्त और कृतयुग का आरम्भ होगा।[117] जब सारी पृथ्वी जीवों से रहित हो जाएगी तो क्रमशः सतयुग आएगा।[118]

कलियुग का महत्त्व

जो फल तपस्या, योग एवं समाधि से भी नहीं मिलता, कलियुग में वही फल श्रीहरिकीर्तन से ही भली भाँति मिल जाता था। अतः सारहीन होने के बावजूद कलियुग सारयुक्त

था।[119] कलियुग का स्वरूप जानते हुए जो विष्णु की भक्ति में तत्पर था उसे कलि बाधा नहीं देता था। कलियुग में दान सर्वश्रेष्ठ था। सतयुग में जो पुण्य दस वर्षों में, त्रेता में एक वर्ष और द्वापर में एक माह में सिद्ध होता वही कलियुग में एक दिन में सिद्ध हो जाता था। सतयुग में ध्यान, त्रेता में यज्ञ, द्वापर में भगवान का पूजन से मनुष्य जिस फल को प्राप्त करता कलियुग में वही फल केवल केशव कीर्तन से प्राप्त हो जाता था। कलियुग में एक बार शिव का नामोच्चारण करता वह कृतार्थ हो जाता था। कलियुग में ईश्वर का स्मरण करनेवाले देवताओं के लिए भी पूज्य थे।[120] गौ की उत्पत्ति कथा सुनकर कलियुग के सारे दोषों से छुटकारा पाया जा सकता था।[121]

कलियुग के अन्तिम चरण में थोड़ा भी धर्मानुष्ठान करनेवाले धन्य माने जाते थे। अल्प प्रयास से इस युग में बहुत पुण्य प्राप्त हो जाता था।[122] भागवतगीता की ध्वनि से कलियुग के सारे दोष नष्ट हो जाते थे।[123] सतयुग में जो फल तपस्या से मिलता वही फल कलियुग में अल्पपुण्य करने से ही प्राप्त हो जाता था।[124] कलियुग में थोड़ा ही क्लेशों को सहन करने से बड़ा भारी फल प्राप्त हो जाता था। स्त्री और शूद्र भी धन्य हो जाते थे।[125] जो फल सतयुग में दस वर्षों में, त्रेता में एक वर्ष में और द्वापर में एक मास में मिलता वह कलियुग में एक अहोरात्र में मिल जाता था। इसी हिसाब से कलियुग में मनुष्य, तप, ब्रह्मचर्य तथा जपादि का फल प्राप्त करता था।[126]

पाद-टिप्पणी

1. *मत्स्यपुराण* (142. 2-16) के अनुसार 360 मानववर्षों का 1 दिव्यवर्ष अर्थात् देवताओं का वर्ष होता था, अतः 360 X 4 हजार = 14 लाख 40 हजार मानववर्षों का सतयुग था।
2. *वही,* 142. 17-20; *वनपर्व,* 188. 22-27
3. *वही,* 142. 21-23
4. *वही,* 142. 24-28; पांडुरंग वामन काणे, *धर्मशास्त्र का इतिहास* (अनु.), द्वितीय भाग, लखनऊ, 1992, पृ. 984
5. *आदिपर्व,* 64. 4-9
6. *वही,* 64. 26
7. *वही,* 68. 6 एवं 9
8. *वही,* 68. 3
9. *वही,* 71.8
10. *वही,* 71. 9; अप्सरा मेनका जब मालिनी नदी के किनारे स्नान कर रही थी तो उसके निर्वस्त्र शरीरांगों पर महर्षि विश्वामित्र की दृष्टि पड़ी और वे काम के अधीन हो गए तथा मेनका से सम्बन्ध स्थापित किया। फलतः हिमालय के शिखर पर मालिनी नदी के तट पर उसने एक बच्ची को जन्म दिया और उसे वहीं छोड़कर इन्द्रलोक चली गई। उस बच्ची को शंकुतों (पक्षियों) ने सब ओर से ढककर कच्चे मांस खानेवाले गीध आदि जीवों से बचा लिया, अतः बड़ा होने पर उसका नाम शकुन्तला पड़ा। उस बच्ची का पालन-पोषण महर्षि कण्व ने किया, अतः वह कण्व की पुत्री कही

गई। (*आदिपर्व*, 72. 2-19)।

11. वही, 73. 14
12. वही, 73. 19-21
13. वही
14. भरत सभी जीवों का दमन करने की शक्ति रखता था, इसलिए सर्वदमन नाम से भी प्रसिद्ध हुआ। (*वही*, 73. 8-9)।
15. वही
16. वही, 10.118
17. *वनपर्व*, 149. 7-9
18. वही, 149.11
19. *वही*, 149. 12-18; *मत्स्यपुराण*, 144.5
20. वही, 149. 24-26
21. वही, *भीष्मपर्व*, 10. 3-7
22. *आदिपर्व*, 16. 5-19
23. वही, 4. 99-101 एवं 168
24. वही, 4. 132
25. वही, 29. 15-23
26. वही, 63. 20
27. वही, 63. 21
28. हेमवती शर्मा, *नारदीयपुराण का सांस्कृतिक अध्ययन*, बाँकेबिहारी प्रेस, आगरा, 1999, पृ. 140-41
29. *वनपर्व*, 149. 24-26
30. वही, 149. 7
31. *भीष्मपर्व*, 10. 3-7
32. *मत्स्यपुराण*, 142. 48-52
33. वही
34. वही, 142. 57-58
35. चक्र (शासन, अज्ञाद भी), रथ, मणि, भार्या, निधि, अश्व और गज (चल रत्न) तथा अचलचक्र-रथ, मणि, खंग, धनुष, रत्न, झंडा और खजाना (अचल रत्न)।
36. *मत्स्यपुराण*, 142. 62-65
37. *वही*, 142. 77-78; 144. 10-11
38. *वही*, 143.3
39. *नारदपुराण*, 41. 1-20
40. *वनपर्व*, 149. 27-33; *मत्स्यपुराण*, 142. 46-47; *नारदपुराण*, 41. 1-20
41. वही, 58. 1-14
42. *वही*, 62. 16-23
43. *वही*, 62. 25-26 एवं 29
44. *वही*, 149. 7
45. *भीष्मपर्व*, 10. 3-7
46. *मत्स्यपुराण*, 144. 1-9
47. *वही*, 144. 10-18
48. *वही*, 144, 20-28

49. *वही,* 144. 29
50. *ऐतरेयब्राह्मण,* 33.3
51. *शतपथब्राह्मण,* 5.4.4.6
52. *वनपर्व,* 58. 1-14
53. *अनुशासनपर्व,* 61-4
54. *वही,* 61. 32
55. *वनपर्व,* 58. 33-34
56. *वही,* 58.34; *नारदपुराण,* 41. 1-20
57. *शान्तिपर्व,* 12. 30
58. *अनुशासनपर्व,* 22, नारदउवाच, पृ. 5545
59. *मत्स्यपुराण,* 273. 49-50; *श्रीमद्भागवत पुराण* (गीता प्रेस संस्करण), 1.1.66.1.1.18, 5-6; 2.12. 2.33; *वायुपुराण,* 99. 428-29; ब्रह्मांड पुराण 2.74.241
60. *कूर्मपुराण,* अध्याय 28
61. *पराशरस्मृति,* 1.28
62. *श्रीमद्भागवतपुराण,* 1.1.3.23; 2.12.2.33
63. *मत्स्यपुराण* (142.2-16) में 3 हजार 90 का एक सप्तर्षि वर्ष बताया गया है।
64. *श्रीमद्भागवत पुराण,* 2. 12. 2. 31-32
65. *भविष्यमहापुराण* (दूसरा खंड), 2.5. 11-12
66. *श्रीमद्भागवत पुराण,* 1.1.16. 5-6; 1.1.17. 1-6
67. *मत्स्यपुराण* (कल्याण, गीताप्रेस, गोरखपुर, संख्या 1, वर्ष 59), अध्याय, 142, *श्लोक* 2-16
68. पांडुरंग वामन काणे, *धर्मशास्त्र का इतिहास,* अनुवादक, अर्जुनचौबे कश्यप (छः भागों में), द्वितीय भाग, उत्तर प्रदेश हिन्दी संस्थान, लखनऊ, (चतुर्थ संस्करण), 1992, पृ. 984
69. *वही,* पृ. 986; रोमिला थापर की पुस्तक (*आदिकालीन भारत की व्याख्या,* (अनु.) नई दिल्ली, 1998, पृ. 145) में अभिलेखों के आधार पर लगभग 58 ई.पू. से कृत संवत्, 78 ई. से शकसंवत्, 319-20 ई. से गुप्तसंवत्, लगभग 249 ई. से चेदिसंवत् और 606 ई. से हर्षसंवत् का प्रारम्भ होने की चर्चा है।
70. वही
71. वही; *एपिग्राफिया इंडिका, जिल्द 1, पृ. 1 एवं 7*
72. वही
73. वही; *जर्नल ऑफ बिहार एंड ओरिसा रिसर्च सोसायटी,* जिल्द 14, पृ. 400
74. *बृहत् संहिता,* (व्याख्याकार, डॉ. सुरेशचन्द्र मिश्र, रंजन पब्लिकेशंस, नई दिल्ली, 1997), जिल्द 1, अध्याय 13, श्लोक 3, पृ. 208
75. काणे, *पूर्वोद्धत,* पृ. 986
76. *राजतरंगिणी,* 1.51 एवं 56
77. *भविष्यपुराण,* 2.4.21.28
78. वही, 2.5.27-28
79. वही, 2.7. 5-6
80. वही, 2.7. 15-16
81. वही, 2.4.3. 4-6
82. वही, 2.4.21. 3-20
83. पी.वी.काणे, *पूर्वोद्धत,* पृ. 993

84. बी.एन.एस., 'कलियुग के वर्णन और समाज का प्राचीनकाल से मध्यकाल में संक्रमण,' *इतिहास,* भारतीय इतिहास अनुसन्धान परिषद की शोध-पत्रिका, अंक 1, राजकमल प्रकाशन, नई दिल्ली, 1992, पृ. 80
85. *लंकावतारसूत्र,* सं. बी. ननजिओ, क्योटो, 1956, पृ. 362-63, श्लोक 786 एवं 788 बी.एन.एस. यादव ('कलियुग के वर्णन और समाज का प्राचीनकाल से मध्यकाल में संक्रमण,' *इतिहास,* अंक 1, 1992, पृ. 98) मानते हैं कि इस ग्रन्थ की रचना 443 ई. के बाद हुई। इसे *महासुपिनजातक* (जिल्द 1, संख्या 77) के समकक्ष रखा जा सकता है।
86. *ब्रह्मपुराण,* 230.53
87. *वनपर्व,* 190. 87-88
88. वही, 190. 89-90
89. वही, 190. 91-92
90. वही, 190. 93-97; *शान्तिपर्व* 46, 49, पृ. 4536; (अर्धाभिहरण पर्व) दाक्षिणात्य प्रति, पृ. 796; *श्रीमद्भागवत महापुराण,* 2.12.2.16
91. *मत्स्यपुराण,* 144. 50-59
92. *ब्रह्मवैवर्तपुराण,* प्रकृतिखंड; 7. 58-63
93. *श्रीमद्भागवतपुराण,* 1. 1.3. 24-25
94. वही, 1. 1. 12. 27-30
95. वही, 1. 1. 18. 5-6
96. वही, 1. 2. 7. 38
97. वही, 2. 12. 2. 16-24
98. *भविष्यमहापुराण* (दूसरा खंड) 4. 5. 23-31
99. वही, 4. 23. 85-92
100. वही, 4. 25. 95
101. *वही,* 4. 26. 2-9
102. *मत्स्यपुराण,* 144. 50-59
103. वही, 144. 84-91
104. वही, 144. 92-93
105. वही, 145. 9-10
106. वही, 145. 10-19
107. *श्री हरिवंशपुराण,* 4.3-5
108. वही, 4. 42-47
109. *भविष्यपुराण,* 2.4.5. 23-31
110. वही, 2.4.7. 67-68
111. वही, 2.4.8. 9-10
112. वही, 2.4.8. 27-28
113. *ब्रह्मपुराण,* 231. 44-46
114. वही, 231, 82-86
115. वही, 231.87
116. वही, 231.164
117. *ब्रह्मवैवर्तपुराण,* प्रकृतिखंड, 7. 58-63
118. वही, श्रीकृष्णखंड, 90.64

119. *श्रीमद्भागवतपुराण,* 1.1. 66-69
120. *नारदपुराण,* 41. 21-100
121. *अनुशासनपर्व,* 77.32; *शान्तिपर्व,* 69. 91-92
122. *श्री हरिवंशपुराण,* 2. 32-34 एवं 44-45; 3. 1-7; 3.21
123. *श्रीमद्भागवतपुराण,* 1.2.62
124. *ब्रह्मपुराण,* 230.59
125. वही, 230.61
126. वही, 230. 62-63

2

महाभारत में कलियुग

सतयुग का समय त्रेता और द्वापर सभी वस्तुओं को नष्ट करनेवाला था। इस समय महातेजस्वी हनुमान का वह रूप नहीं रहा। पृथ्वी, नदी, वृक्ष, पर्वत, सिद्ध, देवता और महर्षि—ये सभी काल का अनुसरण करते थे। प्रत्येक युग के अनुसार सभी वस्तुओं के शरीर, बल और प्रभाव में न्यूनाधिकता होती रहती थी। काल का उल्लंघन करना किसी के लिए भी अत्यन्त कठिन था।[1]

2.1 कृतयुग में सनातनधर्म की स्थिति पूर्ण रहती थी। उसका नाम कृतयुग इसलिए पड़ा कि उस उत्तमयुग के लोग अपना सब कर्त्तव्य सम्पन्न कर ही लेते थे। उनके लिए कुछ करना शेष नहीं रहता था[2] , अतः इस व्युत्पत्ति के अनुसार वह *कृतयुग* कहलाया। कृतयुग में धर्म का नाश नहीं होता था। प्रजा का अर्थात् माता-पिता के रहते हुए सन्तान का नाश नहीं होता था। तदन्तर कालक्रम से उसमें गौणता आ गई। कृतयुग में देवता, दानव, गन्धर्व, यक्ष, राक्षस और नाग नहीं थे अर्थात् ये परस्पर भेदभाव नहीं रखते थे। उस समय क्रय-विक्रय का व्यवहार भी नहीं था। *ऋक्, साम* और *यजुर्वेद* के मन्त्रवर्णों का पृथक-पृथक विभाग नहीं था। चिन्तन करने मात्र से सबको अभीष्ट फल की प्राप्ति हो जाती थी। सतयुग में एक ही धर्म था—स्वार्थ का त्याग। बीमारी नहीं होती थी। इन्द्रियों में क्षीणता नहीं आने पाती थी। कोई किसी के गुणों में दोष-दर्शन नहीं करता था। किसी को दुःख से रोना नहीं पड़ता था और न किसी में घमंड था तथा न कोई अन्य विकार ही होता था। कोई लँगड़ा नहीं था, आलसी भी नहीं थे। द्वेष, चुगली, भय, सन्ताप, ईर्ष्या और मात्सर्य नहीं था। योगियों के परम आश्रय और सम्पूर्ण भूतों की अन्तरात्मा परब्रह्मस्वरूप भगवान नारायण का वर्ण शुक्ल था। ब्राह्मण, क्षत्रिय, वैश्य और शूद्र सभी शम-दम आदि स्वभावसिद्ध शुभ लक्षणों से सम्पन्न थे। सतयुग में समस्त प्रजा अपने-अपने कर्त्तव्यों में तत्पर रहती थी।[3] परमात्मा ही सबके एकमात्र आश्रय थे। उन्हीं की प्राप्ति के लिए सदाचार का पालन किया जाता था। सब लोग एक परमात्मा का ही ज्ञान प्राप्त करते थे। सभी वर्णों के मनुष्य परब्रह्म परमात्मा के उद्देश्य से ही समस्त सत्कर्मों का अनुष्ठान करते थे और इस प्रकार उन्हें उत्तम धर्मफल की प्राप्ति होती थी। सबके वर्णाश्रमानुसार, पृथक-पृथक धर्म होने पर भी वे एकमात्र वेद को ही माननेवाले

थे। चार आश्रमसम्बन्धी सत्कर्मों का अनुष्ठान करके लोग कर्मफल की कामना और आसक्ति न होने के कारण परमगति प्राप्त कर लेते थे। योग नामक धर्म सतयुग का सूचक था।[4]

त्रेता में धर्म के एक चरण का ह्रास हो गया। भगवान अच्युत का स्वरूप लालवर्ण का हो गया। लोग सत्य में तत्पर रहते थे। शास्त्रोक्त यज्ञक्रिया तथा धर्म के पालन में परायण रहते थे। यज्ञ, धर्म तथा नाना प्रकार के सत्कर्म आरम्भ होते थे। अपनी भावना तथा संकल्प के अनुसार वेदोक्त कर्म तथा दान आदि के द्वारा अभीष्ट फल की प्राप्ति होती थी। मनुष्य तप और दान में तत्पर रहकर अपने धर्म से कभी विचलित नहीं होते थे। सभी स्वधर्मपरायण तथा क्रियावान थे।[5]

द्वापर में धर्म के दो चरण ही रह गए। विष्णु का स्वरूप पीले वर्ण का हो गया और वेद चार भागों—*ऋक्, यजु, साम* और *अथर्व* में बँट गए। कुछ द्विज चार वेदों के ज्ञाता, कुछ तीन वेदों के विद्वान, कुछ दो वेदों के जानकार, कुछ एक ही वेद के पंडित और कुछ वेद की ऋचाओं के ज्ञान से सर्वथा शून्य होते थे। भिन्न-भिन्न शास्त्रों के होने से उनके बताए हुए कर्मों में भी अनेक भेद हो गए तथा प्रजा तप और दान—इन 2 धर्मों में प्रवृत्त होकर राजसी हो गई। द्वापर में सम्पूर्ण एक वेद का भी ज्ञान न होने से वेद के बहुत-से विभाग कर दिए गए। सात्विक बुद्धि का क्षय होने से कोई विरला ही सत्य में स्थित होता था। सत्य से भ्रष्ट होने के कारण द्वापर के लोगों में अनेक प्रकार के रोग उत्पन्न होने लगे। उनके मन में अनेक प्रकार की कामनाएँ पैदा होने लगीं। वे बहुत से दैवी-उपद्रवों से भी पीड़ित होने लगे। अत्यन्त पीड़ित होने पर लोग तप करने लगे। कुछ लोग भोग और स्वर्ग की कामना से यज्ञों का अनुष्ठान करते थे। इस प्रकार द्वापर आने पर अधर्म के कारण प्रजा क्षीण होने लगी।[6]

द्वापरयुग के अन्तिम चरण में कलियुग का असर दिखाई देने लगा था।[7] राजा नल कलियुग से प्रभावित होकर हिरण्य, सुवर्ण, रथ आदि वाहन और बहुमूल्य वस्त्र जुआ में हारते जा रहे थे।[8] मन्त्री, पुरवासी आदि से मिलना-जुलना राजा ने बन्द कर दिया।[9] द्वापर युग की रानी दमयन्ती को, उसके पति राजा नल कलियुग से प्रभावित होकर, निकाल देने का निश्चय किया।[10] इस तरह कलियुग के कारण द्वापरयुग के अन्तिम चरण में ही राजा विवेकहीन होने लगे थे।[11]

ऋतुपर्व के सहयोग से राजा नल ने जब अश्वविज्ञान जान लिया तो कलियुग कमजोर हो गया और राजा नल के शाप से बचने के लिए बहेड़े के वृक्ष में समा गया। फलतः बहेड़े का वृक्ष निन्दित हो गया[12] किन्तु नल कलियुग के कुप्रभाव से पूर्णतः मुक्त नहीं हो सके।[13] कलियुग के कारण नल का राज्य और पत्नी नष्ट हो गए।[14]

2.2 कलियुग में गंगा का प्रभाव बढ़ गया।[15] त्रेता और द्वापर को सभी वस्तुओं को नष्ट करनेवाला बताया गया है।[16] द्वापर में धर्म के दो चरण ही रह गए और विष्णु का स्वरूप जहाँ कृतयुग में शुक्ल था वहाँ द्वापरयुग में पीले वर्ण का हो गया। द्वापर में ही वेद चार भागों में (ऋक्, यजुः, साम और अथर्व) बँट गया।[17] द्वापर में सम्पूर्ण (4) वेदों

का ज्ञाता कोई नहीं था, अतः वेद को कई भागों में बाँट दिया गया।[18] अधर्म के कारण द्वापर युग में ही प्रजा क्षीण होने लगी और जब कलियुग आया तो विष्णु का रंग काला हो गया, वैदिक सदाचार, धर्म तथा यज्ञकर्म नष्ट हो गए।[19] ईति, व्याधि, आलस्य, क्रोध आदि दोष, मानसिक रोग तथा भूख-प्यास का भय—ये सभी उपद्रव बढ़ गए। धर्म के क्षीण होने से सुख-सुविधा का भी क्षय होने लगा। धर्म मनुष्य की कामनाओं के विपरीत फल देने लगे।[20]

4 हजार दिव्य वर्षों का एक सतयुग, 3 हजार दिव्य वर्षों का त्रेतायुग, 2 हजार दिव्य वर्षों का द्वापर और 1 हजार दिव्य वर्षों का कलियुग बताया गया है।[21] कलियुग की संध्या के सौ वर्ष और संध्यांश के सौ वर्ष बताए गए हैं। कलियुग के अन्तिम भाग में सभी मनुष्य मिथ्यावादी हो गए। कलियुग की समाप्ति के समय ब्राह्मण शूद्रों का कर्म करते और शूद्र वैश्यों की भाँति धनोपार्जन करने लगे। क्षत्रियों के कर्म से भी शूद्र जीविका चलाने लगे। ब्राह्मण सब कुछ खाने लगे और जप से दूर भागने लगे। शूद्र वैदिक मन्त्र के जप में संलग्न होने लगे।[22] कलियुग में म्लेच्छ राजा राज्य करने लगे। [23] आन्ध्र, शक, पुलिन्द, यवन, कम्बोज, बाह्लीक तथा आभीर इस देश के राजा म्लेच्छ थे। ब्राह्मण वेद-विक्रय और अपने धर्म के अनुसार जीविका चलाता था।[24] क्षत्रिय और वैश्य ब्राह्मण और शूद्र का काम करके जीविका चलाते थे।[25]

मनुष्य नाटे कद के होने लगे। उनमें शारीरिक शक्ति और सत्य का अंश कम हो गया। जनपद शून्य हो गया। अनुभवहीन ब्रह्मज्ञान की बात करते थे। शूद्र द्विजातियों को 'ऐ' और ब्राह्मण शूद्रों को 'आप' कहकर सम्बोधन करने लगे।[26] सुगन्धित पदार्थ उतने गन्धयुक्त नहीं होते थे। रसीले पदार्थ भी उतने स्वादिष्ट नहीं होते थे। स्त्रियाँ नाटे कद की और बहुत सन्तान पैदा करनेवाली होतीं। स्त्रियाँ मुख से व्यभिचार की बातें करनेवाली होने लगीं। वे कठोर और कटुवादिनी होतीं। उन्हें रोना ही अधिक पसन्द था। वे पति की आज्ञा में नहीं रहती थीं। हर देश के लोग अन्न बेचनेवाले होते थे। ब्राह्मण, वेद बेचनेवाले और स्त्रियाँ वेश्यावृत्ति को अपनानेवाली होतीं।[27] गाय कम दूध देती। फल-फूल कम होने लगे। अच्छे पक्षियों की संख्या कम और कौए अधिक होने लगे। ब्राह्मण लोग ब्रह्महत्या करते और मिथ्यावादी नरेशों से ही दान-दक्षिणा लेने लगे।[28] वे लोभी और धर्म का ढोंग रचनेवाले थे। भिक्षा के लिए वे सारी दिशाओं के लोगों को पीड़ित करते थे।[29] कर के भार से गृहस्थ लुटेरे बन गए थे। मुनियों-जैसी कपटपूर्ण आकृति धारण करके ब्राह्मण वैश्यावृत्ति से जीविका चलाते थे। वे मद्यपान करके गुरुपत्नीगमन करते थे। वे पाखंडी थे और दूसरों से मिले भोजन का ही गुणगान करनेवाले होते थे।[30]

वर्षा कम होती थी और भूमि में बोए बीज ठीक से नहीं जमते थे। सभी लोग हिंसा में ही सुख माननेवाले और अपवित्र रहते थे। जो भी अपने धर्म में तत्पर था उसे आय बहुत थोड़ी होती थी। लोग बाजार में झूठे माप-तौल बनाकर बहुत सा माल बेचते थे। बनिए धूर्त होते।[31] अधर्म बलवान था। धर्मिष्ठ मानव अल्पायु और दरिद्र तथा अधार्मिक

दीर्घायु और समृद्धशाली थे। नगर के उद्यानों में पापी अड्डा जमा लिए थे और पापपूर्ण कार्यों द्वारा प्रजा के साथ दुर्व्यवहार करते थे। थोड़े धन को धरोहर के रूप में रख दिया तो अधिकांश मनुष्य उस धरोहर को हड़प लेते थे। मनुष्य का मांस खानेवाले हिंसक जीव देवालयों में शयन करते थे।[32]

5-6 या 7-8 वर्ष की स्त्रियाँ गर्भधारण करतीं। 7-8 या 10-12 वर्ष के पुरुष को पुत्र होते थे। 16 वर्ष में मनुष्य के बाल पक जाते, मृत्यु हो जाती और तरुणों का शील-स्वभाव बूढ़ों के समान हो गया था। आयु की कमी होने के कारण अपने जीवन-निर्वाह के लिए चारों वर्ण के लोग योग्य शिक्षा नहीं प्राप्त कर पाते थे। स्त्रियाँ अपने योग्य पतियों को धोखा देकर सेवकों और पशुओं से व्यभिचार करतीं। वीर पुरुषों की स्त्रियाँ पति के जीते हुए भी परपुरुषों से व्यभिचार करतीं।[33] कमजोर प्राणी भूख से व्याकुल होकर मर जाते थे।[34] अन्त्यज (चांडाल आदि) क्षत्रिय-वैश्य आदि के काम करते और क्षत्रिय-वैश्य चांडालों के कर्म अपना लिए थे।[35] सतयुग में नारायण के शरीर का रंग श्वेत, त्रेता में पीला, द्वापर में लाल और कलियुग में काला हो गया। कलिकाल में 3 हिस्सा अधर्म और 1 हिस्सा धर्म रहा।[36] पुरुष केवल स्त्रियों से ही मित्रता करते थे।[37] कितने लोग मछली के मांस से जीविका चलाते थे।[38] गायों के नष्ट हो जाने के कारण लोग भेंड़ और बकरी का दूध पीने लगे। व्रती लोभी हो गए।[39] लोग एक-दूसरे को लूटते और मारते थे।[40] लोग नदियों के किनारे की भूमि कुदालों से खोदकर अनाज बोते।[41] ब्राह्मण श्राद्ध में एक-दूसरे के यहाँ भोजन करते थे।[42] पिता पुत्र की और पुत्र पिता की शय्या आदि का उपभोग करते थे।[43] ब्राह्मण वेदों की निन्दा करने लगे। कोरे तर्कवाद से मोहित होकर ब्राह्मण यज्ञ और होम छोड़ दिए[44] । मनुष्य नीची भूमि में (गायों के जल पीने और चरने की जगह) खेती करने लगे। दूध देनेवाली गाय बोझ ढोने के काम में लगा दी गई। बछड़े भी हल जोतने लगे।[45]

पुत्र पिता का और पिता पुत्र का वध करने में संकोच नहीं करते थे। पिता पुत्र के अपराधों को क्षमा नहीं करता और पुत्र भी पिता की बात सहन नहीं करता था। अयोग्य की प्रशंसा होती। म्लेच्छों के समान सभी लोग शुभकर्म और यज्ञादि छोड़ दिए। वे दीनों, असहायों तथा विधवाओं का भी धन हड़प लेते थे।[46] मूर्ख पंडित होता। क्षत्रिय समाज के लिए काँटे बन गए थे। वे प्रजा की रक्षा नहीं करते और उनसे धन ऐंठने का मौका ढूँढ़ते रहते थे। वे मान और अहंकार के मद में चूर रहते और प्रजा को दंड देने के कार्य में अधिक रुचि रखते थे। ऐसा कलियुग के अन्तिम चरण में होने लगा था।[47] सज्जन पुरुषों पर लोग बार-बार आक्रमण करते और उनके धन एवं स्त्रियों का बलपूर्वक उपभोग करते तथा रोने-बिलखने पर भी दया नहीं करते थे। कलियुग का अन्त आने पर कन्यादान नहीं होता बल्कि वर-कन्या स्वयं ही एक दूसरे को चुन लेते थे।[48] मूर्ख राजा सब तरह के उपायों से दूसरे के धन का अपहरण करता था। सभी म्लेच्छ हो गए थे। सगा भाई भी भाई का धन हड़प लेता था। बूढ़ों की बुद्धि बालकों जैसी और बालकों की बुद्धि बूढ़ों जैसी हो गई थी। कायर अपने को शूर और शूर-वीर कायरों की भाँति

दुःख में डूबे रहते थे।[49]

2.3 सभी वर्णवाले एक साथ भोजन करने लगे और धर्म विदा हो गया। ब्राह्मण, क्षत्रिय और वैश्यों का नाम भी नहीं रह गया। सभी एक वर्ण स्वेच्छाचारी एवं म्लेच्छ हो गए। लोग जौ, गेहूँ आदि अनाज पैदा होनेवाले निषिद्ध प्रदेशों में जाकर बस गए।[50] क्रूर होकर लोग बगीचों और वृक्षों को कटवा दिए।[51] शूद्रों से सताए हुए ब्राह्मण भय से पीड़ित थे। उनका कोई रक्षक नहीं था। बेगार लेनेवालों और कर लेनेवालों से पीड़ित होकर वे एकान्त आश्रमों में चले गए और फल-मूल खाकर जीवन-निर्वाह करने लगे।[52] वे नदियों, पर्वतों और दुर्गम स्थानों में आश्रय लिये।[53] राजा के लगाए हुए करों के भार से सदा पीड़ित रहने के कारण वे धैर्य छोड़कर चल दिए और शूद्रों की सेवा में लगे रहकर धर्म विरुद्ध कार्य करने लगे। ऐसा कलियुग के अन्त में होने लगा।[54] शूद्र धर्मोपदेश करते, ब्राह्मण लोग उनकी सेवा में रहकर उसे सुनते और उसी को प्रामाणिक मानकर पालन करने लगे। ऊँच नीच और नीच ऊँच हो गया। लोग हड्डी जड़ी हुई दीवारों की तो पूजा करते और देवविग्रहों को त्याग दिए।[55]

शूद्र द्विजातियों की सेवा नहीं करते। महर्षियों के आश्रमों में, ब्राह्मणों के घरों में, देवस्थानों में, चैत्यवृक्षों के आसपास और नागालयों में जो भूमि होती उस पर हड्डी जड़ी हुई दीवारों का चिह्न होता था किन्तु देवमन्दिर नहीं। सभी मांसखोर और शराबी हो गए। मेघ असमय वर्षा करता।[56] शूद्र ब्राह्मणों का विरोध करते। पृथ्वी म्लेच्छों से भर गई।[57]

बार-बार उल्कापात होते थे। गर्मी बढ़ गई। सूर्य राहु से ग्रस्त हो गया। समय पर वर्षा नहीं होती। फसल नष्ट हो जाती थी।[58] लोग स्वदेश छोड़कर अन्य गाँवों-नगरों में आश्रय लेने लगे।[59]

महाभारत में राजा को कलियुग का कारण बताया गया है।[60] सत्ययुग में लोगों की आयु का मान 4 हजार वर्ष, त्रेता में 3 हजार वर्ष, द्वापर में 2 हजार वर्ष और कलियुग में आयु-प्रमाण की कोई मर्यादा नहीं थी। इस काल में गर्भ के बच्चे मरते और नवजात शिशु भी मृत्यु को प्राप्त होते थे।[61] कलियुग के लोग अल्पतेजस्वी, क्रोधी, लोभी और झूठे होते थे। प्राणियों में ईर्ष्या, मान, क्रोध, माया, दृष्टि-दोष, राग और लोभ आदि दोष रहते थे।[62]

महाभारत में उस काल को कलियुग कहा गया है जब क्षत्रियों को सदा कठोर कर्म करना पड़ता था।[63] सुआचरणवाले ब्राह्मण जीविका के बिना कष्ट में थे।[64] कुछ ब्राह्मण मोहग्रस्त होकर काफी धन एकत्रित कर लिए थे।[65] राजा के कर्मचारी यज्ञ के नाम पर प्रजा को लूटते थे। लोगों को डरा-धमकाकर वे निष्ठुरतापूर्वक धन ले लेते थे।[66] वृद्ध, बालक, दीन और अन्धे असुरक्षित तथा राजा सुरक्षित था।[67] श्रेष्ठ पुरुष, बच्चे और ब्राह्मण भूखे थे। राज्य की उन्नति रुक गई थी और शत्रुओं का प्रभाव बढ़ गया था।[68] रोती-बिलखती स्त्रियों का अपहरण हो जाता और उनके पति-पुत्र रोते-पीटते रह जाते थे। राजा प्रजा की रक्षा करने में समर्थ नहीं था, उसके मन्त्री योग्य नहीं थे।[69] राजा के प्रमाददोष से लुटेरे प्रबल होकर प्रजा को लूटते थे और राजा प्रजा को मदद नहीं करता

तो उसे मूर्तिमान कलियुग कहा गया।[70] ब्राह्मणों को जब घोड़ा, गाय, दासी,अलंकृत हथिनी, गाँव, खेत, घर आदि दान मिलना बन्द हुआ तो कलियुग हो गया।[71] कल्किरूप श्री हरि कलियुग आने पर धर्म की स्थापना के लिए म्लेच्छों का वध किए।[72] कलियुग में सभी वर्णों का मन अपने धर्म से च्युत हो जाता था।[73] गौ की उत्पत्तिकथा सुनकर कलियुग के सारे दोषों से छुटकारा पाया जा सकता था।[74] कलियुग को नन्दिक भी कहा गया है।[75] उस राजा को कलियुग कहा गया है जो प्रजा की रक्षा नहीं करे, प्रजा के धन को लूटता-खसोटता हो और जिसके पास योग्य मन्त्री नहीं हो।[76]

कलियुग में बड़े-बूढ़े सभा में बैठकर बात कहते तो उनकी हँसी उड़ाई जाती थी। ऊँचे आसनों पर बैठे नवयुवक बड़े-बूढ़ों के आने पर न तो उठकर खड़े होते और न प्रणाम कर उनका आदर-सत्कार करते थे। बाप के रहते बेटा मालिक बन बैठा था और शत्रुओं का सेवक बन गया था। पुत्र पिता पर और स्त्रियाँ पतियों पर अत्याचार आरम्भ कर दी थीं। सन्तानों के लालन-पालन पर ध्यान नहीं दिया जाता था। आदमी दैत्य बन गया था। देवताओं, पितरों, गुरुजनों तथा अतिथियों को अन्न दिए बगैर लोग स्वयं भोजन कर लेते थे। रसोइए बिना ढके भोजन छोड़ देते थे। दूध को भी बिना ढके छोड़ देते और घी को जूठे हाथों से छू देते थे।[77]

गृहस्वामिनियाँ घर में इधर-उधर बिखरे हुए कुदाल, दरांती (हँसुआ), पिटारी, कांसे के बर्तन आदि सामानों का देखभाल नहीं करती थीं। नगरों की चहारदीवारी तथा गाँवों के घर गिर गए थे किन्तु इनका मरम्मत नहीं हो पाता था। पशुओं को घर में बाँध दिया जाता और मात्र चारा-पानी देकर, उनकी सेवा नहीं की जाती। बड़े सदस्य खाने की चीजें स्वयं खा लेते और छोटे आस लगाए देखते रहते थे। सेवकों तथा अन्य सब कुटुम्बीजनों को भूखे छोड़कर वे स्वयं खा लेते थे। खीर, खिचड़ी, मांस, पूआ और पूरी आदि भोजन अपने खाने के लिए बनवाते थे और मांस खाते थे। लोग सूर्योदय होने तक सोए रहते थे। घर-घर में दिन-रात कलह मचा रहता था। लोग आश्रमवासी तथा महात्माओं से भी द्वेष रखते थे।[78]

लोगों के यहाँ वर्णसंकर सन्तानें होने लगीं। किसी में पवित्रता नहीं रह गई। वेदों के विद्वान ब्राह्मण वेद की एक ऋचा भी नहीं जानते थे। दासियाँ सुन्दर हार एवं अन्य आभूषण पहनकर मनोहर वेष धारण करतीं और दुराचारिणी स्त्रियों की भाँति चलती-फिरती, खड़ी होतीं और कटाक्ष करती रहती थीं। वे सारे कुकृत्य करती थीं। क्रीड़ा, रति और विहार के अवसरों पर वहाँ की स्त्रियाँ पुरुषवेष धारण करके और पुरुष स्त्रियों का वेष बनाकर एक-दूसरे से मिलते और बड़े आनन्द का अनुभव करते थे। ब्राह्मणों की सम्पत्ति छीन ली जाती थी। बाल की नोक के बराबर स्वार्थ के लिए लोग अपने मित्रों तक की सम्पत्ति नष्ट कर देते थे।[79]

व्यापारी सदा ठगने में लगे रहते। ब्राह्मण, क्षत्रिय, वैश्य और शूद्र अपने धर्म का पालन नहीं करते थे। गुरु की सेवा शिष्य नहीं करना चाहता था; वह गुरु का उपदेश भी नहीं मानता था। कुछ गुरु शिष्यों को मित्र बना लिए थे। माता-पिता की प्रभुता घर

में समाप्त हो गई थी; वे वेटों से अन्न की भीख माँगते थे। वेदवेत्ता और ज्ञानी लोग खेती आदि कार्यों में संलग्न हो गए हैं। मूर्ख लोग श्राद्ध का अन्न खाते थे। गुरु शिष्य की सेवा और सन्देशवाहक का काम करते थे। सास-ससुर के सामने बहू सेवकों पर शासन करती थी। वह पति को आदेश देती और सबके सामने पति को बुलाकर बात करती थी। स्त्रियाँ अपने पतियों की सेवा छोड़ दी थीं। स्त्री अपने पति से और पति अपनी स्त्री से सन्तुष्ट नहीं था। पिता डरकर अपना सारा धन, पुत्रों में बाँट देते और स्वयं कष्ट से जीवन बिताते थे। किसी के यहाँ आग लगने पर या चोरी होने पर हितैषी ही द्वेषवश उसकी हँसी उड़ाते थे। कुल का आचार्य यदि निर्धन होता तो उसे निरन्तर शिष्यों की डाँट-फटकार सुननी पड़ती थी। शिष्य गुरुपत्नीगामी हो गए थे।[80]

कलियुग में कहीं-कहीं धर्म का एक ही चरण शेष रह गया।[81] चारों वेदों का अध्ययन करने के बाद भी ब्राह्मण पतित से दान लेता था।[82] लज्जा का परित्याग करके लोग, धान, जौ, तिल, उड़द, कुलसी, सरसों, चना, मटर, मूँग, गेहूँ, तीसी आदि अनाजों की चोरी करते थे।[83] एक व्यक्ति को कन्यादान करने के बाद पुनः दूसरे को उसी कन्या का दान लोग कर देते थे।[84] शूद्र जाति का पुरुष ब्राह्मणी के साथ समागम करता था।[85] लोग दही, घी, पूआ, खीर, लोहा, चाँदी का बर्तन, ऊनी वस्त्र, अंशुक (महीन कपड़े), सूती वस्त्र, चन्दन, इत्र चुरा लेते थे।[86] धन के लोभ में निहत्थे को लोग हथियार से मार डालते थे। वे धन के लिए ब्राह्मणों को भी मार डालते थे।[87] पुरुष स्त्री की हत्या कर डालता था।[88] ये सभी कुकर्म स्त्रियाँ भी करती थीं।[89] पुत्र माता-पिता की हत्या करते थे। नारियाँ अपने बेटों से मिलकर पति की हत्या करा देती थीं।[90] फूटे बर्तन में कलियुग का वास कहा गया है।[91]

2.4 परशुराम ने 21 बार पृथ्वी को क्षत्रियरहित कर दिया तो क्षत्रिय-नारियों ने पुत्र की अभिलाषा से ब्राह्मणों की शरण ग्रहण की। हजारों क्षत्राणियों ने ब्राह्मणों से गर्भधारण किया और बलशाली क्षत्रियकुमारों तथा कुमारियों को जन्म दिया। इस प्रकार तपस्वी ब्राह्मणों द्वारा क्षत्राणियों के गर्भ से सन्तानों की उत्पत्ति हुई। पुनः ब्राह्मणप्रधान 4 वर्ण प्रतिष्ठित हुए।[92] चारों तरफ सत्ययुग छा रहा था।[93] पृथ्वी जब बिना जोते-बोए ही अनाज पैदा करती और सभी वर्ण के लोग अपने-अपने धर्म का पालन करते थे तो सत्ययुग था।[94]

सत्ययुग में महानपराक्रमी तथा चारों समुद्रों से घिरी हुई समूची पृथ्वी के पालक राजा दुष्यन्त थे।[95] उनके पिता का नाम इलल था।[96] दुष्यन्त ने महर्षि कण्व की पुत्री शकुन्तला[97] से गान्धर्व विवाह[98] और एकान्तवास [99] किया। वे शकुन्तला को वहीं छोड़कर राजधानी लौट गए कि चतुरंगिणी सेना भेजकर उसी के साथ शकुन्तला को उसके बच्चे के साथ राजभवन बुलाते।[100] शकुन्तला का पुत्र भरत[101] 12 वर्ष का हो गया किन्तु दुष्यन्त ने उन्हें बुलाने के लिए किसी आदमी को नहीं भेजा।[102] तब शकुन्तला अपने पुत्र के साथ स्वयं दुष्यन्त के राजसभा में उपस्थित हुई और अपने अधिकार की बात की तो दुष्यन्त ने उसे पहचानने से साफ इनकार कर दिया और काफी अपमानित किया;

उसे दुष्ट और व्यभिचारिणी कहा। देवताओं के सहयोग से उसे अपना अधिकार काफी कठिनाई के बाद मिल पाया।[103]

कलियुग में मनुष्यों के असंयमी और कामी होने से नियोग वर्जित था। कुन्ती की सौत माद्री को नियोग द्वारा एक पुत्र पैदा करने की अनुमति मिली किन्तु उसे नकुल एवं सहदेव नामक दो पुत्र देववैद्य अश्विनी कुमारों के संयोग से हुए। तब कुन्ती ने अपने पति पांडु से कही कि वह माद्री द्वारा ठगी गई। कुन्ती को डर हो गया कि माद्री के कारण उसका तिरस्कार न हो।[104]

पांडु की मृत्यु के पश्चात् सुख के दिन बीत गए। बड़ा भयंकर समय उपस्थित हुआ। उत्तरोत्तर बुरे दिन आ रहे थे। पृथ्वी की जवानी चली गई। छल-कपट और माया का बोलबाला हो गया। संसार में अनेक प्रकार के दोष प्रकट हुए। धर्म, कर्म तथा सदाचार का लोप हो गया। दुर्योधन के कारण पृथ्वी वीरों से शून्य हो गई।[105] द्वापर में क्षत्रिय (पांडव) भिक्षा माँगकर अपनी जीविका चलाते थे।[106] शूद्र ब्राह्मणी या क्षत्राणी से सम्बन्ध स्थापित कर सन्तान उत्पन्न करते थे।[107] एक स्त्री (द्रौपदी) के कई पति (पांडव) थे। द्रुपद ने इसे लोक और वेद के विरुद्ध कहा है।[108] कलियुग के पूर्व सत्ययुग, त्रेता और द्वापर में पाई गई व्यवस्था-विरुद्ध त्रुटियों से व्यापक सम्बन्ध ब्राह्मण एवं क्षत्रियों का रहा, अतः ये बुरा काल नहीं माने गए किन्तु वैश्य और शूद्र जब व्यवस्था-विरुद्ध कार्य करने लगे तो उसे नापसन्द करते हुए कलियुग कहा गया। ब्राह्मण एवं क्षत्रिय का एक बड़ा वर्ग भी वैदिक वर्णव्यवस्था का उल्लंघन करने लगा तो घोर कलियुग हो गया। ब्राह्मण या क्षत्रियों द्वारा किए गए कुकर्मों का परिणाम जब बुरा दिखाई देता था तो उसे यह कहकर लीपने-पोतने का प्रयास किया गया कि विधाता ने जो भाग्य में लिख दिया है, उसे कोई बदल नहीं सकता।[109] किन्तु मौका मिलते ही वे सभी अच्छे-बुरे मनपसन्द कार्यों को करते रहते थे। कोई भी भाग्यभरोसे बैठा नहीं, कौरव-पांडव युद्ध हुए।

सत्ययुग में ही शकुन्तला कहती है कि जो दुर्जन था वह स्वयं सज्जन पुरुष की बात करता था। सत्यरूपी धर्म से भ्रष्ट व्यक्ति विषधर सर्प के समान भयंकर था, नास्तिक भी उससे भय खाता था।[110] कलियुग के पूर्व ही बुढ़ापे में कामकाज करने की शक्ति नहीं रहने पर पुरुषों को युवतियाँ तथा स्वामी को जीविका पानेवाले सेवक भी तिरस्कार करते थे।[111] काशीराज की तीन कन्याओं का भीष्म ने हरण कर लिया।[112] राजनीति और अर्थशास्त्र के पंडित कणिक ने पांडवों के विरुद्ध धृतराष्ट्र को उपदेश दिया कि वश में आए हुए शत्रु (पांडव) के प्रति दया नहीं दिखानी चाहिए। जो शत्रु सेवक बन जाता उसे भी जीवित नहीं छोड़ा जाता था। अग्निहोत्र और यज्ञ करके, गेरुए वस्त्र, जटा और मृगचर्म धारण करके राजा पहले लोगों में विश्वास उत्पन्न करता था और अवसर देखकर भेड़िए की भाँति शत्रुओं पर टूट पड़ता था।[113] पुत्र, भाई, मित्र, पिता अथवा गुरु इनमें से जो शत्रुवत व्यवहार करता उसे वैभव चाहनेवाला राजा अवश्य मार डालता था। सौगन्ध खाकर, धन अथवा जहर देकर धोखे से भी शत्रु को मार डाला जाता था।[114] नीतिज्ञ राजा लोगों को फल की आशा दिलाता किन्तु उसकी पूर्ति नहीं करता

था। लोगों के स्वार्थसिद्धि में वह विघ्न डालता या विलम्ब करता था। स्वार्थ-साधकों की दुराशा को वह पूरा नहीं होने देता था। स्वार्थी को वह दुश्मन मानता था। संकट में पड़ा राजा कोई भी कर्म करके अपनी स्थिति ठीक करने का प्रयास करता था। जिसकी बुद्धि भ्रष्ट हो जाती थी उसे शान्त करने के लिए होशियार शासक राजा नल और रामचन्द्र आदि का जीवन वृत्तान्त सुनाते थे। जिसकी बुद्धि अच्छी नहीं थी, जो अल्पबुद्धिवाला था, उसे भविष्य में लाभ की आशा दिलाकर तथा विद्वान पुरुष को तत्काल ही धनादि देकर राजा उन्हें शान्त करता था।[115]

अत्यन्त क्रूरकर्म किए बिना तथा बहुतों के प्राण लिये बिना भारी सम्पत्ति प्राप्त करना सम्भव नहीं था। शत्रु की सेना दुर्बल, रोगग्रस्त, जल या कीचड़ में फँसी, भूख-प्यास से पीड़ित और सब ओर से जब विश्वस्त होकर निश्चेष्ट पड़ी रहती तभी राजा उन पर प्रहार करता था। राजा यदि किसी को किसी बात या चीज की आशा देता तो वह इसे शीघ्र पूरा न करके काफी समय तक लटकाए रखता था। जब उसे पूरा करने का समय आता तो उसमें कोई विघ्न डाल देता और इस प्रकार समय की अवधि को बढ़ा देता था। विघ्न के कारण को होशियारी से वह सिद्ध भी कर देता था।[116] चूँकि इन चालबाजियों से अवकाशभोगी जुड़ा और लाभान्वित था, अतः ये सारी बातें कलियुग से पूर्व द्वापर की बताई गई। दूसरी तरफ कलियुग में जब वैश्य और शूद्र शासक होने लगे तो कहा जाने लगा कि जो प्रजा की रक्षा नहीं करता, केवल उसके धन को लूटता-खसोटता रहता था तथा जिसके पास कोई नेतृत्व करनेवाला मन्त्री नहीं था, वह राजा नहीं कलियुग था।[117] राष्ट्र का अधिक दोहन करने से राजा दरिद्र हो जाता था।[118] राजा या राजकीय कर्मचारी कोई न कोई बहाना करके प्रजा का धन अपहरण करता रहता तो यह राजा के विनाश का सूचक था।[119] दोषी को दंडित करने से हिचकिचानेवाला नपुंसक और बुद्धिहीन शासक माना जाता था।[120] मगर, मत्स्य एवं अन्य जानलेवा जीव राजनीति के राजकीय पुरुष थे। दुष्ट अधिकारियों के कारण किसी भले मनुष्य का रहना मुश्किल था। राजारूपी दुर्ग के प्रकोप से बचने का उपाय विद्वान पुरुष भी नहीं जानते थे। राज्य गहन अन्धकार से आछन्न और दुःख से परिपूर्ण था।[121] भले-बुरे सब एक समान थे। बुराई करनेवाले और भलाई करनेवाले का भी वध हो सकता था। राजा की कृपा से जो मन्त्री बने वे कपटभाव रखकर राजा के हित का ही विनाश करना चाहते थे।[122] जाति और कुल में सब एक समान हो सकते थे परन्तु उद्योग, बुद्धि और रूप-सम्पत्ति में सबका एक-सा होना सम्भव नहीं था।[123]

एक समय ऐसा आया जब प्रजा भूख से पीड़ित हो भोजन की इच्छा से एक-दूसरे को मारकर खाने लगी। समस्त प्राणियों का नाश करने के लिए अधर्म प्रकट हो चुका था।[124] अधर्म की स्त्री निर्ऋति से भय, महाभय और मृत्यु नामक तीन पुत्र हुए। उल्लू, बाज, मुर्गा, गीध, हंस, कलहंस, चक्रवाक, तोता, मृग, रीछ, सृमर (छोटी जाति के मृग), हाथी, लंगूर, गाय, बैल, घोड़ा, नाग, पन्नग आदि का जन्म हुआ।[125] दानवों का राजा जरासन्ध, असुर अशोक और उसका भाई दैत्य हार्दिक्य, दैत्यों में प्रसिद्ध असुर पौरव,

वाह्नीक वंशी दैत्यराजा प्रह्लाद, कम्बोज देश का राजा दैत्यश्रेष्ठ चन्द्रवर्मा, अनूपदेश का राजा असुर मृतपा, द्रूमसेन, दानवराज काशीराज, पांड्यदेश का राजा, मगध देश का राजा जयत्सेन, निषादनरेश, कलिंगनरेश कुहर, कंस, कलि का अंश दुर्योधन, दुःशासन, शिखंडी आदि को नाशक बताया गया है।[126] जब द्वापर और कलियुग की सन्धि का समय आया तो समन्तपंचक क्षेत्र में [127] कौरवों और पांडवों की सेनाओं में परस्पर युद्ध हुआ।[128]

2.5 धार्मिक रूप से ताकतवर तत्वों को अपने में मिलाने का प्रयास भी किया गया। इसका ज्लवन्त उदाहरण ऋषि-महर्षि हैं। शायद ही कोई प्राचीन ऋषि-मुनि दिखाई देता है जिसे ब्राह्मण कहा जा सके। *महाभारत* में शासकवर्ग से जुड़े जितने पात्र हैं उनमें से शायद ही कोई क्षत्रिय था। *महाभारत* के प्रसिद्ध नायक कृष्ण की मृत्युदिन से कलियुग का प्रारम्भ बताया गया किन्तु कृष्ण के जीवनकाल में ही कलियुग की विशेषता दिखाई देने लगती है। इस विचार के पक्ष में प्रस्तुत है महाभारत के प्रमुख पात्रों का जन्म और जाति की सूची :

क्र.सं.	माता	पिता	सन्तान	स्रोत
1.	यज्ञाग्नि	अनजान	धृष्टद्युम्न	आदिपर्व, 63.109
2.	यज्ञाग्नि	अनजान	द्रौपदी	63. 110
3.	ब्रह्मा का दाहिना अँगूठा	अनजान	दक्ष ऋषि	66.10
4.	ब्रह्मा का बायाँ अँगूठा	अनजान	दक्ष ऋषि की पत्नी	66.11
5.	ब्रह्मा की छाती	अनजान	धर्मदेव मुनि	66.26
6.	ब्रह्मा का दायाँ छाती	अनजान	मानव रूप में धर्म	66.31
7.	ब्रह्मा का हृदय	अनजान	भृगु	66.42
8.	आरुसी का जंघा	च्यवन ऋषि	और्य (पुत्र)	66.46
9.	यज्ञाग्नि	भरत	भूमन्यु	94.22
10.	अग्नि (सूर्यकन्या ताप्ती)	संवर्ण	कुरु	94.48
11.	पर्वत-गुहा	भरद्वाज ऋषि	द्रोण	63.106; 129.37-38
12.	सरकंडा	गौतमगोत्रिय शरद्वान	कृपि पुत्री कृप पुत्र	63.107; 129. 12-13
13.	मांसकुंड	धृष्टराष्ट्र ?	कौरव सौ भाई	114. 23-28
14.	दिति	अनजान	हिरण्यकशीपु	65.17
15.	घृत एवं मांसकुंड	धृष्टराष्ट्र ?	दुशाला (कौरवों की अकेली बहन)	115. 17-18
16.	सरकंडा	गौतममुनि	सरदवान गौतम	129.23
17.	अग्नि	अनजान	अग्निवेश मुनि	129.40
18.	अग्नि	द्रुपद	धृष्टद्युम्न पुत्र और पुत्री पंचाली	166.44 एवं 53

क्र.सं.	माता	पिता	सन्तान	स्रोत
19.	मछली	वसु	राजा मत्स्य	63.58-63
20.	मछली	वसु	गन्धवती (मत्स्य गन्धा या सत्यवती)	63.86

II

21.	अनजान	भीम	सुतसोम	63.123
22.	अनजान	अर्जुन	श्रुतकीर्ति	वही
23.	अनजान	नकुल	शतानीक	वही
24.	अनजान	सहदेव	श्रुतसेन	वही
25.	अनजान	भीम	हिडिम्बा	63.124
26.	अनजान	द्रुपद	शिखंडी (स्त्री-पुरुष)	63.125
27.	अनजान	ब्रह्माजी	मरीचि	65.10
28.	अनजान	ब्रह्माजी	अत्री	वही
29.	अनजान	ब्रह्माजी	अंगिरा	वही
30.	अनजान	ब्रह्माजी	पुलसत्य	वही
31.	अनजान	ब्रह्माजी	पुलह	वही
32.	अनजान	ब्रह्माजी	क्रतु	वही
33.	अनजान	मरीचि	कश्यप	65.11
34.	अनजान	ब्रह्माजी	दक्ष	वही
35.	अनजान	प्रजापति दक्ष	13 पुत्रियाँ	65.12
36.	अनजान	भृगुऋषि	शुक्राचार्य	65.36
37.	अनजान	पुलस्त्यमुनि	राक्षस, बन्दर, किन्नर एवं यक्ष	66.7
38.	अनजान	अदिति	इन्द्र एवं विष्णु	66.36
39.	अनजान	भृगुऋषि	च्यवन ऋषि	66.45
40.	अनजान	मनु	अरुसीपुत्री	66.46
41.	अनजान	और्य	ऋचीका	66.47
42.	अनजान	जमदाग्नि	परशुराम	66.48
43.	अनजान	शूरसेन	वासुदेव एवं पुत्री पृथा या कुन्ती	64.129 एवं 137
44.	अनजान	कश्यप	विवस्वान	75.10
45.	अनजान	विवस्वान	मनु एवं वैवस्त्व	75.12
46.	अनजान	शुक्राचार्य	देवयानी	78.19; 95.8
47.	अनजान	पुरूरवा	आयु	95.7

क्र.सं.	माता	पिता	सन्तान	स्रोत
48.	अनजान	आयु	नहुष	वही
49.	अनजान	नहुष	ययाती	वही
50.	अनजान	वृषपर्व	पुत्री शर्मिष्ठा	95.8
51.	अनजान	यदु	यादव	वही
52.	अनजान	पुरू	पौरव	वही
53.	अनजान	पृपत या भूपाल ऋषि	द्रुपद	129.41-43
54.	अनजान	गन्धारराज सुबाल	पुत्र शकुनि एवं पुत्री गन्धारी	63.11
55.	अनजान	युधिष्ठिर		63.123
56.	अनजान	अदिति		65.17
57.	अनजान	हिरण्यकश्यप	प्रह्लाद एवं 4 पुत्र	65.18
58.	अनजान	प्रह्लाद	वीरोचन एवं 2 पुत्र	65.19
59.	अनजान	वीरोचन	बाली	65.20
60.	अनजान	बाली	वनसुर (महाकाल)	वही
61.	अनजान	नहुष	ययाति	85.1 एवं 21
62.	अनजान	यदु	यादव क्षत्रिय	85.34
63.	अनजान	द्रुह्यु	भोज	वही
64.	अनजान	अनु	म्लेच्छ	वही
65.	अनजान	पुरू	पौरव	85.35
66.	अनजान	रीच्छ	सौमवर्ण	94.33
67.	अनजान	अश्ववान (आवीक्षीत)	परीक्षित, पराक्रमी, सबलस्व, अदीराज, वीरज, महाबली, सल्मली, उच्चैश्रय, भंगकर एवं जीतरी	94.52-53
68.	अनजान	परीक्षित	कक्षसेन, उग्रसेन, चित्रसेन, इन्द्रसेन, सुसेन एवं भीमसेन	94.54
69.	अनजान	मनु	इला	95.7

III

70.	अविवाहित सत्यवती शूद्रा	पराशरमुनि	द्वैपायन व्यास ऋषि	63.86
71.	शूद्र स्त्री	द्वैपायन व्यास	विदुर	63.115; 104.28
72.	शूद्र कन्या	ब्राह्मण	विदुर की पत्नी	113.12-13
73.	वैश्यकन्या	धृतराष्ट्र	युयुत्सु	63.118
74.	सुरभि	कश्यप	गाय	99.8

नियोग IV

75.	गंगा	8वें वसु	भीष्म	63.91
76.	वृहस्पति की बहन	8वें वसु	विश्वकर्मा	66.28
77.	मेनका (स्वर्गाप्सरा)	विश्वमित्र	शकुन्तला	72.8-12
73.	विधवा अम्बिका	कृष्ण द्वैपायन व्यास	धृतराष्ट्र	63.113; 104.13-15
79.	विधवा अम्बालिका	कृष्ण द्वैपायन व्यास	पांडु	63.114; 104.21
80.	केसिनी (पत्नी नहीं)	अजमीढ़	जह्म व्रजना एवं रूपीना	94.32
81.	कुन्ती	सूर्य	कर्ण	63.98
82.	कुन्ती	धर्म	युधिष्ठिर	63.116-17
83.	कुन्ती	वायु	भीम	वही
84.	कुन्ती	इन्द्र	अर्जुन	वही
85.	माद्री (वैश्य कन्या और पांडु की पत्नी	अश्विनी कुमार	नकुल	वही एवं 114.1
86.	माद्री	अश्विनी कुमार	सहदेव	वही एवं 114.1

V

87.	सुश्रुवा	जयत्सेन	अवचीन	95.17
88.	मर्यादा	अवचीन	अरिह	95.18
89.	अंगदेश की राजकुमारी	अरिह	महाभौम	95.19
90.	सुयज्ञा	महाभौम	अयुतनायी	95.20
91.	कामा	अयुतनायी	अक्रोधन	95.21
92.	कृपी	द्रोणाचार्य	अश्वत्थामा	129.45-47
93.	चित्रांगदा	अर्जुन	बभ्रुवाहन	216.24
94.	सुभद्रा	अर्जुन	अभिमन्यु	63.121
95.	संज्ञा	सूर्य	अश्विनी कुमार	66.35
96.	शकुन्तला	दुष्यन्त	भरत	74.1-2
97.	वाहिनी	कर्ण	अश्ववान (अविक्षित) अभिष्यन्त, चैत्ररथ, मुनि एवं जनमेजय	94.50-51
98.	देवयानी	ययाति	यदु एवं तुर्वसु	95.09
99.	शर्मिष्ठा (दूसरी पत्नी)	ययाति	द्रुह्यु, अनु एवं पुरु	83.10; 95.9
100.	अनन्ता	जनमेजय	प्राचिन्वान्	95.12
101.	अश्मकी	प्राचिन्वान्	संयाति	95.13
102.	वरांगी	संयाति	दृषद्वान	95.14
103.	भानुमती	अहंयाति	सार्वभौम	95.15

क्र.सं.	माता	पिता	सन्तान	स्रोत
104.	सुनन्दा	सार्वभौम	जयत्सेन	95.16
105.	सुहोत्र	ऐक्ष्वाकी	अजमीढ़, सुमीढ़ एवं पुरुमीढ़	94.30
106.	दुष्यन्त	परमेष्ठी	सभी पुत्र पांचाल	94.33
107.	धूमिनी	अजमीढ़	ऋक्ष	94.32
108.	नीली	अजमीढ़	दुष्यन्त	वही
109.	भुमन्यु	पुष्करिणी	दिविरथ, सुहोत्र, सुहोता, सुहवि, सुयजु तथा ऋचीक	94.24-25
110.	मांसपिंड के सौ टुकड़ों से		कौरव (100 भाई)	114.20-23

2.6 *कृष्ण*

जिस कृष्ण को द्वापर का नायक माना गया वह क्या था ? महाभारत का युद्ध समाप्त हो चुका था। कौरवों की बुरी तरह हार हुई; सभी पांडवों द्वारा मार दिए गए। कृष्ण का जय-जयकार हुआ; उसे अलौकिक शक्तिवाला समझा गया। यह महायुद्ध मात्र 5 गाँवों को लेकर हुआ था।[129] भाई-बन्धुओं के बीच होनेवाले इस युद्ध का कारण *महाभारत*[130] में दुर्योधन को बताया गया। कलियुग के अंश के रूप में उसका जन्म हुआ था। उसने सारी पृथ्वी के वीरों को लड़वाकर मरवा दिया।[131] किन्तु *ब्रह्मवैवर्तपुराण*[132] में इस युद्ध का मुख्य खलनायक कृष्ण को बताया गया। इस पुराण[133] के अनुसार कृष्ण ने शिव की पत्नी दक्षकन्या का हरण किया। उसने दैत्यों द्वारा देवों का और देवों द्वारा दैत्यों का परस्पर विरोध कराया। रुक्मिणी के अलावा उसने कालिन्दी, सत्यभामा, सत्या, नाग्निजिती, सती, जांबवती आदि से विवाह किया और प्रत्येक से क्रमशः दस पुत्र और एक पुत्री हुई। हस्तिनापुर में राजा और सामन्तों से दक्षिणा प्राप्त कर कृष्ण ने राजसूय यज्ञ कराया और इसके बाद कौरवों और पांडवों से युद्ध कराया। दूर से ही चाल चलकर उसने कालयवन को मारकर उसका धन ले लिया और द्वारका में धनी कहलाने लगा। उसे वैश्य और गोपालों का जूठन खानेवाला बताया गया है। वह न तो क्षत्रिय था, न वीर, न कुलीन, न पवित्र, न दाता, न धनाढ्य और न जितेन्द्रिय।

कृष्ण के पिता ने शंवरासुर को मारकर उसकी पत्नी का अपहरण किया और उसी स्त्री से कृष्ण का जन्म हुआ। कृष्ण के पितामह वासुदेव मथुरा में क्षत्रिय, गोकुल में वैश्यपुत्र और नाम से नन्द का पुत्र था। वह वृन्दावन में नन्दगोप के पशुओं का चरवाहा था। कौरवों और पांडवों में उसने भयंकर युद्ध कराकर युधिष्ठिर के यज्ञ में शिशुपाल, शाल्व और जरासन्ध को मार दिया। माता के भाई (मामा) को मारकर उसका सर्वस्व ले लिया। उसने युद्ध में भालू (जंबवान) को जीतकर उसकी कन्या को ले लिया। उसके पिता की बहन कुन्ती चार पुरुषों की कामिनी बनी। उसके भाई की पत्नी द्रौपदी पाँच

पुरुषों की कामिनी थी। वह गायों के स्थान में रहनेवाला लम्पट था। उसका भाई बलदेव नित्य बारुणी मदिरा पीता था और भाई की पत्नी यमुना को इच्छानुसार बुलाता था। इसीलिए कुन्ती-पुत्र अर्जुन ने उसकी बहन (अपने मामा की पुत्री) सुभद्रा का अपहरण कर लिया। यही थी कृष्ण की वंश परम्परा। वह मायावी ठग था। व्यक्ति द्वारा व्यक्ति को जीताकर और बलवान के साथ दुर्बल को भिड़ाकर उसने राजाओं का महाविनाश किया। दुर्योधन, जरासन्ध तथा अन्य दुर्बल राजा को भीम के द्वारा मरवाया। द्रोण, भीष्म, कर्ण आदि को अर्जुन से मरवाया। शिशुपाल, दन्तवक्र, चिररोगी, कंस, नरकासुर और दुर्बलकेशी तथा मुर नामक दैत्यों को सहसा छल करके स्वयं मार दिया। उसने पूतना और कुब्जा को मार डाला और स्त्रीघाती था। वस्त्र के लिए उसने शिष्ट रजक (धोबी) को मार दिया। उसे कामिशास्त्र का विद्वान और रतिचोर कहा गया।[134] चरित्रहीन होने के कारण राधा उसे दास कहती थी।

कौरवों की पराजय और पांडवों की विजय प्राप्ति के पश्चात् मदिरा पीकर कृष्ण के कई सम्बन्धी आपस में मारपीट करके मर-कट गए। कृष्ण का पुत्र प्रद्युम्न भी मारा गया।[135] इस संहार के बाद बलराम वन में तपस्या करने चला गया। कृष्ण भी बलराम के पास तपस्या करने गया। जब वह योगयुक्त होकर सो रहा था तो एक शिकारी ने मृग समझकर कृष्ण पर बाण छोड़ दिया जो उसके तलवे में घाव कर दिया और इसी से उसकी मृत्यु हो गई।[136] देवकी, भद्रा, रोहिणी एवं मदिरा नामक कृष्ण की चारों शेष पत्नियाँ चिता पर बैठकर भस्म हो गई।[137] कृष्ण की शेष हजारों स्त्रियों एवं कन्याओं को जो अर्जुन के संरक्षण में थीं, लुटेरों ने अपहरण कर लिया। उन्हें अर्जुन नहीं बचा सका। किसी तरह जो बच गईं उन्हें अर्जुन ने जहाँ-तहाँ बसा दिया।[138] माखन चुराकर खानेवाले, कालिया नाग को मारनेवाले, गोपियों के साथ रासलीला करनेवाले, गीता का उपदेशक और पांडवों को भारी जीत दिलानेवाले कृष्ण का अन्त *महाभारत* के अनुसार इसी दीन दशा में हो गया।

2.7 पांडव

पांडवों ने अपनी पत्नी द्रौपदी को दाव पर उस समय लगाए जब वह पाँच पुत्रों की माँ थी। युधिष्ठिर से प्रतिविंध्य, भीमसेन से सुतसोम, अर्जुन से श्रुतकीर्ति, नकुल से शतानीक और सहदेव से श्रुतकर्मा नामक पुत्र थे। कुन्तीपुत्रों के समक्ष ही द्रौपदी कौरवों की सभा में केश पकड़कर घसीटकर लाई गई और दासी के समान उपभोग की गई थी।[139] महाभारत-युद्ध के 35 वर्षों के पश्चात् पांडवों के दुःखद अन्त की कहानी का प्रारम्भ हो गया।[140] इनके अधिकांश सम्बन्धी मदिरा पी-पीकर आपस में लड़ने लगे और एक दूसरे की जान मारने लगे।[141] लुटेरे राजपरिवार के सदस्यों को लूटते थे। वे आभूषण, छत्र, ध्वजा और कवच चुराकर भाग जाते थे। कृष्ण के सामने ही बलराम, सात्यकि, गध और बभ्रु मदिरापान करते थे।[142] ये सब आपस में लड़कर एक दूसरे का अन्त कर डाले।

कृष्ण का पुत्र प्रद्युम्न भी मारा गया। बलराम एकान्तवास को चले और कृष्ण भी। एक व्याध द्वारा कृष्ण मारा गया। उसकी सभी स्त्रियाँ अर्जुन के शरण में गईं। यदुओं का पूर्ण विनाश हुआ।[143]

द्वारका बाढ़ से डूबनेवाला था, अतः पांडव कृष्ण की 16 हजार स्त्रियों-कन्याओं के साथ इन्द्रप्रस्थ जाने लगे।[144] और भी काफी लोग थे। अर्जुन जब पंचनद देश पहुँचे तो इतनी अनाथ स्त्रियों को देखकर वहाँ के लुटेरों के मन में लोभ पैदा हो गया। ये हजारों की संख्या में दौड़े और अर्जुन पर आक्रमण कर दिए। सुन्दर-सुन्दर स्त्रियों को चारों ओर से खींच-खींचकर वे ले जाने लगे। सैकड़ों स्त्रियाँ तो डरकर स्वयं लुटेरों के साथ चली गई। अर्जुन इन स्त्रियों को बचाने में असफल रहे। इस अपहरण से बची हुई स्त्रियों को अर्जुन ने जहाँ-तहाँ बसा दिया। कृतवर्मा के पुत्र को और भोजराज के परिवार की अपहरण से बची हुई स्त्रियों को अर्जुन ने मार्तिकावत नगर में बसा[145] दिया। वृद्धों, बालकों तथा अन्य स्त्रियों को उन्होंने इन्द्रप्रस्थ में बसा दिया। सात्यकि के पुत्र यौयुधानि को सरस्वती के तटवर्ती देश का निवासी बना दिया और वृद्धों तथा बालकों को उनके साथ कर दिया। वज्र को इन्द्रप्रस्थ का राज्य उन्होंने दिया। रुक्मिणी, गान्धारी, शैवा, हैमवती तथा जाम्बवती पति (कृष्ण) के शोक में सती हो गई। कृष्णप्रिया सत्यभामा तथा अन्य स्त्रियाँ तपस्या करने वन में चली गईं।[146] कृष्ण का पौत्र वज्र इन्द्रप्रस्थ और परीक्षित हस्तिनापुर के शासक बनाए गए।

युधिष्ठिर, भीम, अर्जुन, नकुल, सहदेव और द्रौपदी वल्कल धारण करके सब कुछ त्यागकर महायात्रा पर निकल पड़े।[147] सभी धनुषों में श्रेष्ठ गांडीव धनुष को अर्जुन ने पानी में फेंक दिया क्योंकि यह शक्तिहीन हो चुका था। हिमालय पहाड़ के दक्षिण-पश्चिम की ओर पांडव चले। रेगिस्तान में पहुँचते ही भूखी-प्यासी द्रौपदी गिर पड़ी और उसके प्राणान्त हो गए। भीम ने इसका कारण धर्मराज से पूछा तो उन्होंने कहा–'द्रौपदी के मन में अर्जुन के प्रति विशेष पक्षपात था।' गर्मी से परेशान सहदेव गिर गए और उनकी भी मृत्यु हो गई। इसका कारण बताते हुए धर्मराज ने कहा–'वह किसी को अपने जैसा विद्वान नहीं समझता था। अतः इसी दोष से उसका पतन हुआ है।' नकुल की मृत्यु, भूख-प्यास से हो गई। धर्मराज ने इसका कारण बताया कि उसे अपने रूप पर बड़ा घमंड था। इन तीनों की मृत्यु देख अर्जुन शोक से इतना सन्तप्त हुए कि वे गिर पड़े और उनकी भी मृत्यु हो गई। भीम द्वारा पूछने पर युधिष्ठिर ने इसका कारण बताया कि अर्जुन को अपनी शूरता पर इतना अभिमान था कि उसने सम्पूर्ण धनुर्धरों का अपमान किया था।

भीम भी मरुभूमि में गिरे और उनका प्राणान्त हो गया। धर्मराज युधिष्ठिर से अन्तिम साँस में भीम ने ही इसका कारण पूछा तो उन्होंने कहा–'तुम्हें अपने बल पर बड़ा अभिमान था। तुम अपने सामने दूसरों को कुछ नहीं समझते थे।' धर्मराज युधिष्ठिर बच गए। किन्तु उन्हें अकेले जीवित रहना सम्भव नहीं था। उनका कहना था कि द्रौपदी तथा अपने भाइयों को जीवित करना उनके वश की बात नहीं थी, अतः पानी बिना मर जाने पर उन्हें त्यागना था ही। अन्त में प्यास से युधिष्ठिर की भी मृत्यु हो गई।[148]

मरने के बाद पांडव जब स्वर्ग में पहुँचे तो सर्वप्रथम धर्मराज युधिष्ठिर की दृष्टि दुर्योधन पर पड़ी जो स्वर्गीय शोभा से सम्पन्न हो तेजस्वी देवताओं तथा पुण्यकर्मा साध्यगणों के साथ एक दिव्य सिंहासन पर बैठकर सूर्य के समान देदीप्यमान हो रहा था। आश्चर्यजनक दुःख के साथ युधिष्ठिर वहाँ से लौट पड़े।[149] उन्होंने नारदजी से इसका कारण पूछा तो उन्होंने बताया कि दुर्योधन ने युद्ध में अपने शरीर की आहुति देकर वीरों की गति पाई थी। उन्होंने सभी पांडव-भाइयों से डटकर सामना किया था। दुर्योधन महान भय के समय भी निर्भय बने रहे; उन्होंने क्षत्रिय धर्म के अनुसार स्वर्ग में यह स्थान प्राप्त किया था। तब युधिष्ठिर ने अपने भाइयों को देखने की इच्छा व्यक्त की।[150] देवदूत युधिष्ठिर को पांडवों से मिलाने के लिए अपने साथ ले गया। युधिष्ठिर ऐसे दुर्गम मार्ग पर पहुँचे जहाँ पापाचारी मनुष्य ही यातना भोगने के लिए उस पर आते-जाते थे। वहाँ घोर अन्धकार और मार्ग केश, सेवार और घास से भरा था। दुर्गन्ध फैल रही थी और मांस एवं रक्त की कीच जमी हुई थी। कौए और गीध आदि मँडरा रहे थे। यत्र-तत्र मुर्दे बिखरे पड़े थे। मार्ग पर सड़े मुर्दों की बदबू फैल रही थी। बड़ा ही वीभत्स दृश्य था। वह भयंकर मार्ग रोंगटे खड़े कर देनेवाला था। आगे जाने पर खौलते हुए पानीवाली एक नदी बह रही थी और मार्ग के दूसरी ओर छूरों के-से पत्तों से परिपूर्ण तेज धारवाला असिपत्र नामक वन था।[151]

पापाचारी जीवों को कठोर यातना देनेवाला स्थान और वहाँ की दुर्गन्ध से परेशान युधिष्ठिर ने देवदूत से पूछा, "ऐसे रास्ते पर अभी हमलोगों को कितनी दूर और चलना है, मेरे भाई कहाँ हैं ?" धर्मराज की बात सुनकर देवदूत लौट पड़ा और बोला, "बस, यहीं तक आपको आना था। देवताओं ने मुझसे कहा है कि जब युधिष्ठिर थक जाएँ, तब उन्हें वापस लौटा लाना।" युधिष्ठिर वहाँ की दुर्गन्ध से घबरा गए थे; उन्हें मूर्च्छा-सी आने लगी थी। दुःख और शोक से पीड़ित युधिष्ठिर ज्योंही वहाँ से लौटने लगे, त्योंहि उन्हें चारों ओर से पुकारनेवाले आर्त मनुष्यों की दीन वाणी सुनाई पड़ी—"हे युधिष्ठिर ! हमलोगों पर कृपा करने के लिए आप दो घड़ी तक यहीं ठहरिए। आपके आते ही पवित्र हवा चलने लगी है जिससे हमलोगों को बड़ा ही सुख मिला है। आपके रहने से यहाँ की यातना हमें कष्ट नहीं दे रही है।"[152]

महान कष्ट और दुःख में पड़े हुए प्राणियों की वही करुण बातें बारम्बार युधिष्ठिर के कानों में पड़ने लगीं तो युधिष्ठिर ने पूछा, "आपलोग कौन हैं और किसलिए यहाँ रहते हैं ?" वे सब चारों ओर से बोलने लगे, "मैं कर्ण हूँ। मैं भीम हूँ। मैं अर्जुन हूँ। मैं नकुल हूँ। मैं सहदेव हूँ। मैं धृष्टद्युम्न हूँ। मैं द्रौपदी हूँ और इस प्रकार वे सब लोग चिल्ला-चिल्लाकर अपना-अपना नाम बताने लगे।" उन बातों को सुन युधिष्ठिर मन ही मन विचार करने लगे कि इन लोगों ने ऐसा कौन सा पाप किया था कि इस दुर्गन्धपूर्ण भयंकर स्थान में निवास करते थे ? उनकी सारी इन्द्रियाँ चिन्ता से व्याकुल हो गई थीं। उन्होंने देवदूत से कहा, "तुम जिनके दूत हो, उनके पास लौट जाओ। मैं वहाँ नहीं जाऊँगा। यहीं ठहर गया हूँ, अपने मालिकों को इसकी सूचना दे देना। मेरे निकट रहने

से यहाँ मेरे इन दुखी भाई-बन्धुओं को सुख मिलता है।' युधिष्ठिर को उस स्थान पर खड़े हुए अभी दो ही घड़ी बीतने पाई थी कि इन्द्र आदि सभी देवता वहाँ आ पहुँचे। साक्षात् धर्म भी सशरीर युधिष्ठिर से मिलने आए। फलतः सारा अन्धकार दूर हो गया। पापकर्मी पुरुषों को दी जानेवाली यातनाओं के सारे साधन अदृश्य हो गए। सुखदायिनी वायु चलने लगी। युधिष्ठिर को सान्त्वना देते हुए इन्द्र ने कहा—तुम्हें जो नरक देखना पड़ा है, इसके लिए क्रोध न करना। समस्त राजाओं को निश्चय ही नरक देखना पड़ता है। जो पहले ही शुभ कर्म भोग लेता है, उसे पीछे नरक में ही जाना पड़ता है। जिसके पास पापकर्मों का संग्रह अधिक है, वह पहले ही स्वर्ग भोग लेता है। तुमने गुरुपुत्र अश्वत्थामा के विषय में छल से काम लेकर द्रोणाचार्य को उनके पुत्र की मृत्यु का विश्वास दिलाया था, इसीलिए तुम्हें भी छल से ही नरक दिखलाया गया है। जैसे तुम यहाँ लाए गए थे, उसी प्रकार भीमसेन, अर्जुन, नकुल, सहदेव तथा द्रौपदी छल से ही नरक के निकट लाए गए थे।[153]

बाद में चलकर दुर्योधन के समान सभी पांडवों को स्वर्ग में स्थान मिला। किन्तु इतना स्पष्ट है कि पांडवों और कौरवों में से किसी एक को आसानी से नायक या खलनायक नहीं बताया जा सकता है। अगर दुर्योधन ने द्रौपदी का भरे दरबार में वस्त्रहरण किया तो प्रश्न है कि पांडवों ने उसे जुए के दाव पर लगाया क्यों ? महाभारत के पात्रों का आगमन द्वापर में हुआ किन्तु महाभारत की घटना कलियुग में हुई थी और इसके लिए सभी दोषी थे। कृष्ण को भी नरक में रहना पड़ा था।

पाद-टिप्पणी

1. *वनपर्व,* 149.7-9
2. कृतम् एव सर्वे शुभं यस्मिन युगे, *वही,* 149.11
3. वही, 149. 12-18
4. वही, 149. 19-23
5. वही, 149. 24-26
6. वही, 149. 27-33
7. वही, 58. 1-14
8. वही, 59. 9-10
9. वही, 59. 15-18
10. वही, 62. 16-23
11. वही, 62. 25-26 एवं 29
12. वही, 72. 29-42
13. वही, 72.43
14. वही, 76. 17-21

15. वही, 85.89-91
16. वही, 149.7
17. वही, 149. 18-27
18. वही, 149. 28-30
19. वही, 149. 33-34
20. वही, 149. 38
21. वही, 188. 22-27
22. वही, 188. 29-33; 190. 11-14; 190.53
23. वही, 188.34
24. वही, 188. 35-36; 190.52
25. वही, 188.37
26. वही, 188. 38-39
27. वही, 188.40-42; 190.52 एवं 80-81
28. वही, 188.43-44; 190. 16-17; 190.21
29. वही, 188.45; 190.14
30. वही, 188. 46-49; 190.51
31. वही, 188.50-53; 190.23; 190.54
32. वही, 188.54-59; 190.15
33. वही, 188.60-64; 190.15; 190-49; 190-52
34. वही, 188.66
35. वही, 190. 18
36. वही, 189.32-33
37. वही, 190.20
38. वही
39. वही, 190.21
40. वही, 190.22
41. वही, 190.23
42. वही, 190.24
43. वही, 190.25
44. वही, 190.26
45. वही, 190.27
46. वही, 190.28-30; 190.43
47. वही, 190.31-34
48. वही, 190.35-36
49. वही, 190.37-40
50. वही, 190.41-44; 190.55
51. वही, 190.57
52. वही, 190.59; 190.72-73
53. वही, 190.60-61
54. वही, 190.62-63
55. वही, 190.64-65

56. वही, 190.66-70
57. वही, 190. 71-72
58. वही, 190. 76-80
59. वही, 190. 86
60. *उद्योगपर्व,* 132. 18-19
61. *भीष्मपर्व,* 10. 3-7
62. वही, 10. 13-14
63. *अनुशासनपर्व,* 61.4
64. वही, 61. 14
65. वही, 61. 19-20
66. वही, 61. 21-22
67. वही, 61. 25
68. वही, 61. 26-30
69. वही, 61. 31-32
70. *शान्तिपर्व,* 12. 29
71. वही, 12. 30
72. वही, 46. 49. 4536
73. वही, 69. 91-92
74. *अनुशासनपर्व,* 77. 32
75. वही, 22. नारद उवाच, पृ. 5545
76. वही, 61. 32
77. *शान्तिपर्व,* 228. 49-59; *अनुशासनपर्व,* 111. 62 एवं 85
78. वही, 228. 60-66
79. वही, 228. 67-70; *वनपर्व,* 190. 17
80. वही, 228. 71-80; *अनुशासनपर्व,* 111. 52-54; *वनपर्व,* 190. 43; *वनपर्व,* 190. 50 एवं 74-75
81. *शान्तिपर्व,* 157 1/2. 86-87
82. *अनुशासनपर्व,* 110. 46 एवं 49
83. *वही,* 111.: 71-72
84. *वही,* 111. 83
85. *वही,* 111. 89
86. *वही,* 111. 99-111 एवं 122-23
87. *वही,* 111. 112; *वनपर्व,* 190. 58
88. *वही,* 111. 117
89. *वही,* 111. 130
90. *वनपर्व,* 190. 81-82
91. *अनुशासनपर्व,* 127. 16
92. *आदिपर्व,* 64. 4-9
93. वही, 64.26
94. वही, 68.6 एवं 9
95. वही, 68.3
96. वही, 71.8

97. *वही,* 71.9; अप्सरा मेनका जब मालिनी नदी के किनारे स्नान कर रही थी तो उसके निर्वस्त्र शरीरांगों पर महर्षि विश्वामित्र की दृष्टि पड़ी और वे काम के अधीन हो गए और मेनका से सम्बन्ध स्थापित किया। फलतः हिमालय के शिखर पर मालिनी नदी के तट पर उसने एक बच्ची को जन्म दिया और उसे वहीं छोड़कर इन्द्रलोक चली गई। उस वच्ची को शकुन्तों (पक्षियों) ने सब ओर से ढककर कच्चे मांस खानेवाले गीध आदि जीवों से बचा लिया, अतः बड़ा होने पर उसका नाम शकुन्तला पड़ा। उस वच्ची का पालन-पोषण महर्षि कण्व ने किया, अतः वह कण्व की पुत्री कही गई (*आदिपर्व,* 72.2-19)
98. वही, 73.14
99. वही, 73.19-21
100. वही,
101. भरत सभी जीवों का दमन करने की शक्ति रखता था, इसलिए सर्वदमन नाम से भी प्रसिद्ध हुआ (*वही,* 73.8-9)
102. वही,
103. वही, 10. 118
104. वही, 123.14-30
105. वही, 127.6-8
106. वही, 190.2
107. वही, 191.15
108. वही, 194.27-28
109. वही, 196.2
110. वही, 74.95-96
111. वही, 84.7
112. वही, 102.10-13
113. वही, 139.8-19
114. वही, 139.52-53
115. वही, 139.68-74
116. वही, 139.88
117. *अनुशासनपर्व,* 61.32
118. *शान्तिपर्व,* 87.15-23
119. वही, 91.25
120. वही, 91.41
121. वही, 82.39-43
122. वही, 82.51
123. वही, 107.30
124. *आदिपर्व,* 67.53
125. वही, 67.54-72
126. वही, 67.73-133
127. यहीं पर परशुराम ने क्षत्रियों का नाश किया था जिनके रक्त से 5 सरोवर बन गए।
128. वही, 2.4-13
129. *उद्योगपर्व,* 31.19-20
130. *आदिपर्व,* 67.87-88

131. वही
132. *ब्रह्मवैवर्तपुराण,* उत्तरभाग, 27.193-95; *महाभारत* और *ब्रह्मवैवर्तपुराण* के रचनाकाल में करीब 7-8 सौ वर्षों का अन्तर विद्वान मानते हैं।
133. *वही,* 56.22-23 एवं 49-51; 112.32-34; एवं 37; 105.43-54; 105.66-74; 121.6-14
134. वही, 27.193-95
135. *मौसलपर्व,* 3.16-47
136. वही, 4.12-24
137. वही, 7.18-24
138. वही, 7.47-69
139. *वनपर्व,* 12.60-74
140. *मौसलपर्व,* 1.13
141. वही, 1.28-31
142. वही, 3.2-16
143. वही, 3.4-5
144. वही, 7. 10-11
145. वही, 7.58-59
146. वही, 76.70-76
147. *महाप्रस्थानिक,* 1.10-20
148. वही, 2.3-25; 3.2-22
149. *स्वर्गारोहणपर्व,* 1.4-6
150. वही, 2.14-23
151. वही, 2.16-25
152. वही, 2.16-35
153. वही, 2.37-52; 3.1-17

3

जातक में कलियुग

जातक[1] में कलि शब्द की चर्चा है जिसका अर्थ विनाश बताया गया है। कलि अर्थात् पापी जन की संगत करनेवाला निश्चय ही अपने को और अपने साथ रहनेवालों को नष्ट करता था। ब्राह्मण ग्रन्थों में कलियुग की जितनी विशेषताएँ वर्णित हैं उनमें से कई विशेषताओं को जातक में भी पाते हैं। *महासुपिनाजातक*[2] में पुराण शैली अर्थात् भविष्यकाल शैली में जो तथ्य वर्णित हैं उन्हें *कलियुगी विशेषताएँ* कहना अनुचित नहीं होगा। रात्रि के आखिरी पहर में कोसल नरेश ने 16 स्वप्न देखे। दूसरे दिन ब्राह्मणपुरोहितों को बुलाकर स्वप्नों के कारणों एवं परिणामों के सम्बन्ध में पूछा तो पुरोहितों ने कुछ स्वप्नों के बुरे परिणाम से बचने के लिए यज्ञों का अनुष्ठान कराने की सलाह दी और राजा ने ऐसा ही किया। शेष स्वप्नों का अर्थ उन्होंने बताया कि अधार्मिक एवं कंजूस राजाओं तथा अधार्मिक मनुष्यों (बौद्ध शासकों एवं बौद्ध प्रजा) के कारण धर्म घटा और अधर्म बढ़ा। अच्छी तरह वर्षा नहीं बरसने तथा बादल फट जाने के कारण खेत कुम्हला गए और अकाल पड़े। लोक की अवनति होने लगी।

3.1 स्त्रियाँ धूप में फैलाए हुए धान्य आदि भींगने के डर से अन्दर लेकर चली जाती थीं। आदमी टोकरी-कुदाली हाथ में लेकर मेड़ बाँधने के लिए निकल जाते थे। फिर बादल बरसने का ढंग दिखा, गरजकर, बिजली चमकाकर बिना बरसे ही भाग जाते थे। मनुष्य की आयु कम होने लगी। कुमारियाँ आयु-प्राप्त होने से पहले ही, आदमियों से संसर्गकर, ऋतुमती तथा गर्भिणी हो, बेटा-बेटी की वृद्धि करने लगीं। क्षुद्र वृक्षों के पुष्पित होने की तरह ही वे ऋतुमती होतीं और कमआयु में ही सन्तानवाली हो जाती थीं। माता-पिता तथा सास-ससुर के प्रति निर्लज्ज होकर लोग अपने परिवार तक सीमित रह गए। वे केवल अपने परिवार का पालन-पोषण करते थे। बड़े-बूढ़ों को खाना-कपड़ा देने की इच्छा होती तो देते, नहीं इच्छा रहने पर नहीं भी देते थे। वृद्धजन अनाथ थे। वे पराधीन थे। बच्चों को सन्तुष्ट करके वे जीवित रह सकते थे।

3.2 अधार्मिक कृपणराजा पंडितों, परम्परागत दक्षों, कार्य सम्पादन करने की सामर्थ्य रखनेवालों और महाबुद्धिमानों को यश नहीं देते थे। धर्मसभा तथा न्यायालयों में भी वे पंडित, व्यवहारकुशल एवं दक्ष अमात्य को नहीं रखते थे; इसके विपरीत तरुण को यश

देते थे। तरुण न्यायालयों में काम करते थे; जबकि राजकार्य चलाने की उनमें योग्यता नहीं थी। योग्य-अयोग्य के बीच अन्तर करने की भी उनमें क्षमता नहीं थी। ऐसे अयोग्य तरुण राजकार्य का बेड़ा पार करने में सक्षम नहीं थे। जो कार्य उनसे नहीं होता उसे अधूरा ही छोड़ देते थे। वृद्ध पंडित अमात्य यश के न मिलने पर कार्य सम्पादन कर सकने की सामर्थ्य रखने पर भी सोचते थे—'हमें इससे क्या ? हम बाहर के हो गए, अन्दरवाले तरुण लड़के जानें।' यही सोचकर, वे करने की योग्यता रखने के बावजूद कोई काम नहीं करते थे। फलतः उन राजाओं को काफी हानि होती थी।

अधार्मिक मूर्ख राजा अधार्मिक लोभी मनुष्यों को न्यायाधीश बनाते थे। वे मूर्ख पाप-पुण्य का भेद न कर, सभा में बैठ न्याय करते हुए, दोनों प्रत्यर्थियों से रिश्वत लेकर खाते थे, जैसे घोड़े का दोनों मुँह से चारा खाना। अधार्मिक, विजातीय राजा, जाति-सम्पन्न कुलपुत्रों पर शंका करके उन्हें अपमानित करते थे। अकुलीन उन्नति करते थे। ऊँचे-ऊँचे कुल दुर्गति को प्राप्त हो गए थे और नीचकुल ऐश्वर्यशाली बन गए थे। पुराने कुलीन पुरुष कोई उपाय न देख जीविका प्राप्त करने की इच्छा से कलयुगी ऐश्वर्यशालियों पर निर्भर रहकर जीविका चलाते थे। उच्च वर्णवाले कुलीन अब नीच वर्णवाले ऐश्वर्यशालियों को अपनी लड़कियाँ देते थे। कुलीन लड़कियों से अकुलीन सहवास करते थे।

स्त्रियाँ पुरुषलोभी, सुरालोभी, आभरणलोभी, बाजारों में घूमने की लोभी, लौकिक चीजों की लोभी, निडर, निर्लज्ज एवं व्यभिचारिणी हो गई थीं। अपने स्वामी द्वारा खेती, पशुपालन आदि कर्म से, बड़ी कठिनाई से कमाए धन को जारों के साथ शराब पीकर, माला-गन्ध-विलेपन लगाकर नाश कर देती थीं। घर के अन्दर स्त्रियाँ आवश्यक कार्य का भी ख्याल नहीं रखतीं थीं और घर के अन्दर की चहारदीवारी के ऊपर से, छिद्रों तक में से अपने जार को देखती थीं। बोने के लिए रखे बीज को भी कूटकर यवागु-भक्त-खाजा आदि बना-खाकर उड़ा देती थीं।

लोक की अवनति होने लगी। राष्ट्र सार-रहित हो गया। राजा किसी काम के नहीं रहे। वे कृपण हो गए। जो ऐश्वर्यशाली कहलाता उसके खजाने में एक लाख कर्षापण था। सब जनपदवासियों से राजा अपना ही काम करवाता था। पीड़ित मनुष्य अपना कामकाज छोड़कर राजाओं के लिए पूर्वअन्न, अपरअन्न (आषाढ़ी-श्रावणी) बोते, रखवाली करते, काटते, दलाई करते, ढुवाते, ऊख की खेती करते, यन्त्र बनाते, यन्त्र चलाते, गुड़ आदि पकाते, पुष्पोद्यान तथा फलोद्यान लगाते और यहाँ-वहाँ उत्पन्न पूर्व-अन्न आदि को लेकर राजा के कोठों को ही भरते थे। अपने घरों के खाली कोठों की ओर देखते तक नहीं थे।

3.3 राजा अधार्मिक था। वह पक्षपातपूर्वक राज्य करता था। धर्मानुकूल न्याय वह नहीं करता था और रिश्वत लेता था। वह धन का लोभी था। प्रजा के प्रति उसका भाव शान्तिदायक, मैत्रीवाला और करुणावाला नहीं था। वह निर्दयी एवं कठोर होता था। ऊख के यन्त्र में ऊख की गाँठ को पेरने की तरह राजा मनुष्य को पेरता था और

नाना प्रकार के टैक्स (बलि) लगाकर प्रजा का धन ग्रहण करता था। बलि से पीड़ित लोग कुछ भी दे सकने में असमर्थ थे, फलतः ग्राम-निगम आदि को छोड़कर राज्य के सीमान्त में जाकर रहने लगे।[3] मध्यम देश (युक्तप्रान्त, बिहार) सूना[4] और प्रत्यन्त घना-वसा हो गया।

अधार्मिक राजा[5] के कारण राजकर्मचारी, ब्राह्मण-गृहपति, निगम तथा जनपद (देहात) के निवासियों से लेकर श्रमण ब्राह्मणों तक सब मनुष्य अधार्मिक हो गए। फलतः उनके आरक्षक-देवता, बलि ग्रहण करनेवाले देवता, वृक्षों के देवता, आकाश में स्थित देवता आदि सभी अधार्मिक हो गए।

अधार्मिक राजाओं के राज्य में विषम एवं कठोर हवाएँ चलने लगीं। देवता क्रोधित होकर वर्षा नहीं बरसने देते थे। सूखा पड़ने से कृषिकर्म मुश्किल हो गया। तालाब तथा सरोवर निर्जल हो गए। जलाभाव से फसलें कुम्हला गईं। कहीं खूब वर्षा होने से अच्छी खेती होती थी। इस तरह एक ही राज्य में तीन तरह की खेती थी।

3.4 वस्तुलोभी बेशर्म भिक्षु काफी संख्या में होने लगे। चीवर आदि वस्तुओं के लोभ में बौद्धभिक्षु औरों को उपदेश देते थे। बिना लोभ के वे उपदेश नहीं देते थे। अन्य भिक्षु बाजार, चौराहों, राजद्वार आदि में बैठ कर्षापण, अर्धपाद, माषक तथा रूपी आदि सिक्कों तक के लिए उपदेश देते थे। अधार्मिक राजाओं के समय संसार में परिवर्तन हुआ। अकुलीन ऐश्वर्यशाली राजा और कुलीन दरिद्र होने लगे। राजा के समक्ष, राजद्वार में, अमात्यों के समक्ष तथा न्यायालयों में अकुलीनों का कथन ही निश्चय तथा सुप्रतिष्ठित माना जाने लगा। लज्जावान ब्राह्मण भिक्षुओं का कथन कल्याणकारी नहीं माना जाता था। कुलीनों के प्रति कोई गौरव प्रदर्शित नहीं करता था। भिक्षुओं के सम्मेलन में सदाचारी भिक्षुओं का सम्मान नहीं होता था। सदाचारी भिक्षुओं का कथन प्रामाणिक नहीं माना जाता था।

लोग तीव्र-रागी हो गए। काम-विकारों का अनुकरण करते हुए अपनी तरुण पत्नियों के वश में रहने लगे। घर के नौकर-चाकर, गौ-भैंस, आभूषण, रत्न आदि सबका भी स्त्रियों के अधीन रहता था। अपने पतियों के वे नाना प्रकार से गाली देकर एवं उनके मन को पीड़ितकर उन्हें नौकर-चाकरों की तरह अपने वश में रखतीं और विलासीजीवन व्यतीत करती थीं। नाई, दरजी जैसे अकुलीनों का सम्मान बढ़ गया था। राजा हस्ती शिल्प में अकुशल और युद्ध में अविचारक होते थे। कुलपुत्र जातिगोत्रहीनों की सेवा में रहते थे। हंस कौए का अनुयायी बन गया था। पापीभिक्षु शलिवान भिक्षुओं को जैसा चाहते वैसा तंग करते थे। सदाचारी भिक्षु आश्रय न मिलने से जंगल में जाकर धनी जगहों पर छिपकर रहने लगे। हीनजाति के लोगों ने पीड़ित ऊँची जातिवालों को भगा दिया।

पाद-टिप्पणी

1. *जातक* (6 खंडों में), हिन्दी, भदन्त आनन्द कौसल्यायन, हिन्दी साहित्य सम्मेलन प्रयाग, 12. सम्मेलनमार्ग, इलाहाबाद, जिल्द 2, संख्या 141 (गोधजातक 2), पृ. 119 (गोधाकुल ककंटाव कलि पापेति अत्तानं)
2. *जातक* जिल्द 1, संख्या 77, पृ. 446-59
3. ऐसे लोग प्रायः वैदिक ब्राह्मण और उनके समर्थक होंगे।
4. प्रायः बौद्ध-विरोधियों से सम्भवतः।
5. बौद्धसमर्थक।

4

पाराशरस्मृति में कलियुग

चारों युगों में धर्म तपादि कहकर कलियुग में *पाराशरस्मृति* को प्रधान कहा गया है।[1] कलियुग में शाप की अवधि एक वर्ष की कही गई है तथा दानसेवा के बाद यह प्राप्त होता था। कलियुग में अधर्म और असत्य विजयी थे, प्राण अन्न में रहते वे।[2] कलियुग में *पाराशरस्मृति* का प्रधान लक्ष्य आचरणहीन और कर्त्तव्यच्युत को धर्म का मार्ग दिखाना था। कलियुग में यही ग्रन्थ प्रामाणिक था।[3] कलियुग में सभी आचारादि लुप्त हो गए थे।[4] ब्राह्मणों की निन्दा करने के कारण ही चारों वर्णों का आचरण समाप्त हो गया; वैदिक व्यवस्था नष्ट हो गई और कलियुग का माहौल बना।[5] सारा समाज चरित्रहीन हो चुका था। कुमारी कन्याओं को सन्तान होती थी।[6] स्त्रियाँ गर्भपात कराती थीं।[7] वर्णसंकर से अधर्म और अधर्म से सबका विनाश हो गया।[8] कलियुग में द्विजातियों की धार्मिक योग्यता नष्ट होने पर संस्कार करके उन्हें पुनः योग्य बनाया जा सकता था।[9] कृतयुग में तप प्रमुख धर्म, त्रेता में ज्ञान, द्वापर में यज्ञ और कलियुग में दान प्रमुखतम धर्म था। *कूर्मपुराण* के अनुसार सतयुग में ध्यान, त्रेता में ज्ञान, द्वापर में यज्ञ और कलियुग में दान देना धर्म था। सतयुग में देवता ब्रह्मा, त्रेता में सूर्य, द्वापर में विष्णु और कलियुग के देवता सूर्य थे।[10] कृतयुग में मनु द्वारा बताए गए नियम माने जाते थे, त्रेतायुग में गौतम द्वारा, द्वापर में शंख द्वारा लिखित तथा कलियुग में पाराशर द्वारा बताए गए नियम माने जाते थे।[11] *पाराशरस्मृति* में युग विशेष की गणना से कलियुग[12] की स्मृति घोषित की गई है जिसको उन्होंने धर्मशास्त्र भी कहा है।[13] आचार-भ्रष्ट से धर्म (कर्त्तव्यादि) लुप्त हो गया।[14] *पाराशरस्मृति* का काल कलियुग था।[15] सतयुग के देवता ब्रह्मा, त्रेता के देवता सूर्य, द्वापर में यज्ञ और कलियुग के देव महेश्वर (शिव) थे।[16] कलियुग में शाप एक वर्ष में फल देता था।[17] कलियुग में दुष्ट, दुश्चरित्र, क्रूर, मिथ्याभाषी तथा दुराचारी थे। दुर्गुणवाले प्रभावशाली थे। धर्म कहीं नहीं था। स्त्रियाँ ही सर्वत्रक्षेत्र में दिखाई देती थीं। सतयुग में दानदाता घर चलकर दान देने जाता था। त्रेता में बुला-बुलाकर दान दिया जाता था। द्वापर में माँगने पर याचक को दान देने की रीति थी किन्तु कलियुग में सेवा के बदले दान मिलता था। सतयुग का दान उत्तम, त्रेता का मध्यम, द्वापर का साधारण और कलियुग का निष्फल था।[18] कलियुग में सभी वर्ण भ्रष्ट थे; उनका आचार एवं कर्त्तव्य निम्न था।[19]

पाद-टिप्पणी

1. *पाराशरस्मृति,* 1.24 (अलका शुक्ल, पाराशरस्मृति सामाजिक, धार्मिक एवं सांस्कृतिक विश्लेषण, परिमल पब्लिकेशन, दिल्ली, 1990, पृ. 13 से उद्धृत)
2. वही, 1.32
3. वही, 1.24
4. वही, 1.2
5. *वही,* 1.51-52; *मनुस्मृति,* 9.319; *गरुड़पुराण,* अध्याय 227
6. वही, 1.32
7. वही, 4. 22-23
8. *मनुस्मृति,* 8. 353
9. *पाराशरस्मृति,* 12.3
10. *वही,* 1.23; *कूर्मपुराण,* अध्याय 28
11. वही, 1.24
12. वही
13. वही, 12. 80
14. वही, 1.14
15. वही, 1.22
16. *कूर्मपुराण,* अध्याय 28
17. *पाराशरस्मृति,* 1.25-31
18. वही, 1. 28-29
19. वही, 1. 2-27

5

श्रीविष्णुपुराण में कलियुग

5.1 रिपुंजय कलियुग में बृहद्रथवंश का अन्तिम शासक था जिसे उसका सुनिक नामक मन्त्री ने वध कर दिया। सुनिक का पुत्र प्रद्योत शासक बना। प्रद्योत का पुत्र बलाक, बलाक का विशाखयूप, उसका जनक, जनक का नन्दिवर्द्धन, उसका पुत्र नन्दी शासक बना। प्रद्योतवंश के इन शासकों ने 148 वर्ष शासन किया।[1] नन्दी, शिशुनाम, काकवर्ण, क्षेमधर्मा, क्षतौजा, विधिसार, अजातशत्रु, अर्भक, उदयन, नन्दिवर्द्धन और महानन्दी ने 362 वर्ष शासन किया।[2]

महानन्दी की पत्नी शूद्रा थी। उसके गर्भ से जन्मा महापद्यमनन्द पहला शूद्र शासक था जिसने क्षत्रियों का नाश किया। उसके 8 पुत्र थे। इन्होंने सौ वर्ष शासन किया। 9वें नन्द को ब्राह्मण कौटिल्य ने नष्ट किया। मुरा नामक दासी से नन्द द्वारा उत्पन्न पुत्र चन्द्रगुप्त मौर्यवंश का पहला शासक बना। उसका पुत्र बिन्दुसार, उसका अशोकवर्द्धन, उसका सुयशा, सुयशा का दशरथ, उसका संयुत, संयुत का शालिशूक, उसका सोमशर्मा, उसका शतधन्वा और शतधन्वा का पुत्र वृहद्रथ हुआ। इन 10 मौर्यवंशी शासकों ने 173 वर्ष शासन किया। इसके बाद 10 शुंगवंशीय शासक हुए जिनमें पुष्यमित्र पहला था। वह पहले सेनापति था और अपने स्वामी को मारकर स्वयं राजा बना। उसका पुत्र अग्निमित्र, उसका सुज्येष्ठ, उसका वसुमित्र, उसका भागवत और भागवत का पुत्र देवभूति था। इन शुंग शासकों ने 112 वर्ष तक शासन किया।[3]

व्यसनशील अन्तिम शुंग शासक देवभूति को उसका मन्त्री वासुदेव ने मार दिया और कण्ववंश की स्थापना की। उसका पुत्र भूमित्र, उसका नारायण और नारायण का पुत्र सुशर्मा ने कुल 45 वर्षों तक शासन किया। आन्ध्रजातीय सेवक बलिपुच्छक ने सुशर्मा को मारकर गद्‌दी प्राप्त की। इसके बाद उसका भाई कृष्ण शासक बना। उसका पुत्र शान्तकर्णि, उसका पूर्णोत्संग, उसका शातकर्णि, उसका लम्बोदर, उसका पिलक, उसका पुत्र मेघस्वाति, उसका पटुमान्, उसका अरिष्टकर्मा, उसका हालाहल, उसका पललक, उसका पुलिन्दसेन, उसका सुन्दर, उसका पुत्र शातकर्णि II, उसका शान्तकर्णि (द्वितीय) उसका शिवश्रित, उसका शिवस्कन्ध, उसका यज्ञश्री, उसका द्वियज्ञ, उसका चन्दश्री तथा चन्दश्री का पुत्र पुलोमाची शासक हुए। ये 30 आन्ध्रभृत्य शासकों ने 456 वर्ष शासन

किया। इनके बाद 7 आभीर और 10 गर्दभिल शासक हुए। फिर 16 शक शासक हुए। उसके बाद 8 यवन, 14 तुर्क, 13 मुंड (गुरुंड) और 11 मौनजातीय राजा हुए जिन्होंने कुल 1 हजार 90 वर्ष शासन किया।

11 मौन शासकों ने तीन सौ वर्ष शासन किया। इनके बाद कैंकिल नामक यवनजातीय अभिषेकरहित शासक हुए। इनका वंशधर विंध्यशक्ति था। उसका पुत्र पुरंजय, उसका रामचन्द्र, उसका धर्मवर्मा, उसका वंग, उसका नन्दन और नन्दन का पुत्र सुनन्दी ने शासन किया। सुनन्दी को तीन भाई—नन्दियशा, शुक्र और प्रवीर थे। इन सबों ने 106 वर्ष तक शासन किया। इसके पश्चात् विंध्यवंश के 13 और बाह्लिकवंश के तीन शासकों ने राज्य किया। 13 पुष्यमित्र और पटुमित्र तथा 7 आन्ध्र मांडलिक राजा हुए। कोशलदेश में क्रमशः 9 राजाओं ने शासन किया। निषधदेश के स्वामी भी वे ही थे।[5] मगधदेश में विश्वस्फटिक नामक राजा ने कैवर्त, बटु, पुलिंद और ब्राह्मणों को नियुक्त किया। सम्पूर्ण क्षत्रियजाति को नष्टकर पद्मावतीपुरी में नागगण तथा गंगा के निकटवर्ती प्रयाग और गया में मागध और गुप्त राजा शासन किए। देवरक्षित राजा ने कोशल, आन्ध्र, पुंड्र, ताम्रलिप्त और समुद्रतटवर्तिनी पुरी की रक्षा की। कलिंग, माहिष, महेन्द्र और भौम आदि देशों के शासक गुह थे। नैषध, नैमिषक और कालकोशक आदि जनपदों को मणि-धान्यकवंश के शासकों ने भोगा। त्रैराज्य और मुषिक देशों का राजा कनक था। व्रात्य, द्विज, आभीर और शूद्र आदि का सौराष्ट्र, अवन्ति तथा नर्मदा-तटवर्ती मरुभूमि पर आधिपत्य था। व्रात्य, म्लेच्छ और शूद्र शासकों का आधिपत्य समुद्रतट, दाविकोर्वी, चन्द्रभागा और कश्मीर आदि देशों पर था।[6]

ये सभी शासक थोड़ी प्रसन्नतावाले, अत्यन्त क्रोधी, अधर्मी, मिथ्याभाषण देनेवाले, स्त्री-बालक और गौओं की हत्या करनेवाले, पर-धन-हरण प्रेमी, अल्पशक्तिवाले, उत्थान के साथ पतनशील, अल्पायु, कामी और लोभी थे। सम्पूर्ण देशों को एक में मिलाकर इन्होंने म्लेच्छ और आर्यविपरीत आचरण करते हुए सारी प्रजा को नष्ट-भ्रष्ट[7] कर दिया। धीरे-धीरे धर्म और अर्थ का ह्रास होता गया।[8] धन कुलीनता का आधार था। बल ही धर्म था। दाम्पत्य-सम्बन्ध परस्पर रुचि पर निर्भर करने लगा। जाति-कुल का विचार किए बिना लोग स्त्री से सम्बन्ध रखने लगे। झूठा सफलता प्राप्त करता था। जहाँ जल था उसे ही पवित्र माना जाता था। अच्छी जलवायु वाली भूमि उत्तम मानी जाने लगी। यज्ञोपवीत ही ब्राह्मणत्व का मापदंड था। रत्न आदि धारण करना ही खुशी का आधार बन गया। वाह्यचिह्न मात्र से आश्रम की पहचान होने लगी। अन्याय जीविका का प्रमुख साधन बन गया। कमजोर को काम नहीं मिलता था। निर्भयतापूर्वक धृष्टता के साथ बोलनेवाला पंडित कहा जाने लगा। निर्धनता साधुत्व का कारण हो गया। धर्म का अर्थ दान करना समझा जाने लगा। बिना संस्कार के प्रेम-विवाह होने लगे। भली प्रकार बन-ठनकर रहनेवाला अच्छा आदमी माना जाने लगा।[9] जो बलवान था वही राजा था।[10]

5.2 लोभी राजाओं द्वारा लगाए कर के भार से पीड़ित प्रजा पर्वत-कन्दराओं में रहने लगी और मधु, शाक, मूल, फल, पत्र और पुष्प आदि खाकर दिन काटती थी।[11] वे वृक्षों

के पत्र एवं वल्कल पहन एवं ओढ़कर रहते थे। सन्तानें अधिक होने लगीं। शीत, वायु, धूप (धाम) और वर्षा से लोग पीड़ित थे।[12] कोई भी 23 वर्ष से अधिक जीवित नहीं रह पाता।[13]

श्रौत और स्मार्तधर्म का अत्यन्त पतन हो जाने तथा कलियुग के प्रायः बीत जाने पर शम्बल (सम्भल) ग्रामनिवासी ब्राह्मणश्रेष्ठ विष्णुयशा के घर भगवान वासुदेव कल्कीरूप से अवतार लेकर म्लेच्छ, दस्यु, दुष्ट तथा दुष्टविचारवालों का नाश करेंगे और समस्त कलियुग का अन्त हो जाएगा।[14]

जिस दिन कृष्ण की मृत्यु हुई (स्वर्ग गए) उसी दिन कलियुग का आगमन हुआ।[15] राजा परीक्षित के समय जब सप्तर्षिगण मघान क्षत्र पर थे उसी समय 12 सौ प्रमाणवाला कलियुग आरम्भ हुआ।[16] राजा नन्द के समय से कलियुग का प्रभाव बढ़ा।[17]

कलियुग में चार चरणवाले धर्म का प्रायः लोप हो गया।[18] मनुष्यों का स्वभाव वर्णाश्रम-धर्मानुकूल नहीं रहा। ऋग-साम-यजु धर्म नष्ट हो गया। धर्म-विवाह, गुरु-शिष्य-सम्बन्ध, दाम्पत्यक्रम और यज्ञानुष्ठान नहीं रहा।[19] बलवान ही सबका स्वामी था चाहे किसी भी कुल में क्यों न उत्पन्न हुआ था। वह सभी वर्णों से कन्याग्रहण करने में समर्थ था।[20] द्विजातिगण धन आदि के बल पर दीक्षित हो जाते थे।[21] जिसके मुख से जो निकल जाता वही शास्त्र समझा जाने लगा। भूत-प्रेत-मशान आदि देवता हो गए। ऐसे सभी देवताओं के आश्रम हो गए। उपवास, तीर्थाटन, धन-दान तथा तप आदि अपनी रुचि के अनुसार अनुष्ठान किए हुए धर्म समझे जाने लगे।[22]

5.3 अल्पधन से ही लोग धनाढ्यता का गर्व करने लगे। केशों से ही स्त्रियों को अपनी सुन्दरता का अभिमान होने लगा। स्वर्ण, मणि, रत्न और वस्त्रों के नष्ट हो जाने से स्त्रियाँ केश-कलापों से ही अपने को विभूषित करने लगीं।[23] जो पति निर्धन होता उसे स्त्रियाँ छोड़ देती थीं। धनवान ही स्त्रियों का पति होता था।[24] धनवान ही लोगों का स्वामी होता था। कुलीनता का महत्त्व नहीं रहा। लोग सारा धन घर बनाने में खर्च कर देते थे न कि दान-पुण्य में। लोगों की बुद्धि आत्मज्ञान में नहीं बल्कि धन इकट्ठा करने में लगी रहती थी। लोग सारा धन अपने ऊपर खर्च करते थे।[25]

स्त्रियाँ स्वेच्छाचारिणी होतीं और पुरुष गलत काम करके धन कमाने के इच्छुक थे। अपने शुभचिन्तकों पर भी लोग बिना स्वार्थ के एक पण भी खर्च नहीं करते थे।[26] शूद्र ब्राह्मणों की बराबरी करने लगे। दूध देने मात्र से ही गाय का महत्त्व रह गया।[27] अनावृष्टि से प्रजा भूख से पीड़ित थी। अन्न के अभाव में लोग तपस्वियों की भाँति कन्द, मूल और फल आदि खाकर जीवित थे। भूख से पीड़ित बहुत लोग आत्महत्या कर लेते थे।[28] ब्राह्मण दुखी एवं पीड़ित थे।[29] लोग बिना स्नान किए भोजन करते थे। वे अग्नि, देवता और अतिथि का अनादर करते थे। पिंडदान नहीं होता था।[30]

स्त्रियाँ विषयलोभी, छोटे शरीरवाली, अतिभोजन करनेवाली, अधिक सन्तान पैदा करनेवाली और मन्दभाग्या होती थीं। वे दोनों हाथों से सिर खुजलातीं और गुरुजनों तथा पतियों की बात नहीं माननेवाली होती थीं। वे अपना पेट पालने में तत्पर, क्षुद्र चित्तवाली,

अपवित्र, कटु और झूठ बोलनेवाली होती थीं। वे दुश्चरित्र पुरुषों की इच्छा रखनेवाली एवं दुराचारिणी होतीं तथा पुरुषों के साथ व्यभिचार करती थीं।[31]

5.4 ब्रह्मचारीगण वैदिक व्रत आदि से हीन रहकर ही वेदाध्ययन करते थे। गृहस्थगण हवन नहीं करते एवं ब्राह्मणों को दान नहीं देते थे। संन्यासी मोह-माया के जाल में फँसे रहते थे।[32] राजा प्रजा की रक्षा नहीं करते बल्कि कर लेने के बहाने प्रजा का धन छीन लेते थे। जिस किसी के पास ज्यादा हाथी, घोड़े और रथ होते वही अपने को राजा कहता था। शक्तिहीन सेवक होने लगे थे।[33] वैश्य कृषि एवं वाणिज्य का काम छोड़कर शिल्पकारी आदि से जीवन निर्वाह करते हुए शूद्र-वृत्तियों में लिप्त हो गए।[34] अधमशूद्रगण संन्यासाश्रम के चिह्न धारणकर भिक्षावृत्ति में तत्पर हो गए और लोगों से सम्मानित होकर धूर्त-वृत्ति से काम करने लगे। लोग दुर्भिक्ष और कर की पीड़ा से खिन्न होकर ऐसे देशों में चले गए जहाँ गेहूँ और जौ की अधिकता थी।[36]

लोग कम आयु के होते थे। बाल्यावस्था में मृत्यु होती थी। 5-6 अथवा 7 वर्ष की स्त्री और 8-9 या 10 वर्ष के पुरुष को सन्तान होते थे। 12 वर्ष की अवस्था में ही लोगों के बाल पकने लगे। कोई भी व्यक्ति 20 वर्ष से अधिक जीवित नहीं रह पाता था।[37] धर्म की हानि, पाषंड में वृद्धि, वैदिकमार्ग का अनुसरण करनेवाले लोगों का अभाव, धर्मात्मापुरुषों के कार्यों में असफलता, यज्ञ की अनुपस्थिति, वेद-प्रेमियों का अभाव और पाषंड में प्रेम बढ़ने से कलियुग का महत्त्व बढ़ा।[38] विष्णु की पूजा नहीं होती थी। देव, द्विज, वेद और जल से होनेवाले शौचादि का महत्त्व नहीं रहा।[39] अल्पवृष्टि के कारण खेती थोड़ी उपजवाली होती थी। फलों का स्वाद कम हो गया।[40] लोग प्रायः सन के बने वस्त्र पहनते थे। चारों वर्ण के लोग शूद्रवत् हो गए।[41] धान के दाने छोटे होते थे। बकरियों का ही दूध मिल पाता था। उशीर (खस) एकमात्र अनुलेपन था।[42]

सास और ससुर ही लोगों के गुरुजन हो गए। पति के हृदय पर स्त्री का नियन्त्रण होता। साले की हर बात पसन्द की जाती थी। माता-पिता का महत्त्व नहीं रहा। लोग मन, शरीर, वाणी आदि से प्रतिदिन पाप करते थे।[43] कहीं-कहीं कुछ-कुछ धर्म शेष रहने से कलियुग में थोड़ा-सा प्रयत्न करने से ही जो पुण्य प्राप्त होता वही सतयुग में महान तपस्या से प्राप्त किया जाता था।[44] अतः ब्राह्मणों द्वारा कलियुग और शूद्र को श्रेष्ठ मान लिया गया। स्त्रियों को साधु माना गया, उन्हें धन्य माना गया।[45] कलि में कृष्ण के नाम पर कीर्तन से ही महानधर्म की प्राप्ति हो जाने लगी।[46] अनुमानतः वर्ण-व्यवस्था को कलियुग में स्थापित करने में परम्परावादियों को जब बिल्कुल सफलता नहीं मिली तो उन्होंने हथियार डाल दिए और कलियुग के सर्वाधिक दो कारणों—शूद्रों एवं स्त्रियों की प्रशंसा इस आशा में करनी प्रारम्भ की कि कम से कम एक ही पैर पर धर्म का अस्तित्व बना रहे।

5.5 कलियुग में शूद्रों से आशा की गई कि वे द्विजों की सेवा करें। इतने से ही उन्हें सद्गति प्राप्त हो जाएगी।[47] स्त्रियों से आशा की गई कि वे कम से कम सुपात्र को दान दें, यज्ञ करें और पतियों की सेवा करें।

कलियुग में द्विजों की सेवा करनेवाले शूद्रों की विशेष रूप में प्रशंसा की गई है। पतियों की सेवा करनेवाली स्त्रियों को साधु कहा गया। इतने से ही उनके धर्म की सद्धि हो जाती थी।[48]

कलियुग में अपने लाभपूर्ति के लिए एवं वर्णव्यवस्था स्थापित करने के लिए ब्राह्मण जब विशेषकर शूद्र एवं स्त्रियों की निन्दा करते-करते थक गए और स्वयं कर्त्तव्यों से ज्यादा विचलित हो गए तो इसे घोर कलियुग कहा। क्षत्रियों एवं वैश्यों ने भी पारम्परिक वर्णव्यवस्था का पालन नहीं किए किन्तु इनकी निन्दा सम्बद्ध स्रोतों में कम की गई है। इसका कारण था कि क्षत्रियवर्ग ब्राह्मणों के समान अवकाशभोगी था जिनके मदद के बिना विरोधसम्भव नहीं था और वैश्य शूद्र का पेशा अपना लिए थे।

धर्म का अस्तित्व तो वास्तव में स्त्रियों पर टिका था क्योंकि धर्मशास्त्रों में सारा व्रत एवं उपवास तथा पर्व में देवी-देवता एवं दानधर्म से उन्हीं का प्रत्यक्ष सम्बन्ध था। धर्म में पूर्ण विश्वास और उसका पालन करते रहने के लिए यह आवश्यक था कि पहले से ही स्त्रियों को जो काम धर्मग्रन्थों में सौंपे गए थे उनका पालन वे करती रहें किन्तु ऐसा नहीं हुआ। बौद्ध एवं जैनधर्म से प्रोत्साहन पाकर तथा व्यापारी पति व्यापार के सिलसिले में वर्षों घर से बाहर रहते उस समय स्त्रियाँ ही परिवार की समस्या सँभालने में मुख्य भूमिका निभाती थीं। कई स्त्रियाँ राजपद को भी सुशोभित कीं। कृषि, उद्योग एवं व्यापार से भी कुछ स्त्रियाँ जुड़ी रहीं। इन परिस्थितियों ने उन्हें वर्णव्यवस्था के बन्धन से बाहर निकालने में सहायता की। शूद्रों ने भी आर्थिक सम्पन्नता एवं विपन्नता के समय न केवल वर्णव्यवस्था का पालन नहीं किया बल्कि वे शासक भी बनने लगे। विदेशी शासकों के साथ उनके व्यवहार सामान्य रहे। इस स्थिति में वर्णव्यवस्था का पालन करना उनके लिए भी सम्भव नहीं रहा। यज्ञ जैसा धार्मिक अनुष्ठान में स्त्रियों और शूद्रों तथा वैश्यों का जो भी शोषण होता था उससे वे ब्राह्मणधर्म से असन्तुष्ट थे। शकुन्तला, कुन्ती, द्रौपदी आदि साहसी और जागरूक स्त्रियाँ भी उनके समक्ष उदाहरण थीं।

पाद-टिप्पणी

1. *श्रीविष्णुपुराण,* (गीता प्रेस, गोरखपुर संस्करण), अंश 4, अध्याय 24, श्लोक 1-8
2. वही, 4.24. 9-19
3. वही, 4.24. 20-37
4. वही, 4.24. 38-53
5. वही, 4.24. 54-60
6. वही, 4.24. 61-69
7. वही, 4.24. 70-72
8. वही, 4.24. 73
9. वही, 4.24. 74-92

10. वही, 4.24.93
11. वही, 4.24. 94-95
12. वही, 4.24. 96
13. वही, 4.24. 97
14. वही, 4.24. 98-101
15. वही, 4.24. 108 एवं 113
16. वही, 4.24. 105-6
17. वही, 4.24. 112
18. वही, 6.1.8
19. वही, 6.1 9-11
20. वही, 6.1.12
21. वही, 6.1.13
22. वही, 6.1. 14-15
23. वही, 6.1. 16-17
24. वही, 6.1.18
25. वही, 6.1. 19-20
26. वही, 6.1. 21-22
27. वही, 6.1.23
28. वही, 6.1. 24-25
29. वही, 6.1.26
30. वही, 6.1.27
31. वही, 6.1. 28-31
32. वही, 6.1. 32-33
33. वही, 6.1. 34-35
34. वही, 6.1.36
35. वही, 6.1.37
36. वही, 6.1.38
37. वही, 6.1 39-43
38. वही, 6.1. 44-49
39. वही, 6.1. 50-51
40. वही, 6.1.52
41. वही, 6.1.53
42. वही, 6.1.54
43. वही, 6.1.55
44. वही, 6.1.56
45. वही, 6.2. 6-7
46. वही, 6.2. 15-17 एवं 40
47. वही, 6.2.23
48. वही, 6.2. 24-37

6

श्रीमद्भागवतपुराण में कलियुग

6.1 पुष्कर, प्रयाग, काशी, गोदावरी (नासिका) हरिद्वार, कुरुक्षेत्र, श्रीरंग और सेतुबन्ध कलियुग से पीड़ित थे।[1] कलियुग से योगमार्ग और तप आदि सभी लुप्त हो गए। लोग शठता और दुष्कर्म में लगे थे। सत्पुरुष दुखी और दुष्ट सुखी थे। जो बुद्धिमान धैर्यशील था वही ज्ञानी या पंडित था। पृथ्वी न छूने योग्य रह गई और न देखने योग्य। यहाँ कहीं भी मंगल दिखाई नहीं देता था। सभी जीव विषयानुराग से अन्धे बन गए थे। जीवों से उपेक्षित होकर पृथ्वी जर्जर हो गई थी। सभी वस्तुएँ सारहीन थीं।[2]

जिस दिन कृष्ण का देहावसान हुआ उसी दिन कलियुग आ गया।[3] यह सम्पूर्ण साधनों में बाधा डालनेवाला था। जो फल तपस्या, योग एवं समाधि से भी नहीं मिलता, कलियुग में वही फल श्री हरिकीर्तन से ही–भली भाँति मिल जाता था। अतः सारहीन होने के बावजूद कलियुग सारयुक्त था।[4] लोग कुकर्म में प्रवृत्त थे और सारे पदार्थ बीजहीन भूसी के समान हो गए थे। केवल अन्नादि के लोभवश ब्राह्मण घर-घर एवं जन-जन को भागवतकथा सुनाते थे, अतः कथा का सार चला गया था।[5] तीर्थों में नाना प्रकार के अत्यन्त घोरकर्म करनेवाले, नास्तिक और नारकी पुरुष भी रहने लगे थे, अतः तीर्थ प्रभावहीन हो गए थे। जिनका चित्त निरन्तर काम, क्रोध, लोभ और तृष्णा से तपता रहता वे भी तपस्या का ढोंग करते थे, अतः तप भी सारहीन हो गया था।।[6] मन पर काबू न होने के कारण तथा लोभ, दम्भ और पाखंड का आश्रय लेने के कारण एवं शास्त्र का अभ्यास न करने से ध्यानयोग का फल मिट गया था। पंडित अपनी स्त्रियों के साथ भैंसों की तरह रमण करते थे; उनमें सन्तान पैदा करने की ही कुशलता पाई जाती थी; मुक्तिसाधन में वे सर्वथा अकुशल थे। वैष्णव सम्प्रदाय कहीं देखने में नहीं आता था। पुंडरीकाक्ष भगवान बहुत समीप रहते हुए भी यह सब सह रहे थे।

कलियुग में केवल भक्ति ही ब्रह्मसायुज्य (मोक्ष) की प्राप्ति करानेवाली थी।[8] भक्ति की दासी मुक्ति पाखंड रूप से पीड़ित होकर क्षीण होने लगी; ज्ञान-वैराग्य ही रहा।[9] ज्ञान-वैराग्य भी उपेक्षा होने के कारण उत्साहहीन और वृद्ध हो गए थे। केवल भक्ति घर-घर में थी।[10] भक्तिविषयक महोत्सव की समाज में प्रधानता रही। प्रेत, पिशाच, राक्षस एवं दैत्य से मुक्ति भक्ति से मिलती थी। तप, ज्ञान, वेदाध्ययन और कर्म आदि से नहीं

बल्कि भक्ति मात्र से भगवान वशीभूत होते थे। कलियुग में भक्ति ही सार था। भक्ति से कृष्ण उपस्थित हो जाते थे। जो लोग भक्ति से द्रोह करते वे तीनों लोक में दुःख पाते थे। भक्ति के अलावा व्रत, तीर्थ, योग, यज्ञ और ज्ञानचर्चा की आवश्यकता नहीं थी।[11] भागवतगीता की ध्वनि से कलियुग के सारे दोष नष्ट हो जाते थे।[12]

कलियुग में सत्यभाषण और ब्रह्मचर्यपालन मुश्किल था। इस युग में बहुत दिनों तक चित्त की वृत्तियों को वश में रखना, नियमों में बँधे रहना और किसी पुण्यकार्य के लिए दीक्षित रहना कठिन था।[13] मन असंयमित रहता, रोगों की बहुलता और आयु की अल्पता थी। इन दोषों से मुक्ति के लिए सप्ताहश्रवण का विधान था। कलियुग में यज्ञ, व्रत और तप तथा ज्ञान से बढ़कर सप्तश्रवण था।[14] समाज में अनेक दुष्ट प्रकट हो गए थे। उनके संसर्ग से अनेक सत्पुरुष उग्र प्रकृति के हो गए थे। साधुओं की रक्षा करनेवाला कोई नहीं था। निर्गुणोपासना में बड़ा कष्ट था।[15] श्रीमद्भागवत के सेवन, श्रवण, पाठ अथवा दर्शन से ही मनुष्य के चूँकि सारे पाप नष्ट हो जाते थे इसीलिए इसे *सप्तश्रवण* कहा गया।[16] भक्ति नष्टप्राय हो चुकी थी। कथामृत से सींचकर इसे पुष्ट किया गया था। भक्ति पर कलियुग की दृष्टि नहीं थी।[17] तरह-तरह के पाप करनेवाले, निरन्तर दुराचार में ही तत्पर रहनेवाले, उल्टे मार्गों पर चलनेवाले, क्रोधाग्नि में जलनेवाले, कुटिल, कामपरायण, सत्य से च्युत, माता-पिता की निन्दा करनेवाले, तृष्णा के मारे व्याकुल, आश्रमधर्म से रहित, दम्भी, दूसरों की उन्नति देखकर कुढ़नेवाले, दूसरों को दुःख देनेवाले, मदिरापान-ब्रह्महत्या-सुवर्ण की चोरी-गुरुस्त्रीगमन-विश्वासघात—ये पाँच महापाप करनेवाले, छलछद्मपरायण, क्रूर, निर्दयी, ब्राह्मणों का धन हरण करनेवाले, व्यभिचारी, मन-वाणी-शरीर से पाप करनेवाले और दूसरों के धन से ही पुष्ट होनेवाले सप्ताहयज्ञ से पवित्र हो जाते थे।[18] कलियुग अन्तःकरण की पवित्रता और शक्ति का नाश करनेवाला था। इससे पार पाना कठिन था।[19]

कलियुग में मगध में विष्णु का बुद्धावतार हुआ। विष्णु का यह 20वाँ अवतार था। इस युग का नाश करने के लिए विष्णु अपने 21वें अवतार में विष्णुयश नामक ब्राह्मण के घर कल्किरूप में अवतार लेंगे।[20] परीक्षित को कलियुग का दमन करनेवाला बताया गया है।[21] शूद्र शासक गाय-बैल को ठोकरों से मारता था।[22] जिस समय परीक्षित जंगल देश के शासक थे उसी समय कलियुग का प्रवेश उनके क्षेत्र में हो गया।[23] फलतः धर्म बैल का रूप धारण करके एक पैर से घूम रहा था। गाय के रूप में पृथ्वी रो रही थी। अब शूद्र पृथ्वी पर शासन करने लगा। अकाल एवं दुर्भिक्ष से प्रजा पीड़ित थी। स्त्रियाँ असुरक्षित थीं। विद्या कुकर्मी ब्राह्मणों के चंगुल में पड़ गई थी। ब्राह्मण शूद्र राजाओं की सेवा करते थे। राजाओं की आपसी लड़ाई से कई देश उजड़ गए थे। लोग खानपान, वस्त्र, स्नान और स्त्री-सहवास आदि में धार्मिक नियमों का पालन नहीं करते थे। कलियुग ने देवताओं के सौभाग्य को छीन लिया था।[24] सत्य, पवित्रता, दया, क्षमा, त्याग, सन्तोष, सरलता, शम, दम, तप, समता, तितिक्षा, उपरति, शास्त्रविचार, ज्ञान, वैराग्य, ऐश्वर्य, वीरता, तेज, बल, स्मृति, स्वतन्त्रता, कौशल, कान्ति, धैर्य, कोमलता, निर्भीकता, विनय,

शील, साहस, उत्साह, सौभाग्य, गम्भीरता, स्थिरता, आस्तिकता, कीर्ति, गौरव और निरअहंकारता कलियुग के शिकार बन चुके थे। संसार पापमय हो चुका था।[25] देवता, पितर, ऋषि, साधु, सभी वर्ण, आश्रमों के मनुष्य शोकग्रस्त थे।[26] लक्ष्मी अभागी हो गई थी।[27]

शूद्र राजा गाय-बैल को इस तरह मारते थे जैसे उनका कोई स्वामी ही न हो। धर्म रूपी बैल एक पैर से खड़ा काँप रहा था और शूद्र के ताड़ना से पीड़ित और भयभीत होकर मूत्र-त्याग करता था। धर्म रूपी गाय की यही स्थिति थी।[28] कलियुग धर्म रूपी गाय-बैल को एक पैर से भी खड़ा रहने देना नहीं चाहता था। अतः अर्जुन के पौत्र परीक्षित ने कलियुग को मारना चाहा किन्तु वह परीक्षित के पैरों पर गिर पड़ा। तब परीक्षित ने कलियुग को सभी जगहों से निकालकर 4 स्थानों—जुआ, मद्यपान, स्त्रीसंग और हिंसा—में रहने की अनुमति प्रदान की जहाँ क्रमशः असत्य, मद, आसक्ति और निर्दयता नामक अधर्म निवास करते थे। पुनः उसे 5वाँ स्थान धन (स्वर्ण) मिला। अतः कलियुग के 5 निवास-स्थान हो गए—झूठ, मद, काम, वैर और रजोगुण।[30] इस तरह जब तक परीक्षित सम्राट थे तब तक कलियुग का कोई प्रभाव नहीं था किन्तु जिस दिन जिस क्षण श्रीकृष्ण ने पृथ्वी का परित्याग किया उसी समय पृथ्वी पर कलियुग आ गया।[31]

कलियुग के अन्त में जब सतपुरुषों के घर भी भागवतकथा होने में बाधा पड़ने लगी तो ब्राह्मण, क्षत्रिय तथा वैश्य पाखंडी और शूद्र राजा हो गए। तब कलियुग का अन्त करने के लिए भगवान कल्कि अवतार ग्रहण करेंगे।[32]

6.2 कलियुग के शासक

शिशुनाग कलियुग का प्रथम शासक था। इस शासक के काल से 360 वर्ष तक के सभी शासक कलियुग में हुए। महानन्दि की शूद्रा पत्नी के गर्भ से नन्द का जन्म हुआ जिसे *महापद्म* भी कहा गया। उसने क्षत्रिय राजाओं का विनाश किया और इसके बाद के सभी राजा शूद्र थे।[33] शिशुनाग के आठ पुत्रों ने सौ वर्षों तक शासन किया। इनका नाश कौटिल्य ने किया जिसे वात्स्यायन एवं चाणक्य के नाम से भी जाना जाता है। इसके बाद मौर्यवंश के शासक हुए।[34] चन्द्रगुप्तमौर्य, मौर्यराजवंश का संस्थापक था। उसका पुत्र वारिसार और वारिसार का पुत्र अशोकवर्द्धन था। अशोक का पुत्र सुयश, सुयश का संगत, संगत का शालिशूक और शालिशूक का पुत्र सोमशर्मा था। सोमशर्मा का शतधन्वा और शतधन्वा का पुत्र वृहद्रथ हुआ। इन शासकों ने 137 वर्षों तक शासन किया। वृहद्रथ का सेनापति पुष्पमित्र शुंग था जो अपने स्वामी को मारकर गद्दी पर बैठा। पुष्पमित्र का पुत्र अग्निमित्र और अग्निमित्र का पुत्र सुज्येष्ठ था। सुज्येष्ठ का वसुमित्र, वसुमित्र का भद्रक और भद्रक का पुलिन्द, पुलिन्द का घोष और घोष का पुत्र वज्रमित्र था। वज्रमित्र का भागवत और भागवत का पुत्र देवभूति था। शुंगवंश के इन नरपतियों ने 112 वर्षों तक शासन किया।[35]

शुंगों के बाद कण्ववंश के शासक हुए। ये पहले के शासकों की तुलना में कम गुणवाले थे। अन्तिम शुंगनरेश देवभूति बड़ा ही लम्पट था। उसे उसका मन्त्री कण्ववंशी वासुदेव ने हत्या कर डाली और स्वयं शासक बन बैठा। वासुदेव का पुत्र भूमित्र, भूमित्र का नारायण और नारायण का पुत्र सुशर्मा था। इन कलियुगी शासकों ने 345 वर्षों तक शासन किया। अन्तिम शासक सुशर्मा का शूद्र सेवक बली अन्ध्रजाति का और अतिदुष्ट था। सुशर्मा को मारकर वह कुछ समय तक शासक बना रहा। उसके बाद बली का भाई कृष्ण राजा हुआ। कृष्ण का पुत्र श्रीशान्तकर्ण और उसका पुत्र पौर्णमास था। पौर्णमास का लम्बोर और लम्बोर का पुत्र चिबिलक हुआ। चिबिलक का मेघस्वाति, मेघस्वाति का अटमान, अटमान का अनिष्टकर्मा, अनिष्टकर्मा का हालेय, हालेय का तलक, तलक का परीषभीरु और परीषभीरु का पुत्र सुनन्दन था। सुनन्दन का पुत्र चकोर और चकोर के आठ पुत्र थे जो बहु कहलाए। इनमें सबसे छोटे का नाम शिवस्वाति था। वह बड़ा वीर था। शिवस्वाति का गोमतीपुत्र और उसका पुत्र पुरीमान था। मेदःशिरा का पिता पुरीमान्, शिवस्कन्द का पिता मेदःशिरा, यज्ञश्री का पिता शिवस्कन्द, विजय का पिता यज्ञश्री और चन्द्रविज्ञ एवं लोमधि के पिता यज्ञश्री थे। इन 30 शासकों ने 4 56 वर्षों तक शासन किया।[36]

इसके बाद अवभृति-नगरी के 7 आभीर, 10 गर्दभी और 16 कंक शासक हुए। ये बड़े लोभी थे। पुनः 8 यवन, 14 तुर्क, 10 गुरूंड और 11 मौन शासक हुए। मौनों के अतिरिक्त शेष शासकों ने 1 हजार 99 वर्षों तक और 11 मौन शासकों ने तीन सौ वर्षों तक शासन किया। इन शासकों के बाद किलिकिला नगर में भूतनन्द राजा हुआ। उसका भाई वंगिरि, वंगिरि का भाई शिशुनन्दी तथा यशोनन्दी और प्रवीरक ने 106 वर्षों तक शासन किया।[37] इन्हें 13 पुत्र थे और ये सभी शासक वाह्लिक कहलाए। इनमें से 7 ने अन्ध्र देश पर शासन किया तथा 7 शासकों ने कोशल पर शासन किया। कुछ विदूर-भूमि के शासक और कुछ निषध देश के शासक हुए।[38]

विश्वस्फूर्जि मगध का शासक बना। इसे प्रथम पुरंजय और द्वितीय पुरंजय भी कहा गया। इस शासक के कारण ब्राह्मण एवं उच्चवर्ण पुलिन्द, यदु और मद्र आदि म्लेच्छ जाति में परिणत हो गए। ब्राह्मण, क्षत्रिय एवं वैश्यों का नाश करके उसने शूद्रों की रक्षा की। उसकी राजधानी पद्मवती थी और क्षत्रियों का नाश करते हुए उसने अपना राज्य हरिद्वार से प्रयाग तक विस्तृत किया।[39]

घोर कलियुग में सौराष्ट्र, अवन्ती, आभीर, शूर, अर्बुद और मालव के ब्राह्मण संस्कारहीन थे। यहाँ के शासक शूद्रों के समान थे। सिन्धुतट, चन्द्रभागा का तटवर्ती प्रदेश, कोन्तीपुरी और कश्मीर पर शूद्रों एवं वैश्यों का राज्य स्थापित था। ये सभी राजा परले सिरे के झूठे, अधार्मिक और स्वल्प दान करनेवाले थे। छोटी बात को लेकर भी ये क्रोध से आगबबूला हो जाते थे। स्त्री, बच्चों, गायों एवं ब्राह्मणों को ये मारते थे। दूसरों की स्त्री और धन हथिया लेने को ये शासक सदा उत्सुक रहते थे। इनकी शक्ति और आयु थोड़ी थी। अपने कर्त्तव्य का पालन ये नहीं करते थे। लूट-खसोटकर अपनी

प्रजा का खून चूसते थे। प्रजा भी आपस में एक-दूसरे का शोषण एवं उत्पीड़ित करती थी।[40]

धर्म, सत्य, पवित्रता, क्षमा, दया, आयु, बल और स्मरणशक्ति का लोप हो गया था। धनी लोग ही कुलीन, सदाचारी और गुणवान माने जाते थे। जिसके हाथ में शक्ति थी वही धर्म और न्याय की व्यवस्था अपने अनुकूल कर लेता था। विवाह-सम्बन्ध में कुल-शील का महत्त्व नहीं था। युवक-युवती की पारस्परिक रुचि से विवाह हो जाता था। छली-कपटी ज्यादा व्यवहारकुशल माना जाता था। स्त्री और पुरुष की श्रेष्ठता का आधार उनका शील-संयम नहीं बल्कि रतिकौशल था।[41] ब्राह्मण की पहचान उसके गुण-स्वभाव से नहीं बल्कि यज्ञोपवीत से होती थी।[42] वस्त्र, दंड-कमंडलु आदि से ही ब्रह्मचारी, संन्यासी आदि आश्रमियों की पहचान होती थी। एक-दूसरे का चिह्न स्वीकार कर लेने से ही किसी भी आश्रम में प्रवेश हो जाता था।

घूस देना या धन खर्च करने में असमर्थ व्यक्ति को न्याय मिलना दुर्लभ था। बोलचाल में चालाक ही पंडित माना जाता था। जो जितना अधिक दम्भ एवं पाखंड करता वह उतना बड़ा साधु समझा जाता था। विवाह में शास्त्रीय विधि-विधान, संस्कार आदि की कोई आवश्यकता नहीं समझी जाती थी। बाल आदि सँवारकर कपड़े-लत्ते से लैस हो जाना ही स्नान समझा जाता था। दूर के तालाब को तीर्थ और निकट के तीर्थ गंगा-गोमती एवं माता-पिता की उपेक्षा की जाती थी। सिर पर बड़े-बड़े बाल शारीरिक सौन्दर्य का चिह्न माना जाता था। अपना पेट भर लेना जीवन का सबसे बड़ा पुरुषार्थ था। ढिठाई से बात करनेवाला ही सच्चा समझा जाता था।[43] अपने परिवार का पालन कर लेना चतुराई का सबसे बड़ा लक्षण माना जाता था। यश के लिए ही धर्म का सेवन किया जाता था। ब्राह्मण, क्षत्रिय, वैश्य और शूद्रों में जो बली होता वही राजा बन बैठता था। राजा निर्दय और क्रूर थे। वे लुटेरों के समान लोभी थे। प्रजा का धन एवं पत्नियों को वे छीन लेते थे। प्रजा डरकर पहाड़ों एवं जंगलों में भाग गई थी। वहाँ प्रजा शाक, कन्द-मूल, मांस, मधु, फल-फूल और बीज-गुठली आदि खाकर पेट भरती थी। सूखा पड़ने पर भी राजा प्रजा से तरह-तरह का कर वसूलता था। कड़ाके की सर्दी और पाला पड़ने, बाढ़ आने और गर्मी पड़ने पर उत्पात मचता और प्रजा आपसी संघर्ष से अत्यन्त पीड़ित होती थी।[44] भूख-प्यास तथा अनेक चिन्ताओं से लोग दुखी थे। रोगों से छुटकारा ही नहीं मिलता था। मनुष्यों की आयु 20 से 30 वर्ष की थी।[45] लोग नाटे, कमजोर और रोगी होते थे। वर्ण और आश्रमों का धर्म बतानेवाला वेद-मार्ग नष्टप्राय हो गया था। लोग चोरी, झूठ तथा हिंसा से जीविका चलाते थे।[46]

चारों वर्णों के लोग शूद्र हो गए थे। गौएँ बकरियों की तरह छोटी-छोटी और कम दूध देती थीं। वानप्रस्थी और संन्यासी घर-गृहस्थी जुटाकर गृहस्थों-सा व्यापार करने लगे थे। वैवाहिक-सम्बन्धवालों को ही अपना सम्बन्धी माना जाता था।[47] धान, जौ, गेहूँ आदि के पौधे छोटे-छोटे होते थे। बादलों में बिजली चमकती किन्तु वर्षा कम होती थी। जनसंख्या घटने से सुनसान बढ़ गया था। मनुष्य गदहों के समान प्रायः गृहस्थी का भार

ढोते थे। जीवन कष्टों से भरा था।[48]

कलियुग का नाश करने के लिए विष्णु शम्भलग्राम में विष्णुयश नामक ब्राह्मण का अवतार लेंगे। वे सभी विरोधियों का नाश करेंगे और जिस समय चन्द्रमा, सूर्य और वृहस्पति एक ही समय एक ही साथ पुष्य नक्षत्र के प्रथम पल में प्रवेशकर एक राशि पर आएँगे उसी समय सतयुग का आरम्भ होगा।[49]

जिस समय सप्तर्षि मघा से चलकर पूर्वाषाढ़ा-नक्षत्र में चले गए उसी समय राजा नन्द का राज्य स्थापित हुआ और तभी से कलियुग प्रारम्भ हुआ।[50] जिस दिन कृष्ण का देहावसान हुआ, उसी समय कलियुग का प्रारम्भ हो गया।[51]

6.3 पृथ्वी की हँसी

कलियुग में पृथ्वी ने जब देखा कि राजा लोग उस पर विजय प्राप्त करने के लिए उतावले हो रहे थे तो वह हँसने लगी और सोचा कि यह कितने आश्चर्य की बात थी कि वे राजा जो स्वयं अपनी मौत के खिलौने थे, उसे जीतना चाहते थे। राजाओं से यह बात छिपी नहीं थी कि वे एक न एक दिन मर जाते, फिर भी वे व्यर्थ में ही मुझे जीतने की कामना करते थे। इस कामना से अन्धा होने के कारण वे पानी के बुलबुले के समान क्षणभंगुर शरीर पर विश्वास कर बैठते और धोखा खाते थे। वे सोचते कि वे पहले पाँचों इन्द्रियों पर विजय पा लेते, भीतरी शत्रुओं को वश में करते क्योंकि इनको जीते बिना बाहरी शत्रुओं को जीतना कठिन था। उसके बाद शत्रुओं के मन्त्रियों, अमात्यों, नागरिकों, नेताओं और समस्त सेनाओं को भी वश में कर लेते। जो भी उनके विजयमार्ग में काँटा बोता उसे वे अवश्य जीत लेते। इस प्रकार धीरे-धीरे क्रम से सारी पृथ्वी उनके अधीन हो जाती और तो समुद्र ही उनके राज्य की खाई का काम करता। इस प्रकार वे अपने मन में अनेक आशाएँ बाँध लेते थे और उन्हें यह बात नहीं सूझती कि उनके सिर पर काल सवार था।[52] वहीं तक नहीं, जब एक द्वीप उनके वश में हो जाता था, तब वे दूसरे द्वीप पर विजय करने के लिए बड़ी शक्ति और उत्साह के साथ समुद्रयात्रा करते थे। अपने मन को, इन्द्रियों को वश में करके लोग मुक्ति प्राप्त करते थे, परन्तु वे लोग उनको वश में करके भी थोड़ा-सा भू-भाग ही प्राप्त करते थे। इतने परिश्रम और आत्मसंयम का यही तुच्छ फल था। बड़े-बड़े मनु और उनके वीरपुत्र पृथ्वी को ज्यों-की-त्यों छोड़कर जहाँ से आए थे, वहीं खाली हाथ लौट गए, उसे अपने साथ न ले जा सके। अब वे मूर्ख राजा उसे युद्ध में जीतकर वश में करना चाहते थे।[53] जिनके चित्त में यह बात दृढ़मूल हो गई थी कि यह पृथ्वी उनकी है, उन दुष्टों के राज्य में उसके (पृथ्वी) लिए पिता-पुत्र और भाई-बहन भी आपस में लड़ बैठते और एक-दूसरे को मारते एवं स्वयं मर मिटते थे।[54]

पृथु, पुरुखा, गाधि, नहुष, भरत, अर्जुन, मान्धाता, सगर, राम, खट्वांग, धुन्धुमार, रघु, तृणबिन्दु, ययाति, शर्याति, शान्तनु, गय, भगीरथ, कुवलयाश्व, ककुस्थ, नल, नृग,

हिरण्यकशिपु, वृत्रासुर, लोकद्रोही रावण, नमुचि, शम्बर, भौमासुर, हिरण्याक्ष और तारकासुर तथा बहुत से दैत्य एवं शक्तिशाली नरपति हो गए। ये सब लोग सब कुछ समझते थे, शूर थे, किन्तु सब मृत्यु के ग्रास बने। उन्होंने अन्तःकरण से यही समझा कि पृथ्वी उनकी थी किन्तु विकराल काल ने उनकी लालसा पूरी न होने दी। उनकी कहानीमात्र शेष रही।[55]

कलियुग में अधर्म के चारों चरण अत्यन्त बढ़ गए थे। फलतः धर्म के चारों चरण क्षीण हो गए। लोग लोभी, दुराचारी और कठोरहृदय होते थे। वे लोभ की नदी में बहते रहते थे। बिना कारण एक-दूसरे से वैर मोल लेते थे। समाज में शूद्र, केवट आदि की प्रधानता थी। तमोगुण-प्रधान कलियुग में झूठ-कपट, तन्द्रा-निन्द्रा, हिंसा-विषाद, शोक-मोह, भय और दीनता की प्रधानता थी। लोगों की दृष्टि क्षुद्र और निर्धन ज्यादा खाते थे। वे अभागे और कामी ज्यादा होते थे। स्त्रियों में दुष्टता एवं कुलटापन की वृद्धि थी।[56] लुटेरों से देश-गाँव के वासी परेशान थे। पाखंडी लोग, नए-नए मत चलाकर मनमाने ढंग से वेदों का अर्थ निकालते थे। राजा प्रजा की सारी कमाई हड़पकर उन्हें चूसते थे। ब्राह्मण पेट भरने और भोग-विलास में विशेष रुचि रखते थे।[57] ब्रह्मचारी ब्रह्मचर्यव्रत से रहित और अपवित्र रहते थे। गृहस्थ लोग दूसरों को भीख न देकर स्वयं भीख माँगकर जीविका चलाते थे। वानप्रस्थी गाँवों में बसते थे और संन्यासी अर्थलोभी थे। स्त्रियाँ, नाटा, ज्यादा खानेवाली और ज्यादा सन्तान पैदा करती थीं। वे कुल-मर्यादा का उल्लंघन करते हुए लाज-दया को त्याग चुकी थीं। वे कड़वी बोलती और चोरी तथा कपट में निपुण थीं। उनमें साहस बढ़ गया था।[58]

व्यापारियों के हृदय क्षुद्र हो गए थे। वे कौड़ी-कौड़ी से लिपटे रहते और छदाम-छदाम के लिए धोखाधड़ी करते थे। संकटकाल नहीं रहने और धनी होने के बावजूद वे निम्नश्रेणी के निन्दित व्यापारों को करते थे। स्वामी को गरीब होते देख सेवक लोग भाग जाते थे। पुराने सेवक पर विपत्ति आने से स्वामी उसे छोड़ देते थे। दूध नहीं देनेवाली गायों को लोग त्याग देते थे।[59] लम्पटों की संख्या बढ़ गई थी। वे कामवासना तृप्त करने के लिए किसी से प्रेम करते थे। माता-पिता, भाई-बन्धु और मित्रों को छोड़कर वे केवल साली और सालों से सलाह लेते थे। शूद्र तपस्वियों का भेष बनाकर अपना पेट भरते और दान लेते थे। मूर्ख ऊँचे सिंहासन पर बैठकर धर्म का उपदेश देते थे।[60] सूखा पड़ने से प्रजा अत्यन्त भयभीत एवं बेचैन थी। एक तो दुर्भिक्ष और दूसरे शासकों की कर-वृद्धि; प्रजा के शरीर में केवल अस्थपंजर और मन में बेचैनी थी। प्राण-रक्षा के लिए रोटी का एक टुकड़ा मिलना भी मुश्किल था। प्रजा वस्त्र, रोटी और जल तथा सोने के लिए दो हाथ जमीन से भी वंचित थी। उसे दाम्पत्य-जीवन, स्नान और आभूषण पहनने तक की सुविधा नहीं थी। लोगों की आकृति कुरूप हो गई थी। कुछ कौड़ियों के लिए लोग आपस में वैर-विरोध करने लगते थे; मित्रता तक को तिलांजलि दे देते थे। दमड़ी-दमड़ी के लिए लोग सगे-सम्बन्धियों तक की हत्या कर बैठते थे। पुत्र अपने बूढ़े माँ-बाप की भी रक्षा-पालन-पोषण नहीं करते और उनकी उपेक्षा कर देते। पिता अपने योग्य पुत्रों पर

ध्यान दिए बिना अलग कर देते थे।[61] कलियुग में सभी वस्तुएँ दूषित थीं। सभी स्थान अपवित्र थे।[62] किन्तु एक गुण था कि केवल भगवान् श्रीकृष्ण का कीर्तन मात्र करने से सतयुग का फल मिल जाता था।[63]

पाद-टिप्पणी

1. *श्रीमद्भागवतपुराण,* (वेदव्यास) गीताप्रेस, गोरखपुर, संवत् 2040 खंड 1, अध्याय 1, श्लोक 28-30
2. वही, 1.1. 57-63
3. वही, 1.1.66
4. वही, 1.1.66-69
5. वही, 1.1.70-71
6. वही, 1.1.72-73
7. वही, 1.1. 74-77
8. वही, 1.2.4
9. वही, 1.2.11
10. वही, 1.2.12-13
11. वही, 1.2.14-21
12. वही, 1.2.62
13. वही, 1,3. 46-47
14. वही, 1.3. 48-52
15. वही, 1.3.55-59
16. वही, 1.3.62-64
17. वही, 1.3.70-72
18. वही, 1.4.11-14
19. वही, 1. स्कन्ध-1, अध्याय 1, श्लोक 22
20. वही, 1.1.3.23-25
21. वही, 1.1.12.27-30
22. वही, 1.1.16. 5-6
23. वही, 1.1.16.10
24. वही, 1.1.16. 19-24
25. वही, 1.1.16. 25-30
26. वही, 1.1.16.31
27. वही, 1.1.16. 32-33
28. वही, 1.1.17 1-6
29. वही, 1.1.17. 22-30
30. वही, 1.1.17. 38-40
31. वही, 1.1.18. 5-6
32. वही, 1.2.7.38
33. वही, 2.12.1.7-9

34. वही, 2.12.1.10-12
35. वही, 2.12.1.13-18
36. वही, 2.12.1.19-28
37. वही, 2.12.1.29-33
38. वही, 2.12.1.34-35
39. वही, 2.12.1.36-37
40. वही, 2.12.1.38-43
41. वही, 2.12.2.1-2
42. वही, 2.12.2.3
43. वही, 2.12.2.4-6
44. वही, 2.12.2.7-10
45. वही, 2.12.2.11
46. वही, 2.12.2.12-13
47. वही, 2.12.2.14
48. वही, 2.12.2.15
49. वही, 2.12.2.16-24
50. वही, 2.12.2.31-32
51. वही, 2.12.2.33
52. वही, 2.12.3.1-4
53. वही, 2.12.3.5-6
54. वही, 2.12.3.7-8
55. वही, 2.12.3.9-14
56. वही, 2.12.3.24-25
57. वही, 2.12.3.30-32
58. वही, 2.12.3.33-34
59. वही, 2.12.3.35-36
60. वही, 2.12.3.37-38
61. वही, 2.12.3.39-42
62. वही, 2.12.3.45
63. वही, 2.12.3.51-52

7

मत्स्यपुराण में कलियुग

7.1 जीवहिंसा, चोरी, असत्यभाषण, माया (छल-कपट-दम्भ) और तपस्वियों की हत्या होती थी। धर्म का विनाश हो गया था। मन-वचन-कर्म से प्रयत्न करने पर भी यह सन्देह बना रहता था कि जीविका की सिद्धि होती या नहीं होती थी। विसूचिका, प्लेग आदि महामारक रोग होते थे। भुखमरी और अकाल का सदा भय बना रहता था। लोग रोजी-रोटी की तलाश में एक स्थान से दूसरे स्थान पर पलायन करते रहते थे। समाज में कोई स्थिरता नहीं थी।[1] कोई गर्भ में, कोई जवानी में, कोई मध्यजवानी और कोई बुढ़ापा में मर जाता था। अकाल मृत्यु होती थी। लोगों का तेज और बल घट गया था। पाप, क्रोध और धर्महीनता में वृद्धि हो गई थी। ब्राह्मणों के अनिष्ट-चिन्तन, अल्पाध्याय, दुराचार और शास्त्र-ज्ञान-हीनता-रूप जैसे कर्मदोषों से प्रजा को सदा भय बना रहता था।[2] जीवों में हिंसा, अभिमान, ईर्ष्या, क्रोध, असूया, असहिष्णुता, अधीरता, लोभ, मोह और संक्षोभ आदि दुर्गुण सर्वथा अधिक मात्रा में बढ़ गए थे। ब्राह्मण न तो वेदों का अध्ययन करते और न यज्ञानुष्ठान ही करते थे।[3] क्षत्रिय भी वैश्यों के साथ कर्मभ्रष्ट हो गए थे। शूद्र मन्त्रों के ज्ञाता हो गए थे और उनका शयन, आशय एवं भोजन के समय ब्राह्मणों के साथ सम्पर्क होता था। शूद्र ही अधिकतर राजा होते थे। पाखंड का प्रचार बढ़ गया था। शूद्र लोग गेरुआवस्त्र धारण कर हाथ में नारियल का कपाल लेकर काछ खोले हुए संन्यासीवेश में घूमते रहते थे।[4]

कुछ लोग देवताओं की पूजा करते तो कुछ लोग धर्म को दूषित करते थे। कुछ लोगों के आचार-विचार दिव्य होते तो कुछ लोग जीविकोपार्जन के लिए साधु का वेश बनाए रहते थे। शूद्र धर्म और अर्थ के ज्ञाता बनकर वेदों का अध्ययन करते थे। शूद्रयोनि में उत्पन्न नृपतिगण अश्वमेघ यज्ञों का अनुष्ठान करते थे। लोग स्त्री, बालक और गौओं को मारते, परस्पर मारकाट करते और अपहरण कर अपना स्वार्थ सिद्ध करते थे। कष्ट का बाहुल्य हो गया था। जीवों की आयु कम हो गई थी। उथल-पुथल का महौल था। डाकुओं का प्रकोप बढ़ गया था। अधर्म की ओर लोगों की विशेष रूचि थी। सभी के आचार-विचार तामसिक हो गए थे। भ्रूणहत्या की प्रवृत्ति बढ़ गई थी। आयु, बल और रूप की क्षीणता हो गई थी। दुःखों से सन्तप्त लोगों की अधिक से अधिक आयु 100

वर्ष की हो गई। सम्पूर्ण वेद विद्यमान रहते हुए भी नहीं के बराबर हो गए थे। यज्ञों का विनाश हो चुका था। धर्म का चतुर्थांश मात्र शेष रह गया था।[5]

7.2 कलियुग में अधर्मियों का नाश करने के लिए भृगुवंश में चन्द्रगोत्रीय प्रमति नामक राजा होगा जो 30 वर्षों तक पृथ्वी का भ्रमण करेगा और सभी वीर म्लेच्छों का नाश कर देगा। शूद्रयोनि में उत्पन्न राजाओं का पूर्ण संहार करके सम्पूर्ण पाखंडों को नष्ट कर देगा। वह उत्तरदिशा के निवासी, मध्यदेशीय, पर्वतीय, पौरस्त्य, पाश्चात्य, विंध्याचल के ऊपर तथा तलहटियों में स्थित, दाक्षिणात्य, सिंहलोंसहित, द्रविड़, गान्धार, पारद, पह्लव, यवन, बर्बर, शक, तुषार, श्वेत, हलीक, दरद, खस, लम्पक, आन्ध्रक तथा चोर जातियों का संहार कर अपना शासनचक्र प्रवृत्त करेगा।[6]

प्रमति पूर्वजन्म में विष्णु था और इस जन्म में मनु के वंश में भूतल पर उत्पन्न हुआ था। कलियुग में वह चन्द्रमा का पुत्र था। 32 वर्ष की अवस्था में उसने 20 वर्षों तक धर्महीनों का नाश किया। इसके पश्चात् उसकी विशालसेना गंगा और यमुना के बीच सिद्धि को प्राप्त हुई। इस तरह सभी अधार्मिक राजाओं का अन्त हो गया। कुछ प्रजाएँ शेष रहीं जिन पर कलियुग प्रभावी रहा। वे लोग अपनी वस्तु दूसरे को देना नहीं चाहते थे। वे लोभी ज्यादा थे। लोग झुंड में इकट्ठे होकर एक-दूसरे की वस्तु लूट लेते थे। एक-दूसरे को मार भी देते थे। प्रजा में परस्पर भय बना रहता था। लोग व्याकुल होकर देवताओं और गृहों को त्याग देते थे। सभी को अपने-अपने प्राणों की चिन्ता लगी रहती थी। क्रूरता का बोलबाला था। लोग मर्यादा, आनन्द, स्नेह और लज्जा से रहित थे। उनका कद छोटा और आयु 25 वर्ष की होती थी। लोग कष्ट से परेशान होकर पत्नी और पुत्रों को भी छोड़ देते थे। अकाल से पीड़ित होने के कारण जीविका का अभाव रहता और लोग अपने जनपद से पलायन कर दूसरे देश में शरण लेते थे।[7] कुछ लोग भागकर नदियों, समुद्र-तटवर्ती भागों तथा पहाड़ों पर शरण लेते थे। बल्कल और कालामृगचर्म ही उनका परिधान होता था। वर्णाश्रमधर्म से भ्रष्ट होकर वे घोर संकर-धर्म में आस्था करने लगे थे। सारी प्रजाएँ मांसाहारी हो चुकी थीं। भक्ष्याभक्ष्य का विचार लुप्त हो गया था। वे मृग, सुअर, वृषभों तथा अन्य वनचारी जीवों को खाने लगे थे। नदियों और समुद्रों के किनारे के निवासी मछली पकड़कर खाते थे। अभक्ष्य भोजन के दोष के कारण सारी प्रजा एक वर्ण की हो गई थी। वर्णधर्म नष्ट हो गया था। सारी प्रजा शूद्र हो गई। पशु-पक्षी-मछली के समाप्त होने पर लोग कन्द-मूल खोदकर खाने लगे। लोग गृह से रहित और फल-मूल पर ही जीवन निर्वाह करते थे।[8]

कलियुगी लोगों की आबादी घटती गई। थोड़े-से लोग बचे। आहार-शुद्धि के कारण इनकी जनसंख्या में वृद्धि हुई। कलियुग का संध्यांश (सौ दिव्यवर्ष) बीत जाने पर पूर्व प्रजाएँ मर गईं और नूतन सन्तानों के कारण कृतयुग की वृद्धि और कलियुग का विनाश हुआ।[9] कलियुग के अन्त में बचे हुए लोगों में सतयुग की तरह सन्तानोत्पत्ति होने लगी।[10] मनुष्यों का शरीर मानवों के अंगुल-प्रमाण से 84 अंगुल के होते थे।[11] जिसका शरीर पैर

से लेकर मस्तक पर्यन्त 9 वित्ता अर्थात् 108 अंगुल का होता तथा भुजाएँ जानु तक लम्बी होतीं वे आदर की दृष्टि से देखे जाते थे। मानव-शरीर में बुद्धि की अधिकता नहीं रहने से उनके शारीरिक भाव पशु-पक्षियों के समान होते थे।[12]

कलियुग में धर्म नष्ट हो जाता था। ब्राह्मणों के प्रति आस्था नष्ट हो गई और वे व्रत-उपवास आदि छोड़ बैठे। अधर्म चारों पैरों से प्रभावी हो गया और धर्म चतुर्थांशमात्र रह गया। लोग कामपरायण और तपस्या से हीन थे। न कोई अत्यन्त सात्विक होता और न साधु स्वभाव और न सत्यवादी होता था। सभी नास्तिक अपने को परब्रह्म का भक्त बताते थे। ब्राह्मण शूद्र के समान आचरण करते थे। किसी का वर्ण सही नहीं था।[13]

7.3 कलियुगी शासक

मगध में वृहद्रथवंशीय एवं अवन्तिदेश में वीतिहोत्रवंशीय राजाओं के समाप्त होने पर पुलक अपने स्वामी रिपुंजय को मारकर उसके पुत्र को गद्दी पर बैठाया। पुलक से उत्पन्न हुआ वह बालक शक्ति के बल पर सामन्तों द्वारा वन्दनीय हो गया। उसकी शासन-नीति धर्मविरोधी थी। उसने 23 वर्षों तक राज्य किया। उसके बाद राजा विशाखयूप ने 50 वर्षों तक, सूर्यक 21 वर्षों तक और उसका पुत्र नन्दिवर्धन 30 वर्षों तक शासन किया। इन शासकों के यश का अपहरण करके शिशुनाग राजा हुआ जिसने वाराणसी में अपने पुत्र को गद्दी पर बैठाया और स्वयं गिरिव्रज (मगध) में 40 वर्षों तक शासन किया। उसका पुत्र काकवर्ण 26 वर्षों तक, क्षेमवर्मा 36 वर्षों तक, क्षेमजीत 24 वर्षों तक, बिम्बिसार 28 वर्षों, अजातशत्रु 25 वर्षों, अजातशत्रु का पुत्र दशक 35 वर्षों, उदासी 33 वर्षों तक और नन्दिवर्धन ने 40 वर्षों तक राज्य किया।[14] अपने राज्यकाल के चौथे वर्ष में उदासी ने गंगा के दक्षिण में कुसुमपुर बसाया।[15] महानन्दी ने 43 वर्षों तक शासन किया। ये 10 राजा शिशुनाग वंश के थे।[16] इन शिशुनागवंशीय शासकों ने 360 वर्षों तक शासन किया। ये सभी निम्नकोटि के क्षत्रिय थे।[17]

इन शासकों के अलावा कलियुग में इक्ष्वाकुवंशीय 24 शासकों ने, पांचाल शासकों ने 27 वर्षों तक, काशी के शासकों ने 24 वर्षों तक, हैहयवंशीय शासकों ने 28 वर्षों तक, कलिंगदेशीय शासकों ने 32 वर्ष, अश्मक (महाराष्ट्री) ने 25 वर्षों तक, कुरुदेशी 26 वर्षों तक, मैथिल 28 वर्षों तक, शूरसेन देश (माथुर मंडल) के शासकों ने 23 वर्षों तक तथा वीतिहोत्रवंशीय शासकों ने 20 वर्षों तक शासन किया। इन सभी शासकों ने एक समय में ही शासन किया।[18] महानन्दि का पुत्र महापद्म कलियुग के अंश रूप से शूद्रा के गर्भ से उत्पन्न हुआ। उसने सभी क्षत्रियशासकों का विनाश किया। इसके बाद सभी शासक शूद्रा के गर्भ से उत्पन्न होने के कारण शूद्र हुए। महापद्म ने 88 वर्षों तक एकछत्र शासन किया।[19] महापद्मवंश में सुकल्प आदि आठ पुत्र हुए जिन्होंने क्रमशः 12 वर्षों तक शासन किया। इसके पश्चात् महापद्म के पुत्रों को कौटिल्य ने

उखाड़ दिया और सौ वर्षों तक राज्य किया। इसके पश्चात् मौर्यवंश के शासकों ने शासन किया। फिर शतधन्वा ने 6 वर्षों तक शासन किया। शतधन्वा का पुत्र वृहद्रथ ने 70 वर्षों तक राज्य किया। शक शासक 30 वर्षों तक राजा रहे। शक का नाती 70 वर्षों तक, उसका पुत्र राजा दशरथ ने 8 वर्षों तक एवं उसका पुत्र 79 वर्षों तक राज्य किया। ये 10 मौर्यवंशीय राजा 137 वर्षों तक शासन किए। उसके बाद शुंगवंशी सेनापति पुष्यमित्र वृहद्रथवंशियों का विनाश करके स्वयं राजा बन बैठा और 36 वर्षों तक शासन किया।[20]

अग्निमित्र ने 8 वर्षों तक, वसुज्येष्ठ 7 वर्षों तक, अन्धकराजा 2 वर्ष, उसका पुत्र पुलिन्द 3 वर्ष, वज्रमित्र 14 वर्ष, समाभाग 32 वर्ष एवं देवभूमि ने 10 वर्षों तक शासन किया।[21] राजा देवभूमि का अमात्य शुंगवंशीय वासुदेव राजा को मारकर शासक बना और काण्वायन के नाम से 9 वर्षों तक शासन किया। उसका पुत्र भूमिमित्र ने 14 वर्षों तक शासन किया। उसका पुत्र नारायण 12 वर्षों तक उसका पुत्र सुशर्मा 10 वर्षों तक शासन किया। ये शुंगभृत्य शासक काण्वायन नाम से जाने गए। ये द्विज और परमधार्मिक थे। इनके शासनकाल में ही आन्ध्रवंशीय शासक शासन करने लगे।[22] शिशुक प्रथम आन्ध्र राजा हुआ जिसने 23 वर्षों तक शासन किया। उसके छोटे भाई कृष्ण 18 वर्षों तक, उसका पुत्र श्रीशातकर्णी 10 वर्षों तक, उसका पुत्र पूर्णोत्संग 18 वर्षों तक, स्कन्धस्तम्भि 18 वर्षों तक, शान्तकर्णि 56 वर्षों तक, उसका पुत्र लम्बोदर 10 वर्षों तक, उसका पुत्र आपीतक 12 वर्षों तक, मेघस्वाति 18 वर्षों तक, स्वति 18 वर्षों तक, स्कन्धस्वाति 7 वर्षों तक, मृगेन्द्र-स्वातिकर्ण 3 वर्षों तक, कुंतलस्वातिर्ण 1 वर्ष तक, हाल 5 वर्षों तक, मंतुलक 5 वर्षों तक, पुरीन्द्रसेन, शान्तिकर्ण 1 वर्ष तक, चकोरस्वातिकर्ण छह मास, शिवस्वाति 28 वर्षों तक, गौतमीपुत्रशातकर्णी 21 वर्षों तक, उसका पुत्र पुलोमा 28 वर्ष तक, शिवश्रीपुलोमा 7 वर्षों तक, शान्तिकर्ण का पुत्र शिवस्कन्ध 29 वर्षों तक, यज्ञश्रीशान्तिकर्णिक 29 वर्षों तक उसका पुत्र विजय 6 वर्षों तक, उसका पुत्रचंडश्रीशान्तिकर्ण ने 10 वर्षों तक और पुलोमा द्वितीय 7 वर्षों तक शासन किए।[23]

7 गर्दभिल्लवंशीय शासकों ने शासन किया। तुषारों, गुरूंडो, हूणों और यवन शासकों ने भी शासन किया। ये सभी म्लेच्छ और लोभी थे। इनके शासनकाल में अधार्मिकों की संख्या में अपार वृद्धि हुई। कलियुग में इन सबका नाश हो गया।[24] प्रजा असत्कर्मपरायण, निर्बल, लूटपाट के शोक से जर्जरित, अनावृष्टि से पीड़ित, परस्पर एक दूसरे के संहार के इच्छुक, आश्रयहीन, भयभीत एवं घोर संकट से ग्रस्त होकर नदियों के तटों और पर्वतों पर वास करने लगी।[25] राजवंशों के नष्ट हो जाने पर सारी प्रजा घर-द्वार से विहीन, स्नेहरहित, निर्लज्ज, भाई-मित्र आदि का त्याग करनेवाली, वर्णाश्रमधर्म से भ्रष्ट, अधर्म में लीन, पत्ते, मूल और फलों का आहार करनेवाली, पत्तों और मृगचर्म को वस्त्ररूप में धारण करनेवाली तथा जीविका के लोभ में इधर-उधर पलायन करने लगी।[26] शुंगवंशीय ब्राह्मण राजा के बाद सारा समाज पतित हो गया। सारी प्रजाएँ मिथ्या व्यवहार में लीन, लोभी, धर्म, अर्थ एवं काम से हीन वैदिक एवं स्मार्त नियमों के पालन से विमुख,

वर्णाश्रम-धर्म की मर्यादा से विहीन और दुर्बलात्मा हो गई। उनके सभी सन्तान वर्णसंकर थे। ब्राह्मण शूद्र योनी के हो गए। शूद्र मन्त्रों के ज्ञाता हो गए। उन्हीं मन्त्रों को जानने की अभिलाषा से ब्राह्मण उन मन्त्रज्ञ शूद्रों की उपासना करते थे। सभी लोग अपना-अपना वर्ण छोड़कर अन्य वर्ण में सम्मिलित हो गए।[27] जिस दिन कृष्ण स्वर्ग गए उसी दिन कलियुग प्रारम्भ हुआ।[28]

कलियुग में देव एवं ऋषियों का जो हित करता वही उनका प्रिय होता था।[29]

7.4 कालमाप

1 निमेष = आँख के खुलने और मूँदने का समय[30]
15 निमेष = 1 काष्टा [31]
30 काष्टा = 1 कला[32]
30 कला = 1 मुहूर्त[33]
30 मुहूर्त = 1 दिन-रात[34]
1 दिव्य (देष) वर्ष = 360 वर्ष[35]
1 सप्तर्षि वर्ष = 3 हजार 30 वर्ष[36]
1 ध्रूव-संवत्सर = 9 हजार 90 वर्ष[37]
1 दिव्यमास = 3 वर्ष[38]
1 हजार दिव्यवर्ष = 96 हजार[39]
कृतयुग = 17 लाख 28 हजार वर्ष (मनुष्य का)[40]
त्रेतायुग = 12 लाख 96 हजार वर्ष[41]
द्वापर = 8 लाख 64 हजार वर्ष[42]
कलियुग = 4 लाख 32 हजार[43]
महर्षि = जो ऋषि महान पुरुषत्व से युक्त रहते हों।[44] भृगु, मरीचि, अत्रि, अंगिरा आदि
ऋषि = महर्षियों के जो मानस और औरसपुत्र हुए वे ऋषिपरक होने के कारण ऋषि कहलाए।[45] (शुक्राचार्य, वृहस्पति आदि)
ऋषिक = मैथुनद्वारा गर्भ से उत्पन्न ऋषि-पुत्र[46] दीर्घतमा, शरद्वान, पराशर
श्रुतश्री = दूसरों से ऋषिधर्म को सुनकर जो ज्ञानसम्पन्न हो।[47]

पाद-टिप्पणी

1. *मत्स्यपुराण,* 144. 29-32
2. वही, 144. 33-36

3. वही, 144. 37
4. वही, 144. 38-40
5. वही, 144. 41-49, 145.5-6
6. वही, 144. 50-59
7. वही, 144. 60-71
8. वही, 144. 72-83
9. वही, 144. 84-91
10. वही, 144. 92-93
11. वही, 145. 9-10
12. वही, 145. 10-19
13. वही, 165. 10-18
14. वही, 272. 1-11
15. वही, 272. 10-11
16. वही, 272. 12
17. वही, 272.13
18. वही, 272. 14-17
19. वही, 272. 18-20
20. वही, 272. 21-27
21. वही, 272. 28-31
22. वही, 272. 32-37
23. वही, 273. 1-16
24. वही, 273. 17-28
25. वही, 273. 29-33
26. वही, 273. 34-35
27. वही, 273. 38-48
28. वही, 273. 49-50
29. *श्रीशिवमहापुराणम्* (टीकाकार, ब्रह्मानन्द त्रिपाठी, चौखम्बा संस्कृत प्रतिष्ठान, दिल्ली, 1994), रुद्रसंहिता 2, युद्धखंड 5, अध्याय 12, श्लोक 28-32
30. *मत्स्यपुराण,* (गीताप्रेस, गोरखपुर, 1985), अध्याय 142, श्लोक 2-7
31. वही
32. वही
33. वही
34. वही
35. वही 142. 10-14
36. वही
37. वही
38. वही
39. *वही*
40. *वही* 142.25-28
41. *वही*
42. *वही*

43. *वही*
44. *वही* 145.95-97
45. *वही*
46. *वही*
47. *वही*

8

ब्रह्मपुराण में कलियुग

8.1 मनुष्य वर्णाश्रम का पालन नहीं करते थे। साम, ऋक् तथा यजुर्वेद का अध्ययन ब्राह्मण नहीं करते थे।[1] धार्मिक विवाह नहीं होते थे। शिष्यों में गुरुभक्ति नहीं रही। धार्मिक पुत्र नहीं होते। अग्निहोत्र आदि क्रिया नहीं होती थी।[2] बलवान ही नायक होता था। सभी वर्णों के लोग कन्या से जीविकोपार्जन कराते थे।[3] द्विजाति सही ढंग से दीक्षित नहीं होते थे। प्रायश्चित से कोई डरता नहीं था। मूर्खों का वचन ही शास्त्र माना जाता था। सब देवता ही माने जाने लगे। सबके लिए आश्रम होते थे।[4] उपवास, परिश्रम तथा धन नहीं रहा। धर्म का अनुष्ठान मनमाना होता था। अल्पधन में ही लोग अभिमानी हो जाते थे। स्त्रियों को केवल बालों से ही रूप का अभिमान होता था। स्वर्ण, मणि, रत्न, वस्त्र आदि के नष्ट हो जाने पर स्त्रियाँ केवल केशों से अपनी सुन्दरता बढ़ाती थीं।[5] धनहीन पति को स्त्रियाँ छोड़ देती थीं। धनवान ही स्त्रियों का पति होता था।[6] जो ज्यादा देता वही मनुष्यों का स्वामी होता था। स्वामित्व तथा बन्धुत्व केवल स्वार्थसिद्धि के लिए होता था। द्रव्य घर भरने के लिए, बुद्धि द्रव्य कमाने के लिए और धन केवल उपभोग के लिए होता था।[7] स्त्रियाँ स्वेच्छा से विहार करनेवाली तथा ललितकला की इच्छुक होती थीं। पुरुष अन्याय से धन अर्जित करने में विशेष रुचि रखते थे। बन्धुओं के गिड़गिड़ाने पर भी मनुष्य अपनी छोटी स्वार्थपूर्ति के लिए उनको हानि पहुँचा देते थे।[8] लोग कठोर चित्तवाले होते थे। दूध देने तक ही गायों का आदर होता था।[9] प्रायः अनावृष्टि का भय होता था। प्रजा भूख-भय ये कातर थी। सूखा के कारण लोग मूल, पत्र, फल आदि खाकर तपस्वी की तरह रहते थे। अनावृष्टि से पीड़ित लोग आत्महत्या कर लेते थे।[10] लगातार अकाल पड़ता था। अनाथ दुखी थे।[11]

बिना स्नान किए लोग भोजन करते थे। अग्नि, देवता तथा अतिथियों का पूजन नहीं होता था। लोग पिंडदान करना छोड़ दिए।[12] मनुष्य लोभी तथा अधिक अन्न खाते थे। स्त्रियाँ बहुत सन्तानवाली तथा अल्पभाग्यवाली होती थीं।[13] दोनों हाथों से सिर को वे खुजलातीं तथा गुरु एवं पति की आज्ञा नहीं मानती थीं। वे स्वामी की आज्ञा का उल्लंघन करतीं। वे अपना पेट भरने में लगी रहतीं, क्रोधी स्वभाववाली, देह-संस्कार से रहित, कठोर तथा झूठ बोलती थीं। कुलांगनाएँ स्वभाव से दुष्ट, सदा लालसा से युक्त

तथा पुरुषों से नाजायज सम्बन्ध रखती थीं।[14] ब्राह्मण वेद नहीं पढ़ाते और व्रत नहीं करते थे। गृहस्थ लोग हवन नहीं करते थे। वे उचित दान भी नहीं देते थे।[15] वनवासी तपस्वी गाँवों से भोजन तथा भोगसामग्री ग्रहण करते थे।[16] संन्यासियों को पुत्रादि से स्नेह रहता था। राजा प्रजा की रक्षा नहीं करता तथा कर के बहाने धन का अपहरण कर लेता था। जिसके पास हाथी-घोड़ा होता वही राजा माना जाने लगा। कमजोर को सभी सताते थे।[17]

8.2 वैश्य खेती और व्यापार को छोड़कर शिल्प आदि शूद्रकर्म करते थे। अधमशूद्र भिक्षावृत्ति तथा संन्यास ग्रहण करते थे। वे असंस्कृत होते हुए पाखंडी वृत्ति अपना लिए।[18] दुर्भिक्ष, कर तथा अनेक पीड़ाओं से दुःखी लोग उन देशों में पलायन कर गए जहाँ गेहूँ, जौ आदि अन्न होते थे। वर्णव्यवस्था नहीं थी। लोग धूर्त और अधर्मी थे। उनकी आयु अल्प हो गई।[19] बालमृत्यु काफी होती थी। पुरुषों के 8, 9 तथा 10 वर्ष के होने पर तथा स्त्रियों के 5, 6 तथा 7 वर्ष की होने पर ही सन्तानोत्पत्ति होने लगी। 12 वर्षों में बुढ़ापा आ जाता था। लोगों की आयु 20 वर्ष से अधिक नहीं होती थी।[20] मनुष्य कम ज्ञान वाले, व्यर्थ चिह्न धारण करनेवाले तथा दुष्य विचारवाले होते थे।[21] जैसे-जैसे पाखंड बढ़ा कलि में वैसे-वैसे वृद्धि होती गई।[22] जैसे-जैसे ब्राह्मणों की हानि हुई वैसे-वैसे कलि में वृद्धि हुई।[23] जब ब्राह्मणों के कार्य में विघ्न पड़ने लगा तब कलि में वृद्धि होती गई।[24] राजा विष्णु की पूजा नहीं करता तो कलि में वृद्धि होती गई।[25] वेदों में लोगों का विश्वास और प्रेम घटा तथा पाखंडों में बढ़ा तो कलि में वृद्धि होती गई।[26] लोग विष्णु की पूजा नहीं करते थे।[27] देवता, ब्राह्मण, वेद तथा शुद्धि का महत्त्व नहीं रहा। सूखा पड़ने से उपज में कमी और फल कम स्वादवाले होने लगे। लोग जंघा तक वस्त्र पहनते थे। वृक्षों में शमीवृक्ष तथा वर्णों में शूद्रवर्ण ही रह गया।[28] अन्नों में चना, श्यामा आदि छोटे अन्न मिलते थे। बकरियों का दूध मिलता था। लेपों में खस का प्रयोग किया जाता था। सास-ससुर की प्रधानता बढ़ गई। पत्नी और मित्र गृह का अपहरण कर लेते थे। माता-पिता का कोई महत्त्व नहीं रहा। शरीर, वाणी तथा मन से लोग प्रतिदिन पाप करते थे। लोग दुःखी थे। उनमें निर्लज्जता की वृद्धि हो गई थी। शायद ही कोई ब्राह्मण रह गया।[29] सतयुग में जो फल तपस्या से मिलता वही फल कलियुग में अल्पपुण्य करने से ही प्राप्त हो जाता था।[30] कलियुग में थोड़ा ही क्लेशों को सहन करने से बड़ा भारी फल प्राप्त हो जाता था। स्त्री और शूद्र भी धन्य हो जाते थे।[31] जो फल सतयुग में 10 वर्षों में, त्रेता में 1 वर्ष में और द्वापर में 1 मास में मिलता वह कलियुग में 1 अहोरात्र में मिल जाता था।[32] इसी हिसाब से कलियुग में मनुष्य तप, ब्रह्मचर्य तथा जप आदि का फल प्राप्त करता था।[33] कृतयुग में भगवान के ध्यान से, त्रेता में यज्ञों से और द्वापर में उपासना से जो फल प्राप्त होता वही फल कलियुग में केवल भगवत्कीर्तन से मिल जाता था।[34] कलि में मनुष्य अल्पप्रयास से ही महानधर्म प्राप्त कर लेता अतः कलि सन्तोषप्रद था।[35] ब्राह्मण व्रतधारण नहीं करते[36] और वेदों का स्वाध्याय भी नहीं करते थे।[37] वे शूद्रों से भोजन एवं धन प्राप्त करते थे। वे संयमी नहीं रह गए और समस्तभक्षण करते थे। उनकी दशा इतनी खराब थी कि उन्हें शुद्ध भोजन और शुद्ध जल पीने को

नहीं मिल पाता था। वे पतित हो गए थे। शूद्रों का दिया भोजन खाते और जल पीते थे। शूद्र यज्ञ कराते थे।[38] द्विजातियों की सेवामात्र करने से उन्हें पुण्य की प्राप्ति हो जाती थी।[39] भक्ष्य-अभक्ष्य के नियम का कोई पालन नहीं करता था और सभी शूद्र हो गए। सही मार्ग से कोई धन अर्जित नहीं करता था क्योंकि सही मार्ग से धन कमाना अत्यन्त कठिन था।[40] जो सही मार्ग का पालन कर लेता वह ब्रह्मलोक को जीत लेता था किन्तु अब सही मार्ग शेष नहीं रहा। धन का सही उपयोग कोई नहीं करता था।[41]

कलि में मन, कर्म तथा वाणी से पति की सेवा करनेमात्र से स्त्रियाँ पुरुषों के समान लोकों को प्राप्त कर लेतीं थीं किन्तु ऐसी स्त्री नहीं मिलती थीं। पुरुष जिन लोकों को महान क्लेश से भी नहीं प्राप्त कर पाता उसे स्त्रियाँ पतिसेवा से प्राप्त कर लेती थीं। ऐसा करनेवाली स्त्री शायद ही थी।[42] आत्मगुण से सभी पाप धुल जाते थे। शूद्र द्विज-सेवा नहीं करते और स्त्रियाँ पति-सेवा में तत्पर नहीं रहतीं। जो शूद्र और स्त्री ऐसा करते वे पुण्य को प्राप्त करते थे। कलियुग में द्विजों के साथ शूद्र और स्त्रियाँ भी धन्य थीं। कलि में अल्प प्रयास से धर्म सिद्ध हो जाता था। सतयुग में धर्म की आराधना पाप था। कलियुग में धर्माचरण करनेवाले धन्य थे।[43]

8.3 द्वापर के अन्त में कलि का प्रवेश

राजा अपनी सुरक्षा में लगे रहते और प्रजा से कर (बलिभाग) का अपहरण करते थे। गैरक्षत्रिय राजा होते थे। शूद्रों से ब्राह्मणों को जीविका मिलती थी। शूद्र ब्राह्मणों का आचरण करने लगे। कर्मक्रिया तथा हवन नहीं होते थे। श्रोत्रिय और शस्त्रजीवी (म्लेच्छादि) एक ही पंक्ति में भोजन करते थे।[44] मनुष्य बेईमानी से धन कमाने लगे।[45] सभी मद्यमांससेवी थे। नीच मनुष्य मित्रभार्यागामी थे।[46] राजा चोरी करता था और चोर राजा का आचरण करते थे। सज्जनों का सम्मान नहीं होता था। पतितों की निन्दा नहीं होती थी।[47] पुरुष नासिकाविहीन, कुरूप तथा कटे केशवाले होने लगे। 16वें वर्ष में स्त्रियाँ सन्तान उत्पन्न करती थीं। अन्न का विक्रय होने लगा। चौराहों पर वेद बेचे जाते थे। स्त्रियाँ भग-विक्रय करती थीं।[48] सब यजुर्वेदी ब्राह्मण बाह्मणवादी होने लगे। ब्राह्मण शूद्र के समान तेजोहीन तथा विवादी होने लगे। चांडाल स्वच्छ दाँतवाले, मालाधारी, मुंडी तथा काषायवस्त्रधारी होते थे। मूर्ख शूद्र धर्म की व्याख्यान करने लगे। हिंसक जन्तुओं की संख्या बढ़ी और गाय की घटी। साधुओं की निन्दा होने लगी। शूद्र अब वैश्य और क्षत्रिय बन गए। वैश्य और क्षत्रिय शूद्र हो गए।[49]

द्वापर के क्षय होने पर सारी प्रजा निर्लज्ज और विनाशशील हो गई। ब्राह्मण तपस्या तथा यज्ञों का विक्रय करते थे। ऋतुएँ विपरीत होती थीं।[50] दो वर्ष के बछड़े हल में जोते जाते थे।[51] द्वापर के अन्त में मेघ सही ढंग से नहीं बरसता था।[52] क्षत्रिय क्षमायाचक होने लगे। पिता को पुत्र जो कुछ भी देता वह पिता दान समझकर स्वीकार कर लेते थे।[53] अधिकतर भूमि ऊसर होती थी।[54] मार्ग चोरों से भरा रहता था।[55] सभी लोग वाणिज्य

करते थे।[56] पुत्र पिता के बिना दिए हुए धन का बँटवारा करते थे। पिता के धन को वे हरण करने में यत्नशील और आपस में एक-दूसरे के विरोधी बने रहते थे।[57] स्त्रियों की सुकुमारता एवं रूप नष्ट हो चुके थे।[58] शक्तिविहीन गृहस्थ को स्त्रियों में विशेष अनुराग रहता था। पुरुषों के लिए स्त्रियों से बढ़कर कुछ नहीं था।[59] लोग दुःखी, अनार्य और बिना मतलब के काम में व्यस्त रहते थे। पुरुषों की संख्या कम और स्त्रियों की संख्या अधिक थी। माँगनेवाले बहुत थे। लोग दान-आदान नहीं करते थे। राजा, चोर, अग्नि और दंड से लोग पीड़ित थे। युवक वृद्धस्वभाव के होते थे। शूद्र सुखी थे।[60]

वर्षाऋतु में तेज और कठोर वायु बहती थी। वर्षा ऋतु में भी जल के बदले बालू का कण और कंकड़ वर्षा होती थी। परलोक पर किसी का विश्वास नहीं रहा। वैश्यों की तरह क्षत्रिय भी धन-धान्य से जीविका उपार्जन करते थे। कोई किसी का मित्र नहीं था।[61] नियम का पालन कोई नहीं करता था। ऋण मुश्किल से मिल पाता था।[62] मनुष्यों का हर्ष अफल और क्रोध सफल होता था। दूध के लिए बकरियाँ भी लोग रखते थे। यज्ञ में धार्मिक नियमों का पालन नहीं होता था। मूर्ख अपने को ज्ञानी समझते थे।[63] शास्त्रों का जानकार कोई नहीं रहा। गुरु से ज्ञान प्राप्त किए बिना ही लोग अपने को विद्वान मानते थे। नक्षत्र का ज्ञाता कोई नहीं था। द्विजातिगण कर्मठ नहीं थे। राजा और चोर में अन्तर नहीं रहा। जारज, क्रूरकर्मी तथा शराबी ब्रह्मवादी होते और अश्वमेघयज्ञ करते थे। वे शूद्रों को यज्ञ कराते और अभक्ष्य-भक्षण करते थे।[64] धन लोभ से पीड़ित ज्ञानहीन ब्राह्मण यज्ञ कराते थे। पुत्र पिता को तथा बहू सास को अपने कार्यों के लिए भेजती थीं। द्विज अग्नि में आहुतियाँ डाले ही भोजन करते थे। भिक्षा दिए बिना ही लोग खाते थे। सोते पतियों को ठगकर स्त्रियाँ अन्यत्र चली जाती थीं। रोगी, कुरूप, उपद्रवी तथा निन्दकों का विरोध करने का साहस कोई नहीं करता था।[65]

द्वापरान्त में धर्म का ह्रास होने पर प्रजा गुणविहीन थी। दुर्व्यसन के कारण उसकी आयु अल्प, शरीर बलहीन, स्वभाव नीच और जीवन समस्याओं से भरा था। समस्या से लोगों को दुःख का बोध और आत्म-जागृति के बाद उनमें धर्मशीलता बढ़ी। धर्मशीलता की अन्तिम सीमा (पराकाष्ठा) पर पहुँचकर प्रजा सतयुग में पहुँचेगी।[66] लोग स्वार्थपूर्ति के लिए धार्मिक बनते थे। न कोई धार्मिक था, न कोई अधार्मिक। लोग क्षुद्रधर्म को अपना लिए थे। शायद ही कोई धर्म में उत्सुकता प्रकट करता था। प्रत्यक्ष और अनुमान दो ही प्रमाण माने जाते थे। कुछ लोगों को प्रमाण में विश्वास नहीं था। कुछ लोग महानास्तिक और धर्मों के संहारक थे। मूर्ख भी अपने को पंडित समझता था। वर्तमान में होनेवाले पदार्थों में श्रद्धा रखनेवाले शास्त्रज्ञान से शून्य थे। धर्म छिन्न-भिन्न हो गया।[67]

8.4 द्वापर का अन्त और कलि का प्रवेश

कलि के उपद्रवकाल में मनुष्यों की ज्ञाननिष्ठा नष्ट हो गई।[68] कर्मों की सिद्धि भी

कलियुग में अल्पकाल में होने लगी। शूद्र ब्राह्मणों का पेशा करने लगे।[69] महायुद्ध एवं अत्यन्त वृष्टि होने लगी। वायु जोर से बहने लगी। धूप कम होती थी।[70] यक्षगण (शूद्र) ब्राह्मण का रूप धारण कर लिए। राजा कर्णवेदी अर्थात् केवल सुनी हुई बातों पर चलनेवाले हो गए। वे वषट्कार से रहित, अभिमानी, लोगों को पथभ्रष्ट करनेवाले, सर्वभक्षी, मिथ्यावती, मूर्ख, धनलोलुप, लोभी, क्षूद्र, तुच्छसाधनों से युक्त, लोकव्यवहार को बिगाड़नेवाले, धर्मभ्रष्ट, दूसरों के रत्नों के अपहर्ता, परस्त्रीगामी, कामी, दुरात्मा, छली तथा दुःसाहसी होते थे। ऐसे शूद्र शासकों के काल में धूर्त संन्यासी कहलाने लगे।[71] प्रधान पुरुष कथा रचकर पूजा करने लगे।[72] लोग सस्यहर्ता, तेलहर्ता, भक्ष्य-भोज्यहर्ता, डाली (करंड) अपहर्ता, चोरों के चोर तथा हत्यारों के हत्यारा होते थे।[73] चोरों का चोरों द्वारा नाश कर दिए जाने पर सतयुग में जाकर लोगों का कल्याण होगा।[74]

सारहीन, क्रियाशून्य तथा उद्वेगकारीकाल उपस्थित होने पर मनुष्य कर के भार से पीड़ित होकर पलायन कर गए और वन में आश्रय लिए।[75] यज्ञों के नष्ट हो जाने पर राक्षस, हिंसक पशु, कीड़े, चूहे तथा साँप मनुष्यों को काटने लगे।[76] मनुष्य स्वयं रक्षक, स्वयं चोर तथा उपद्रवों से कातर होकर देश-देश में, अपना-अपना, अलग-अलग संघ बना लिए। भय के मारे अपने बाल-बच्चों को लेकर लोग कौशिकीनदी को पार करके भाग गए और अंग, बंग, कलिंग, कश्मीर तथा कोसलदेश में जाकर बस गए। हिमालय की तराई तथा क्षारसमुद्र के तटप्रान्त में लोग जीर्णपत्तियाँ खाकर, वृक्ष के छाल तथा चर्म पहनकर किसी तरह दिन काटते और वनों में म्लेच्छों के साथ निवास करते थे।[77] राजा रक्षक नहीं बल्कि भक्षक बन गया। मृग, मत्स्य, पक्षी, हिंसकजीव, साँप तथा कीड़ों के साथ रहकर लोग मधु, शाक, फल तथा कन्द खाकर रहते और वल्कल एवं चर्म पहनकर मुनि की तरह रहते थे। लोग बीज नहीं बोते बल्कि बकरे, भेड़ें, गधे तथा ऊँट पालते थे। जल के लिए बाँध-बाँधकर नदियों की धाराओं को रोकते थे। वे बाजारों में बने-बनाए भोजन का क्रय-विक्रय करते थे। वे गन्दे, बहुत सन्तानवाले, सन्तानहीन तथा कुलहीन थे।[78] दीन प्रजा तुच्छधर्म को अपना ली। मनुष्यों की आयु 30 वर्ष होती थी। वे दुर्बल, कामी, बुढ़ापा और दुःख से पीड़ित थे। रोगों से उनकी इन्द्रियाँ नष्ट हो गई थीं।[79]

आयु-क्षय होने से वे विषय से विरत हो गए तथा साधुओं की जमात में रहने लगे। वे साधुओं की सेवा-शुश्रूषा एवं दर्शन में निरत हो जाएँगे तो उनमें सत्यता का उदय होगा और धर्म-जागरूकता होगा। तब अभाव से पीड़ित होकर वे अपना संस्कार बदलेंगे। इस प्रकार सेवा, दान, सत्य तथा जीवरक्षा में उनकी रुचि होगी। तब चारों चरण लेकर धर्म के प्रादुर्भाव होने पर उनका कल्याण होगा। उनके गुणों में परिवर्तन होगा और धर्म उन्हें ठीक लगेगा। फिर समृद्धि होगी। सतयुग का वे दर्शन करेंगे।[80]

सतयुग में देश और काल को व्याप्तकर धर्म स्थित रहता था। त्रेता में एक चरण से हीन होकर देशों में विद्यमान था। द्वापर में दो चरणों से हीन होकर धर्म देश और काल में स्थित रहा किन्तु कलियुग में एक पैर पर खड़ा होकर धर्म संकट से चलता था।[81]

सतयुग में त्रिदेवमय तीर्थ की लोकों में पूजा होती, त्रेता में द्विदेवमय तीर्थ, द्वापर में एकदेवमय तीर्थ और कलियुग में किसी की भी पूजा नहीं होती थी। कृतयुग में दैवतीर्थ, त्रेता में आसुर, द्वापर में आर्ष और कलियुग में मानुषतीर्थ कहलाता था।[82] जिसके घर में ब्रह्मपुराण था उसे कलिकाल का कोई डर नहीं था।[83] विष्णु शम्भलग्राम में विष्णुयशस् के नाम से कल्की अवतार लेंगे।[84]

8.5 वर्णसंकर

दुष्कर्म करने से ब्राह्मण स्थानच्युत होता और पुनः सुकर्म करने से वह श्रेष्ठ वर्ण में आ जाता था। वैश्य का कर्म करनेवाला ब्राह्मण वैश्य बन जाता था। शूद्र का कर्म करने से वैश्य शूद्र बन जाता था। धर्म से च्युत ब्राह्मण शूद्रत्व को प्राप्त करता था। क्षत्रिय या वैश्य अपने कर्मों का परित्याग कर शूद्र का कर्म करता तो वह वर्णसंकर हो जाता था। पवित्र, धर्मज्ञ और धर्मनिरत शूद्र धर्मफल भोगता था। शूद्रान्न खानेवाला ब्राह्मण शूद्र हो जाता था। मदिरापान करता, ब्रह्महत्या करता, चोरी करता, व्रतभंग करना, अपवित्र रहता, स्वाध्याय नहीं करता, पापी, लोभी, दम्भी, दुष्ट, अव्रती, शूद्रापति, जार-पुत्र के साथ खानेवाला, मद्यविक्रेता तथा नीच की सेवा करनेवाला ब्राह्मण शूद्र हो जाता था। गुरुपत्नीगामी, गुरु से द्वेष करनेवाला, गुरु की निन्दा करनेवाला तथा ब्राह्मणद्रोही ब्राह्मण भी शूद्र हो जाता था। ऐसा नहीं करनेवाला तथा शुभाचरण का पालन करनेवाला शूद्र ब्राह्मण हो जाता था।[85] विधानपूर्वक सभी कर्मों को करनेवाला, सबका स्वागत करनेवाला, श्रेष्ठवर्णों की सेवा करनेवाला और व्यर्थमांस न खानेवाला वैश्यत्व प्राप्त करता था। सत्यवादी, द्वन्द्वरहित, अभिमानशून्य, यज्ञकर्ता, ब्राह्मणों का सत्कार करनेवाला, विधानपूर्वक हवन करनेवाला और सबका आतिथ्य करनेवाला वैश्य ब्राह्मण हो जाता था। वह क्षत्रियकुल में जन्म लेता था।[86]

पाद-टिप्पणी

1. *ब्रह्मपुराण* (अनु. तारणीश झा), हिन्दी साहित्य सम्मेलन, प्रयाग, 1976 (शक 1898), अध्याय 230, श्लोक 10, पृ. 1234
2. वही, 230.11. 1234
3. वही, 230.12. 1234
4. वही, 230. 13-14. 1234
5. वही, 230. 15-16. 1234
6. वही, 230. 17-18. 1234
7. वही, 230. 19-20. 1234
8. वही, 230. 21-22. 1235

9. वही, 230.23. 1235
10. वही, 230.24-25. 1235
11. वही, 230.26. 1235
12. वही, 230.27. 1235
13. वही, 230.28. 1235
14. वही, 230. 29-31. 1235
15. वही, 230.32. 1235
16. वही, 230. 33-35. 1236
17. वही, 230. 36-37
18. वही
19. वही, 230. 38-39. 1236
20. वही, 230. 40-42. 1236
21. वही, 230.43. 1236
22. वही, 230.44.1236
23. वही, 230.45.1236
24. वही, 230.46.1236
25. वही, 230.47.1236
26. वही, 230.48.1236
27. वही, 230.49.1237
28. वही, 230. 50-52. 1237
29. वही, 230. 53-58. 1237
30. वही, 230.59. 1237
31. वही, 230.61.1238
32. वही, 230.62.1238
33. वही, 230.63.1238
34. वही, 230.64.1238
35. वही, 230.65.1238
36. वही, 230.66.1238
37. वही, 230.67.1238
38. वही, 230. 68-69.1238
39. वही, 230.70.1238
40. वही, 230. 71-72.1239
41. वही, 230.73.1239
42. वही, 230.74-77.1239
43. वही, 230.78-82.1239-40
44. वही, 231. 4-5. 1241
45. वही, 231. 6. 1241
46. वही, 231. 7. 1241
47. वही, 231. 8-9. 1241
48. वही, 231. 10-11. 1241
49. वही, 231.12-15.1241

50. वही, 231. 16. 1241
51. वही, 231. 17. 1242
52. वही
53. वही, 231. 18-19. 1242
54. वही, 231. 20. 1242
55. वही
56. वही
57. वही, 231. 21. 1242
58. वही, 231. 22. 1242
59. वही, 231. 23. 1242
60. वही, 231. 24-26. 1242
61. वही, 231. 27-28. 1242
62. वही, 231. 29. 1242
63. वही, 231. 30-31. 1243
64. वही, 231. 32-35. 1243
65. वही, 231. 36-41. 1243
66. वही, 231. 44-46. 1244
67. वही, 231. 47-51. 1244
68. वही, 231. 52. 1244
69. वही, 231. 53-54. 1244
70. वही, 231. 55. 1245
71. वही, 231. 56-60. 1245
72. वही, 231. 61. 1245
73. वही, 231. 62-63. 1245
74. वही, 231. 63. 1245
75. वही, 231. 64. 1245
76. वही, 231. 65. 1245
77. वही, 231. 66-72 1245
78. वही, 231. 73-78. 1246
79. वही, 231. 79-81. 1247
80. वही, 231. 82-86. 1247
81. वही, 175. 20-24. 907
82. वही, 175. 25-31. 907
83. वही, 175. 87. 913
84. वही, 213. 164. 1091
85. वही, 223. 13-32. 1184-85
86. वही, 223. 33-65. 1185-86

9

नारदपुराण में कलियुग

9.1 सतयुग में देवता, दानव, गन्धर्व, यक्ष, राक्षस तथा सर्पों में भेद नहीं था; सबके सब देवताओं के समान वाले स्वभाव के थे। सब प्रसन्न और धर्मनिष्ठ थे। क्रय-विक्रय का व्यापार और वेदों का विभाग नहीं था। ब्राह्मण, क्षत्रिय, वैश्य तथा शूद्र—सभी अपने-अपने कर्त्तव्य के पालन में तत्पर रहकर भगवान नारायण की उपासना करते थे। काम, क्रोध से रहित, शम-दम आदि में तत्पर होकर अपनी-अपनी योग्यतानुसार तपस्या और ध्यान में लगे रहते थे। सतयुग में चारों आश्रमवाले अपने-अपने कर्मों के द्वारा कामना और फलासक्ति का त्यागकर परमगति को प्राप्त होते थे। भगवान का श्रीविग्रह निर्मल एवं शुक्लवर्ण का होता था।[1]

त्रेता में धर्म एक पाद से हीन हो गया। इस समय द्विज क्रियायोग और यज्ञकर्म में निष्ठा रखते थे।[2] द्वापर में विष्णु का वर्ण पीला हो गया और धर्म के दो पैर ही शेष रहे। वेद चार भागों में बँट गया। वर्णों में रागद्वेष आदि दुर्गुण आ गए। धर्म और अधर्म—दोनों की स्थिति एक हो गई। कलियुग में धर्म का एक पैर ही शेष रहा। इस तामसयुग में भगवान हरि श्यामरंग के हो गए। शायद ही कोई धर्मात्मा यज्ञों का अनुष्ठान करता था। क्रियायोग में विरले ही कोई तत्पर था। धर्म परायण मनुष्य को देखकर सबलोग ईर्ष्या और निन्दा करते थे। व्रत और सदाचार नष्ट हो गए। ज्ञान और यज्ञादि की यही दशा थी। उपद्रव होते रहते थे। सभी एक दूसरे के दोष को बतानेवाले थे और स्वयं पाखंडपूर्ण आचार में तत्पर रहते थे।[3]

9.2 कलियुग भयंकर था। पापों की बहुलता थी। सभी वर्ण के लोग अपने-अपने धर्मों से विमुख थे। घोर कलियुग में द्विज वेदों से मुँह मोड़ लिए थे। वे व्यर्थ अहंकार से प्रभावित थे। वे अधर्म में आसक्त और वितंडावादी थे। जीवों की आयु कम हो गई थी। शास्त्रों का अध्ययन करनेवाला कोई नहीं था। कम आयु में लोगों की मृत्यु हो जाती थी। सभी वर्णसंकर होने लगे। मूढ़ मनुष्य काम-क्रोध से पीड़ित रहते थे। सभी लोग शूद्र के समान हो गए थे।[4] उत्तम नीच हो गए और नीच उत्तम। राजाओं का एकमात्र काम धनसंग्रह करना था। वे प्रजा के साथ अन्याय करते थे। कर के भार से प्रजा पीड़ित थी। धर्मपरायण पत्नी के द्विज पति व्यभिचार में फँसकर पराई स्त्री के साथ व्यभिचार

में संलग्न थे। भोजन के रूप में मछली, मांस, बकरी और भेड़ का दूध मिलता था।

घोर कलियुग में सभी मनुष्य पापी थे। श्रेष्ठ पुरुषों में भी दोष देखकर वे उनका उपहास करते थे। नदियों के तट की भूमि पर कुदाल से खेती की जाती थी। पृथ्वी फलहीन थी; बीज और फूल नष्ट हो चुके थे। स्त्रियाँ वेश्याओं के समान शृंगार करती थीं। धर्म बेचे जाते थे। स्त्रियाँ वेश्यावृत्ति से और ब्राह्मण वेद-विक्रय से जीविका चलाते थे। धनलोभी ब्राह्मण व्रतों का खंडन करते थे। धर्म का आचरण वे छोड़ दिए थे और व्यर्थ के विवाद में फँसे रहते थे। केवल दम्भ के लिए ही वे श्राद्ध, स्नान और शौच करते थे। असमय में संध्या आदि कर्म करते थे। म्लेच्छों से ब्राह्मण दान ग्रहण करते थे। कलियुग में विष्णु की निन्दा और घोर कलियुग में विष्णु का कोई नाम तक लेनेवाला नहीं था।

शूद्रा, विधवा और वेश्याओं से रमण करने में ब्राह्मण थोड़ा भी संकोच नहीं करते थे।[5] धन प्राप्त करने के लिए राजकर्मचारी निवासियों को कठोरतापूर्वक पीटते थे। पहले श्रेष्ठ आसनों पर द्विज बैठकर धर्म का उपदेश देते थे और शूद्र नीचे बैठकर सुनते थे किन्तु कलियुग में श्रेष्ठ आसनों पर शूद्र बैठकर उपदेश देने लगे। ब्राह्मणों द्वारा प्रतिदिन भीख माँगने से बेहतर घर में नौकर बनकर रहना अच्छा माना जाने लगा। शूद्र ब्राह्मण का काम करने लगे। वे वाणी से धर्म की बात करते किन्तु मन पाप से भरा रहता था। धनाभाव था और सभी दान लेनेवाले थे। अधर्म ही लोगों का भाई-बन्धु था। सभी विश्वासघाती, क्रूर और अधार्मिक तथा कठोर थे। बालक आठ वर्ष की अवस्था में युवा हो जाता था। माता-पिता की निन्दा सभी करने लगे। धर्मपरायण का तिरस्कार और म्लेच्छ राजा होते थे।

9.3 अनावृष्टि से सूखा और भोजन के अभाव में लोग आत्महत्या करते थे। लोग नाटे, लोभी, कामी, अधिक सन्तानवाले और मन्दबुद्धिवाले थे। चोरों का प्रकोप बढ़ गया था। चोरों से मुकाबला करने के लिए लोग काष्ठयन्त्र का प्रयोग करते थे। मित्रता का आधार स्वार्थ था। संन्यासी भी अपनी स्वार्थपूर्ति के लिए शिष्यों से सम्बन्ध बनाए रखते थे। जब द्विजों ने यज्ञ करना बन्द कर दिया तभी से कलियुग की वृद्धि होने लगी।

9.4 कलियुग का स्वरूप जानते हुए जो विष्णु की भक्ति में तत्पर था उसे कलि बाधा नहीं देता था। कलियुग में दान सर्वश्रेष्ठ था। सतयुग में जो पुण्यकर्म 10 वर्षों में, त्रेता में 1 वर्ष और द्वापर में 1 माह में सिद्ध होता कलियुग में 1 दिन में सिद्ध हो जाता था। सतयुग में ध्यान, त्रेता में यज्ञ, द्वापर में भगवान का पूजन से मनुष्य जिस फल को प्राप्त करता कलियुग में वह फल केवल केशव का कीर्तन से प्राप्त हो जाता था।[6] शिव का नाम लेनेवाला कोई नहीं था; जो एक बार शिव का नामोच्चारण करता वह कृतार्थ हो जाता था। कलियुग में ईश्वर का स्मरण करनेवाले देवताओं के लिए भी पूज्य थे।[7]

पाद-टिप्पणी

1. हेमवती शर्मा, *नारदीयपुराण का सांस्कृतिक अध्ययन,* बाँकेबिहारी प्रकाशन, आगरा, 1999, पृ. 140-41
2. वही, 141; नारदपुराण, 41. 1-20
3.
4. वही, 41. 21-100
5. वैदिक वर्णव्यवस्था का पालन वैश्य, शूद्र एवं स्त्रियाँ नहीं करते तो कलियुग और ब्राह्मण तथा क्षत्रिय भी इसमें शामिल हो गए तो इसे घोर कलियुग की संज्ञा दी गई।
6. *नारदपुराण,* 41. 91-92
7. पंचतन्त्र की कहानी (भगवान सिंह, नेशनल बुक ट्रस्ट, इंडिया, दिल्ली, 1995, पृ. 67) में लिखा है कि भगवान ने बार-बार मक्कारों, फरेबियों और भ्रष्टाचारियों का साथ दिया है क्योंकि उनका नाम सबसे अधिक वे ही लेते हैं और उनको न बचाने से भगवान की बदनामी के साथ-साथ उनका पूजा-पाठ भी बन्द होने तक का डर बना रहता था। भगवान की आड़ में जो ढोंग और व्यभिचार करते थे उनकी आबरू का उन्हें कितना ध्यान रहता था, सच्चे मन से पूजा करनेवालों के तो कहने ही क्या !

10

ब्रह्मवैवर्तपुराण में कलियुग

10.1 कलियुग में गंगा के शाप के कारण सरस्वती भारत में पधारी और इसी भारत के कारण *भारती* नाम से विख्यात हुई। ब्रह्मा की प्रिय होने के कारण ब्राह्मी और वाणी की अधिष्ठात्री होने के कारण वह (सरस्वती) *वाणी* नाम से विख्यात हुई। विष्णु सम्पूर्ण विश्व में व्याप्त रहते हुए भी सागर के जल-स्रोत में शयन करते देखे गए। सरोवर या जलस्रोत से सम्पर्क होने के कारण विष्णु-प्रिया वाणी *सरस्वती* के नाम से विख्यात हुई। नदी रूप में पधारकर सरस्वती तीर्थ बन गई।[1] सरस्वती के शाप से गंगा भगीरथ के द्वारा पृथ्वी पर पधारी और इसलिए *भागीरथी* कहलाई। उसी आगमन काल में शिव (विभू) ने उसे अपने सिर पर धारण किया क्योंकि उसके वेग को सहन न कर सकने के कारण पृथ्वी ने विभु से प्रार्थना किया था। पद्मा (लक्ष्मी) सरस्वती के शाप से *पद्मावती* नदी हुई। पद्मा ही भारत में धर्मध्वज के यहाँ पुत्री के रूप में प्रकट हुई और उसका नाम तुलसी पड़ा। सरस्वती के शाप से और भगवान के शाप से तुलसी वृक्ष रूप में परिणत हो गई।[2]

कलियुग के 5 हजार वर्ष व्यतीत होने पर गंगा, सरस्वती और भागीरथी नदियों का अस्तित्व समाप्त हो गया। काशी और वृन्दावन के अलावे सभी तीर्थ समाप्त हो गए।[3] कलियुग के 10 हजार वर्ष के बाद भगवान की शालग्राम मूर्ति और जगन्नाथ जी का अन्त हो गया। वैष्णवगण, पुराण, शंख, श्राद्ध, तर्पण और वेदोक्तकर्म का अन्त हो गया। सन्त, सत्य, धर्म, वेद, ग्राम के देवता, व्रत, तपस्या और उपवास समाप्त हो गए और सभी लोग वाममार्गी, शास्त्रविरोधी, झूठे और कपटी हो गए। बिना तुलसी के विष्णु पूजा होती थी।[4]

सभी लोग एकादसी व्रत से रहित, धर्मशून्य तथा हरि की चर्चा से विमुख हो गए। मनुष्य शठ, क्रूर, दम्भी (पाखंडी), महाअहंकारी, चोर एवं हिंसक हो गए। स्त्री एवं पुरुषों के अधिकार एवं कर्त्तव्य में कोई अन्तर नहीं रह गया। विवाह-सम्बन्ध समाप्त हो गए। वाद (मुकदमे) का उचित निर्णय नहीं होता था। अपने या पराए स्वामी का भेद नहीं रहा। अपने या पराए माल में अन्तर नहीं रहा।[5] सभी पुरुष स्त्री के अधीन थे। घर-घर की स्त्रियाँ व्यभिचारिणी (पुंश्चली) थीं। वे अपने स्वामियों की निरन्तर तर्जना-भर्त्सना करती थीं। गृहणी घर की स्वामिनी और पुरुष नौकर से भी अधिक अधम समझा जाता

था। अन्य स्त्रियाँ (सास आदि) नौकरानी की भाँति रहती थीं। पिता एवं ससुर की दशा खराब थी। घर में जो बलवान थे उन्हीं को कर्ता-धर्ता माना जाता था। पुत्र, भाई ही भाई-बन्धु माने जाते थे किन्तु गुरुभाई से कोई बात भी नहीं करता था। भाई-बन्धुओं से लोग अपरिचित की भाँति व्यवहार करते थे। स्त्री की आज्ञा के बगैर पुरुष कोई काम नहीं करते थे।[6]

10.2 ब्राह्मण, क्षत्रिय, वैश्य एवं शूद्र अपने-अपने जातीय आचार-विचार को छोड़ दिए थे। संध्यावन्दन एवं यज्ञोपवीत आदि संस्कार बन्द हो गए थे। चारों वर्णों के लोग म्लेच्छ हो चुके थे और अपने शास्त्रों को छोड़कर म्लेच्छों के शास्त्र पढ़ते थे। ब्राह्मण, क्षत्रिय और वैश्य के वंशज शूद्रों के सेवक थे। सभी जाति के लोग भांडारी और दूत थे। वे बैल पर लादने का काम करते थे। लोग झूठे थे और पृथ्वी फसल (सस्य) से हीन थी। वृक्षों में फल नहीं लगते, स्त्रियाँ सन्तानहीन, गाय बिना दूधवाली और दूध में घी नहीं होता था।[7] पति-पत्नी में आपसी प्रेम नहीं रह गया। गृहस्थ को पारिवारिक सुख नहीं मिलता था। राजाओं में प्रताप नहीं था। प्रजा कर से पीड़ित थी।[8] नद, नदी, बावली और झरने जल से शून्य हो गए थे। चारों वर्ण के लोग धर्महीन एवं पुण्यहीन थे। लाखों में कोई एक पुण्यवान् था। पुरुष, स्त्री एवं बालक कुत्सित विचारवाले तथा टेढ़े-लूले थे। वे बुरी बातें बोलते तथा कुमार्ग पर चलते थे। कुछ गाँव एवं नगर जनरहित हो गए थे और भयानक मालूम होते थे। कुछ में छोटी-छोटी झोंपड़ियोंवाले मनुष्य रहते थे। इस प्रकार ग्राम एवं नगर जंगल का रूप ले चुके थे।[9] ये जंगलनिवासी कर से पीड़ित थे। तालाबों और नदियों में खेती होती थी। खेतों में अच्छी फसल नहीं होती थी। अच्छी खेती से आमदनी नहीं होती थी। नीच उत्तम माने जाते एवं धनाढ्य बलवान समझे जाते और काफी अहंकारी थे।[10]

कलियुग में उत्तमवंशवाले नीच काम करने से नीच कहलाने लगे। झूठे, धूर्त एवं शठ सत्यवादी और पापी लोग पुण्यवान कहे जाते थे। अशिष्ट लोग शिष्ट, लम्पट पुरुष जितेन्द्रिय और पुंश्चली स्त्रियाँ पतिव्रता कही जाती थीं। पातकी लोग तपस्वी और वैष्णव धर्म को माननेवाले विष्णु के भक्त कहे जाते थे। हिंसा करनेवाले दयालु कहे जाते थे। चोर हत्या करते थे। धूर्त लोग भिक्षु के वेश में निन्दा एवं उपहास करते रहते थे। भूत, प्रेत आदि के उपासक लोकप्रिय थे। वे नाममात्र के ज्ञानी एवं वंचक किन्तु पूजित थे। पुरुष एवं स्त्रियाँ बौने एवं रोगी थे।[11] पुरुष अल्पायु और युवावस्था में ही बूढ़े हो जाते थे। 16 वर्ष में बाल पक जाते थे। 20 वर्ष में वे वृद्ध हो जाते थे।[12] स्त्रियाँ 8वें वर्ष में युवती और गर्भिणी हो जाती थीं। प्रत्येक वर्ष के अन्त में वे बच्चा पैदा करतीं और 16वें वर्ष वृद्धा हो जाती थीं। हजारों में से कोई एक स्त्री वन्ध्या होती थी। चारों वर्णों के लोग कन्या-विक्रय करते थे। माता, स्त्री, बहू सभी जार (उपपति) से जीविका प्राप्त करने में तत्पर रहती थीं। पुरुष कन्याओं एवं भगिनियों के जारपति द्वारा अपनी जीविका चलाते थे।[13]

10.3 भगवान के नाम का लोग विक्रय करते थे और अपनी कीर्ति बढ़ाने के लिए

स्वयं वस्तु का दान करते थे किन्तु पुनः वापस ले लेते थे। देववृत्ति, ब्राह्मणवृत्ति अथवा गुरुकुलवृत्ति समाप्त हो चुकी थी। कई लोग कन्यागामी, श्वश्रूगामी, वधूगामी और सर्वगामी थे। वे भगिनीगामी, सौतेली माँ के साथ गमन करनेवाले और कोई भाई की स्त्री के साथ गमन करनेवाले होते थे। घर-घर में लोग अगम्या स्त्री के साथ गमन करते थे।[14] केवल माता को छोड़कर सभी स्त्रियों के साथ लोग विहार करते थे। पत्नियों और पतियों का निर्णय मुश्किल था। सभी में अवैध सम्बन्ध थे। प्रजा का भूमि और धन पर पूर्ण अधिकार नहीं रह गया था। सभी एक-दूसरे के घाती और हिंसक थे। ब्राह्मण, क्षत्रिय और वैश्य के वंशज पापकर्म करते थे। ब्राह्मणों के वंशज, लाह, लोहा, रस और नमक का व्यापार, बैलों पर लादने का कार्य और शूद्रों का शव जलाते थे। सभी लोग शूद्रों का अन्न खाते और शूद्र की स्त्रियों के साथ रमण करते थे। विप्र पंचयज्ञ नहीं करते और अमावस्या की रात्रि में भोजन करते थे। यज्ञोपवीत का त्यागकर सन्ध्यावन्दन और शौचकर्म से लोग विहीन थे।[15] पुंश्चली, सूदखोर, पति-पुत्रहीन, कुटनी एवं रजस्वलास्त्री ब्राह्मणों के भोजनालयों में भोजन बनाने का काम करती थीं। अन्नों में, स्त्रियों में और आश्रमवासी मनुष्यों में कोई नियम नहीं था। सभी म्लेच्छ थे।[16] एक हाथ के वृक्ष और अँगूठे के बराबर मनुष्य होते थे।[17] तब विष्णुयशा नामक ब्राह्मण के यहाँ नारायण की कला के अंश से महाबली कल्की भगवान पुत्ररूप में प्रकट होंगे। वे एक बहुत ऊँचे घोड़े पर बैठकर लम्बी तलवार से तीन रात में ही पृथ्वी को म्लेच्छों से शून्य कर देंगे और अन्तर्धान हो जाएँगे। उस समय पृथ्वी पर अराजकता फैल जाएगी और चारों ओर चोर-डाकुओं का उपद्रव बढ़ जाएगा। तब 6 रात्रि तक मोटीधार से इतनी वर्षा होगी कि पृथ्वी पर जल ही जल दिखाई देगा। प्राणी, वृक्ष तथा घर कुछ भी दिखाई नहीं देगा। इसके बाद एक साथ 12 आदित्य उदय होकर अपने तेज से इस पृथ्वी को सुखा डालेंगे और तब कलियुग का अन्त और कृतयुग का आरम्भ होगा।[18]

कलियुग के प्रारम्भ में धर्म निर्बल और कृश हो गया और उसका एक पैर शेष रहा। इस युग में दुष्टों, डाकुओं और चोरी का अंकुर उत्पन्न होने लगा। कुछ लोग दिन-रात अधर्म करने में ही संलग्न रहते थे। कुछ लोग अधर्म करने पर भयभीत होते और उसे गुप्त रखने का प्रयत्न करते थे। पुंश्चली स्त्रियाँ भयभीत रहने के बावजूद गुप्त पाप करती थीं। पुरुष भयभीत रहने के बावजूद परस्त्री सम्भोग करते ही थे। धार्मिक पुरुष सदा डरे रहते थे और अधर्मी भी काँपते रहते थे। राजा लोग स्वल्प धर्म करते और ब्राह्मण वेदों का स्वल्पाध्याय करते थे।[19] व्रतों और धर्मों के पालनकर्ताओं की संख्या नगण्य थी। सभी लोग मनमाना करते, स्वच्छन्द थे। जब तक तीर्थ, साधु-महात्मा, ग्राम देवता और शास्त्र रहे तथा पूजा-पद्धति विद्यमान रही, तभी तक कुछ तप, सत्य तथा स्वर्गदायक धर्म का अंश बना रहा।[20]

दोषों से भरे कलियुग का एक महान गुण था कि इसमें मानसिक पुण्य था, पाप नहीं। तीर्थ आदि के समाप्त हो जाने पर धर्म का अंश भी नष्ट हो गया। अमावस्या में चन्द्रमा की भाँति धर्म किसी तरह शेष रहा।[21]

कलियुग में भगवान् पृथ्वी पर 10 हजार वर्ष रहे और उतने ही दिन देवों की प्रतिमाएँ, शास्त्र और पुराण पूजित थे। 5 हजार वर्षों तक गंगा आदि तीर्थ और ढाई हजार वर्षों तक ग्राम देवता एवं विद्वानों के वेद स्थायी रहे। कलियुग के अन्त में पूर्ण अधर्म स्थित हो गया। चारों वर्णों के लोग एक जाति (शूद्रवर्ग) में हो गए।[22] अब मन्त्र द्वारा विवाह नहीं होता था। लोगों के बीच क्षमा और सत्य नहीं रहा। ग्राम्य धर्म (स्त्री-सम्भोग) की प्रधानता के कारण विवाह स्त्री की स्वीकृति पर निर्भर करता था। ब्राह्मण नित्य यज्ञोपवीत नहीं पहनता, तिलक नहीं लगाता और सन्ध्योपासन नहीं करता था।[23] नियम त्यागकर सभी वर्ण के लोग एकसाथ भोजन करते थे। सभी वर्णों के लोग एक साथ अभक्ष्य का भक्षण करने लगे। उनमें लम्पटता बढ़ गई।[24] स्त्रियाँ पतिव्रता नहीं थीं। घर-घर में पुंश्चली थी जो अपने पति को अपमानित करती और पति सेवक के समान सदा पत्नी से भयभीत रहता था।[25] जार (उपपति) को स्त्रियाँ मिष्टान्न, भोजन, पान और वस्त्र-चन्दन प्रदान करतीं किन्तु अपने दुःखी पति को भोजन भी नहीं देती थी।[26] पुत्र द्वारा पिता की और शिष्य द्वारा गुरु की नित्य भर्त्सना होती थी।[27] प्रजाओं द्वारा राजा नित्य ताड़ित किया जाता था और राजा प्रजाओं को पीड़ित करता था।[28]

10.4 लुटेरों, चोरों और दुष्टों से भलेलोग अति पीड़ित थे। सभी लोग नित्य झूठ बोलते थे।[29] भूमि में खेती की फसल नष्ट थी। गौएँ दूध से रहित थीं। स्वल्प दुग्ध में मक्खन-घृत नहीं निकलता था।[30] पवित्रता, सन्ध्योपासन एवं शास्त्रों से रहित होकर ब्राह्मण वृषवाहक (बैलों द्वारा जीविकोपार्जन), शूद्रों के पाचक (रसोइए), शूद्रों के शवों के दाहक और शूद्रों की स्त्रियों में आसक्त रहते थे। शूद्र ब्राह्मण-पत्नियों में निरत थे। रसोइया तथा लम्पट शूद्र जिस ब्राह्मण का अन्न खाते उसी की पत्नी को हथिया लेते थे।[31] नौकर राजा को मारकर स्वयं सिंहासन पर बैठ जाता था।[32] स्त्री पति का हनन करके कामवश जारपति को कुतूहल से अपना लेती थी।[33] पुत्र पिता का हनन करके स्वयं भूप हो जाता था।[34] लोग स्वच्छन्द, शिश्नोदरपरायण, पेटू, रोगी, निन्दित, मैले-कुचैले, खंडितमन्त्रों से युक्त और मिथ्यामन्त्रों के प्रचारक थे।[35] गुरु जातिहीन, अवस्थाहीन और निन्दक थे।[36] म्लेच्छ राजा थे और साधुओं की उज्ज्वल कीर्ति को नष्ट करनेवाले थे।[37]

पितरों, देवों की पूजा और ब्राह्मणों, अतिथिवर्ग, गुरुवर्ग एवं माता-पिता का सम्मान समाप्त हो चुका था। लोग स्त्री की ही आवभगत में लगे रहते थे।[38] स्त्री के बन्धुओं को मान्यता प्राप्त होती थी और स्त्रियों का गौरव निरन्तर बढ़ता जा रहा था।[39] उत्तमकुलवाले चोर होते और ब्राह्मण तथा देवों का धन अपहरण करते थे। लोग लोभवश धर्म के मान को धारण करते थे।[40] चारों ओर अराजकता और दुर्नीति बढ़ गई थी। लोग क्षुधापीड़ित, मैले-कुचैले एवं दरिद्र थे।[41] कौड़ियों से भरे घड़े का स्वामी अध्यक्ष (राजा) कहा जाता था। अनेक घड़े रखनेवाला राजेन्द्र होता था।[42] अँगूठे के आकार के लोग नाटे और वृक्ष साग (शाक) के आकार के होते थे।[43] ताड़, नारियल और कटहल राई के समान और अन्य फल उनसे भी छोटे होते थे।[44] घरों में जलपात्र, अन्न और वस्त्र की अत्यन्त कमी थी। खंडहर ही घर के रूप में उपयोग किए जाते थे। घर दुर्गन्धों से आच्छन्न,

दीपकविहीन और अन्धकारमय होते थे।[45] लोग पापी एवं हिंसक जन्तुओं से भयभीत थे। वे फल के लोभी और स्त्रियाँ झगड़ालू थीं। स्त्री-पुरुष कुरूप होते थे।[46]

नदियाँ, नद, कन्दराएँ और तालाब-सरोवर आदि जलाशय जल एवं कमल से रहित थे। मेघ जल से शून्य थे।[47] स्त्रियाँ सन्तानहीना, कामुकी और सदैव जार पति के साथ रहती थीं। पीपल के वृक्ष को लोग काट डालते थे। वृक्षों की संख्या घट गई। वृक्ष फल-फूल से हीन थे। फल थे भी तो स्वादिष्ट नहीं। अन्न-जल भी स्वादरहित थे।[48] लोग कूटवक्ता, निर्दयी और धर्मरहित थे। गर्मी और अतिवृष्टि से काफी लोगों एवं जन्तुओं की मृत्यु होती थी।[49] सारी पृथ्वी जीवों से रहित होने पर क्रमशः सतयुग आएगा।[50]

जातियों का जन्म[51]

पुरुष	स्त्री	जाति	स्रोत
ब्रह्मा का मुख		1. ब्राह्मण जातियाँ	वही, 10.14.52
चन्द्र		2. श्रेष्ठ क्षत्रियगण	वही, 10.15.52
सूर्य		3. श्रेष्ठ क्षत्रियगण	वही
मनु		4. श्रेष्ठ क्षत्रियगण	वही
ब्रह्मा के बाहु से		5. अन्य क्षत्रियगण	वही
ब्रह्मा के अरु से		6. वैश्य	वही
ब्रह्मा के चरण से		7. शूद्र	वही, 10.16.52
शूद्र की एक जाति	शूद्रा (दूसरी जाति की)	8. वर्णसंकर	वही
एक जाति का शूद्र	दूसरी जाति की शूद्रा	9. शूद्र गोप	वही, 10.17-18.52
एक जाति का शूद्र	दूसरी जाति की शूद्रा	10. शूद्र नापित	वही
एक जाति का शूद्र	दूसरी जाति की शूद्रा	11. शूद्र भील	वही
एक जाति का शूद्र	दूसरी जाति की शूद्रा	12. शूद्र हलुवाई	वही
एक जाति का शूद्र	दूसरी जाति की शूद्रा	13. शूद्र कूबर	वही
एक जाति का शूद्र	दूसरी जाति की शूद्रा	14. शूद्र तमोली	वही
एक जाति का शूद्र	दूसरी जाति की शूद्रा	15. शूद्र सोनार	वही
एक जाति का शूद्र	दूसरी जाति की शूद्रा	16. शूद्र बनिया	वही
शूद्र	वैश्य	17. करण	वही
वैश्य	द्विजाति की स्त्री	18. अंबष्ठ	वही
ब्राह्मण शिल्पी	तपस्विनी	19. माली, बढ़ई, ठठेरा, शंख बनानेवाला, जुलाहा, कुम्हार, सूत्रधार, चित्रकार और सोना	वही, 10.24.52
चित्रकार	कुलटा शूद्रा	20. राजगीर	*वही*

पुरुष	स्त्री	जाति	स्रोत
राजगीर	कुम्हार	21. कोटक	वही, 10.97.58
कुम्हार	कोटक	22. तेली	वही, 10.98.58
क्षत्रिय	राजपूत	23. तीवर	वही, 10.99.58
तीवर	तेली	24. दस्यु	वही, 10.100.58
तीवर	लेट	25. पुत्र, माल्ल, मन्त्र, मातर, भंड, कोल, कलन्दर	वही, 10.101.58
शूद्र	ब्राह्मण	26. चांडाल	वही, 10.102.59
तीवर	चांडाल	27. चर्मकार	वही, 10.103.59
चांडाल	चर्मकार	28. बहेलिया	वही
तीवर	बहेलिया	29. कोच	वही, 10.104.59
कैवर्त	, कोंच	30. कर्तार	वही
लेट	चांडाल	31. हड्डिड और डम पुत्र	वही, 10.105.59
चांडाल	हड्डिड	32. वनचर	वही, 10.106.59
लेट	तीवर	33. गंगापुत्र	वही, 10.107.59
वेशधारी	गंगापुत्री	34. युंगी	वही, 10.108.59
वैश्य	तीवर	35. शुंडी	वही, 10.109.59
वैश्य	शुंडी	36. पौड्रक	वही
क्षत्रिय	करण-कन्या	37. राजपूत	वही, 10.110.59
करण	राजपूत	38. आगरी	वही
क्षत्रिय	वैश्य	39. कैवर्त	वही
तीवर	कलि	40. धीवर	वही, 10.111.59
धीवर	तीवर	41. रजक (धोबी)	वही, 10.112.59
तीवर	धोबिन	42. कोयाली	वही
नापित	गोप	43. सर्वस्वी पुत्र	वही, 10.113.59
क्षत्रिय	सर्वस्वी की पत्नी	44. व्याघ	वही
तीवर	शुंडि	45. कलियुग में दस्यु	वही, 10.114.59
बलात्कारी	ब्राह्मणी	46. अग्रदानी ब्राह्मण	वही, 10.126.61
ऋषि	ब्राह्मणी	47. कूदर	वही, 10.115.59
क्षत्रिय	वैश्य	48. वागतीत	वही, 10.117.60
क्षत्रिय	शूद्र	49. म्लेच्छ (कान नाक छेदानेवाले)	वही, 10.119.60
म्लेच्छ	कुविन्द	50. जोला	वही, 10.120.60
जोला	कुविन्द	51. शरांक	वही, 10.121.60

पुरुष	स्त्री	जाति	स्रोत
अश्विनीकुमार	ब्राह्मणी	52. वैद्य	वही, 10.123-24.60
वैद्य	शूद्रा	53. मन्त्र एवं औषध के जानकार	वही
मन्त्र जाननेवाला	शूद्रा	54. सँपेरा	वही
ब्राह्मण	यज्ञकुंड	55. धर्मवक्ता सूत	वही, 10.134.61
सूत	वैश्य	56. भट्ट (भाट)	वही, 10.135.61
शूद्र	ब्राह्मणी	57. चांडाल, धोबी, वेश्या एवं तेली	वही, 2.31.23.26.394
मूर्ख ब्राह्मण	शूद्रा	58. चांडाल	वही, 20.28.120
ब्रह्मा का चित्त		59. मुनिपुंगव (प्रचेता)	वही, 22.3.129
ब्रह्मा के दाहिने पार्श्व		60. दक्ष	वही, 22.4.129
ब्रह्मा के छाया (कर्दम)		61. कर्दम	वही, 22.5.129
ब्रह्मा के तेज (मरीचि)		62. मरीचि	वही, 22.6.129
ब्रह्मा के मुख से		63. अंगिरा	वही, 22.8.129
राजा धर्मध्वज (पति)	माधवी (पत्नी)	64. प्रादुर्भूत, पद्मिनी और तुलसी	वही, 2.15.7-9.287
सुदामा गोप		65. शंखचूड़ दानव	वही, 2.15.30-31.280
ब्राह्मण	अंबष्ठ	66. आभीर	मनुस्मृति 10.15
शूद्र	वैश्य	67. आयोगव	याज्ञवल्क्य स्मृति, 1.94
क्षत्रिय	वैश्य	68. आश्विक	वैखानस, 10.12
निषाद	वैदेही	69. आहिंडिक	मनु, 10.27
क्षत्रिय	शूद्र	70. उग्र	वही, 10.9
सूनिक	क्षत्रिया	71. उदबन्धक	उशना, 15
वैश्य	शूद्रा	72. कटकार	वैखानस, 10.13
वैश्य	शूद्रा	73. करण	याज्ञवल्क्य, 1.92
निषाद	वैदेही	74. कारावर (कहार)	मनु, 10.36
व्रात्य	वैश्य	75. वैश्य कारूष	वही, 10.23
शूद्र	निषाद	76. कुक्कुट	बौधायनधर्मसूत्र, 1.8.8
ब्राह्मण	ब्राह्मणी (गुप्तप्रेम)	77. कुंड	मनु, 3.174
ब्राह्मण	वैश्य (गुप्तप्रेम)	78. कुम्भकार	पाणिनि, 4.3.118
वैश्य	ब्राह्मणी	79. कृत	गौतमधर्मसूत्र, 4.15
आयोगव	क्षत्रिय	80. खनक	वैखानस, 10.15
ब्राह्मण	विधवा ब्राह्मणी (गुप्तप्रेम)	81. गोलक	मनु, 3.174

पुरुष	स्त्री	जाति	स्रोत
शूद्र	वैश्य	82. चक्री	*उशना,* 22-23
वैश्य	ब्राह्मणी	83. चक्री	*वैखानस,* 10.13
शूद्र	क्षत्रिया	84. चर्मकार	*उशना,* 4
शूद्र	वैश्य	85. चक्रिक	*वैखानस,* 10.14
शूद्र	ब्राह्मणी	86. चांडाल	*मनु,* 10.12
वैश्य	शूद्रा	87. चूचुक	*वैखानस,* 10.13
ब्राह्मण	सूचक	88. बढ़ई	*उशना,* 43
क्षत्रिय	शूद्रा	89. दौष्मन्त	*गौतम,* 4.14
ब्राह्मण	आयोगव	90. धिग्वन	*मनु,* 10.15
वैश्य	क्षत्रिया	91. धीवर	*गौतम,* 4.17
रंजक	वैश्य	92. नर्तक	उशना, 19
ब्राह्मण	वैश्य (गुप्तप्रेम)	93. नाई	शांखायनगृह्यसूत्र, 1.25 एवं वैखानस 10.12
ब्राह्मण	शूद्रा	94. निषाद	याज्ञवल्क्य, 1.91
चांडाल	वैदेहक	95. पांडुसोपाक	मनु, 10.37
वैश्य	क्षत्रिया (अवैध सम्बन्ध)	96. पुलिन्द	वैखानस, 10.14
ब्राह्मण	क्षत्रिया (गुप्तप्रेम)	97. भिषक	उशना, 26
वैश्य	ब्राह्मण ब्राह्मणी	98. भूर्जकंटक	मनु, 10.21
वैश्य	ब्राह्मण	99. अंबष्ठ	गौतम, 4.17
ब्राह्मण	बन्दी नारी	100. मदु	मनु, 10.48
क्षत्रिय	वैश्य	101. मदु	वैखानस, 10.12
क्षत्रिय	वैश्य (गुप्तप्रेम)	103. मणिकार	उशना
बढ़ई	क्षत्रिया	104. मछुआ	वही, 44
वैश्य	क्षत्रिया	105. मागध	गौतम, 4.15
वैश्य	ब्राह्मणी	106. मागध	वही, 4.16
क्षत्रिय	वैश्य	107. माहिष्य	वही, 4.17
ब्राह्मण	क्षत्रिया	108. मूर्धावासिक्त	याज्ञवल्क्य, 1.91
वैदेहक	निषाद	109. मेद	मनु, 10.36
वैदेहक	आयोगव	110. मैत्रेयक	वही, 10.23
शूद्र	क्षत्रिया	111. यवन	गौतम, 4.17
वैदेहक	ब्राह्मण	112. धोबी	वैखानस, 10.15
पुल्कस	वैश्य	116. धोबी	उशना, 18
शूद्र	क्षत्रिया (गुप्तप्रेम)	117. रंगसाज	उशना, 19

पुरुष	स्त्री	जाति	स्रोत
वैश्य	शूद्रा (वैध विवाह)	118. रथकार	बौधायनधर्मसूत्र
वैश्य	ब्राह्मणी	119. रामक	वसिष्ठधर्मसूत्र 18.4
वैदेहक	अंबष्ठ	120. वेण (वैण)	मनु, 10.19
अंबष्ठ	वैदेहक	121. वेण	कौटिल्य, 3.7
सूत	ब्राह्मणी	122. वेणुक	उशना, 4
मदु	ब्राह्मणी	123. वेणुक	वैखानस, 10.15
वैश्य	ब्राह्मणी	124. वैदेहक	मनु, 10.11,13,17
शूद्र	क्षत्रिया	125. वैदेहक	गौतम, 4.15
शूद्र	वैश्य	126. वैदेहक	वैखानस, 10.14
ब्राह्मण	शूद्रा	127. शूलिक	उशना, 42
क्षत्रिय	शूद्रा (गुप्तप्रेम)	128. शूलिक	वैखानस, 10.13
चांडाल	वैश्य	129. श्वपच (श्वपाक)	मनु, 10.51-56
वैश्य	शूद्रा	130. सूचक	उशना, 43
वैदेहक	क्षत्रिया	131. सूचिक (दर्जी)	वैखानस, 10.15
क्षत्रिय	ब्राह्मणी	132. सूत	तैत्तिरीय ब्राह्मण, 3.4.1
आयोगव	क्षत्रिया	133. सूनिक (कसाई)	उशना, 14
चांडाल	पुक्कस	134. सोपाक (जल्लाद)	मनु, 10.38

पाद-टिप्पणी

1. *ब्रह्मवैवर्तपुराण* (अनु. एवं सम्पा. तारिणीश झा, हिन्दी साहित्य सम्मेलन, इलाहाबाद, 1985), प्रकृतिखंड, अध्याय 7, श्लोक 1-4
2. *वही*, 7. 5-9
3. *वही*, 7. 10-11
4. *वही*, 7. 12-16
5. *वही*, 7. 17-19
6. *वही*, 7. 20-23
7. *वही*, 7. 24-27
8. *वही*, 7. 28
9. *वही*, 7. 29-32
10. *वही*, 7. 33-34
11. *वही*, 7. 35-39
12. *वही*, 7. 40
13. *वही*, 7. 41-43

14. *वही*, 7. 44-50
15. वही, 7. 51-54
16. वही, 7. 55-56
17. वही, 7. 57
18. वही, 7. 58-63
19. *वही*, *श्रीकृष्णखंड*, 90. 24-26
20. वही, 90. 27-28
21. वही, 90. 29-30
22. वही, 90. 31-34
23. वही, 90. 35-36
24. वही, 90. 37
25. वही, 90. 38
26. वही, 90. 39
27. वही, 90. 40
28. वही
29. वही, 90. 41-42
30. वही
31. वही, 90. 43-45
32. वही, 90. 45
33. वही, 90. 46
34. वही
35. वही, 90. 47-48
36. वही, 90. 48
37. वही, 90. 49
38. वही, 80. 50
39. वही, 90. 50-51
40. वही, 90. 51-52
41. वही, 90. 53
42. वही, 90. 54
43. वही
44. वही, 90. 55
45. वही, 90. 56-57
46. वही, 90. 57-58
47. वही, 90. 59
48. वही, 90. 60-61
49. वही, 90. 62-63
50. वही, 90. 64
51. डॉ. प्रशान्त गौरव, *ब्रह्मवैवर्तपुराण में भारतीय समाज एवं धर्म*, (पी-एच.डी., शोधप्रबन्ध, पटना, विश्वविद्यालय) पटना, 1999, पृ. 43-51

11

हरिवंशपुराण में कलियुग

11.1 ब्राह्मण यज्ञफल को बेचते थे। सारा विश्व कलियुग से प्रभावित था।[1] गुणहीन ब्राह्मणों के कारण अश्वमेघयज्ञ क्षत्रियों द्वारा नहीं किया जाता था। कलियुग में भूगर्भ से कश्यपवंश के जो सेनानी योगी उत्पन्न हुए उन्होंने ही पुनः अश्वमेघयज्ञ प्रारम्भ किया। मनुष्यों की इन्द्रियाँ पूर्वप्रकृति का त्याग कर दी थीं। लोगों का आचार भ्रष्ट हो गया था।[2] दान लेना-देना दुष्कर हो गया। अतिसामान्य धर्माचरण से ही बहुत बड़ा फल मिल जाता था। चारों आश्रमों का धर्म शिथिल पड़ गया था। लोग अतिसाधारण तपस्या करके सिद्धि प्राप्त कर लेते थे। कलियुग के अन्तिम चरण में थोड़ा भी धर्मानुष्ठान करनेवाले धन्य माने जाते थे।[3]

कलियुग में अल्पप्रयास से ही बहुत पुण्य प्राप्त हो जाता था। लोग व्याकुल थे और धर्म का नाश हो गया था। राजा इन्द्रियों के दास, प्रजा की रक्षा करने में असमर्थ और यज्ञ-यागादि सत्कर्मों से विमुख थे। वास्तविक क्षत्रियों का राजसिंहासन पर अधिकार नहीं था। ब्राह्मण शूद्रों की जीविका अपना लिए थे और शूद्र ब्राह्मणों का आचार-विचार ग्रहण कर लिए थे।[4] धनुष-बाण धारण करके ब्राह्मण क्षत्रियों का पेशा अपना लिए थे। हवि पंचयज्ञहीन हो गई थी। पंक्तिभेद समाप्त हो गया था, सब लोग एकसाथ बैठकर भोजन करते थे।[5]

शिल्पजीवी लोग झूठ बोलते थे। मांस-मदिरा सभी वर्णों का प्रियभोजन एवं पान था। मित्र की स्त्री के साथ सम्भोग करने में लोग संकोच का अनुभव नहीं करते थे। चोर राजा बन गए थे। नौकर अपने मालिक से होड़ करके उसका सर्वस्व डकार जाने का प्रयत्न करता था। धन की पूजा होती थी। सज्जन पुरुष घृणा की दृष्टि से देखे जाते थे। पतित व्यक्तियों की थोड़ी भी निन्दा नहीं होती थी।[6] लोगों में धर्मज्ञान बिल्कुल अनुपस्थित था। विधवाएँ और संन्यासी मिलकर सन्तान उत्पन्न करते थे। मनुष्यों की आयु 16 वर्ष से भी कम होती थी। सभी जनपदवासी अन्न बेचते और ब्राह्मण वेद बेचते थे। स्त्रियाँ योनिविक्रय करती थीं। सभी कर्मभ्रष्ट थे। कोई यज्ञ नहीं करता एवं वेद का पाठ नहीं करता था। शूद्रगण सम्मानसूचक 'भो' शब्द के प्रयोग के पात्र हो गए थे।[7]

ब्राह्मण तपस्या तथा यज्ञों के फल बेचने लगे थे। सभी छः ऋतुएँ समय पर नहीं

होती थीं। शूद्र मद्य-मांस त्यागकर श्वेतदन्त होते हुए सूक्ष्मदर्शी, मुंडितमुंड तथा काषायवेशधारी होकर जैन एवं बौद्धमत अर्थात् वेदविरोधी नास्तिक मत का आचरण करने लगे थे। जानलेवा जीवों की संख्या बढ़ गई। गौओं की संख्या घट गई। सभी वस्तुओं का स्वाद घट गया। म्लेच्छ मध्यदेश में जाकर रहने लगे और मध्यदेश के वासी म्लेच्छदेश में जाकर रहने लगे। प्रजा नीचपथगामी हो गई। हल खींचनेवाले बैल कमजोर हो गए। मेघ ऐसी वर्षा करता कि बैल की एक सींग भीगती और दूसरी सूखी रह जाती थी।[8] संसार के सभी लोग चोर हो चुके थे और एक दूसरे के धन का अपहरण करते थे। अल्प आय से ही वे धनाढ्य बन गए थे। व्यसन में फँसकर विविध प्रकार की दुर्गति भोगते थे। धर्म का लोग परित्याग कर चुके थे। भूमि ऊसर और नीरस हो गई थी। मार्ग में चोर मिलते थे। वाणिज्यवृत्ति के सिवाय जीवनायपन का और कोई साधन नहीं था। पिता द्वारा जुटाए हुए अलंकार अविभाज्य होते थे किन्तु कलियुग में पुत्र उसे आपस में बाँट लेते थे। लोभ के अधीन होकर सभी लोग झूठ बोलते हुए परस्पर एक दूसरे का धन बेईमानी कर लेते थे।[9]

11.2 सुकुमारता, रूप और रत्न का सम्पर्क लुप्त हो गया था, स्त्रियाँ केवल केशविन्यास करके ही अपने को अलंकृत समझती थीं। माला, चन्दन और उत्कृष्ट वस्त्राभरण का उपयोग बिल्कुल समाप्त हो गया था। स्त्री के सिवाय लोगों को उपभोग की कोई सामग्री पसन्द नहीं थी। समस्त पृथ्वी वृथारूपगर्विता और दुश्चरित्रा नारियों से भर गई थी। पुरुषों की संख्या कम और स्त्रियों की अधिक हो गई थी। काफी परिश्रम से भिक्षा माँगने पर भी कोई किसी को कुछ नहीं देता था। ब्राह्मण सभी वर्णों का दान लेते फिरते थे। संसार की सारी प्रजा राजदंड, चोरदंड और अग्निदंड से नितान्त दुखी होकर बर्बाद हो गई थी। खेतों में बोया हुआ बीज भी नष्ट हो चुका था। तरुण पुरुष वृद्ध जैसे लगते थे। विविध आकांक्षाओं के कारण लोग सदा दुखी रहते थे।[10]

वर्षा ऋतु में भयानक हवा बहती थी और कंकड़-पत्थर उड़ते थे। परलोक में लोगों का सन्देह बढ़ गया था। दुराचारी भी ब्राह्मणों में दोष देखते थे और ऐसा करके अपने को महान समझते थे। ब्राह्मणों में केवल क्रोधमात्र की निपुणता शेष रह गई थी। क्षत्रिय वैश्यों के समान धन-धान्य का क्रय-विक्रय करके जीवनयापन करते थे। ब्राह्मण धर्ममर्यादा का पालन नहीं करते थे। लोग बिमा मतलब के प्रतिज्ञा करते और शपथ लेते थे। सभी वर्णों के लोग ऋण लेकर हड़प जाते थे।[11]

कलियुग में हर्षित लोगों के कार्य नष्ट हो जाते और क्रोधियों का काम बन जाता था। गौओं के अभाव में दूध के लिए लोग बकरी पालते थे। शास्त्रों का अर्थ वही होता जो मूर्ख चाहते थे। वृद्धजनों से उपदेश प्राप्त किए बिना ही लोग अपने को भारी विद्वान समझते थे।[12] सभी मनुष्य कवि हो गए थे। भ्रष्ट ब्राह्मण क्षत्रियों को धर्मपथ पर लाने में असमर्थ थे। राजा लोग तस्करी का काम करते थे। ठग, सुरासेवी, ब्रह्मवादी एवं जारजा कन्या का पाणिग्रहण करनेवाले को अधिकार नहीं रहने के बावजूद ऐसे दम्पत्ति ही अश्वमेघ यज्ञ का अनुष्ठान करते थे। धन के लोभ में ब्राह्मण अभक्ष्यभोजी तथा यज्ञ के

अनाधिकारी लोगों से यज्ञ कराते थे। ब्राह्मणों को 'भो' आदि सुसम्मानित शब्दों से अलंकृत किया जाता था, किन्तु वे नीच वेदों और शास्त्रों का अध्ययन नहीं करते थे। स्त्रियाँ गवेधुक (कौड़िल्ला) का अलंकार तथा सोहाग के लिए शंख की केवल एक चूड़ी पहनती थीं।[13]

नक्षत्रों का ग्रहसंयोग विच्छिन्न हो गया था और दिशाओं के भाव विपरीत हो गए थे। पग-पग पर बाधाएँ थीं। पुत्र पिता से और स्त्रियाँ अपने सास से काम लेती थीं। गुरु के प्रति शिष्य का व्यवहार खराब था। लोग मनमाने ढंग से विभिन्न वर्ण की स्त्रियों के साथ सम्भोग करते थे और मदमत्त होकर अपने ऐसे दुष्कर्म को सराहते थे। अग्निहोत्री बलि तथा भिक्षादान के पहले ही भोजन कर लेते थे। सोए हुए पति को धोखा देकर स्त्रियाँ अन्य पुरुष से रमण के लिए चली जाती थीं। पति भी सोई हुई स्त्री को छोड़कर परस्त्री के साथ सम्भोग करते थे। कोई व्यक्ति निरोग तथा मनःपीड़ा से मुक्त नहीं था। सभी लोग परस्पर विद्वेषी थे। उपकार के बदले कोई प्रत्युपकार नहीं करता था।[14]

अधर्म का संचार होने से समस्त प्रजा अधर्मी हो गई थी। उनकी आयु घटने से बल क्षीण और बल क्षीण होने से रंग बदल गया था। अतः व्याधिकष्ट बढ़ गया। व्याधिकष्ट बढ़ने से लोगों में निर्वेद उत्पन्न हुआ। निर्वेद की उत्पत्ति से आत्मतत्त्व का बोध हुआ। आत्मतत्त्व का ज्ञान होने से पुनः धर्म का संचार होगा और धर्म का संचार होने पर सत्ययुग का आविर्भाव होगा।[15]

11.3 कुछ लोग धर्मपरायण होकर मध्यस्थ वृत्ति का अवलम्बन करते थे। कुछ लोग अपनी विवेकशक्ति की सहायता से तर्क-वितर्क करते थे। कुछ लोग प्रत्यक्ष और अनुमान में से अनुमान प्रमाण को स्वीकार करते और कुछ लोग प्रत्यक्ष के सिवाय और किसी प्रमाण को नहीं मानते थे। अधिकांश लोग वैदिक मत को बिल्कुल त्याग दिए थे। स्त्रियों के केवल मुख में धर्म की वार्ता थी, व्यवहार में नहीं।

पांडित्याभिमानी तथा नास्तिकतापरायण मूढ़ व्यक्ति ही धर्मलोप के मूल कारण थे। उन्हें थोड़ा भी शास्त्रज्ञान नहीं था। वे केवल घोर दाम्भिक होकर व्यर्थ के तर्कों से प्रसन्नता प्रकट करते थे। बहुत ही कम लोग दान तथा सत्य का सहारा दयापूर्ण चित्त से करते थे। ज्यादा लोग सर्वभक्षी, निर्लज्ज, निर्दय और अजितेन्द्रिय थे। क्षत्रिय आदि अन्य वर्ण के लोग ब्राह्मणों की भिक्षावृत्ति स्वीकार कर लिए थे। सांसारिक वैराग्य के उत्पन्न होते ही लोग अति अल्प प्रयत्न से सिद्धि प्राप्त कर लेते थे। विकटयुद्ध, प्रबल आँधी, भयंकर वर्षा और भयंकर आतंक से सारा संसार दूषित था।[16] कुरूप राक्षस एवं नीति का सम्पर्क त्याग दिए थे। ज्यादा लोग उच्छृंखल एवं अभिमानी थे। ब्राह्मण राक्षसी स्वभाव के हो गए थे। सभी लोग मूर्ख, स्वार्थ, लोभी, क्षुद्र, नीच वेशधारी, व्यवहारशून्य, परधनहारी, परदारापहारी, कामी, दुरात्मा, छल-कपट परायण और उग्रसाहसी हो चुके थे।[17] ईश्वरभक्त मुनिगण को लोग मुख से धन्यवाद देते किन्तु उनके उपदेशों को कार्यरूप में परिणत नहीं करते थे। सभी लोग अन्नचोर, वस्त्रचोर और गोबर तक के

चोर थे। भक्ष्य, भोज्य, उपहार तथा साधारण वस्तु की भी चोरी करने में वे नहीं हिचकते थे। चोर भी चोरों से अपनी वस्तु नहीं बचा पाते थे। तस्करों द्वारा तस्करों का नाश होता था। धन, सन्ध्या-वन्दना और वर्णभेद कुछ भी शेष नहीं रहा। लोग करभार से पीड़ित होकर नगरों से वनों में चले गए और वहीं रहने लगे।[18] पुत्र पिता पर और स्त्रियाँ सास पर शासन करती थीं। शिष्य अपने गुरुओं को वचनबाणों से दुःख देते थे। यज्ञ-यज्ञादि सत्कर्मों का लोप हो गया था। राक्षस, हिंस्रजन्तु, कीड़े, चूहे और सर्प मनुष्यों पर विकट उपद्रव उपस्थित कर दिए थे। परिवार के संबलोग गन्दा और दास का जीवन बिताते थे। उन्हें भरपेट अन्न भी मिलना कठिन था। रक्षक बड़ी-बड़ी सेना लेकर देश-विदेश में घूमते हुए लोगों का भक्षण करते फिरते थे। मानवगण सर्वथा संबलहीन, भूख-प्यास तथा भय से व्याकुल हो और बाल-बच्चों को कन्धों पर लादकर सपरिवार स्वदेश से कौशिकी नदी पार कर चले गए और अंग, बंग, कलिंग, मेकल तथा ऋषिजनप्रिय गिरिकन्दराओं में आश्रय लिए। हिमालय की तलहटी, समुद्रतट तथा जंगल में खाली जगह मिलना मुश्किल था। लोग जंगलों में म्लेच्छों के साथ निवास करते थे। रक्षक ही संहारक बन गए थे। लोग मृत, मत्स्य, पक्षी, व्याघ्रादि, हिंस्रपशु, सर्प, कीट, शाक तथा फलों पर जीवन-निर्वाह करते थे।[19] मुनियों के समान वे चीर, वृक्षपत्र, बल्कल तथा मृगचर्म पहनते थे। गिरिकन्दराओं में रहते हुए वे छाग, महिष, गर्दभ तथा ऊँट पालते थे। जलप्राप्ति के लिए नदियों का बहाव लोग रोक दिए थे। व्याज पर पकवान्न की बिक्री करके वे परस्पर काम चलाते थे। एक साथ रहकर वे आपस में विवाद करते रहते थे। सन्तानों की संख्या बढ़ती जा रही थी, फिर भी लोग निपूतों जैसा जीवन-यापन करते थे। काफी गरीबी थी और धर्म की दुर्दशा चरम सीमा पर पहुँच गई थी।[20] लोगों की आयु अधिक से अधिक 30 वर्ष होती थी। लोग दुर्बल, विषयाकुल और रजोगुण से परिपूर्ण थे। रोगवश लोगों की इन्द्रियशक्ति क्षीण हो गई थी।[21] इस स्थिति में साधुशुश्रूषा तथा साधुदर्शन के प्रति उत्सुकता बढ़ गई। दुर्व्यवहार में न्यूनता आने लगी और सत्य का प्रादुर्भाव होने लगा। इच्छाएँ पूर्ण न होने से लोग धर्मात्मा होने लगे और इन्द्रियशक्ति क्षीण होने से लोगों को धर्म अच्छा लगने लगा। धर्मभाव की वृद्धि से कलियुग में ह्रास होने की सम्भावना बढ़ी।[22]

पाद-टिप्पणी

1. *श्री हरिवंशपुराण* (भाषा टीका [श्री पंडितरामतेजपांडेय], चौखम्बा संस्कृत प्रतिष्ठान, दिल्ली, 1996), भविष्यपर्व, अध्याय 2, श्लोक 32
2. वही, 2.33-43
3. वही, 2.44-45
4. वही, 3. 1-6
5. वही, 3.7

6. वही, 3. 8-10
7. वही, 3. 11-13
8. वही, 3. 14-18
9. वही, 3. 19-21
10. वही, 3. 22-26
11. वही, 3. 27-30
12. वही, 3. 31-33
13. वही, 3. 34-37
14. वही, 3. 38-40
15. वही, 4. 3-5
16. वही, 4. 6-15
17. वही, 4. 16-19
18. वही, 4. 20-24
19. वही, 4. 25-34
20. वही, 4. 35-39
21. वही, 4. 40-41
22. वही, 4. 42-47

12

भविष्यपुराण में कलियुग

12.1 कलियुग ने वेद के विरुद्ध म्लेच्छभाषा और कलि में वृद्धि के लिए ब्राह्मीभाषा का निर्माण किया।[1] विष्णुभक्त म्लेच्छ राजा न्यूह को 3 पुत्र–सिम, हाम और याकूत थे जिनका नामकरण राजा ने विलोम रीति से किया। याकूत को 7 पुत्र–जुम्र, माजूज, मादी, यूनान, तूव, लोमसक एवं तीरास हुए। उन्हीं के नाम पर जुम्रा, दशकनाब्ज, रिफत, तजरूम, यूनान आदि देशों के नाम पड़े। हाम को 4 पुत्र-कुश, मिश्र, कूज और कनआन हुए जिनके नाम पर म्लेच्छ देशों के नाम पड़े। इलीश, तरलीश, कित्ती और हूदानि के नाम पर भी देशों के नाम पड़े। न्यूह का पौत्र और हाम के पुत्र कुश को सवा, वहबलि, सर्वतोरगम, सवतिका और निमरूह नामक पुत्र हुए।[2]

दो हजार आठ सौ वर्ष के बाद बुद्ध ने बताया कि न्यूह का पुत्र सिम ने सिमराजवंश की स्थापना की। म्लेच्छ राजा सीम ने 5 सौ वर्ष तक शासन किया। उसका पुत्र अर्कसद ने 434 वर्ष, उसका पुत्र सिलह ने 408 वर्ष, उसका पुत्र इब्र ने 408 वर्ष, उसका पुत्र फजल 240 वर्ष, उसका पुत्र रऊ ने 237 वर्ष, उसका पुत्र जोस 237 वर्ष, उसका पुत्र नहूर 160 वर्ष और उसका पुत्र ताहर 160 वर्ष तक राज्य किया। ताहर को तीन पुत्र अविराम, नहूर और हारन हुए। इन म्लेच्छ शासकों के कारण म्लेच्छ भाषा और म्लेच्छों की वृद्धि कलियुग में सरस्वती के शाप के कारण हुई।[3] भारतवर्ष की भाषा संस्कृत थी, जो बाहर के प्रदेशों में जाकर वहाँ के म्लेच्छों (निवासियों) को आनन्द देनेवाली कही गई है।[4]

कलियुग के तीन हजार वर्ष व्यतीत होने के बाद अवन्तिपुरी में शंख नामक राजा राज्य करता था। कलियुग के दो हजार वर्ष व्यतीत होने पर सारे शासक म्लेच्छ थे। पन्थों की संख्या बढ़ गई। म्लेच्छाचार्य मूसा ने सारे संसार में म्लेच्छमत का प्रसार किया। देवों की पूजा और संस्कृतभाषा का नाश हो गया। वज्रभाषा, महाराष्ट्री, यवनी (यवनों की भाषा) और गुरूंडिका (अंग्रेजी भाषा) म्लेच्छों की भाषा थी। इन चारों भाषाओं में (जल को पानी, बुभुक्षा को भूख, कहीं जल को पापड़ी, भोजन को कक्कन, आहुति को आजुइति, जानु के स्थान पर जैनु और सप्तसिन्धु के स्थान पर हप्त हिन्दू का प्रयोग यवनों की भाषा में किया जाने लगा। गुरूंडों (गोरों) की भाषा में रविवार को संडे,

फाल्गुनमास को फर्वरी और 60 को सिक्सटी कहा जाने लगा। भारत की सातों पुरी में दस्यु, शबर, भिल्ल और मूर्खों के वास के कारण हिंसा का माहौल सदा बना रहता था। म्लेच्छ देशों में बुद्धिमान होते हुए मनुष्य म्लेच्छधर्मी थे क्योंकि सभी गुण म्लेच्छों के अधीन और समस्त अवगुण आर्य प्रदेश में बिखरे थे। भारतवर्ष एवं द्विपान्तरों में म्लेच्छों का राज्य था।[5]

सरस्वती के प्रभाव से ब्रह्मावर्त प्रदेश में म्लेच्छों की पहुँच नहीं हो सकी। कलियुग के हजार वर्ष व्यतीत होने पर काश्यप नामक द्विज का ब्रह्मावर्त प्रदेश में आगमन हुआ जिसकी पत्नी का नाम आर्यावती था। उससे दस पुत्र–उपाध्याय, दीक्षित, पाठक, शुक्ल, मिश्र, अग्निहोत्री, द्विवेदी, त्रिवेदी, पांडेय और चतुर्वेदी उत्पन्न हुए।[6] काश्यप ब्रह्मवर्त से मिश्रदेश गया और वहाँ सभी म्लेच्छों को मोह-मुग्ध करके दस हजार को ब्राह्मण और क्षत्रिय, दो हजार को वैश्य और शेष को शूद्र बनाया। राजा काश्यप 120 वर्ष तक शासन किया।[7] ब्रह्मावर्त में 8 हजार शूद्र निवासी थे। उनका राजा आर्य पृथु था जिसके पुत्र का नाम मागध था। राजा काश्यप ने मागध का राज्यभिषेक किया। मागध ने मागध देश को आर्य प्रदेश से अलग कर दिया। पांचालदेश से पूर्व का प्रदेश मागध था। मागध के आग्नेय में कलिंग, दक्षिण में अवन्त, नैऋत्य में आनर्त, पश्चिम में सिन्धु देश, वायव्य में कैकयदेश उत्तर में मद्रदेश और ईशान में कोणिंद देश था। ये सभी आर्य प्रदेश थे।

मागध को देश नामक पुत्र था जिसे उसका हिस्सा देने के पश्चात् उसने (मागध) यज्ञानुष्ठान किया और उसे शिशुनाग नामक पुत्र पैदा हुआ। उसने सौ वर्ष तक राज्य किया। शिशुनाग का पुत्र काकवर्मा 90 वर्ष, काकवर्मा का पुत्र क्षेमधर्मा 80 वर्ष, क्षेमधर्मा का पुत्र क्षेत्रौजा 70 वर्ष, क्षेत्रौजा का पुत्र वेदमिश्र 60 वर्ष, उसका पुत्र अजातरिपु 50 वर्ष, अजातरिपु के दर्भक 40 वर्ष, दर्भक के उदयाश्व 30 वर्ष, उदयाश्व के नन्दवर्धन 20 और नन्दवर्धन को नन्द नामक पुत्र हुआ जिसकी माँ शूद्रा थी। वह 10 वर्षों तक शासक रहा। नन्द का पुत्र प्रनन्द 10 वर्षों तक शासन किया। उसका पुत्र परानन्द 10 वर्षों तक राजा रहा। परानन्द का पुत्र समानन्द 20 वर्ष, समानन्द का पुत्र प्रियानन्द, प्रियानन्द को देवानन्द और देवानन्द को यज्ञभंग नामक पुत्र हुआ जिसने अपने पिता के आधे समय तक राज्य किया। यज्ञभंग को मौर्यानन्द और मौर्यानन्द को महानन्द नामक पुत्र हुआ।[8]

विष्णु ने गौतम के रूप में जन्म ग्रहण किया। बौद्धधर्म को अपनाकर गौतम ने पटना में 10 वर्ष तक राज्य किया। शाक्यमुनि ने 20 वर्षों तक शासन किया। शाक्यमुनि का पुत्र शुद्धोदन ने 30 वर्षों तक राज्य किया। उसका पुत्र शाक्यसिंह था जिसका जन्म कलियुग के दो हजार सात सौ वर्ष बीत जाने के बाद हुआ था। इसी राजा ने वेदमार्ग को नष्ट किया। इसने 60 वर्ष तक शासन किया और इस अवधि में सभी मनुष्य बौद्धधर्म के अनुयायी हो गए। शाक्यसिंह का पुत्र बुद्धसिंह ने 15 वर्षों तक शासन किया। बुद्धसिंह का पुत्र चन्द्रगुप्त 60 वर्षों तक शासन किया। उसने पौरसाधिपति की सूलूवस्य की पुत्री से विवाह किया। चन्द्रगुप्त का पुत्र विन्दुसार भी 60 वर्षों तक शासन

किया। उसका पुत्र अशोक भी शासक रहा।[9] अर्बुद पर्वत के शिखर पर एक श्रेष्ठ कान्यकुब्ज ब्राह्मण ने वेदमन्त्र के प्रभाव से 4 क्षत्रियों को उत्पन्न किया जिसमें प्रमर सामवेदी, चपहानि यजुर्वेदी, त्रिवेदी और शुक्ल *अथर्ववेद* के ज्ञाता थे। इन चारों ने अशोक को अपने अधीन कर करीब 4 लाख बौद्धों का नाश किया। इसके बाद प्रमर राजा हुआ जिसने 4 योजन में विस्तृत अनन्त प्रदेश में अंबावती नगरी को राजधानी बनाकर शासन किया।[10]

परिहार नामक राजा ने चित्रकूट पर्वत प्रदेश में शासन किया। उसकी राजधानी कलिंजर थी। वह बौद्धहन्ता था। राजपुत्र नामक प्रदेश में चपहानि ने शासन किया। उसकी राजधानी अजमेर थी जहाँ सुन्दर भवन थे और 4 वर्णों के लोग रहते थे। शुक्ल नामक भूपाल आनर्त प्रदेश के द्वारका नगरी में रहता था।[11] तीन हजार सात सौ दस वर्ष कलियुग में बीतने के पश्चात् प्रमर राजा ने 6 वर्ष तक राज्य किया। प्रमर का पुत्र महामह ने 3 वर्ष और महामह के देव, देव के देवदूत और देवदूत के गन्धर्वसेन ने 50 वर्षों तक राज्य किया। शेष और शेष का पुत्र भूप ने भी शासन किया। गन्धर्वसेन ने अपने पुत्र राजा शंख का अभिषेक करके वन में चले। शंख ने 30 वर्षों तक राज्य किया।[12]

कलियुग के 3 हजार वर्ष बीतने पर शकों का विनाश करने और आर्यधर्म की वृद्धि के लिए विक्रमादित्य का जन्म हुआ।[13] वाराणसी का राजा प्रताप मुकुट था। उसकी रानी महादेवी थी। वज्र मुकुट उसका पुत्र था। वहाँ सभी वर्णों के लोग रहते थे। राजकुमार वज्रमुकुट का प्रेमी मित्र बुद्धिदक्ष मन्त्री-पुत्र था। दोनों घोड़े पर सवार होकर जंगल में गए और एक तालाब के पास पहुँचे जहाँ एक शिवालय था। उसी समय कर्णाटक के राजा दन्तवक्र की कन्या पद्मावती तालाब में क्रीड़ा कर रही थी। उसकी सखियाँ भी थीं। वज्रमुकुट उसे चाहने लगा। वह अपने मित्र बुद्धिदक्ष के साथ कर्णाटक प्रदेश पहुँचा और दोनों एक वृद्धा के घर ठहरे। वृद्धा की मदद से वज्रमुकुट का पद्मावती से कई बार मिलन हुआ। पद्मावती ने कुछ मिठाई खाने को दिया जिसमें जहर था। बुद्धिदक्ष समझ गया। तब वज्रमुकुट पद्मावती को जान से मारने की चाल चला। किन्तु ऐसा नहीं हुआ और पद्मावती के साथ वज्रमुकुट का गन्धर्व विवाह हो गया।[14] यमुनानदी के तट पर धर्मस्थल नामक सुन्दरपुरी में, जो धन-धान्य से परिपूर्ण था, सभी वर्णों के लोग रहते थे। वहाँ का शासक गुणाधिप था। हरिशर्मा उसका पुरोधा (पुरोहित) था। रानी का नाम सुशीला और उसके पुत्र का नाम सत्यशील था जो विद्याप्रेमी था। राजकुमारी का नाम मधुवती था जो शील, रूप और गुणों में सम्पन्न थी। जब वह 12 वर्ष की हुई तो उसके लिए वर तलाशने का प्रयास राजा और राजकुमार सप्तशील करने लगे। राजा गुणाधिप के भाई का नाम सप्तशील था। कुछ दिनों बाद सत्यशील और सत्यशील अध्ययनार्थ काशी चले गए। इधर वामन नामक सुन्दर, शील और वयस्क ब्राह्मण पर राजकुमारी मधुमती मुग्ध हो गई। रानी सुशीला ने अपनी पुत्री मधुमती का मनोभाव जानकर वामन से उसका विवाह कर दिया। उधर सत्यशील ने केशव नामक अपने गुरुपुत्र को अपनी बहन के

साथ विवाह करने का निर्णय कर खुशी-खुशी घर लौटा। इसी बीच साँप ने मधुमती को काट लिया और वह मर गई। इस शोक से दुःखी होकर सत्यशील घर त्याग दिया।[15]

वर्द्धमान नगर में रूपसेन शासन करता था। वीरवर नामक एक क्षत्रिय अपनी पत्नी, कन्या और पुत्र के साथ राजा रूपसेन के दरबार में उपस्थित हुआ और नौकरी माँगा। उसे नौकरी मिल गई। वेतन के रूप में उसे प्रतिदिन हजार स्वर्णमुद्रा मिलने लगी। इस राशि का अधिकांश भाग वह अग्नि, तीर्थ और द्विजातियों पर व्यय कर देता और जो शेष बचता उसी से परिवार का भरण-पोषण करता था। एक दिन रात्रि में एक स्त्री के रोने की आवाज सुनाई दी। इसका कारण पता लगाने के लिए राजा ने वीरवर को भेजा। उस स्त्री ने बताया कि वह राजा रूपसेन की राजलक्ष्मी थी और कुछ ही दिनों के भीतर उसका अन्त होनेवाला था अर्थात् राजारूपसेन का नाश होनेवाला था। इससे बचने का एक ही उपाय था कि वीरवर अपने पुत्र का सिर चंडिका देवी के लिए अर्पित कर दें। वीरवर ने अपने पुत्र की बलि चढ़ा दी।[16]

भोगवती नगर में रूपवर्मा शासन करता था। अपने विवाह के लिए योग्य कन्या के सम्बन्ध में तोते से पूछा तो पता चला कि मगध नरेश की पुत्री चन्द्रावती योग्य कन्या थी। रूपवर्मा ने गणेश नामक योग्य ब्राह्मण को इस कार्य हेतु मगध भेजा। मगध कुमारी के तोते ने भी बताया कि उसके लायक योग्य वर रूपवर्मा था। जगदम्बा की कृपा से रूपवर्मा का विवाह चन्द्रावती से हो गया।[17] इलापुर नगर में देवयाजी नामक एक लखपति (लक्ष्यपति) वैश्य रहता था। उसका पुत्र मदनपाल महादुष्ट था। द्यूत की क्रीड़ा, मद्यपान और वेश्याओं का साथ करता हुआ वह प्रतिदिन मांस भक्षण करता था। फलतः देवयाजी निर्धन हो गया। और अपनी पत्नी के साथ वन में चला गया। निर्धन मदनपाल रोजगार करने के लिए इलापुर से चन्द्रपुर पहुँचा। वहाँ उसकी भेंट हेमपति नामक वैश्य से हुई। उसने अपना परिचय दिया और झूठ बोला कि थोड़ा सा धन लेकर समुद्रीमार्ग से चन्द्रपुर को चला किन्तु समुद्र में सारा माल डूब गया। हेमपति ने अपनी पत्नी काममंजरी से विचार-विमर्श करके अपनी पुत्री चन्द्रकान्ति का विवाह मदनपाल से कर दिया। अपने ससुर से आज्ञा लेकर मदनपाल अपनी पत्नी चन्द्रकान्ति के साथ इलापुर जाने का बहाना बनाया। हेमपति ने स्वर्णाभूषणों से अलंकृत अपनी पुत्री को मदनपाल के साथ भेज दिया। कुछ दूर जाकर मदनपाल ने पालकी और कहारों को लौट जाने को कहा और पत्नी चन्द्रकान्ति को अकेला छोड़कर समस्त धन लेकर भाग गया। कुमार्ग पर चलते हुए उसने सारा धन व्यय कर दिया और पुनः निर्धन हो गया। चन्द्रकान्ति किसी तरह अपने घर पहुँची। दुष्ट मदनपाल भी अपने ससुराल पहुँचा। चन्द्रकान्ति ने अपने पति से कहा कि उसने अपने पिता से कह दिया था कि चोरों ने उसके धन का अपहरण कर लिया था। मदनपाल पुनः ससुराल में रहने लगा। एक दिन आधी रात के समय चन्द्रकान्ति को मारकर मदनपाल उसका सारा धन लेकर वहाँ से चल दिया।[18]

कांचनपुर नामक नगर में शंखपति नामक एक बनिया रहता था। उसके पुत्र श्रीदत्त का विवाह जयश्रीनगर निवासी सोमदत्त की पुत्री जयलक्ष्मी से हुआ था। श्रीदत्त जब

व्यापारार्थ कुरुदेश की यात्रा पर गया तो उसकी पत्नी जयलक्ष्मी मन्त्री पुत्र सोमदत्त से रमण कराती रही। कुछ दिनों बाद इसकी खबर राजा को लगी तो दंडस्वरूप जयलक्ष्मी को गधे पर बैठाकर उसने जंगल में भिजवा दिया।[19] इस तरह पति की अनुपस्थिति में स्त्रियाँ पराए पुरुषों से नाजायज सम्बन्ध रखती थीं। न्यूह जब राज सिंहासन पर बैठा उसी समय कलियुग का आरम्भ हुआ। इस समय संस्कृतमिश्र दूसरी भाषाओं की प्रधानता बढ़ी। कलिराज्य में वेदोक्त धर्म विपरीत दिखाई देता था। म्लेच्छों का महत्त्व बढ़ गया था। अधर्म का बोलबाला बढ़ा और देववृंद कमजोर-असहाय हो गए। पत्नी झूठी, पुत्र दुःख देनेवाला और सभी घरों की स्त्रियाँ दुर्गति थीं। राजा क्रोधी, ब्राह्मण कामी, धनाढ्य लोभी और शूद्र शक्तिशाली थे। स्त्रियाँ लज्जाहीन, नौकर मालिक का हत्यारा और पृथ्वी फलहीन हो गई।[20] ब्राह्मण धूर्तता से कन्या का वरण करते थे। गुरुदक्षिणा के रूप में गुरुजी अपने शिष्य की भगिनी को अपने पुत्र की वधू के रूप में माँगते थे। कन्या का अपहरण होता था। राजा प्रजा को सुरक्षा प्रदान करने में असमर्थ था।[21]

सुख प्राप्ति के लिए राजा धर्मशील ने धर्मपुर गाँव में एक दुर्गा मन्दिर बनवाया।[22] देवी की कृपा से विवाह हो पाता था और इसके बदले देवी को एक धोबी द्वारा सिर चढ़ाने की चर्चा है।[23] गुणवान पुरुष से भी कोई विवाह के लिए तैयार नहीं थी। मिथिला के राजा की भूख से कंठ सूखने, हिरण का मांस खाने, श्रम और सन्ताप से पीड़ित होने की चर्चा है। उसके यहाँ नौकर को बिना किसी वेतन का काम करना पड़ता था और नौकर पर कर्ज का भारी बोझ था। नौकर से राजकुमारी का विवाह होता था। कामपुर नामक नगर में हिरण्यदत्त नामक एक धनी वैश्य का वर्णन है जिसकी पुत्री उपवन में फूल इकट्ठा करने गई तो सोमदत्त नामक पुरुष ने उसके साथ बलपूर्वक बलात्कार करने का प्रयास किया। वैश्य कन्या द्वारा यह वचन देने पर कि विवाह के बाद 10वें दिन वह सोमदत्त के साथ रमण करती, सोमदत्त ने उसे छोड़ दिया। वैश्य कन्या मार्ग में काफी धन गँवाने के बावजूद 10वें दिन सोमदत्त के पास गई।[24]

12.2 कलियुग में गौड़देश के वर्धन नगर में राजा गुणशेखर के शासनकाल में जैनियों का प्रभाव बढ़ गया। इस क्षेत्र में विष्णु को कामी, शिव को क्रोधी, ब्रह्म को लोभी, इन्द्र को दम्भी, यम को मोही और कुबेर को अभिमानी माना जाने लगा। जैनधर्मी निर्भयानन्द का महत्त्व बढ़ गया। गाय का महत्त्व बढ़ा। भूखे को भोजन मिलना कठिन था। राजा वेदमार्ग का विरोधी था। ऐसे राजा नरक में जाते थे। राजा की स्त्रियाँ लँगड़ी, ज्वर, मूर्च्छा आदि से पीड़ित थीं। संन्यासी से श्रेष्ठ वानप्रस्थी, वानप्रस्थी से श्रेष्ठ गृहस्थ, गृहस्थ से ब्रह्मचारी, ब्रह्मचारी से ब्राह्मण, ब्राह्मण से क्षत्रिय, क्षत्रिय से वैश्य और वैश्य से श्रेष्ठ शूद्र हो गए।[25] कलियुग में राजा को योग्य कन्या नहीं मिल पाती। वह विषयानन्द के लिए विवाह करता था। कन्याएँ कामातुर होकर जंगल में एवं समुद्रतट पर विचरण करती रहती थीं। स्त्री के वश में राजा रहता था और इस कारण कई राज्य बर्बाद हो गए। कई शासक स्त्री रूपी मद में इतने डूबे रहते कि राज्य की सदा क्षति होती रहती थी। राजा गुणशेखर का नाश इसी तरह हुआ।[26]

कलियुग में रानियाँ चरित्रहीन थीं। ऐसी रानियों के राजा संन्यास लेकर जंगल में चले जाते थे। शहर से बाहर खाने-पीने का बिल्कुल अभाव था। ब्राह्मण को ही भीख देना पड़ता था। भूख के कारण विषवाला भोजन भी लोग कर लेते थे।[27]

शहर में जुआ खेलने और मद्य-मांस का भक्षण करनेवालों का बोलबाला था। व्यापारियों से वे धन वसूलते रहते थे। चोरी का माल रखने के लिए गुप्त स्थान रहता जहाँ चोर चोरी का माल छिपाकर रखते थे। राजा की दासी का एवं धन-द्रव्य का अपहरण होता था।[28] एक चोर की चर्चा है जिसे चारों वर्णों वाली 7 पत्नियाँ थीं। चोरों के अत्याचार से प्रजा को बचाने में राजा असफल था।[29] राजा स्वयं चोरी करता था। वह चोरों की सरदारी भी किया करता था। राजा की दासी को अपहृत करके चोर अपना रखैल बना लेते थे। चोरों से राजा के सैनिक पराजित हो जाते थे। महाबली देवी की कृपा से ही प्रजा को चोरों के अत्याचार से मुक्ति मिल पाती थी। अधर्मी को स्वर्ग और धर्मात्मा को नरक में स्थान मिलता था।[30]

12.3 पुष्पावती नगरी में ब्राह्मणों का राजपरिवार की कन्याओं से अवैध सम्बन्ध रहता था। ब्राह्मण वेश बदलकर अन्तःपुर में स्त्रियों के साथ रमण करते थे। ऐसे पापी ब्राह्मण वृंदावन में पहुँचकर बहुलाष्टमी के दिन राधाकुंड में स्नान कर पाप से मुक्त हो जाते थे।[31] कान्यकुब्ज प्रदेश में नवदुर्गा का व्रत करनेवाले ब्राह्मण को कलियुग में कोई द्रव्य नहीं देता था।[32] मन्दिर में जानेवाली स्त्रियाँ अपने को असुरक्षित महसूस करती थीं।[33] दक्षिण प्रदेश में राजा का मन्त्री अविश्वासी होता था और राजा को ही धोखा देता था। वैश्य अपनी कन्याओं को राजा को दे देते थे।[34] उज्जयनी में ब्राह्मण का पुत्र नित्य जुआ खेलता और मद्य-मांस का सेवन करता था। ब्राह्मण को भीख नहीं मिलता था।[35] ब्राह्मण वैश्यकन्या से विवाह करता था। कम्बल नगर के ब्राह्मण ने एक वैश्य कन्या को खरीदकर अपनी वासना शान्त की। ब्राह्मण अपनी पत्नी को गर्भ धारण करने के लिए दूसरे पुरुष के पास भेजा करता था। कलियुग में इसे अनुचित नहीं माना जाता था।[36] महर्षि का परिवार होता था। महर्षि की कन्या को राजा प्राप्त कर लेता था। अपने स्वार्थ में अन्धा होकर राजा बालक ब्राह्मण का बलि चढ़ाता था। बहुत लोग नरभक्षी थे।[37] वैश्य की विवाहित कन्या से ब्राह्मण अवैध सम्बन्ध रखता था। धर्म के बहाने ब्राह्मण स्त्रियों का शोषण करते थे।[38] जयस्थल नगर में रहनेवाला और राधाकृष्ण का उपासक ब्राह्मण की चर्चा है जिसे 4 पुत्र थे जो क्रमशः जुआड़ी, कुल मर्यादा नाशक, विषयी और नास्तिक थे।[39] कलियुग में यज्ञानुष्ठान में देवता को प्रसन्न करने के लिए द्रव्य सबसे महत्त्वपूर्ण हो गया।[40] कलियुग में चन्द्रमा पृथ्वी पर गतिहीन हो गया।[41] कलियुग में विष्णु सत्यनारायण हो गए। धनवान बनने के लिए, पुत्र प्राप्ति, राज्यलाभ, अन्धे को नेत्र, भयभीत को निर्भय एवं सभी कामनाओं की पूर्ति का उपाय सत्यनारायण की पूजा हो गया।[42] सत्यनारायण देव की पूजा करने से जीवनकाल में ही कामनाएँ सफल होने लगीं। इनका आगमन काशीपुरी में हुआ।[43] ब्राह्मण भिक्षावृत्ति से जीवनयापन करते थे।[44] कलियुग में सत्यनारायणदेव की पूजा दरिद्रता का नाशक था।[45] सत्यनारायण

देव की पूजा करने से केदार नरेश चन्द्रचूड को म्लेच्छ राजाओं को हराने में सफलता मिली।[46] कलियुग में काशी के वे ब्राह्मण सम्पन्न थे जो सत्यनारायण की पूजा करते थे। जंगल से लकड़ी काटकर जीविका चलानेवाले निषादों को भी सत्यनारायण की अर्चना करने से धन प्राप्ति हुई।[47] व्यापारियों की जानमाल की सुरक्षा सत्यनारायण पर ही निर्भर था।[48] धनाभाव में राजा और उसकी रानी लकड़ी ढोने का काम करते थे। व्यापार असुरक्षित था।[49] राजा के आदमी मणि-मोतियों का व्यापार करनेवाले व्यापारियों को पकड़कर धन छीन लेते थे। वज्रघात से काफी क्षति होती थी। निर्दोष दंडित होते थे। वैश्यों का जीना मुश्किल था। ब्राह्मण भी व्यापार करते थे।[50]

कलियुग अधर्म द्वारा उत्पन्न और यमराज के यहाँ जाने के लिए रस्सी के समान था। कोई आश्रम एवं कोई वर्ण नहीं था। संन्यास-मार्ग पाखंड से दूषित था। वानप्रस्थ था ही नहीं। कहीं-कहीं ब्रह्मचर्य प्रचलित था। मनोनुकूल स्त्री मिलना कठिन था। स्त्री का संग्रह श्रेयस्कर था।[51] शूद्रों के यज्ञोपवीत संस्कार होते थे। उसे ही परब्रह्म की प्राप्ति होती थी।[52] बड़े-बड़े ज्ञानी पुरुष पत्तों का भक्षण कर जीवनयापन करते थे। जलपान और वायुभक्षण से वे दिन काटते थे।[53] सारा विश्व दम्भ-पाखंडपूर्ण और बौद्धराज्य से आक्रान्त था। ब्राह्मण पहाड़ों की गुफाओं में रहने लगे।[54] शूद्र और ब्राह्मणी के संयोग से व्याधकर्मा (बहेलिए का कार्य करनेवाला) का जन्म हुआ। त्रिपाठी ब्राह्मण का अवैध सम्बन्ध व्याधकर्मा से था। दोनों के संयोग से जो बालक पैदा हुआ वह ब्राह्मण कहलाया किन्तु नित्य व्याध-कर्म में उसका मन ज्यादा लगता था। चोर मन्दिर में घुसकर स्त्रियों के आभूषणों का अपहरण कर लेते थे। ब्राह्मण भी चोरी का काम करते थे।[55] उज्जयनी नगरी का भीमवर्मा नामक क्षत्रिय राजा सूकरों एवं मुर्गों का मांस खाने के अलावा मद्यपान करता और वेश्यागामी था। उसका स्वभाव शूद्र के समान था। मगधाधिपति महानन्दी भी भीमवर्मा के स्वभाववाला था।[56]

12.4 कलियुग में युधिष्ठिर वत्सराज का बलखान नामक पुत्र और शिरीषनगर के अधिनायक हुए। अर्जुन ब्रह्मानन्द नामक पुत्र के रूप में उत्पन्न हुआ। कान्यकुब्ज प्रदेश में राजा रत्नमानु के पुत्र लक्ष्मण के रूप में नकुल का जन्म हुआ। भीष्मसिंह का पुत्र देवसिंह के रूप में सहदेव का जन्म हुआ। पृथ्वीराज नामक राजा के रूप में धृतराष्ट्र का जन्म अजमेर में हुआ। अजमेर में ही द्रौपदी का जन्म वेला के नाम से हुआ। कर्ण का तारक के नाम से जन्म हुआ।[57] महावती नामक पुरी में कृष्ण का जन्म उदयसिंह के नाम से हुआ जिसके पिता का नाम देशराज और माता का नाम देवकी था।[58] कृष्ण के तेजपुंज से आल्हार (आल्हा) का जन्म हुआ। कलियुग में इन्द्रप्रस्थ (दिल्ली), पांचाल (पंजाब), कुरूक्षेत्र, कपिला, अन्तर्वेदी, व्रजथ्य, अजमेर, मरूधन्वा, गौर्ज्जर (गुजरात), महाराष्ट्र, द्राविड़, कलिंग, अवन्ती, उडुप, बंग (बंगाल), गौड़, मागध और कोशल—ये 18 राज्य स्थापित हुए। इनके अलग-अलग शासक थे जिनकी भाषा और धर्म अलग-अलग थे। सौ वर्ष के बाद शकादि गणों ने उनके धर्म का विनष्ट होना सुनकर अपने अनेक सहायक वृन्दों समेत, जो सिन्धुनदी, हिमालय पर्वत और समुद्रमार्ग से इस आर्यप्रदेश में आए थे,

आर्यों पर विजय प्राप्तकर, उन्हें लूट-पाटकर और इनकी स्त्रियों का अपहरण कर अपने देश लौट गए।[59] उसी समय विक्रमादित्य का पौत्र राजा शालिवाहन ने शकों, चीन और तैत्तिर (तातार) देश में उत्पन्न बाह्लीक, कामरूप, रोम तथा खुर (खुरासन) के राजाओं को हराकर और बाँधकर उनके कोश को ले लिया। शालिवाहन ने म्लेच्छों और आर्यों की अलग-अलग मर्यादा स्थापित की। आर्यों के राष्ट्र का नामकरण सिन्धुस्थान हुआ। उसने म्लेच्छों का स्थान सिन्धु पर के प्रदेश में स्थापित किया।[60] उसने हिमालय के एक टीले की यात्रा की। वहाँ हूणप्रदेश के मध्य में एक शुभमूर्तिवाले पुरुष का दर्शन किया जो गोरा और श्वेतवस्त्र से सुसज्जित था। वह ईशपुत्र था जो म्लेच्छ धर्म का प्रवक्ता और सत्यव्रत का पारायण था। सत्यहीन और मर्यादाविहीन को ठीक करने के लिए वह आया था। शालिवाहन उस म्लेच्छ पूजक को नमस्कार कर लौटा और अश्वमेघयज्ञ (हयमेधमचकीरत्) किया।[61]

शालिवाहन के वंश में 10 राजाओं ने 5 सौ वर्ष तक राज्य किया किन्तु शालिवाहन के बाद मर्यादा विलीन होती गई। अन्तिम राजा भोज के समय तो मर्यादा नाममात्र की रह गई। अतः राजा भोज ने मर्यादा को स्थापित करने के लिए दिग्विजय के लिए 10 हजार सेना के साथ प्रस्थान किया। उसके साथ कालिदास भी थे। उसने गन्धारप्रदेश के म्लेच्छों और कश्मीर के नारवों (दुष्टों) को हराकर उनका खजाना ले लिया। उसी समय म्लेच्छ गुरु महामद (मोहम्मद) अपने शिष्यों के साथ अपने धर्म का प्रचार कर रहा था।[62] कालिदास ने नवार्णमन्त्र का 10 हजार जप करके हजार आहुति-प्रदान की जिसमें भस्म होकर महामद म्लेच्छों का देवता हो गया। उसके शिष्य भयभीत होकर वाहीक देश चले गए। वहाँ अपने गुरु महामद का भस्म ले जाकर जहाँ स्थापित किए वह स्थान मदहीनपुर के नाम से जाना गया।[63] राजा भोज ने 3 वर्णों में संस्कृत वाणी और शूद्रों में प्राकृत भाषा स्थापित की। उसी ने आर्यावर्त नामक देश स्थापित किया जहाँ आर्य रहते थे। विन्ध्य के अन्त में वर्णसंकरगण तथा सिन्धुपार के मुसलमान (मुसलवन्तश्च) रहते थे। ईसामसीह का धर्म वर्वर, तुष तथा सभी द्वीपों में स्थापित हो गया।[64]

राजाभोज के कुल में क्रमशः 7 राजा और हुए जो भाग्यहीन थे और 3 सौ वर्षों के भीतर ही उनका राज्य समाप्त हो गया। 7वाँ राजा वीरसिंह था। उसके कुल का 10वाँ राजा गंगासिंह हुआ। कान्यकुब्ज प्रदेश में जयचन्द्र, इन्द्रप्रस्थ में तोमर कुलभूषण अनंगपाल और ग्राम-राष्ट्रपाल (जमींदार) के रूप में अनेक राजा हुए। अग्निवंश के क्षत्रिय शासकों के काल में गाय और ब्राह्मण की स्थिति इतनी अच्छी हो गई कि कलियुग में द्वापर के समान धर्म हो गया।[65] सभी म्लेच्छ राजा आर्यधर्म के अनुयायी हो गए। कलियुग डर गया।[66] किन्तु बाक्सर (बक्सर) नामक गाँव में व्रतपा नामक आभीरी (अहीरिन) ने दुर्गा की उपासना किया और उसके 2 बलशाली पुत्र हुए जिनके प्रयास से कलियुग निडर हो गया।[67]

राजा देवपाल, रत्नभानु, गंगासिंह, धुन्धकार, कृष्णकुमार, पृथ्वीराज, प्रद्योत, विद्योत, परिमल, भीष्मसिंह, जयचन्द्र आदि कलियुग में शासक थे।[68] दासीपुत्री संयोगिनी का

पृथ्वीराज ने हरण किया।[69] रोगी राजा भीष्मसिंह को काशी में वटवृक्ष के नीचे सोने की चर्चा है।[70] इन सभी राजाओं के बीच सदा युद्ध होते रहते थे। युद्ध में सफलता सैनिक योग्यता पर नहीं बल्कि शिव आदि देवताओं पर निर्भर करता था।[71] अधिकांश युद्ध स्त्रियों के कारण होते रहते थे।[72] कलियुग में ब्राह्मण सामन्त होते थे।[73] चंडाल काटे जाते और राज कर के लिए खेतिहर किसान दंडित किए जाते थे।[74] धीमर (कहार) रथ का संवाहन करते थे।[75] 16 वर्ष की कन्या विवाह योग्य समझी जाती थी।[76] कलियुग में ब्रह्मपूजन ही उत्तम था।[77] देवों की तृप्ति के लिए शालिग्राम की पूजा करने मात्र से महर्षि, देवता और पितृगण प्रसन्न होते थे। तीनों द्विजाति के लोगों द्वारा मात्र चन्दनादि से शालिग्राम की पूजा की जाती और शूद्रों को केवल स्नानमात्र करके भक्ति-भाव से शालिग्राम की पूजा तथा म्लेच्छों को भक्तिभाव से दर्शनमात्र कर लेने से पुण्य की प्राप्ति हो जाती थी।[78] कलियुग में 1 योजन 5 कोश के बराबर था।[79]

पृथ्वी पर घोर कलियुग के वर्तमान होने पर राजा विक्रमादित्य ने कैलास से मुनियों को बुलाया।[80] नेत्रसिंह के आक्रमण करने से कलियुग में बौद्धों का विनाश होने लगा और भारत से वे चीन चले गए। उन्होंने आर्यसेनाओं को परास्त भी किया था।[81] अन्त में वे आर्यों से पराजित हो गए और आर्यप्रदेश में प्रवेश नहीं करने का निर्णय लिए।[82]

12.5 कल्पसिंह की स्त्रियों से क्षत्रियों ने सम्पर्क स्थापित किया जिससे वर्णसंकरों की उत्पत्ति हुई। ये वर्णसंकर वैश्यों की वृत्ति करते और म्लेच्छों के साथ रहते थे।[83] पृथ्वीराज का प्राणान्त सहोद्दीन (शहाबुद्दीन) ने किया। पृथ्वीराज की स्त्रियों का उपभोग सहोद्दीन और उसके आदमियों ने किया जिससे वर्णसंकर की उत्पत्ति हुई।[84] कलियुग के आगमन के 68 हजार वर्ष व्यतीत होने पर म्लेच्छों का भारत में आगमन हुआ।[85] महामोद (मुहम्मद गोरी) को लुटेरा और कलिमूर्ति कहा गया है जिसने कई नगरों का नाश किया।[86] कलियुग में भोगवर्मा को कलिवर्मा नामक पुत्र हुआ जिसने महाकाली का उत्सव किया। भगवती खुश हो गई और अपने को वहाँ कालीरूप में स्थापित की। हर्षातिरेक होने से वहाँ असंख्य पुष्पों में कलियाँ निकल आईं। काली द्वारा एक मनोहर नगर का निर्माण हुआ, जो कलिकाता (कलकत्ता) नाम से प्रख्यात हुआ।[87] शान्तिवर्मा ने शान्तिपुर और गंगादत्त ने गौडराष्ट्र में नदीहा नामक नगरी का निर्माण किया।[88] कलियुग में विष्णु का मरण हो गया। इस युग में कुछ धार्मिक मनुष्यों की आयु सौ वर्ष होती थी।[89]

द्वापर के सन्ध्या के समय में कलियुग का आगमन होने पर विष्णु की समस्तकला और वामन की 1 कला एक होकर मथुरा निवासी वसुदेव के घर देवकी के गर्भ से विष्णु प्रकट हुए। घोर कलियुग में सभी वेद गोपी के रूप में प्रकट हो गए। कलि के अन्त में विष्णु कल्की अवतार लेंगे और युगान्त प्रलय करने के उपरान्त वे अपने शरीर को दो रूपों में विभक्त कर सत्य धर्म स्थापित करेंगे।[90]

सहोद्दीन (शहाबुद्दीन) दिल्ली आकर भारत के राजाओं को हराया और मूर्तियों को नष्ट किया करता था। उसके बाद अनेक म्लेच्छवंश के लोगों ने भारत पर 5 सौ

वर्षों तक राज्य किया।[91] कलियुग में मनुष्यों का आकार पशुतुल्य सूक्ष्म, 60 वर्ष की आयुवाली और ऊँचाई दो वित्ता थी। कई स्थानों पर वर्णसंकर के अनुसार जातियाँ दिखाई देती थीं। सभी वर्णसंकर पाखंडी, म्लेच्छ तथा अनेक रूप धारी थे। सभी तीर्थ और चारों वेद पृथ्वी को त्याग दिए थे। कलि ने सभी मनुष्यों को पाखंडी, अनेक जातियाँ एवं अनेक पन्थ के प्रदर्शक बनाकर उन्हें अपने धर्मकर्म से वंचित कर स्वयं दृढ़ स्थिति कर लिया था।[92]

कलियुग में तिमिरलिंग (तैमूर) नामक म्लेच्छ राजा हुआ, जो मुकुल (मुगल) वंश में उत्पन्न हुआ था। उसने आर्यों तथा म्लेच्छों को मारते हुए दिल्ली को अपने अधिकार में कर लिया। उसने ब्राह्मणों से कहा—आप लोग मूर्ति के पुजारी हैं तथा जिस व्यक्ति द्वारा उस मूर्ति का निर्माण हुआ वह उसके पुत्र के समान है। इसलिए उस मूर्ति का पूजन करना उचित हो सकता है ? तुम्हारे मुनियों ने तुम्हारे वेदों एवं शास्त्रों को लोगों को ठगने के लिए व्यर्थ बनाया है।[93] कलियुग में दानवगण वेद धर्म का उल्लंघन करके देवों का नाश करते थे।[94] ब्राह्मणों को अपने पुत्र-पुत्री का विवाह धनाभाव में एक समस्या थी। रोग से उनकी प्रायः मृत्यु हो जाती थी।[95] ब्राह्मण वेद के ज्ञाता नहीं रह गए।[96] कुछ ब्राह्मण रसिक एवं कामिनीप्रेमी थे।[97] रामानन्द का जन्म एक कान्यकुब्ज ब्राह्मण के यहाँ हुआ जो काशी के किसी मन्दिर का पुजारी था।[98]

भयानक कलि के समय कृष्णसप्तसुदर्शन निंबादित्य के रूप में उत्पन्न होकर ख्यातिपूर्वक देवों का कार्य सफल करेगा और धर्म ग्लानि को हरेगा।[99] भीषण कलि के समय वृन्दावन में उत्पन्न होकर सूर्यरूप ब्राह्मण देवकार्य की सिद्धि करेगा। माधव नामक ब्राह्मण के घर पुत्र रूप में उत्पन्न होकर वह बालक मधु नाम से विख्यात, महायोग्य एवं वैदिकधर्म का प्रचारक होगा।[100] म्लेच्छराज कलियुग में सूर्य वृन्दावन में अवतरित होकर देवकार्य करेगा।[101]

12.6 कलियुग में ब्राह्मण लोभी थे। राजा बेत की छड़ी से उन्हें ताड़ित करता और लौहजंजीर से हाथ-पैर बाँधकर जेल में डाल देता था।[102] धूर्त एवं पाखंडी पंडितों ने सूत्रपाठ, धातुपाठ तथा अन्य पाठ को खंडितकर नष्ट कर दिया था।[103] बाजार में वस्तु खरीद करनेवाले वैश्य नहीं मिलते थे। लोहार द्वारा निर्मित वस्तु का कोई खरीदार नहीं था।[104] कलियुग में नागवंशीय शूद्रों ने प्राकृतभाषा को भ्रष्ट किया। चोर ब्राह्मणों की सम्पत्ति चुरा लेते थे और विरोध करने पर मार डालते थे।[105] चोर वैष्णव का रूप धारण कर पाचक (रसोइया) का काम राजा के यहाँ करते थे और धन के लोभ में राजा को विषमिश्रित भोजन दे देते थे।[106] ज्ञानी ब्राह्मण भी भिक्षा माँगकर अपनी जीविका निर्वाह करता था।[107] कुछ ब्राह्मण निर्धनतावश अपनी पत्नी को रसिक प्रेमी के यहाँ जाकर रहने की अनुमति प्रदान कर देते थे।[108] ब्राह्मण व्याधा का काम करके जीविका चलाते थे। ऐसे ब्राह्मण सदैव धनुषबाण लिये मार्ग में आने-जानेवाले ब्राह्मण यात्रियों की हिंसा करते थे।[109] कलियुग में तीनों वर्णों के लोग यज्ञ करना छोड़ दिए थे।[110] बौद्धधर्म की प्रधानता थी।[111]

जिन देवों ने वेद की निन्दा और बौद्धशास्त्र की रचना की वे सब कुष्ठरोग से पीड़ित हो गए। कुष्ठरोग के कारण ही बुद्ध नंगे रहते थे। विष्णु के पूर्वार्द्धभाग से नेमिनाथ और उत्तरार्द्ध भाग से बुद्ध का आविर्भाव हुआ। सिन्धु तटवासी यवनों की भाषा का व्यवहार और बौद्धदर्शन किया करते थे।[112] कलियुग के हजार वर्ष व्यतीत हो जाने पर देवकन्या आर्यवती को पति कण्व के संयोग से 10 पुत्रों—उपाध्याय, दीक्षित, पाठक, शुक्ल, मिश्र, अग्निहोत्री, द्विवेदी, त्रिवेदी, पांडेय और चतुर्वेदी का जन्म हुआ। 12 वर्ष की अवस्था में उनका विवाह उपाध्यायी, दीक्षिता, पाठकी, शुक्लानी, मिश्राणी, अग्निहोत्राणी, द्विवेदिनी, त्रिवेदिनी, पांडयानी और चतुर्वेदिनी से हुआ। इन सभी स्त्रियों से 16-16 पुत्र उत्पन्न हुए। इसके पश्चात् कण्व मिश्र गए और 10 हजार म्लेच्छों को संस्कृत भाषा का ज्ञान कराया। ये सारे म्लेच्छ तब शूद्र वर्ण में प्रवेश किए। 2 हजार म्लेच्छ शिल्पकार्य करने के कारण वैश्य हो गए। राजान्या नामक पृथु की रानी ने मागध नामक पुत्र उत्पन्न किया। उसे मागध नामक ग्राम मिला।[113]

शूद्र यज्ञानुष्ठान करते थे। ब्राह्मण वेदों का अपहरण करते थे। ऐसे म्लेच्छ और ब्राह्मण बौद्धधर्म में शामिल हो गए।[114] कलियुग के 2 हजार 7 सौ वर्ष व्यतीत होने पर गौतमबुद्ध हुए जिन्होंने समस्त तीर्थों में यन्त्र की स्थापना की। इनके सभी शिष्य शिखा-सूत्रहीन होकर वर्णसंकर हो गए। 10 करोड़ आर्य बौद्ध पथगामी थे। अग्निवंश के 40 राजपुत्र क्षत्रिय-गणों ने अपने यहाँ से बौद्धों को निकाल दिया और विंध्यपर्वत के दक्षिण में बहुत से आर्यों को संस्कारपूर्वक निवास कराया। उन आर्यों ने दक्षिण में वर्णव्यवस्था को सुदृढ़ किया।[115] म्लेच्छ सिकन्दर जब भारत आया तो 7 पुरियों कांचीपुरी, अयोध्या, हरिद्वार, मथुरा, काशीपुरी, उज्जयनी और प्रयाग में ऐसे यन्त्रों की स्थापना किया कि जो उस यन्त्र के नीचे पहुँचते, वे सभी म्लेच्छ हो जाते थे। फलतः म्लेच्छों की संख्या में अधिक वृद्धि हुई।[116] रामानन्द के प्रभाव से अयोध्या के म्लेच्छ संयोगी वैष्णव रूप में परिवर्तित हो गए। निंबादित्य ने अपने शिष्यों के साथ कांचीपुर की यात्रा की और बहुत से म्लेच्छों को संयोगीवैष्णव बनाया। आर्य वैष्णव थे। विष्णुस्वामी ने अपने शिष्यों के साथ हरिद्वार की, माध्वाचार्य ने मथुरा की, शंकराचार्य ने काशीपुरी की, रामानुज ने तोतादरी, बराहमिहिर ने उज्जयनी की, वाणीभूषण ने कान्यकुब्ज की, धन्वन्तरि ने प्रयाग की, भट्टोजि ने उत्पलारण्य की, रोपण ने इष्टिका की एवं जयदेव ने द्वारका की यात्रा की और काफी आर्यों को वैष्णव, शैव एवं शाक्त धर्म में शामिल किया। शान्तिपुर में नित्यानन्द, नदीहा में हरि, मागध प्रदेश में कबीर, कलिंजर में रैदास और नैमिषारण्य में सधन ने समाधिस्थ होकर उन प्रदेशों को पवित्र किया और वैष्णवों की संख्या में अपार वृद्धि हुई।[117]

12.7 तिमिरलिंग के सरूष नामक पुत्र ने दिल्ली में बैठकर वेदमार्ग के अनुयायियों का विनाश किया। कलियुग में बाबर ने 20 वर्ष राज्य किया। होमायु ने देवताओं को अपमानित किया, फलतः विष्णु की कृपा से सैनिकों ने होमायु (हुमायूँ) को पराजित कर निकाल दिया। महाराष्ट्रों की सहायता से अब शेषशाक ने दिल्ली के म्लेच्छराज को अपने

अधीन कर लिया। बाबर ने भी देवों को भ्रष्ट किया। होमायु ने अपने पुत्र अकबर का ठीक से लालन-पालन किया। अकबर जब गद्दी पर बैठा तो केशव, गानसेन, बैजवाक और माधव को जो सभी म्लेच्छ थे तथा बीरबल, मानसिंह आदि को अपने दरबार में रखा।[118] अकबर का पुत्र सलोमा (सलीम-जहाँगीर) और सलोमा का पुत्र खुर्दक (खुर्रम) था। खुर्रम का बेटा नवरंग (औरंगजेब) देवभंजक था। ब्राह्मण शिवाजी ने नवरंग को मार दिया। फलरूष म्लेच्छ मुगल कुल का नाश किया और 10 वर्ष शासन किया। नादिरशाह ने खुरजा प्रदेश में प्रवेश किया और आर्यों को हराया। उसका पुत्र भी शासन किया जिसे हराकर महाराष्ट्र का माधव ने दिल्ली पर शासन किया। नन्दिनी गाय से भीषण म्लेच्छों की उत्पत्ति हुई और उन्हीं से गुरुंड (अंग्रेज) जाति की उत्पत्ति हुई।[119] गुरुंड बौद्धमत के अनुयायी थे किन्तु उनके हृदय में ईसामत के प्रति विनम्रता थी। उन्होंने कलकत्ता में अपनी राजधानी स्थापित किया।[120]

कलियुग में आर्य-धर्म सभी प्रदेश में जो नष्टप्राय हो गया था तो राजा पुष्यमित्र ने आर्य-धर्म का पुनः विस्तृत प्रसार किया। पुष्यमित्र के बाद पुनः चोर-डाकुओं ने छोटे-छोटे मनुष्यों को लूटकर उन्हें अत्यन्त दुःखी बना दिया था।[121] वर्णसंकरों की संख्या गाँवों में बढ़ गई। ब्राह्मण-क्षत्रिय नाम मात्र के शेष रहे। आर्य वैश्य और शूद्र हो गए थे।[122] पुष्यमित्र के मरने के 16 सौ वर्ष पश्चात् कलियुग में अच्छे राजाओं का नाश हो गया। छोटे-छोटे राजाओं ने पृथक-पृथक अपना आधिपत्य स्थापित किया। 4 सौ वर्ष के उपरान्त कालमाली नामक राजा नैषध राज्य के प्रदेश में राजसिंहासन पर बैठा। अनेक छोटे-छोटे राजाओं को उसने अपने अधीन कर लिया और यमुना नदी के किनारे अपनी राजधानी स्थापित की[123] चारों वर्ण नष्ट हो चुके थे। देवों और पितरों की पूजा नहीं होती थी। सभी जगह पिशाचों की पूजा होती थी।[124]

कलियुग के आगमन का 8 हजार 8 सौ वर्ष जब बीत चुका था तो राजाविश्वफूर्जि ने कलियुग का दमन किया। क्षत्रिय, वैश्य, शूद्र, वर्णसंकर, पिशाच, गुरुंड और म्लेच्छ सभी ब्राह्मण हो गए। वैदिक विधान द्वारा सन्ध्या, तर्पण एवं देवों की पूजाएँ सुसम्पन्न होने लगीं।[125] एक वर्ण में चारों वर्णों के धर्म की समानता हो जाने से वह वर्ण कायस्थ कहलाया जो सदा भूत-प्रेत और पिशाचों को तृप्त करते रहते थे।[126] कलियुग में भगवान सौराष्ट्र नगरी के राजा के यहाँ अवतरित हुए और सोमनाथ के नाम से प्रख्यात हुए। राजा सोमनाथ के शासनकाल में क्षत्रियवर्ण की संख्या काफी बढ़ गई। उसके राज्यकाल में ही उसके नाम पर संवत् प्रारम्भ हुआ। कलियुग की दशा खराब हो गई। तब कलि ने अपने अंश से गुर्जर (गुजरात) प्रदेश में सिंहिका नामक आभीरी (अहीरिन) के गर्भ से जो सिंहमांस का भक्षण करती थी, जन्म ग्रहण किया। उसका नाम राहु था। राहु के शासनकाल में सभी म्लेच्छ होने लगे। वेद देव एवं वर्णव्यवस्था लुप्तप्राय हो गई। मर्यादा विलीन हो गई। म्लेच्छों की संख्या बढ़ने लगी। मलयदेश की निवासी म्लेच्छों ने 1 लाख की संख्या में एकत्र होकर आक्रमण किए और आर्यों को पहाड़ एवं गुफाओं से भी निकालकर भगा दिया। इ[illegible] बाद समस्त भूमि म्लेच्छमय हो गई। प्रत्येक प्राणी दरिद्रता

से कराहने लगा।[127] भोगसिंह और केलिसिंह के प्रयास से कलि की अत्यन्त वृद्धि हुई।[128]

कलियुग के दूसरे चरण में बिना पतियोंवाली स्त्रियों से काफी सन्तानें हुईं। इन वर्णसंकरों से शरीर की ऊँचाई 2 मूठ अर्थात् एक बीता हो गए। लोगों की आयु 40 वर्ष हो गई। कलि के दूसरे चरण की समाप्ति के अवसर पर न कोई विवाहित था, न राजा था, न उद्यमी था और न तो कोई काम करनेवाला।[129] कलियुग के तीसरे चरण में किन्नरगण विनष्ट हो गए। इस समय मनुष्य की आयु 26 वर्ष हो गई।[130] लोग माता, भगिनी एवं पुत्री के साथ पशु के समान सम्बन्ध स्थापित कर पुत्रों की उत्पत्ति करने लगे। इस तीसरे चरण के अन्त में सृष्टियाँ नष्ट हो गईं। कलि के चौथे चरण के प्रारम्भ में मनुष्यों की आयु 20 वर्ष हो गई। वे केवल कन्दमूल का आहार करते थे। कलियुग के प्रथम चरण में समस्त संसार ऊपर से नीचे, दूसरे चरण में सातों लोक पाताल में और तीसरे चरण में भूतलोक भारत के मनुष्यों से भर गया। सभस्त नरक-कुंडों में यहीं के लोग भर गए।[131] जिस समय पुराणपुरुष तुलाराशि पर स्थित हुआ उस समय वैवस्वत मनु के मध्यकाल में भगवान का कल्की अवतार हुआ।[132] कलियुग में 32 हजार वर्ष शेष रहने पर कल्की अवतार हुआ।[133] कल्की ने म्लेच्छों का नाश करने के बाद मुख से गौरवर्णब्राह्मण, भुजा से रक्तवर्ण क्षत्रिय, जानु से पीतवर्ण वैश्य और चरणों से श्यामवर्ण के शूद्रों को उत्पन्न किया। कल्की के आदेश से मनु अयोध्या की गद्दी पर बैठा।[134]

पाद-टिप्पणी

1. भविष्यमहापुराण (दो खंडों में), खंड 2 अनु. पं. बाबूराम उपाध्याय, हिन्दी साहित्य सम्मेलन, प्रयाग, 12, सम्मेलन मार्ग, इलाहाबाद, शक 1918, सन् 1997, प्रतिसर्गपर्व, अध्याय 5, श्लोक 2-3
2. वही, 2.5. 4-11
3. वही, 2.5. 12-19
4. वही, 2.5. 20-22
5. वही, 2.5. 27-41
6. वही, 2.6. 1-7
7. वही, 2.6. 8-16
8. वही, 2.6. 17-35
9. वही, 2.6. 36-44
10. वही, 2.6. 45-49
11. वही, 2.7. 1-4
12. वही, 2.7. 5-11
13. वही, 2.7. 15-16
14. वही, 2.1. 1-65
15. वही, 2.2. 1-37
16. वही, प्रतिसर्गपर्व, 2. 3. 1-25

17. वही, 2.4. 1-16
18. वही, 2.4. 20-38
19. वही, 2.4. 41-59
20. वही, 2.5. 11-17
21. वही, 2.5. 18-31
22. वही, 2.6. 1-5
23. वही, 2.6. 6-25
24. वही, 2. 8. 1-30; 2. 9. 3-20
25. वही, 2.10. 2-31
26. वही, 2.11. 3-34
27. वही, 2.12. 1-19
28. वही, 2.13. 1-8
29. वही, 2.13. 9-15
30. वही, 2.13. 16-43
31. वही, 2.14. 1-48
32. वही, 2.15. 1-4
33. वही, 2.15. 19-20
34. वही, 2.16. 1-30
35. वही, 2.17. 1-20
36. वही, 2.18. 1-35
37. वही, 2.19. 1-15
38. वही, 2.20. 1-10
39. वही, 2.21. 1-21
40. वही, 2.22. 1-22
41. वही, 2.23. 9-10
42. वही, 2.24. 19-22
43. वही, 2.24. 36-38
44. वही, 2.25. 5
45. वही, 2.25. 7-8
46. वही, 2.26. 1-7
47. वही, 2.27. 1-12
48. वही, 2.28. 1-14
49. वही, 2.29. 1-8
50. वही, 2.29. 9-62
51. वही, 2.30. 4-9
52. वही, 2.30. 20-26
53. वही, 2.31. 2-6
54. वही, 2.32. 7-14
55. वही, 2.33. 1-21
56. वही, 2.34. 1-8
57. वही, विक्रमाख्यान काल 3.1. 22-30.

58. वही, 3.1. 31-34
59. वही, 3.2. 9-16
60. वही, 3.2.17-20
61. वही, 3.2. 21-34
62. वही, 3.3. 1-6
63. वही, 3.3. 7-22
64. वही, 3.3 23-32
65. वही, 3.4. 1-9
66. वही, 3.4. 10-13
67. वही, 3.4. 17-31
68. वही, 3.5. 1-38
69. वही, 3.6. 1-63
70. वही, 3.7. 6-13
71. वही, 3.8. 4-32; 3.9; 3.10
72. वही, 3.11; 3.12; 3.13
73. वही, 3.14.-15
74. वही, 3.16
75. वही, 3.17. 32
76. वही, 3. 21.65
77. वही, 3.22. 12
78. वही, 13. 17
79. वही, 3. 23. 125
80. वही, 3. 28. 16
81. वही, 3. 29. 28-38
82. वही, 3.29. 50-52
83. वही, 4. 1. 45-46
84. वही, 4. 2. 21-28
85. वही, 4. 3. 4-6
86. वही, 4. 3. 65-68
87. वही, 4. 4. 16-18
88. वही, 4. 4. 23-27
89. वही, 4. 5. 17-19
90. वही, 4. 5. 23-31
91. वही, 4. 6. 2-7
92. वही, 4. 6. 38-41
93. वही, 4. 6. 43-50
94. वही, 4. 6. 59-60
95. वही, 4. 7. 8-17
96. वही, 4. 7. 34
97. वही, 4. 7. 36
98. वही, 4. 7. 53-54

99. वही, 4. 7. 67-68
100. वही, 4. 8. 9-10
101. वही, 4. 8. 27-28
102. वही, 4. 8. 31-44
103. वही, 4. 8. 83-85
104. वही, 4. 8. 102-104
105. वही, 4. 9. 47-49
106. वही, 4. 9. 51-64
107. वही, 4. 10.1-2
108. वही, 4. 10. 6-8
109. वही, 4. 10. 37-38
110. वही, 4. 12. 1-27
111. वही, 4. 12. 27-29
112. वही, 4. 20. 70-87
113. वही, 4. 21. 3-20
114. वही, 4. 21. 21-27
115. वही, 4. 21. 28-35
116. वही, 4. 21. 46-49
117. वही, 4. 21. 50-80
118. वही, 4. 22. 2-26
119. वही, 4. 22. 30-70
120. वही, 4. 22. 74-75
121. वही, 4. 23. 50-52
122. वही, 4. 23. 63-65
123. वही, 4. 23. 66-70
124. वही, 4. 23. 71-84
125. वही, 4. 23. 85-92
126. वही, 4. 23. 93-95
127. वही, 4. 23. 96-132
128. वही, 4. 24. 23-27
129. वही, 4. 24. 34-44
130. वही, 4. 24. 63-68
131. वही, 4. 25. 68-81
132. वही, 4. 25. 89-90
133. वही, 4. 25. 95
134. वही, 4. 26. 2-9

13

कलियुग में ब्राह्मण

ब्राह्मण शूद्रों का कर्म करते थे। वे सब कुछ खाने लगे और जप से दूर भागने लगे।[1] कुछ ब्राह्मण वेद विक्रय करके और कुछ अपने धर्म के अनुसार जीविका चलाते थे।[2] वे शूद्रों को 'आप' कहकर सम्बोधित करते थे।[3] ब्रह्महत्या करने के साथ-साथ वे मिथ्यावादी नरेशों से ही दान-दक्षिणा लेते थे।[4] मुनियों-जैसी कपटपूर्ण आकृति धारण करके वे वैश्यवृत्ति से जीविका चलाते और मद्यपान करके गुरुपत्नीगमन करते थे।[5] वे पाखंडी थे और दूसरों से मिले भोजन का ही गुणगान करते थे।[6] वे अल्पायुवाले और दरिद्र थे।[7] श्राद्ध में वे एक-दूसरे के यहाँ भोजन करते थे।[8] वेदों की वे निन्दा करते और तर्कवाद से मोहित होकर यज्ञ और होम छोड़ दिए थे।[9] उन पर लोग बार-बार आक्रमण करते और उनके धन एवं स्त्रियों का बलपूर्वक उपयोग करते तथा रोने-बिलखने पर भी दया नहीं करते थे। कन्यादान नहीं होता बल्कि वर-कन्या स्वयं ही एक दूसरे को चुन लेते थे।[10]

ब्राह्मण सभी वर्णों के साथ भोजन करते थे। उनका स्वतन्त्र अस्तित्व नहीं था। वे स्वेच्छाचारी और म्लेच्छ हो गए। अपना स्थान छोड़कर वे जौ, गेहूँ आदि अनाज पैदा होनेवाले निषिद्ध प्रदेशों में जाकर बस गए।[11] शूद्रों से सताए ब्राह्मण भय से पीड़ित थे। उनका कोई रक्षक नहीं था। बेगार लेनेवालों और कर लेनेवालों से पीड़ित होकर वे एकान्त आश्रमों की ओर चले और फल-मूल खाकर जीवन-निर्वाह करने लगे। नदियों, पर्वतों और दुर्गम स्थानों में राजाओं से पीड़ित रहने के कारण भी, वे जाकर बसे। कुछ ब्राह्मण शूद्रों की सेवा करने लगे।[12] वे शूद्रों के धर्मोपदेश अब सुनते और उसी को प्रामाणिक मानकर पालन करते थे।[13] महर्षियों और ब्राह्मणों के घरों में, देवस्थान और चैत्यवृक्षों के आसपास की भूमि पर हड्डी जड़ी हुई दीवारों का चिह्न होता था किन्तु देवमन्दिर नहीं। वे मांसखोर और शराबी थे।[14]

कुछ ब्राह्मण मोहग्रस्त होकर काफी धन एकत्रित कर लिए थे।[15] बहुतों में भुखमरी व्याप्त थी।[16] अब उन्हें घोड़ा, गाय, दासी, अलंकृत हथिनी, गाँव, खेत, घर आदि दान में नहीं मिलता था।[17] आश्रमवासी और महात्माओं से लोग द्वेष रखते थे।[18] वेदों के विद्वान ब्राह्मण वेद की एक ऋचा भी नहीं जानते थे। उनकी सम्पत्ति छीन ली जाती थी।[19]

वेदवेत्ता और ज्ञानी लोग कृषिकार्य में संलग्न हो गए।[20] कुल का आचार्य यदि निर्धन होता तो उसे निरन्तर शिष्यों की डाँट-फटकार सुननी पड़ती थी।[21] चारों वेदों का अध्ययन करने के बाद भी ब्राह्मण पतित से दान लेता था।[22] शूद्र ब्राह्मणी के साथ समागम करता था।[23] धन लूटने के लिए ब्राह्मणों को मार दिया जाता था।[24]

ब्राह्मण परशुराम ने 21 बार पृथ्वी को क्षत्रिय रहित कर दिया तो क्षत्रिय-नारियों ने पुत्र की अभिलाषा से ब्राह्मणों की शरण ग्रहण की। हजारों क्षत्राणियों ने ब्राह्मणों से गर्भधारण किया और कुमारों एवं कुमारियों को जन्म दिया। तब ब्राह्मण प्रधान 4 वर्ण प्रतिष्ठित हुए और सतयुग छाने लगा।[25]

कोशलनरेश के यहाँ ब्राह्मण पुरोहित होते थे। उन्होंने ही राजा द्वारा देखे गए बुरे स्वप्नों के कारणों एवं परिणामों के बारे में बताया। बुरे परिणामों से बचने के लिए उनसे राजा ने यज्ञानुष्ठान कराया। राजा अब पंडितों को यश नहीं देते थे। बुद्धिमान ब्राह्मणों को भी यश नहीं मिलता था। वृद्ध पंडित अमात्य यश के न मिलने पर कार्यसम्पादन कर सकने की सामर्थ्य रखने पर भी सोचते थे—'हमें इससे क्या ? हम बाहर के हो गए, अन्दरवाले तरुण लड़के जानें।' यही सोचकर वे करने की योग्यता रखने के बावजूद कोई काम नहीं करते थे, फलतः राजाओं को काफी हानि होती थी। अधार्मिक राजा के कारण ब्राह्मण-गृहपति, श्रमणब्राह्मण, आरक्षक-देवता, बलिग्रहण करनेवाले देवता, वृक्षों के देवता, आकाश में स्थित देवता, आदि सभी अधार्मिक हो गए। लज्जावान ब्राह्मण भिक्षुओं का कथन कल्याणकारी नहीं माना जाता था। बौद्धभिक्षुओं के सम्मेलन में सदाचारी ब्राह्मण भिक्षुओं का सम्मान नहीं होता था। सदाचारी ब्राह्मणों का कथन प्रामाणिक नहीं माना जाता था। पापी बौद्धभिक्षु शीलवान ब्राह्मण भिक्षुओं को जैसा चाहते वैसा तंग करते थे। सदाचारी ब्राह्मण भिक्षु आश्रय न मिलने से जंगल में जाकर घनी जगहों पर छिपकर रहने लगे।[26]

ब्राह्मणों के अनिष्ट-चिन्तन, अल्पाध्याय, दुराचार और शास्त्र-ज्ञान-हीनता-रूप जैसे कर्मदोषों से प्रजा को सदा भय बना रहता था।[27] वे न तो वेदों का अध्ययन करते और न यज्ञानुष्ठान ही करते थे।[28] उनके प्रति आस्था नष्ट हो गई। वे व्रत-उपवास आदि छोड़ बैठे और शूद्र की भाँति आचरण करने लगे।[29] मन्त्रों को जानने की अभिलाषा से ब्राह्मण मन्त्रज्ञ-शूद्रों की उपासना करते थे।[30] कलियुग में देव एवं ऋषियों का जो हित करता उनका प्रिय होता था।[31] ब्राह्मण यज्ञफल बेचते थे।[32] गुणहीन ब्राह्मणों के कारण अश्वमेधयज्ञ क्षत्रियों द्वारा नहीं किया जाता था।[33] वे शूद्रों का पेशा अपना लिए थे।[34] धनुष-बाण धारण करके वे क्षत्रियों का पेशा अपना लिए थे। सभी के साथ बैठकर वे भोजन करते थे।[35] वे तपस्या तथा यज्ञों के फल बेचने लगे।[36] काफी परिश्रम से भिक्षा माँगने पर भी उन्हें कोई कुछ नहीं देता था। वे सभी वर्णों का दान लेते फिरते थे। केवल क्रोधमात्र की निपुणता उनमें शेष रह गई। धर्म मर्यादा का पालन वे नहीं करते थे।[37] धन के लोभ में वे अभक्ष्यभोगी तथा यज्ञ के अनाधिकारी लोगों से यज्ञ कराते थे। भ्रष्ट ब्राह्मण क्षत्रियों को धर्मपथ पर लाने में असमर्थ थे। उन्हें आदरसूचक शब्द से सम्बोधित

किया जाता था किन्तु वे नीच थे और शास्त्रों का अध्ययन नहीं करते थे।[38] बलि तथा भिक्षादान के पूर्व ही अग्निहोत्री भोजन कर लेते थे।[39] पांडित्याभिमानी धर्मलोप के मुख्य कारण थे।[40] वे राक्षसी स्वभाव के हो गए थे।[41] वेद बेचते, यज्ञ नहीं करते और वेद का पाठ नहीं करते थे। उनमें क्रोधमात्र की निपुणता शेष रह गई थी।[42] वे धर्म मर्यादा का पालन नहीं करते थे।[43] भ्रष्ट ब्राह्मण क्षत्रियों को धर्मपथ पर लाने में असमर्थ थे।[44]

क्षत्रियादि वर्णों के कारण ब्राह्मण भिक्षा माँगकर जीविका चलाते थे।[45] ईश्वरभक्त मुनिगण को लोग मुख से धन्यवाद देते किन्तु उनके उपदेशों को कार्यरूप में परिणत नहीं करते थे।[46] शिष्य अपने गुरुओं को वचनबाणों से दुःख देते थे। धनलोभी ब्राह्मण व्रतों का खंडन करते थे। धर्म का आचरण वे छोड़ दिए थे और व्यर्थ विवाद में फँसे रहते थे। केवल दम्भ के लिए ही वे श्राद्ध, स्नान और शौच करते थे। असमय में सन्ध्या आदि कर्म करते थे। म्लेच्छों से वे दान ग्रहण करते थे। वे शूद्रा, विधवा और वेश्याओं से रमण करने में थोड़ा भी संकोच नहीं करते थे। प्रतिदिन भीख माँगने से बेहतर उन्होंने घर में नौकर बनकर रहना माना। संन्यासी भी अपनी स्वार्थपूर्ति के लिए शिष्यों से सम्बन्ध बनाए रखते थे।[48]

केवल अन्नादि के लोभवश ब्राह्मण घर-घर एवं जन-जन को भागवत कथा सुनाते थे, अतः कथा का सार चला गया था।[49] पंडित अपनी स्त्रियों के साथ भैंसों की तरह रमण करते थे; उनमें सन्तान पैदा करने की ही कुशलता पाई जाती थी। मुक्तिसाधन में वे सर्वथा अकुशल थे। वैष्णव सम्प्रदाय कहीं देखने में नहीं आता था।[50] साधुओं की रक्षा करनेवाला कोई नहीं था।[51] विद्या कुकर्मी ब्राह्मणों के चंगुल में पड़ गई थी। ब्राह्मण शूद्र राजाओं की सेवा करते थे।[52] सत्पुरुषों के घर पर भागवतकथा में जब बाधा पड़ने लगी तो ब्राह्मण पाखंडी हो गए।[53] ब्राह्मण की पहचान उसके गुण-स्वभाव से नहीं बल्कि यज्ञोपवीत से होती थी। वस्त्र, ढंड-कमंडलु आदि से ही ब्रह्मचारी, संन्यासी आदि आश्रमियों की पहचान होती थी। एक-दूसरे का चिह्न स्वीकार कर लेने से ही किसी भी आश्रम में प्रवेश हो जाता था। बोलचाल में चालाक ही पंडित माना जाता था। जो जितना अधिक दम्भ एवं पाखंड करता वह उतना बड़ा साधु समझा जाता था।[54] वानप्रस्थी और संन्यासी घर-गृहस्थी जुटाकर गृहस्थों-सा व्यापार करने लगे।[55] पाखंडी लोग नए-नए मत चलाकर मनमाने ढंग से वेदों का अर्थ निकालते थे। पेट भरने और भोग-विलास में ब्राह्मण विशेष रुचि रखते थे। ब्रह्मचारी ब्रह्मचर्यव्रत से रहित और अपर्वि रहते थे।[56] वानप्रस्थी गाँवों में बसते थे और संन्यासी अर्थलोभी थे।[57]

धर्मस्थलपुरी के शासक के यहाँ हरिशर्मा नामक पुरोधा (पुरोहित) कार्यरत था।[58] ब्राह्मण विवाह कराने में सन्देशवाहक का काम करते थे।[59] ब्राह्मण कामी होते थे। वे धूर्तता से कन्या का वरण करते थे। गुरुदक्षिणा के रूप में गुरुजी अपने शिष्य की भगिनी को अपने पुत्रवधू के रूप में माँगते थे।[60] गौड़देश में ब्राह्मण को ही भीख देना पड़ता था।[61] पुष्पावतीनगरी में ब्राह्मण वेश बदलकर अन्तःपुर में राजकन्याओं के साथ रमण करते थे। ऐसे पापी ब्राह्मण वृन्दावन में पहुँचकर बहुलाष्टमी के दिन राधाकुंड में स्नान

कर पाप से मुक्त हो जाते थे।[62] कान्यकुब्ज प्रदेश में नवदुर्गा का व्रत रखनेवाले ब्राह्मण को कोई द्रव्य नहीं देता था।[63]

उज्जयनी में ब्राह्मण का पुत्र नित्य जुआ खेलता और मदिरापान करता था। उसे कोई भीख नहीं देता था।[64] ब्राह्मण वैश्यकन्या से विवाह करता था। कम्बलनगर के ब्राह्मण ने एक वैश्यकन्या को खरीदकर अपनी वासना शान्त की। ब्राह्मण अपनी पत्नी को गर्भ धारण के लिए दूसरे पुरुष के पास भेजा करता था। कलियुग में इसे अनुचित नहीं माना जाता था।[65] महर्षि का परिवार होता था। उसकी कन्या राजा प्राप्त करता था।[66] धर्म के बहाने ब्राह्मण स्त्रियों का शोषण करता था।[67]

जयस्थलनगर में रहनेवाला और राधाकृष्ण का उपासक एक ब्राह्मण के 4 पुत्र क्रमशः जुआड़ी, कुल मर्यादानाशक, विषयी और नास्तिक थे।[68] ब्राह्मण भिक्षावृत्ति से जीवनयापन करते थे।[69] काशी के वे ब्राह्मण सम्पन्न थे जो सत्यनारायण देव की पूजा करते थे।[70] ब्राह्मण व्यापार करते थे।[71] बौद्धधर्म और बौद्धराज्य के कारण ब्राह्मण पहाड़ों की गुफाओं में रहने लगे।[72] शूद्र और ब्राह्मणी के अवैध सम्बन्ध से व्याधकर्मा (बहेलिए का कार्य करनेवाला) का जन्म हुआ। त्रिपाठी ब्राह्मणी का अवैध सम्बन्ध व्याधकर्मा से था। दोनों के संयोग से जो बालक पैदा हुआ वह ब्राह्मण कहलाया। ब्राह्मण चोरी का काम भी करते थे।[73] अग्निवंश के क्षत्रिय शासकों के काल में ब्राह्मणों की स्थिति इतनी अच्छी हो गई कि कलियुग में द्वापर के समान धर्म हो गया।[74]

कलियुग में ब्राह्मण सामन्त होते थे।[75] ब्राह्मणों को अपने पुत्र-पुत्री का विवाह धनाभाव में एक समस्या थी। रोग से प्रायः उनकी मृत्यु हो जाती थी।[76] वे अब वेद के ज्ञाता नहीं रहे।[77] कुछ ब्राह्मण रसिक एवं कामिनीप्रेमी थे।[78] रामानन्द का जन्म एक कान्यकुब्ज ब्राह्मण के यहाँ हुआ जो काशी के किसी मन्दिर का पुजारी था।[79] ब्राह्मण लोभी थे। राजा वेत की छड़ी से उन्हें ताड़ित करता था और लौहजंजीर से हाथ-पैर बाँधकर जेल में डाल देता था।[80] धूर्त एवं पाखंडी पंडितों ने सूत्रपाठ, धातुपाठ तथा अन्य पाठ को खंडित कर नष्ट कर दिया था।[81] ज्ञानी ब्राह्मण भी भिक्षा माँगकर अपनी जीविका निर्वाह करता था। कुछ ब्राह्मण निर्धनतावश अपनी पत्नी को रसिकप्रेमी के यहाँ जाकर रहने की अनुमति प्रदान कर देते थे।[82] ब्राह्मण व्याधा का भी काम करके जीविका चलाते थे। वे सदैव धनुषबाण लिये मार्ग में आने-जानेवाले ब्राह्मणयात्रियों की हिंसा करते थे।[83] ब्राह्मण का विवाह 12 वर्ष की अवस्था में हो जाता था।[84] कलियुग के हजार वर्ष व्यतीत हो जाने पर देवकन्या आर्यावती को पति कण्व के संयोग से 10 पुत्रों--उपाध्याय, दीक्षित, पाठक, शुक्ल, मिश्र, अग्निहोत्री, द्विवेदी, त्रिवेदी, पांडेय और चतुर्वेदी का जन्म हुआ। 12 वर्ष की अवस्था में उनका विवाह उपाध्यायी, दीक्षिता, पाठकी, शुक्लानी, मिश्राणी, अग्निहोत्राणी, द्विवेदिनी, त्रिवेदिनी, पांडयानी और चतुर्वेदिनी से हुआ। इन सभी स्त्रियों से 16-16 पुत्र उत्पन्न हुए। कण्व ने मिस्र देश जाकर 10 हजार म्लेच्छों को संस्कृत भाषा का ज्ञान कराया।

ब्राह्मण वेदों का अपहरण करते थे। वे बौद्धधर्म में शामिल हो गए।[86] रामानन्द के

प्रभाव से अयोध्या के म्लेच्छ संयोगी वैष्णव रूप में परिवर्तित हो गए। निम्बादित्य ने अपने साथ कांचीपुर की यात्रा की और बहुत से म्लेच्छों को संयोगी ब्राह्मण बनाया। आर्य वैष्णव थे। विष्णुस्वामी ने अपने शिष्यों के साथ हरिद्वार, माधवाचार्य ने मथुरा की, शंकराचार्य ने काशीपुरी की, रामानुज ने तोतादरी, वराहमिहिर ने उज्जयनी की, वाणीभूषण ने कान्यकुब्ज की, धन्वन्तरी ने प्रयाग की, भट्टोजि ने उत्पलारण्य की, रोपण ने इष्टिका की एवं जयदेव ने द्वारका की यात्रा की और काफी आर्यों को वैष्णव, शैव एवं शाक्त धर्म में शामिल किया। शान्तिपुर में नित्यानन्द, नदीहा में हरि, मगध प्रदेश में कबीर, कलिंजर में रैदास और नैमिषारण्य में सघन ने समाधिस्थ होकर उन प्रदेशों को पवित्र किया और वैष्णवों की संख्या में वृद्धि हुई।[87] ब्राह्मण वेद नहीं पढ़ाते और व्रत नहीं रखते थे। वनवासी तपस्वी गाँवों से भोजन तथा भोगसामग्री ग्रहण करते थे। संन्यासियों को पुत्रादि से स्नेह रहता था।[88]

जैसे-जैसे ब्राह्मणों की हानि हुई वैसे-वैसे कलि में वृद्धि हुई।[89] ब्राह्मण व्रतधारण नहीं करते और वेदों का स्वाध्याय भी नहीं करते थे।[90] वे शूद्रों से भोजन एवं धन प्राप्त करते थे। वे संयमी नहीं रह गए और समस्त भक्षण करते थे। उनकी दशा इतनी खराब थी कि उन्हें शुद्ध भोजन और शुद्ध जल नहीं मिल पाता था। वे पतित हो गए और शूद्रों का दिया अन्न खाने और पीने लगे।[91] सब यजुर्वेदी ब्राह्मण ब्राह्मणवादी होने लगे। वे शूद्र के समान तेजोहीन और विवादी होने लगे। साधुओं की निन्दा होती थी।[92] दुष्कर्म करने से ब्राह्मण स्थानच्युत होता और पुनः सुकर्म करने से वह श्रेष्ठ वर्ण में आ जाता था।[93] वैश्य का कर्म करनेवाला ब्राह्मण वैश्य बन जाता था। धर्म से च्युत ब्राह्मण शूद्रत्व को प्राप्त करता था। शूद्रान्न खानेवाला ब्राह्मण शूद्र हो जाता था। मदिरापान, ब्रह्महत्या, चोरी और व्रतभंग करनेवाला, अपवित्र रहनेवाला, स्वध्याय नहीं करनेवाला, पापी, दम्भी, दुष्ट, शूद्रापति, जार-पुत्र के साथ खानेवाला, मदिरा बेचनेवाला तथा नीच की सेवा करनेवाला ब्राह्मण भी शूद्र हो जाता था।[94] ब्राह्मण अपने जातीय आचार-विचार को छोड़ दिए थे।[95] ब्राह्मण के वंशज पापकर्म करते थे।[96] ब्राह्मणों के वंशज लाह, लोहा, रस और नमक का व्यापार, बैलों पर लादने का काम और शूद्रों का शव जलाते थे।[97] कलियुग के प्रारम्भ में ब्राह्मण वेदों का स्वल्पाध्याय करते थे।[98] वे नित्य यज्ञोपवीत नहीं पहनते, तिलक नहीं लगाते और सन्ध्योपासन नहीं करते थे।[99] वे शूद्रों के रसोइए (पाचक) और शूद्र की स्त्रियों में आसक्त रहते थे।[100]

पाद-टिप्पणी

1. *वनपर्व*, 188. 29-37; 190. 11-14 एवं 53
2. वही, 188. 35-36; 190. 52; *ब्रह्मपुराण*, 231. 16
3. वही, 188. 38-39

4. वही, 188. 43-44; 190. 16-17 एवं 21
5. वही, 188. 45; 190.14
6. वही, 188. 46-49; 190. 51
7. वही, 188. 54-55
8. वही, 190. 24
9. वही, 190. 28-29
10. वही, 190. 35-36
11. वही, 190. 41-44 एवं 55
12. वही, 190. 57-61 एवं 72-73
13. वही, 190. 62-65
14. वही, 190. 66-72
15. *अनुशासनपर्व,* 61. 19-20
16. वही, 61. 26-30
17. *शान्तिपर्व,* 12. 30
18. वही, 228. 60-66
19. वही, 228. 67-70; वनपर्व 190.17
20. वही, 228. 71-74
21. वनपर्व, 190. 50 एवं 74-75
22. *अनुशासनपर्व,* 110. 46 एवं 49
23. वही, 111. 89
24. वही, 111. 112; वनपर्व 190.58
25. *आदिपर्व,* 64. 4-9 एवं 26
26. *जातक,* 1. 77 (महासुपिन जातक)
27. *मत्स्यपुराण,* 144. 35-36
28. वही, 144. 37
29. वही, 165. 10-18
30. वही, 273. 47-48
31. *श्रीशिवमहापुराणम, रुद्रसंहिता,* 2, युद्धखंड 5, अध्याय 12, श्लोक 28-32
32. श्रीहरिवंशपुराण, भविष्यपर्व, अध्याय 2, श्लोक 32
33. वही, 2. 33; 3. 34-35
34. वही, 3. 1-2; मत्स्यपुराण, 273. 40-46
35. वही, 3. 6-7
36. वही, 3. 14
37. वही, 3. 24-30
38. वही, 3. 35-37
39. वही, 3. 39-40
40. वही, 4. 10-13
41. वही, 4. 17
42. वही, 3. 12-13
43. वही, 3. 28-29
44. वही, 3. 34-37

45. वही, 4. 12-13

46. वही, 4. 20

47. वही, 4. 25

48. *नारदपुराण,* 41. 21-100

49. *श्रीमद्भागवतपुराण,* 1. 1. 71

50. वही, 1. 1. 76-77

51. वही, 1.3.59

52. वही, 1.1.16. 22-23

53. वही, 1.2.7. 38

54. वही, 2.12.2. 3-4

55. वही, 2.12.2.14

56. वही, 2.12.3. 30-34; *ब्रह्मपुराण,* 230.10

57. वही, 2.12.3. 33-34

58. *भविष्यपुराण,* 2.2. 1-37

59. वही, 2.4. 1-16

60. वही, 2.5. 18-30

61. वही, 2.12. 16-19

62. वही, 2.14. 1-48

63. वही, 2.15. 1-4

64. वही, 2.17. 1-20

65. वही, 2.18. 1-35

66. वही, 2.19. 1-15

67. वही, 2.20. 1-10

68. वही, 2.21. 1-21

69. वही, 2.25. 5

70. वही, 2.27. 1-12

71. वही, 2.29. 60-62

72. *वही,* 2.32. 10-14; *दसब्राह्मणजातक,* संख्या 495

73. वही, 2.33. 1-21

74. *वही,* 2.3.4. 1-9; *चुल्लधनुग्गहजातक,* संख्या 374; *उद्दालक जातक,* संख्या 402

75. वही, 2.3. 14-15

76. वही, 2.4.7. 8-17

77. वही, 2.4.7.34

78. वही, 2.4.7.36; *सतधम्म जातक,* संख्या 179; *राधजातक,* संख्या 198; *उच्छिट्ठभत्तजातक,* संख्या 212.

79. वही, 2.4.7. 53-54

80. वही, 2.4.8. 31-44; *रूहकजातक,* संख्या 191

81. वही, 2.4.8. 83-85; *ब्रह्मपुराण,* 230.32

82. वही, 2.4.10. 1-8; *ब्रह्मपुराण,* 230 11-12

83. वही, 2.10.4.12; *सत्तुभस्तजातक* संख्या 402

84. वही, 2.4.21. 3-20

85. वही
86. वही, 2.4.21. 21-27
87. वही, 2.4.21. 50-80
88. *ब्रह्मपुराण,* 230, 35-38
89. वही, 230.45
90. वही, 230. 66-67
91. वही, 230 68-69
92. वही, 231. 12-15
93. वही, 223.13
94. वही, 233. 14-32
95. *ब्रह्मवैवर्तपुराण, प्रकृतिखंड,* 7.24; राघजातक संख्या 198
96. वही, 7.55
97. वही, 7.56; *श्रीकृष्णखंड,* 90. 43-45
98. वही, *श्रीकृष्णखंड,* 90.26
99. वही, 90.36
100. *वही,* 90. 43-45

14

क्षत्रिय

क्षत्रिय ब्राह्मण का काम करके जीविका चलाने लगे।[1] वे चांडालों के कर्म भी करते थे।[2] समाज के लिए वे काँटे बन गए थे। प्रजा की वे रक्षा नहीं करते थे और उनसे धन ऐंठने का मौका ढूँढ़ते रहते थे। मान एवं अहंकार के मद में वे चूर रहते और प्रजा को दंडित करने में अधिक रुचि रखते थे। ऐसा कलियुग के अन्तिम चरण में होने लगा था।[3]

क्षत्रियों की संख्या नगण्य हो गई; सभी म्लेच्छ हो गए। अपना मूलस्थान छोड़कर जौ, गेहूँ आदि अनाज होनेवाले निषिद्ध प्रदेशों में जाकर वे बस गए। उन्हें सदा कठोर कर्म करना पड़ता था।[5] वे कर्मभ्रष्ट हो गए थे।[6]

क्षत्रियों का परशुराम ने 21 बार पूर्ण नाश किया। इसके पश्चात् सभी क्षत्रिय कुमारों एवं कुमारियों का जन्म क्षत्राणियों एवं ब्राह्मणों के सम्बन्ध से हुआ।[7] द्वापर के अन्तिम चरण में क्षत्रिय भिक्षा माँगकर अपनी जीविका चलाने लगे थे।[8] शिशुनाग, काकवर्ण, क्षेमवर्मा, क्षेमजीत, बिम्बिसार, अजातशत्रु, दशक, उदासी, नन्दिवर्धन, महानन्दी–ये सभी शिशुनागवंशीय शासक निम्नकोटि के क्षत्रिय थे।[9] महापद्म ने सभी क्षत्रियशासकों का विनाश किया।[10] सत्पुरुषों के यहाँ जब भागवतकथा में बाधा पड़ने लगी तो क्षत्रिय पाखंडी होने लगे।[11] क्षत्रिय गुणहीन ब्राह्मणों के कारण अश्वमेधयज्ञ नहीं करते थे।[12] वास्तविक क्षत्रियों का राजसिंहासन पर अधिकार नहीं था।[13] वे वैश्यों के समान धन-धान्य का क्रय-विक्रय करके जीवनयापन करते थे।[14] इन लोगों ने ब्राह्मणों की भिक्षावृत्ति स्वीकार ली थी।[15] क्षत्रिय अपनी पत्नी और पुत्र के साथ नौकरी की तलाश में घूमते रहते थे।[16] अपने स्वामी के धन की रक्षा के लिए क्षत्रिय अपने पुत्र की बलि चढ़ा देते थे।[17] उज्जयनी नगरी का भीमवर्मा नामक क्षत्रिय राजा सूकरों एवं मुर्गों का मांस खाने के अलावा मद्यपान और वेश्यागामी था। उसका स्वभाव शूद्र के समान था।[18] अग्निवंश के क्षत्रियशासकों के काल में गाय और ब्राह्मण की स्थिति इतनी अच्छी हो गई कि कलियुग में द्वापर के समान धर्म हो गया।[19] क्षत्रिय शूद्र हो गए और शूद्र क्षत्रिय हो गए।[20] क्षत्रिय क्षमायाचक हो गए।[21] वे वैश्यों के समान धन-धान्य से जीविकोपार्जन करते थे।[22] क्षत्रिय अपने जातीय आचार-विचार को छोड़ दिए थे।[23] क्षत्रिय के वंशज पापकर्म करते थे।[24]

पाद-टिप्पणी

1. *वनपर्व* 188. 37
2. वही, 190. 18
3. वही, 190. 31-34
4. वही, 190. 41-44 एवं 55
5. *अनुशासनपर्व,* 61. 4
6. *मत्स्यपुराण,* 144. 38
7. *आदिपर्व,* 64. 4-9 एवं 26
8. वही, 190. 2
9. *मत्स्यपुराण,* 272. 13
10. वही, 272. 18-19
11. *श्रीमद्भागवतपुराण,* 1.2.7. 38
12. *श्रीहरिवंशपुराण,* 2.33
13. वही, 2. 4-6
14. वही, 3. 28-29
15. वही, 11-14
16. *भविष्यपुराण,* प्रतिसर्गपर्व, 2.2.3. 1-4
17. वही, 2.2. 20-25
18. वही, 2.34. 1-8
19. वही, 3.4. 1-9
20. *ब्रह्मपुराण,* 231. 15
21. वही, 231. 18
22. वही, 231. 27-28
23. *ब्रह्मवैवर्तपुराण,* प्रकृतिखंड, 7. 24
24. वही, 7. 52-54

15

वैश्य

वैश्य शूद्रों का पेशा अपनाकर जीविका चलाते थे[1]। कर के भार से गृहस्थ (वैश्य) लुटेरे बन गए थे।[2] लोग बाजार में झूठे माप-तौल बनाकर बहुत सा माल बेचते थे। बनिए धूर्त होते थे।[3] थोड़े धनवाले धनाढ्यता के मद से उन्मत्त थे। विश्वास करके अगर कोई अपना धन धरोहर के रूप में रखता तो अधिकांश मनुष्य उस धरोहर को हड़प लेते थे।[4] नदियों के किनारे की भूमि कुदालों से खोदकर लोग अनाज बोते थे।[5] नीची भूमि में लोग खेती करने लगे। दूध देनेवाली गाय बोझ ढोने के काम में लगा दी गई। बछड़े भी हल जोतते थे।[6] सभी वैश्य म्लेच्छ थे।[7] व्यापारी सदा ठगने में लगे रहते। वैश्य अपने धर्म का पालन नहीं करते थे।[8]

वैश्य शासक प्रजा की रक्षा नहीं करता बल्कि केवल उसके धन को लूटता-खसोटता रहता था। उसके पास नेतृत्व करनेवाला कोई योग्यमन्त्री नहीं था।[9] सत्पुरुषों के घर पर भागवतकथा में जब बाधा पड़ने लगी तो वैश्य पाखंडी हो गए।[10] सिन्धुतट, चन्द्रभागा का तटवर्ती प्रदेश, कोंतीपुरी और कश्मीर में कई शासक वैश्य थे।[11] व्यापारियों के हृदय क्षुद्र हो गए थे। वे कौड़ी-कौड़ी से लिपटे रहते और छदाम-छदाम के लिए धोखाधड़ी करते थे।[12]

भविष्यपुराण में गलत स्वभाव के कारण बर्बाद होनेवाले वैश्यों का वर्णन है। इलापुर नगर में देवयाजी नामक एक लखपति (लक्ष्यपति) वैश्य रहता था। उसका पुत्र मदनपाल महादुष्ट था। द्यूतक्रीड़ा, मद्यपान और वेश्याओं का साथ करता हुआ वह प्रतिदिन मांस भक्षण करता था। फलतः देवयाजी निर्धन हो गया और अपनी पत्नी के साथ वन में चला गया। निर्धन मदनपाल रोजगार करने के लिए इलापुर से चन्द्रपुर पहुँचा। वहाँ उसकी भेंट हेमपति नामक वैश्य से हुई। उसने अपना परिचय दिया और झूठ बोला कि थोड़ा सा धन लेकर समुद्री मार्ग से चन्द्रपुर को चला किन्तु समुद्र में सारा माल डूब गया। हेमपति ने अपनी पत्नी काममंजरी से विचार-विमर्श करके अपनी पुत्री चन्द्रक्रान्ति का विवाह मदनपाल से कर दिया। अपने ससुर से आज्ञा लेकर वह पत्नी चन्द्रकान्ति के साथ इलापुर जाने का बहाना बनाया। हेमपति ने स्वर्णाभूषणों से अलंकृत अपनी पुत्री को मदनपाल के साथ भेज दिया। कुछ दूर जाकर मदनपाल ने पालकी और कहारों को लौट जाने को

कहा और पत्नी चन्द्रकान्ति को अकेला छोड़कर समस्त धन लेकर भाग गया। कुमार्ग पर चलते हुए उसने सारा धन व्यय कर दिया और पुनः निर्धन हो गया। चन्द्रकान्ति किसी तरह अपने घर पहुँची। दुष्ट मदनपाल भी अपने ससुराल पहुँचा। चन्द्रकान्ति ने अपने पति से कहा कि उसने अपने पिता से कह दिया था कि चोरों ने उसके धन का अपहरण कर लिया था। मदनपाल पुनः ससुराल में रहने लगा। एक दिन आधी रात के समय चन्द्रकान्ति को मारकर मदनपाल उसका सारा धन लेकर वहाँ से चल दिया।[13]

कांचनपुर नगर में शंखपति नामक एक बनिया रहता जिसके पुत्र श्रीदत्त का विवाह जयश्रीनगर के सोमदत्त की पुत्री जयलक्ष्मी के साथ हुआ था। श्रीदत्त जब व्यापारार्थ कुरुदेश की यात्रा पर गया तो उसकी पत्नी जयलक्ष्मी मन्त्रीपुत्र सोमदत्त से रमण कराती रही। कुछ दिनों बाद इसकी खबर जब राजा को लगी तो दंडस्वरूप जयलक्ष्मी को गधे पर बैठाकर उसने जंगल भिजवा दिया।[14] कामपुर में हिरण्यदत्त नामक धनी वैश्य का वर्णन है जिसकी पुत्री उपवन में फूल इकट्ठा करने गई तो सोमदत्त नामक एक पुरुष ने उसके साथ बलात्कार करना चाहा किन्तु वैश्य कन्या द्वारा यह वचन देने पर कि विवाह के बाद 10वें दिन वह सोमदत्त के साथ रमण करती, सोमदत्त ने उसे छोड़ दिया। काफी धन गँवाने के बावजूद वह 10वें दिन सोमदत्त के पास गई।[15]

दक्षिण प्रदेश में वैश्य अपनी कन्याओं को राजा को दे देते थे।[16] वैश्यकन्या से ब्राह्मण विवाह करते थे। कम्बल नगर के ब्राह्मण ने एक वैश्यकन्या को खरीदकर अपनी वासना शान्त की।[17] वैश्य की विवाहित कन्या से ब्राह्मण अवैध सम्बन्ध रखते थे।[18] व्यापारियों के जानमाल की सुरक्षा सत्यनारायण पर ही निर्भर करती थी।[19] वैश्यों का जीना मुश्किल था।[20] कल्पसिंह की स्त्रियों से क्षत्रियों ने सम्पर्क स्थापित किया जिससे वर्णसंकरों की उत्पत्ति हुई जो वैश्यों का पेशा करते थे।[21] बाजार में वस्तु खरीद करनेवाले वैश्य नहीं मिलते थे। लोहार द्वारा निर्मित वस्तु का कोई खरीदार नहीं था।[22] कण्व ने जब म्लेच्छों को संस्कृत भाषा का ज्ञान कराया तो 2 हजार म्लेच्छ शिल्पकार्य करने के कारण वैश्य हो गए।[23] राजा पुष्यमित्र के बाद आर्य वैश्य हो गए।[24] वैश्य खेती और व्यापार को छोड़कर शिल्पादि शूद्रकर्म करते थे।[25] शूद्र का कर्म करने से वैश्य शूद्र बन जाता था।[26] सत्यवादी, द्वन्द्वरहित, अभिमानशून्य, यज्ञकर्त्ता, ब्राह्मणों का सत्कार करनेवाला विधानपूर्वक हवन और सबका आतिथ्य करनेवाला वैश्य ब्राह्मण हो जाता था। ऐसा वैश्य क्षत्रियकुल में जन्म लेता था।[27] वैश्य अपने जातीय आचार-विचार को छोड़ दिए थे।[28] वैश्य के वंशज पापकर्म करते थे।[29]

पाद-टिप्पणी

1. *वनपर्व*, 188.37; 190.18
2. वही, 188. 46

3. वही, 188. 50-53; 190.23 एवं 54
4. *वही,* 188. 54-55; *कूटवाणिज जातक,* संख्या 218; *कुहकजातक,* संख्या 89
5. वही, 190. 23
6. वही, 190. 27
7. वही, 190. 41-42
8. *शान्तिपर्व,* 228. 71-73
9. *अनुशासनपर्व,* 61. 32
10. *श्रीमद्भागवतपुराण,* 1.2.7.38
11. वही, 2.12.1. 38-40
12. वही, 2.12.3. 35-36
13. वही, 2.4. 20-38
14. वही, 2.4. 41-59
15. वही, 2.9. 3-20
16. वही, 2.16. 20-30
17. वही, 2.18. 1-35
18. वही, 2.20. 1-10
19. वही, 2.28. 1-14
20. वही, 2.29. 9-62
21. वही, 4.1. 45-46
22. वही, 2.4.8. 102-104
23. वही, 2.4.21. 3-20
24. वही, 2.4.23. 63-65
25. ब्रह्मपुराण, 230. 36-37
26. वही, 223. 13-16
27. वही, 223. 60-65
28. *ब्रह्मवैवर्तपुराण,* प्रकृतिखंड, 7.24
29. वही, 7. 52-54

16

शूद्र

शूद्र वैश्यों की भाँति धनोपार्जन करने लगे। क्षत्रियों के कर्म से भी शूद्र जीविका चलाने लगे।[1] वे द्विजातियों को 'आप' नहीं बल्कि 'ऐ' कहकर सम्बोधित करने लगे।[2] शूद्रों से सताए हुए ब्राह्मण भय से पीड़ित थे।[3] शूद्रों की सेवा करके वे जीविका चलाते थे। शूद्र धर्मोपदेश करते और ब्राह्मण लोग उनकी सेवा में रहकर उसे सुनते थे और उसी को प्रामाणिक मानकर उसका पालन करने लगे।[4] शूद्र द्विजातियों की सेवा नहीं करते और ब्राह्मणों का विरोध करते थे।[5] वे अपने धर्म का पालन नहीं करते थे।[6] वे ब्राह्मणियों के साथ समागम करते थे।[7] शूद्रशासक प्रजा की रक्षा नहीं करते बल्कि उसके धन को लूटते-खसोटते रहते थे। उनके पास योग्य मन्त्री नहीं था। ऐसा राजा कलियुग ही था। राजा के कर्मचारी भी प्रजा का धन अपहरण करता रहता था जो शूद्रराजा के विनाश का सूचक था। वह दोषी को दंडित करने का साहस नहीं करता था। शूद्रशासक बुद्धिहीन थे।[8] वे वैदिकमन्त्र के जप में संलग्न रहते थे।[9]

शूद्र मन्त्रों के ज्ञाता हो गए थे। शयन, आशय एवं भोजन के समय उनका सम्पर्क ब्राह्मणों के साथ होता था। शूद्र ही अधिकतर राजा होते थे। वे लोग गेरुआ-वस्त्र धारण कर हाथ में नारियल का कपाल लेकर काछ खोले हुए संन्यासी वेश में घूमते रहते थे।[10] धर्म और अर्थ के ज्ञाता बनकर वे वेदों का अध्ययन करते थे। शूद्रनृपति अश्वमेघयज्ञों का अनुष्ठान करते थे।[11] सारी प्रजा शूद्र हो गई।[12] सभी वर्णसंकर और शूद्र के समान हो गए थे।[13] राजा महानन्दी की शूद्रा पत्नी के गर्भ से राजा नन्द का जन्म हुआ जिसे महापद्म भी कहा गया।[14] मगधनरेश विश्वस्फूर्जि ने शूद्रों की रक्षा ब्राह्मणों, क्षत्रियों एवं वैश्यों का नाश करके की।[15] सौराष्ट्र, अवन्ती, आभीर, शूर, अर्बुद और मालव के ब्राह्मण शूद्रों के समान थे। सिन्धुतट, चन्द्रभागा का तटवर्ती प्रदेश, कौंतीपुरी और कश्मीर पर शूद्रों का शासन था।[16] चारों वर्णों के लोग शूद्र हो गए थे।[17]

समाज में शूद्र, केवट आदि की प्रधानता थी।[18] निर्धन शूद्र ज्यादा खाते थे। वे अभागे और कामी होते थे।[19] कई शूद्र तपस्वियों का भेष बनाकर अपना पेट भरते और दान लेते थे।[20] ब्रह्मावर्त में 8 हजार शूद्र निवासी थे। उनका राजा आर्य पृथु था जिसके पुत्र का नाम मागध था।[21] राजा काश्यप ने मागध का राज्याभिषेक किया। मागध ने

मागध देश को आर्य प्रदेश से अलग कर दिया। पांचाल से पूर्व का प्रदेश मागध था। मागध के आग्नेय में कलिंग, दक्षिण में अवन्त, नैऋत्य में आनर्त, पश्चिम में सिन्धुदेश, वायव्य में कैकयदेश, उत्तर में मद्रदेश और ईशान में कोणिंद देश था। ये सभी आर्य प्रदेश थे।[22]

राजाभोज ने शूद्रों में प्राकृत भाषा स्थापित की।[23] नागवंशीय शूद्रों ने प्राकृतभाषा को नष्ट किया।[24] शिल्पजीवी झूठ बोलते थे।[25] शूद्रगण सम्मानसूचक 'भो' शब्द प्रयोग के पात्र हो गए।[26] वे मद्य-मांस त्यागकर श्वेतदन्त होते हुए सूक्ष्मदर्शी, मुंडितमुंड तथा काषायवेशधारी होकर जैन एवं बौद्ध अर्थात् वेदविरोधी नास्तिकमत का आचरण करने लगे थे।[27] शूद्र अब श्रेष्ठ आसनों पर बैठकर नीचे बैठे द्विजों को उपदेश देने लगे। वे ब्राह्मण का काम करने लगे। वे वाणी से धर्म की बात करते किन्तु मन पाप से भरा रहता था।[28]

मिथिला के राजा शूद्र सेवकों से बिना पारिश्रमिक दिए काम कराते थे।[29] संन्यासी से श्रेष्ठ वानप्रस्थी, वानप्रस्थी से श्रेष्ठ गृहस्थ, गृहस्थ से ब्रह्मचारी, ब्रह्मचारी से ब्राह्मण, ब्राह्मण से क्षत्रिय, क्षत्रिय से वैश्य और वैश्य से श्रेष्ठ शूद्र हो गए।[30] जंगल में लकड़ी काटकर जीविका चलानेवाले निषादों को भी सत्यनारायण की अर्चना करने से धनप्राप्ति हुई।[31] शूद्रों के यज्ञोपवीत संस्कार होते थे। उसे ही परब्रह्म की प्राप्ति होती थी।[32] शूद्र और ब्राह्मणी के संयोग से व्याधकर्मा (बहेलिए का कार्य करनेवाला) का जन्म हुआ। त्रिपाठी ब्राह्मणी का अवैध सम्बन्ध व्याधकर्मा से था। दोनों के संयोग से जो बालक हुआ वह ब्राह्मण कहलाया किन्तु नित्य व्याध-कर्म में उसका मन ज्यादा लगता था।[33] शूद्र शक्तिशाली हो गए थे। नौकर मालिक की हत्या कर देता था।[34] राजकर के लिए खेतिहर किसान दंडित किए जाते थे।[35] धीमर (कहार) रथ का संवाहन करते थे।[36] कलियुग में शूद्रों को केवल स्नानमात्र करके भक्तिभाव से पूजा कर लेने से पुण्य की प्राप्ति हो जाती थी।[37]

मिस्र देश में जाकर कण्व ने जिन 10 हजार म्लेच्छों को संस्कृत भाषा का ज्ञान कराया वे तब जाकर शूद्रवर्ण में प्रवेश किए।[38] शूद्र यज्ञानुष्ठान करते थे।[39] राजपुष्यमित्र के बाद आर्य शूद्र हो गए।[40] अधमशूद्र भिक्षावृत्ति तथा संन्यास ग्रहण करते थे। वे असभ्य एवं पाखंडी हो गए थे।[41] वर्णों में केवल शूद्रवर्ण ही रह गया।[42] कलियुग में शूद्र धन्य थे।[43] वे यज्ञ कराते थे।[44] द्विजातियों की सेवामात्र करने से उन्हें पुण्य की प्राप्ति हो जाती थी।[45] भक्ष्य-अभक्ष्य के नियम का पालन कोई नहीं करता था और सभी शूद्र हो गए।[46] मूर्ख शूद्र धर्म की व्याख्या करने लगे। शूद्र अब वैश्य और क्षत्रिय बन गए और वैश्य एवं क्षत्रिय शूद्र हो गए।[47] शूद्र सुखी थे।[48] पवित्र, धर्मज्ञ और धर्मनिरत शूद्र धर्मफल भोगता था।[49] विधानपूर्वक सभी कर्मों को करनेवाला तथा शुभाचरण का पालन करनेवाला शूद्र ब्राह्मण हो जाता था।[50] श्रेष्ठ वर्णों, की सेवा करनेवाला और व्यर्थ मांस न खानेवाला शूद्र वैश्यत्व प्राप्त करता था।[51] शूद्र अपने जातीय आचार-विचार छोड़ दिए थे।[52] ब्राह्मण, क्षत्रिय और वैश्य के वंशज शूद्रों के सेवक थे।[53] शूद्रों का शव ब्राह्मण

जलाते थे। उनका अन्न सभी खाते थे। शूद्र की स्त्रियों के साथ ब्राह्मण रमण करते थे।[54] पूर्ण अधर्म स्थित हो जाने पर चारों वर्णों के लोग शूद्र हो गए।[55] नियम त्यागकर सभी एकसाथ अभक्ष्य का भक्षण करते थे।[56] वे ब्राह्मण-पत्नियों में निरत रहते थे। जिस ब्राह्मण का वे अन्न खाते उसी की पत्नी को हथिया लेते थे।[57]

नन्दवर्धन को नन्द नामक पुत्र हुआ जिसकी माँ शूद्रा थी। वह 10 वर्षों तक शासक रहा। नन्द का पुत्र प्रनन्द 10 वर्षों तक शासन किया। उसका पुत्र परानन्द 10 वर्षों तक राजा रहा। परानन्द का पुत्र समानन्द 20 वर्ष, समानन्द का पुत्र प्रियानन्द, प्रियानन्द को देवानन्द और देवानन्द को यज्ञभंग नामक पुत्र हुआ जिसने अपने पिता के आधे समय तक शासन किया। यज्ञभंग को मौर्यानन्द और मौर्यानन्द को महानन्द नामक पुत्र हुआ।[58]

पाद-टिप्पणी

1. *वनपर्व,* 188. 29-37
2. वही, 188. 38-39
3. वही, 190. 59 एवं 72-73
4. वही, 190. 62-65
5. वही, 190. 71-72
6. *शान्तिपर्व,* 228. 71-74
7. *अनुशासनपर्व,* 111. 89
8. वही, 61. 32; 87. 15-23; 91. 25; *ब्रह्मपुराण,* 231. 4-5
9. *वनपर्व,* 188. 29-33; 190. 11-14; *ब्रह्मपुराण,* 231. 4-5
10. *मत्स्यपुराण,* 144. 38-40
11. वही, 144. 41-42; *ब्रह्मपुराण,* 231. 53-56
12. वही, 144. 80-83
13. *नारदपुराण,* 41. 21-100
14. *श्रीमद्भागवतपुराण,* 2.12.1. 7-9
15. वही, 2.12.1. 36-37
16. वही, 2.12.1. 38-40
17. वही, 2.12.2. 14
18. वही, 2.12.3. 25
19. वही, 2.12.3. 30-31
20. वही, 2.12.3. 37-38
21. *भविष्यपुराण,* 2.6. 17-22
22. वही
23. वही, 2.3.3. 23-27
24. वही, 2.4.9. 47-49

25. *श्रीहरिवंशपुराण,* 3.8
26. वही, 3.13
27. वही, 3. 15-16
28. *नारदपुराण,* 41. 21-100
29. *भविष्यपुराण,* 2.8. 1-30
30. वही, 2.10. 2-31
31. वही, 2.27. 1-12
32. वही, 2.30. 20-26
33. वही, 2.33. 1-21
34. वही, 2.5. 16-17
35. वही, 3.16
36. वही, 3.17.32
37. वही, 3.22. 13-17
38. वही, 2.4.21. 3-20
39. वही, 2.4.21. 21-27
40. वही, 2.4.23. 63-65
41. *ब्रह्मपुराण,* 230. 36-37
42. वही, 230. 52
43. वही, 230. 61
44. वही, 230. 69
45. वही, 230. 70-72
46. वही,
47. वही, 231. 12-15
48. वही, 231. 26
49. वही, 223. 15-17
50. वही, 223. 30-32
51. वही, 223. 40-52
52. *ब्रह्मवैवर्तपुराण,* प्रकृतिखंड, 7.24
53. वही, 7. 25-26
54. वही, 7. 53-54
55. वही, श्रीकृष्णखंड, 90.34
56. वही, 90. 37
57. वही, 90. 44-45
58. *भविष्यपुराण,* 2.6. 28-35

17

म्लेच्छ एवं चांडाल

17.1 कलियुग में म्लेच्छ राजा शासन करते थे।[1] आन्ध्र, शक, पुलिन्द, यवन, कम्बोज, बाह्लीक तथा आभीर म्लेच्छ राजा थे।[2] ब्राह्मण, क्षत्रिय और वैश्य–सभी स्वेच्छाचारी म्लेच्छ हो गए।[3] पृथ्वी म्लेच्छों से भर गई थी।[4] कल्कीरूप श्रीहरि धर्म की स्थापना के लिए म्लेच्छों का वध करेंगे।[5] चांडाल आदि अन्त्यज क्षत्रिय, वैश्य आदि का काम करने लगे थे। म्लेच्छ यज्ञादि शुभकर्म नहीं करते थे।[6] मगध नरेश विश्वस्फूर्जि के कारण ब्राह्मण एवं उच्चवर्ण के लोग पुलिन्द, यदु और मद्र आदि म्लेच्छ जाति में परिणत हो गए।[7]

कलियुग ने वेद के विरुद्ध म्लेच्छ भाषा और कलि में वृद्धि के लिए ब्राह्मीभाषा का निर्माण किया।[8] विष्णुभक्त म्लेच्छ राजा न्यूह को तीन पुत्र–सिम, हाम और याकुत थे जिनका नामकरण उसने विलोम रीति से किया। इन्हीं म्लेच्छशासकों के कारण म्लेच्छभाषा और म्लेच्छों की वृद्धि कलियुग में सरस्वती के शाप के कारण हुई। भारतवर्ष की भाषा संस्कृत थी, जो बाहर के प्रदेशों में जाकर वहाँ के म्लेच्छों (निवासियों) को आनन्द देनेवाली कही गई है।[10] म्लेच्छाचार्य मूसा ने सारे संसार में म्लेच्छमत का प्रसार किया। व्रजभाषा, महाराष्ट्री, यवनी (यवनों की भाषा) और गुरूंडिका (अंग्रेजी भाषा) म्लेच्छों की भाषा थी। इन चारों भाषाओं में जल को पानी, बुभुआ को भूख, कहीं जल को पापड़ी, भोजन को कक्कन, आहुति को आजुइति, जानु के स्थान पर जैनु और सप्तसिन्धु के स्थान पर हप्त हिन्दू का प्रयोग यवनों की भाषा में किया जाने लगा। गुरुंडों (गोरों) की भाषा में रविवार को संडे, फाल्गुनमास को फर्वरी और 60 को सिक्सटी कहा जानें लगा।[11]

भारत की सातों पुरी में दस्यु, शबर, भिल्ल और मूर्खों के वास के कारण हिंसा का माहौल सदा बना रहता था। म्लेच्छ देशों में बुद्धिमान होते हुए मनुष्य म्लेच्छधर्मी थे क्योंकि सभी गुण म्लेच्छों के अधीन और समस्त अवगुण आर्य प्रदेश में बिखरे थे।[12] सरस्वती के प्रभाव से ब्रह्मवर्त प्रदेश में म्लेच्छों की पहुँच नहीं हो सकी।[13] काश्यप नामक द्विज मिस्र देश गया और वहाँ सभी म्लेच्छों को मोह-मुग्ध करके 10 हजार को ब्राह्मण और क्षत्रिय, 2 हजार को वैश्य और शेष को शूद्र बनाया।[14] म्लेच्छों का महत्त्व बढ़ जाने से अधर्म बढ़ा।[15] सत्यनारायण देव की पूजा करने से केदार नरेश चन्द्रचूड को म्लेच्छ

राजाओं को हराने में सफलता मिली।[16] म्लेच्छ मध्यदेश में जाकर वहाँ के म्लेच्छों के साथ रहने लगे।[17]

चांडाल काटे जाते थे।[18] म्लेच्छों को भक्तिभाव से शालिग्राम का दर्शनमात्र कर लेने से पुण्य की प्राप्ति हो जाती थी।[19] कल्पसिंह की स्त्रियों से क्षत्रियों ने सम्पर्क स्थापित किया। जिससे वर्णसंकरों की उत्पत्ति हुई जो म्लेच्छों के साथ रहते थे।[20] कलियुग के आगमन के 68 हजार वर्ष व्यतीत होने पर म्लेच्छों का भारत में आगमन हुआ।[21] वे बौद्धधर्म में शामिल हो गए।[22] सिकन्दर ने भारत में आकर कांचीपुरी, अयोध्या, हरिद्वार, मथुरा, काशीपुरी, उज्जयनी और प्रयाग में बौद्धयन्त्रों की स्थापना की। इन यन्त्रों के नीचे जो पहुँचते वे सभी म्लेच्छ हो जाते थे। फलतः म्लेच्छों की संख्या में अपार वृद्धि हुई।[23] रामानन्द के प्रभाव से अयोध्या के म्लेच्छ वैष्णव रूप में परिवर्तित हो गए।[24] निम्बादित्य ने अपने शिष्यों के साथ कांचीपुर की यात्रा की और बहुत से म्लेच्छों को संयोगी वैष्णव बनाया।[25]

17.2 म्लेच्छ शासक

म्लेच्छ राजा न्यूह को तीन पुत्र–सिम, हाम और याकूत थे। याकूत को 7 पुत्र–जुम्र, माजूज, मादी, यूनान, तूव, लोमसक एवं तीरास हुए। उन्हीं के नाम पर जुम्रा, दशकनाब्ज, रिफत, तररूम, यूनान आदि देशों के नाम पड़े। हाम को 4 पुत्र–कुश, मिश्र, कूज और कनआन हुए जिनके नाम पर म्लेच्छ देशों के नाम पड़े। इलीश, तरलीश, कित्ती और हूदानि के नाम पर भी देशों के नाम पड़े। न्यूह का पौत्र और हाम के पुत्र कुश को सवा, वहबील, सर्वतोरगम, सवतिका और निमरूह नामक पुत्र हुए।[26]

2 हजार 8 सौ वर्ष के बाद बुद्ध ने बताया कि न्यूह का पुत्र सिम ने सिमराजवंश की स्थापना की। इस राजवंश ने 5 सौ वर्ष तक शासन किया। उसका पुत्र अर्कसन्द ने 434 वर्ष, उसका पुत्र सिलह ने 408 वर्ष, उसका पुत्र फजल 240 वर्ष, उसका पुत्र रऊ ने 237 वर्ष, उसका पुत्र जोस 237 वर्ष, उसका पुत्र नहूर 160 वर्ष और उसका पुत्र ताहर 160 वर्ष तक राज्य किया। ताहर को 3 पुत्र–अविराम, नहूर और हारन हुए। इन म्लेच्छ शासकों के कारण म्लेच्छ भाषा और म्लेच्छों की वृद्धि कलियुग में सरस्वती के शाप से हुई। कलियुग के दो हजार वर्ष व्यतीत होने पर सारे शासक म्लेच्छ थे।[27] भारतवर्ष एवं द्वीपान्तरों में म्लेच्छों का राज्य था।[28] मिस्र देश जाकर कण्व ने 10 हजार म्लेच्छों को संस्कृत भाषा का ज्ञान कराया।[29] दो हजार म्लेच्छ शिल्पकार्य करने से वैश्य हो गए।[30]

विक्रमादित्य का पौत्र राजाशालिवाहन ने म्लेच्छ शकों, चीन और तैत्तरि (तातार) देश में उत्पन्न वाह्लीक, कामरूप, रोम तथा खुर (खुरासान) के राजाओं को हराकर और बाँधकर उनका कोश ले लिया। उसने सिन्धुपार के प्रदेश में म्लेच्छों को स्थापित किया।[31] हूण प्रदेश के मध्य में उसने एक शुभमूर्तिवाले पुरुष का दर्शन किया जो गोरा और श्वेत

वस्त्र से सुसज्जित था। वह ईश पुत्र था जो म्लेच्छ धर्म का प्रवक्ता और सत्यव्रत का पारायण था। सत्यहीन और मर्यादाविहीन को ठीक करने के लिए वह आया था। शालिवाहन उस म्लेच्छपूजक को नमस्कार कर लौटा और अश्वमेघयज्ञ किया।[32] गान्धार प्रदेश के म्लेच्छों को राजाभोज ने हराया। म्लेच्छ गुरु महामद (मोहम्मद) अपने शिष्यों के साथ प्रचार करता था। कालिदास ने मन्त्र फूँककर महामद को भस्म किया जो म्लेच्छों का देवता हो गया।[33] अग्निवंश के क्षत्रिय शासकों के काल में सभी म्लेच्छ राजा आर्यधर्म के अनुयायी हो गए।[34]

कलियुग में तिमिरलिंग (तैमूर) नामक म्लेच्छ राजा हुआ, जो मुकुल (मुगल) वंश में उत्पन्न होकर आर्यों तथा म्लेच्छों को मारते हुए दिल्ली को अपने अधिकार में कर लिया। उसने ब्राह्मणों से कहा—आप लोग मूर्ति के पुजारी हैं तथा जिस व्यक्ति के द्वारा उस मूर्ति का निर्माण हुआ वह उसके पुत्र के समान है। इसलिए उस मूर्ति का पूजन करना उचित हो सकता है ? तुम्हारे मुनियों ने तुम्हारे वेदों एवं शास्त्रों को लोगों को ठगने के लिए बनाया है।[35] फलरूष नामक म्लेच्छ ने मुगलकुल का नाश किया।[36] नन्दिनी गाय से भीषण म्लेच्छों की उत्पत्ति हुई और उन्हीं से गुरुंड (अंग्रेज) जाति की उत्पत्ति हुई।[37] गुर्जर प्रदेश का राजा राहु म्लेच्छ था। उसके शासनकाल में सभी म्लेच्छ होने लगे। मलयदेश के निवासी म्लेच्छ थे। उन्होंने 1 लाख की संख्या में एकत्र होकर आक्रमण किए और आर्यों को पहाड़ तथा गुफाओं से भी निकालकर भगा दिया। अब समस्त भूमि म्लेच्छमय हो गई।[38] चांडाल स्वच्छ दाँतवाले, मालाधारी, मुंडी तथा काषायवस्त्रधारी होते थे।[39] चारों वर्णों के लोग म्लेच्छ हो चुके थे और अपने शास्त्रों को छोड़कर म्लेच्छों के शास्त्र पढ़ते थे।[40] म्लेच्छराजा साधुओं की उज्ज्वल कीर्ति को नष्ट करनेवाले थे।[41]

पाद-टिप्पणी

1. *वनपर्व,* 188. 34
2. वही, 188. 35-36; 190. 52
3. वही, 190. 41-44
4. वही, 190. 71-72
5. *शान्तिपर्व,* 46.49.4536
6. *वनपर्व,* 190. 28-30
7. *श्रीमद्भागवतपुराण,* 2.12.1.36
8. *भविष्यपुराण, खंड* 2, अध्याय 5, श्लोक, 2-3
9. वही, 2.5. 4-11
10. वही, 2.5. 12-22
11. वही, 2.5. 27-35
12. वही, 2.5. 35-41
13. वही, 2.6.1

14. वही, 2.6. 8-16
15. वही, 2.5. 12-14
16. वही, 2.26. 1-7
17. *श्रीहरिवंशपुराण,* 3.16-17
18. वही, 2.3.16
19. वही, 2.3.22. 16-17
20. वही, 2.4.2. 21-28
21. वही, 2.4.3. 4-6
22. वही, 2.4.21. 21-27
23. वही
24. वही
25. वही
26. *भविष्यपुराण,* 2.5 2-3
27. वही, 2.5. 4-28
28. वही, 2.5.41
29. वही, 2.4.21. 3-20
30. वही
31. वही, 2.3.2. 17-20
32. वही, 2.3.2. 21-34
33. वही, 2.3.3. 1-22
34. वही, 2.3.4. 10-13
35. वही, 2.4.6. 43-50
36. वही, 2.4.22. 66-70
37. वही, 2.4.22. 68-70
38. वही, 2.4.23. 96-132
39. *ब्रह्मपुराण,* 231. 12-15
40. *ब्रह्मवैवर्तपुराण,* 7. 24-25
41. वही, श्रीकृष्णखंड, 90.49

18

परिवार एवं समाज

18.1 परिवार

पिता पुत्र की और पुत्र पिता की शय्या आदि का उपभोग करते थे।[1] पिता पुत्र के अपराधों को क्षमा नहीं करते थे। पुत्र भी पिता की बात सहन नहीं करता था। कन्यादान नहीं होता था।[2] बाप के रहते बेटा मालिक बन बैठा था। पुत्र पिता पर अत्याचार करते थे। सन्तानों के लालन-पालन पर ध्यान नहीं दिया जाता था।[3] घर-घर में दिन-रात कोहराम मचा रहता था। पिता डरकर अपना सारा धन पुत्रों में बाँट देते और कष्ट से जीवन व्यतीत करते थे।[4] लोग माता-पिता एवं सास-ससुर के प्रति निर्लज्ज होकर अपने परिवार तक ही सीमित रहते थे। वे केवल अपने परिवार का ही पालन-पोषण करते थे। बड़े-बूढ़ों को खाना-कपड़ा देने की इच्छा होती तो देते, नहीं इच्छा रहने पर नहीं भी देते थे। वृद्धजन अनाथ थे। वे पराधीन थे। बच्चों को सन्तुष्ट करके वे रह सकते थे।[5] कष्ट से परेशान लोग पत्नी और पुत्र को भी छोड़ देते थे।[6] पिता द्वारा जुटाए अलंकार अविभाज्य होते किन्तु कलियुग में पुत्र उसे आपस में बाँट लेते थे।[7] पुत्र पिता से काम लेते थे।[8] पिता पर पुत्र शासन करता था। परिवार के सब लोग गन्दा और दास जीवन व्यतीत करते थे।[9]

द्विज पति व्यभिचार में फँसकर पराई स्त्री के साथ व्यभिचार में संलग्न थे।[10] अपने परिवार का पालन कर लेना चतुराई का सबसे बड़ा लक्षण माना जाता था।[11] मनुष्य गदहों के समान प्रायः गृहस्थी का भार ढोते थे। वैवाहिक-सम्बन्धवालों को ही अपना सम्बन्धी माना जाता था।[12] माता-पिता, भाई-बन्धु और मित्रों को छोड़कर वे केवल साली और सालों से सलाह लेते थे।[13] पुत्र अपने बूढ़े माँ-बाप की भी रक्षा-पालन-पोषण नहीं करते और उनकी उपेक्षा कर देते। पिता अपने योग्य पुत्रों पर ध्यान दिए बिना अलग कर देते थे।[14]

पत्नी झूठी, पुत्र दुःख देनेवाला और सभी घरों की स्त्रियाँ दुर्गति थीं।[15] कलियुग के तीसरे चरण में माता, भगिनी एवं पुत्री के साथ सम्बन्ध स्थापित कर पुत्रों की उत्पत्ति की जाने लगी।[16] सास-ससुर की प्रधानता बढ़ गई। पत्नी और मित्र गृह का अपहरण

कर लेते थे। माता-पिता का कोई महत्त्व नहीं रहा।[17] पिता को पुत्र जो कुछ भी देता वह पिता दान समझकर स्वीकार कर लेता था। पुत्र पिता के बिना दिए हुए धन का बँटवारा कर लेते थे। पिता के धन को हरण करने के लिए वे सदा यत्नशील रहते और आपस में एक-दूसरे के विरोधी बने रहते थे।[18] शक्तिविहीन गृहस्थ को स्त्रियों में विशेष अनुराग रहता था। उनके लिए स्त्रियों से बढ़कर कुछ नहीं था।[19] पुत्र पिता को तथा बहू सास को अपने कार्यों के लिए भेजती थी। सोते पतियों को ठगकर स्त्रियाँ अन्यत्र चली जाती थीं।[20] गृहिणी घर की स्वामिनी और पुरुष नौकर से भी अधिक समझा जाता था। सास आदि स्त्रियाँ नौकरानी की भाँति रहती थीं। पिता एवं ससुर की दशा खराब थी। घर में जो बलवान थे उन्हीं को कर्ताधर्ता माना जाता था। पुत्र और भाई ही भाई-बन्धु माने जाते थे।[21] पति-पत्नी में आपसी प्रेम नहीं रहा। गृहस्थ को पारिवारिक सुख नहीं मिलता था।[22] पत्नियों और पतियों का निर्णय मुश्किल था। सभी के अवैध सम्बन्ध थे।[23] पुत्र द्वारा पिता की भर्त्सना की जाती थी।[24] पिता की हत्या करके पुत्र स्वयं भूप हो जाता था।[25]

18.2 लोग

लोग नाटे कद के होने लगे। उनमें शारीरिक शक्ति और सत्य का अंश (वर्णव्यवस्था का पालन) कम हो गया।[26] 7-8 या 10-12 वर्ष के पुरुष को पुत्र उत्पन्न होते थे। 16 वर्ष में उनके बाल पक जाते और मृत्यु हो जाती थी। तरुणों के शील-स्वभाव बूढ़ों के समान हो गए थे।[27] बूढ़ों की बुद्धि बालकों जैसी हो गई थी।[28] गर्भ के बच्चे मरते और नवजात शिशु भी मृत्यु को प्राप्त होते थे।[29] वृद्ध, बालक, दीन और अन्धे असुरक्षित थे।[30] लोग अल्पतेजस्वी, क्रोधी, लोभी और झूठे थे।[31] लोगों में ईर्ष्या, मान, क्रोध, माया, राग और लोभ आदि दोष रहते थे।[32] बड़े-बूढ़े सभा में बैठकर बात कहते तो उनकी हँसी उड़ाई जाती थी। ऊँचे आसनों पर बैठे नवयुवक बड़े-बूढ़ों के आने पर न तो उठकर खड़े होते और न प्रणाम कर उनका आदर-सत्कार करते थे।[33] आदमी दैत्य हो गया था।[34] सेवकों तथा अन्य सब कुटुम्बीजनों को भूखे छोड़कर लोग स्वयं खा लेते थे। खीर, खिचड़ी, मांस और पूरी आदि भोजन लोग खाने के लिए बनवाते और मांस खाते थे। सूर्योदय तक लोग सोए रहते थे।[35]

कोई गर्भ में, कोई मध्य जवानी में और कोई बुढ़ापा में मर जाता था। अकाल मृत्यु होती थी।[36] भ्रूण हत्या की प्रवृत्ति बढ़ गई थी। आयु, बल और रूप की क्षीणता हो गई थी। दुःख से सन्तप्त (ब्राह्मण) लोगों की अधिक से अधिक आयु सौ वर्ष की हो गई।[37] लोग मर्यादा, आनन्द, स्नेह और लज्जा से रहित थे। उनका कद छोटा और आयु 25 वर्ष की होती थी।[38] मित्र की स्त्री के साथ रमण करने में लोग संकोच का अनुभव नहीं करते थे। मांस-मदिरा सभी वर्गों का प्रिय भोजन एवं पान था।[39] पतित व्यक्तियों की थोड़ी भी निन्दा नहीं होती थी।[40] व्यसन में फँसकर विविध प्रकार की दुर्गति लोग भोगते थे।[41]

लोगों की आयु मुश्किल से 30 वर्ष होती थी। वे दुर्बल, विषयाकुल और रजोगुण से परिपूर्ण थे। रोगवश लोगों की इन्द्रिय शक्ति क्षीण हो गई थी।[42] लोग नाटे, लोभी, कामी, अधिक सन्तान पैदा करनेवाले और मन्द बुद्धिवाले थे।[43] सभी जीव विषयानुराग में अन्धे बन गए थे।[44] युवक-युवती की पारस्परिक रुचि से विवाह हो जाता था। विवाह-सम्बन्ध में कुल-शील का महत्त्व नहीं था।[45] अपना पेट भर लेना जीवन का सबसे बड़ा पुरुषार्थ था।[46] मनुष्यों की आयु 20 से 30 वर्ष की थी। लोग नाटे, कमजोर और रोगी होते थे।[47] स्वामी को गरीब होते देख सेवक लोग भाग जाते थे। पुराने सेवक पर विपत्ति आने पर स्वामी उसे छोड़ देते थे।[48] लोगों की आकृति कुरूप हो गई थी।[49] कलियुग में मनुष्यों का आकार पशु के समान छोटा, ऊँचाई 2 बित्ता और 60 वर्ष की आयुवाली थी। कुछ धार्मिक मनुष्यों की आयु 100 वर्ष थी। बिना पतियोंवाली स्त्रियों से काफी सन्तानें हुई जो वर्णसंकर थे। कलि के दूसरे चरण में इनके शरीर की ऊँचाई 2 मूठ अर्थात् 1 बित्ता हो गया।[50] कलियुग के दूसरे चरण में लोगों की आयु 40 वर्ष और तीसरे चरण में 26 वर्ष हो गई।[51] लोग माता, भगिनी एवं पुत्री के साथ पशु के समान सम्बन्ध स्थापित कर पुत्रों की उत्पत्ति करने लगे। इस तीसरे चरण के अन्त में सृष्टियाँ नष्ट हो गईं। कलि के चौथे चरण के प्रारम्भ में मनुष्यों की आयु 20 वर्ष हो गई। वे केवल कन्दमूल का आहार करते थे। कलि के प्रथम चरण में समस्त संसार ऊपर से नीचे, दूसरे चरण में सातों लोक पाताल में और तीसरे चरण में भूतलोक भारत के मनुष्यों से भर गया। समस्त नरकुंडों में यहीं के लोग भर गए।[52] बाल मृत्यु काफी होती थी। 8, 9 तथा 10 वर्ष के होने पर पुरुष सन्तान पैदा करते थे। 12 वर्षों में बुढ़ापा आ जाता था।[53]

लोग कम ज्ञानवाले, व्यर्थ चिह्न धारण करनेवाले तथा गन्दे विचारवाले थे।[54] निर्धनतावश लोग जंघा तक वस्त्र पहनते थे।[55] शरीर, वाणी तथा मन से लोग प्रतिदिन पाप करते थे। वे दुःखी थे। उनमें पवित्रता कम और निर्लज्जता में वृद्धि हो गई थी।[56] लोग दुःखी, अनार्य और बिना मतलब के काम में व्यस्त रहते थे। पुरुषों की संख्या कम और स्त्रियों की संख्या अधिक थी। माँगनेवाले बहुत थे। लोग दान-आदान नहीं करते थे। राजा, चोर, अग्नि और दंड से लोग पीड़ित थे। युवक वृद्ध स्वभाव के होते थे।[57] लोग स्वार्थपूति के लिए धार्मिक बनते थे। न कोई धार्मिक था, न कोई अधार्मिक। लोग क्षुद्रधर्म अपना लिये थे। शायद ही कोई धर्म में उत्सुकता प्रकट करता था। प्रत्यक्ष और अनुमान दो ही प्रमाण माने जाते थे। कुछ लोगों को प्रमाण में विश्वास न था। कुछ लोग महानास्तिक और धर्मों के संहारक थे। मूर्ख भी अपने को पंडित समझता था। वर्तमान में होनेवाले पदार्थों में श्रद्धा रखनेवाले शास्त्रज्ञान से शून्य थे।[58] लोग बाजार में बने-बनाए भोजन का क्रय-विक्रय करते थे। वे गन्दे, बहुत सन्तानवाले तथा कुलहीन थे।[59]

सभी लोग वाममार्गी, शास्त्रविरोधी, झूठे और कपटी हो गए।[60] लोग शठ, क्रूर, दम्भी (पाखंडी), महाअहंकारी, चोर एवं हिंसक हो गए।[61] कई लोग कन्यागामी,

श्वश्रूगामी, वधूगामी और सर्वगामी थे। वे भगिनीगामी, सौतेली माँ के साथ गमन करनेवाले और कोई भाई की स्त्री के साथ गमन करनेवाले होते थे। घर-घर में लोग अगम्या स्त्री के साथ गमन करते थे। केवल माता को छोड़ सभी स्त्रियों के साथ लोग विहार करते थे।[62] अँगूठे के बराबर मनुष्य होते थे।[63] कलियुग के अन्त में चारों वर्णों के लोग एक जाति (शूद्र वर्ग) में हो गए।[64]

18.3 समाज

कलियुग के अन्तिम चरण में सभी लोग मिथ्यावादी हो गए।[65] आयु की कमी के कारण अपने जीवन-निर्वाह के लिए चारों वर्णों के लोग योग्य शिक्षा नहीं प्राप्त कर पाते थे। कमजोर प्राणी भूख से व्याकुल होकर मर जाते थे। कितने लोग मछली के मांस से जीविका चलाते थे।[66] लोग एक-दूसरे को लूटते और मारते थे। ब्राती लोभी हो गए थे।[67] अयोग्य की प्रशंसा होती थी। मूर्ख पंडित बन गया।[68] कायर अपने को शूर और शूरवीर कायरों की भाँति दुःख में डूबे रहते थे।[69] लोग अल्पतेजस्वी, क्रोधी, लोभी और झूठे होते थे।[70] शत्रुओं की सेवा करके लोग जीविका चलाते थे।[71] कलियुग में जाति और कुल में सब एक समान हो सकते थे किन्तु उद्योग, बुद्धि और रूप-सम्पत्ति में सबका एक-सा होना सम्भव नहीं था।[72] अपना-अपना वर्ण छोड़कर लोग अन्य वर्ण में शामिल हो गए थे।[73]

धन की पूजा होती थी। सज्जन पुरुष घृणा की दृष्टि से देखे जाते थे।[74] राजदंड, चोरदंड और अग्निदंड (कर, चोरी और दुर्भिक्ष) से दुःखी प्रजा बर्बाद हो गई। विविध आकांक्षाओं के कारण लोग सदा दुखी रहते थे।[75] हर्षित लोगों के कार्य नष्ट हो जाते और क्रोधियों का काम बन जाता था।[76] गुरु के प्रति शिष्य का व्यवहार खराब था। लोग मनमाने ढंग से विभिन्न वर्ण की स्त्रियों के साथ सम्भोग करते और मदमत्त होकर अपने ऐसे दुष्कर्म को सराहते थे। सभी परस्पर विरोधी थे।[77] धर्म और वर्णभेद नहीं रहा।[78] जीवों की आयु कम हो गई। सभी वर्णसंकर होने लगे। मूढ़ मनुष्य काम-क्रोध से पीड़ित रहते थे। सभी शूद्र के समान हो गए थे। उत्तम नीच और नीच उत्तम हो गए थे। कर के भार से प्रजा पीड़ित थी। भोजन के रूप में मछली, मांस, बकरी और भेड़ का दूध मिलता था। श्रेष्ठ पुरुषों में दोष देखकर पापी उनका उपहास करते थे। अनावृष्टि से सूखा और भोजन के अभाव में लोग आत्महत्या करते थे।[79]

लोग कुकर्म में प्रवृत्त थे और सारे पदार्थ बीजहीनभूमि के समान हो गए थे।[80] लोगों के लिए सत्यभाषण और ब्रह्मचर्य पालन मुश्किल था। बहुत दिनों तक चित्त की वृत्तियों को वश में रखना, नियमों में बँधे होना और किसी पुण्यकार्य के लिए दीक्षित रहना कठिन था। मन असंयमित रहता, रोगों की बहुलता और आयु की अल्पता थी। इन दोषों से मुक्ति के लिए सप्ताह श्रवण का विधान था।[81] समाज में अनेक दुष्ट प्रकट हो गए थे। उनके संसर्ग से अनेक सत्पुरुष उग्र प्रवृत्ति के हो गए थे।[82] तरह-तरह के पाप करनेवाले,

निरन्तर दुराचार में ही तत्पर रहनेवाले, उलटे मार्गों पर चलनेवाले, क्रोधाग्नि में जलनेवाले, कुटिल कामपरायण, सत्य से च्युत, माता-पिता की निन्दा करनेवाले, तृष्णा के मारे व्याकुल, आश्रम धर्म से रहित, दम्भी दूसरों की उन्नति देखकर कुढ़नेवाले, दूसरों को दुःख देनेवाले, मदिरापान-ब्रह्महत्या-सुवर्ण की चोरी-गुरुस्त्रीगमन-विश्वासघात—ये 5 महापाप करनेवाले, छलछद्म परायण, क्रूर, निर्दयी, ब्राह्मणों का धन हरण करनेवाले, व्यभिचारी, मन-वाणी-शरीर से पाप करनेवाले और दूसरों के धन से पुष्ट होनेवाले पाए जाते थे।[83]

लोग खान-पान, वस्त्र, स्नान और स्त्री-सहवास आदि में धार्मिक नियमों का पालन नहीं करते थे।[84] विवाह-सम्बन्ध में कुलशील का महत्त्व नहीं था। युवक-युवती की पारस्परिक रुचि से विवाह हो जाता था। छली-कपटी ज्यादा व्यवहार कुशल माना जाता था। पुरुष की श्रेष्ठता का आधार उसका शील-संयम नहीं बल्कि रतिकौशल था।[85] विवाह में शास्त्रीय विधि-विधान, संस्कार आदि की कोई आवश्यकता नहीं समझी जाती थी। सिर पर बड़े-बड़े बाल शारीरिक सौन्दर्य का चिह्न माना जाता था। अपना पेट भर लेना जीवन का सबसे बड़ा पुरुषार्थ था। ढिठाई से बात करनेवाला ही सच्चा समझा जाता था।[86]

लोग चोरी, झूठ तथा हिंसा से जीविका चलाते थे। चारों वर्ण के लोग शूद्र हो गए थे। जनसंख्या घटने से सुनसान बढ़ गया था। जीवन कष्टों से भरा था।[87] लोग लोभी, दुराचारी और कठोर हृदय के होते और लोभ की नदी में बहते रहते थे। बिना कारण वे एक-दूसरे से बैर मोल लेते थे। लम्पटों की संख्या बढ़ गई थी। कामवासना तृप्त करने के लिए वे किसी से प्रेम करते थे। एक तो दुर्भिक्ष और दूसरे शासकों की कर-वृद्धि; प्रजा के शरीर में केवल अस्थि पंजर और मन में बेचैनी थी। प्राण-रक्षा के लिए रोटी का एक टुकड़ा मिलना मुश्किल था। प्रजा वस्त्र, रोटी और जल तथा सोने के लिए दो हाथ जमीन से भी वंचित थी। कुछ कौड़ियों के लिए लोग आपस में बैर-विरोध करने लगे थे; मित्रता तक को तिलांजलि दे बैठे थे।[88]

वाराणसी धर्मस्थल नामक पुरी में सभी वर्णों के लोग रहते थे।[89] गुरुपुत्र से शिष्य के बहन का विवाह होता था।[90] भोगवती नगर का शासक रूपवर्मा अपने विवाह के लिए योग्य कन्या का पता लगाया तो पता चला कि मगध नरेश की पुत्री चन्द्रावती योग्य कन्या थी और उसी के साथ रूपवर्मा का विवाह हुआ।[91] धनाढ्य लोभी होते थे। नौकर मालिक की हत्या लोभवश कर देता था।[92] देवी की कृपा से ही विवाह हो पाता था। गुणवान पुरुष से भी कोई विवाह करने के लिए तैयार नहीं था।[93] स्त्रियों के साथ बलात्कार होते थे।[94] भूख के कारण लोग विषवाला भोजन भी कर लेते थे।[95] लोग नरभक्षी थे।[96] धनाभाव में राजा और उसकी रानी लकड़ी ढोने का काम करते थे। व्यापार असुरक्षित था।[97] कोई आश्रम एवं कोई वर्ण नहीं था।[98] बड़े-बड़े ज्ञानी पुरुष पत्तों का भक्षण कर जीवनयापन करते थे। जलपान और वायु भक्षण से वे दिन काटते थे।[99]

राजा की स्त्रियों से क्षत्रियों ने सम्पर्क स्थापित किया जिससे वर्णसंकरों की उत्पत्ति हुई जो वैश्यों का पेशा करते और म्लेच्छों के साथ रहते थे। पृथ्वीराज को मारकर

शहाबुद्दीन (सहोद्दीन) ने उसके स्त्रियों का उपभोग किया जिससे वर्णसंकर की उत्पत्ति हुई।[100] कुछ धार्मिक मनुष्यों की आयु सौ वर्ष होती थी।[101] राजा पुष्यमित्र के बाद चोर-डाकुओं द्वारा किए गए लूटमार के फलस्वरूप वर्णसंकरों की संख्या गाँवों में बढ़ गई। ब्राह्मण-क्षत्रिय नाममात्र के शेष रहे।[102] कलियुग में सभी दरिद्रता से कराहने लगे।[103] कई स्थानों पर वर्णसंकर के अनुसार जातियाँ दिखाई देने लगीं। सभी वर्णसंकर, पाखंडी, म्लेच्छ तथा अनेक रूपधारी थे। कलि ने सभी मनुष्यों को अनेक जातियों में बनाकर और अनेक पन्थ के प्रदर्शक बनाकर उन्हें अपने धर्मकर्म से वंचित कर दिया एवं अपनी स्थिति सुदृढ़ कर लिया।[104] अल्पधन में ही लोग घमंडी हो गए थे।[105] जो ज्यादा देता वही मनुष्यों का स्वामी होता था। स्वामित्व तथा बन्धुत्व केवल स्वार्थसिद्धि के लिए होता था।[106] बन्धुओं के गिड़गिड़ाने पर भी मनुष्य अपनी छोटी स्वार्थपूर्ति के लिए उनको हानि पहुँचा देते थे।[107]

गृहस्थ लोग हवन नहीं करते थे। वे उचित दान भी नहीं देते थे।[108] सही मार्ग से धन कोई नहीं अर्जित करता था। सही मार्ग से धन कमाना अत्यन्त कठिन था। जो सही मार्ग का पालन कर लेता वह ब्रह्मलोक को जीत लेता था किन्तु अब सही मार्ग शेष नहीं रहा। धन का सही उपयोग अब कोई नहीं करता था।[109] पुरुष नासिकाविहीन, कुरूप तथा कटे केशवाले होते थे।[110] अन्न का विक्रय होने लगा।[111] द्वापर के क्षय होने पर सारी प्रजा निर्लज्ज और विनाशशील हो गई।[112] मार्ग चोरों से भरा रहता था। सभी वाणिज्य करते थे।[113] कोई किसी का मित्र नहीं था।[114] नियम का पालन कोई नहीं करता था। ऋण मुश्किल से मिल पाता था। मनुष्यों का हर्ष अफल और क्रोध सफल होता था।[115]

द्विज अग्नि में आहुतियाँ डाले बिना ही भोजन करते थे। भिक्षा दिए बिना ही लोग खाते थे। रोगी, कुरूप, उपद्रवी तथा निन्दकों का विरोध करने का साहस कोई नहीं करता था।[116] मनुष्यों की ज्ञाननिष्ठा नष्ट हो गई। कर्मों की सिद्धि अल्पकाल में होने लगी।[117]

स्त्री एवं पुरुषों के अधिकार एवं कर्त्तव्य में कोई अन्तर नहीं रह गया। विवाह-सम्बन्ध समाप्त हो गए। वाद (मुकदमे) का उचित निर्णय नहीं होता था। अपने या पराए स्वामी का भेद नहीं रहा। अपने या पराए माल में अन्तर नहीं रहा।[118] गुरुभाई का महत्त्व नहीं रहा। भाई-बन्धुओं से लोग अपरिचित की भाँति व्यवहार करते थे।[119] स्त्री से पूछे बगैर पुरुष कोई काम नहीं करते थे। सभी जाति के लोग भंडारी और दूत थे। वे बैल पर लादने का काम करते थे।[120] दूध में घी नहीं होता था।[121] पुरुष, स्त्री एवं बालक कुत्सित विचार तथा टेढ़े-लूले थे। वे बुरी बातें बोलते तथा कुमार्ग पर चलते थे।[122] बर्बाद गाँवों एवं नगरों के वासी कर से पीड़ित थे।[123] नीच उत्तम माने जाते एवं धनाढ्य बलवान समझे जाते थे। धनाढ्य अहंकारी थे।[124]

कलियुग में उत्तम वंशवाले नीच काम करने से नीच कहलाने लगे। झूठे, धूर्त एवं शठ सत्यवादी और पापी लोग पुण्यवान कहे जाते थे। अशिष्ट लोग शिष्ट और लम्पट पुरुष जितेन्द्रिय कहे जाते थे। हिंसा करनेवाले दयालु कहे जाते थे। चोर हत्या करते थे।[125] प्रजा का भूमि और धन पर पूर्ण अधिकार नहीं रहा। सभी एक-दूसरे के घाती

और हिंसक थे।[126] शिष्य द्वारा गुरु की भर्त्सना होती थी।[127] लोभी लोग धर्म के मान को धारण करते थे। चारों ओर अराजकता और दुर्नीति बढ़ गई थी। लोग क्षुधा पीड़ित, मैले-कुचले एवं दरिद्र थे।[128]

घरों में जलपात्र, अन्न और वस्त्र की अत्यन्त कमी थी। खंडहर भी घर के रूप में उपयोग किए जाते थे। घर दुर्गन्धों से आच्छन्न, दीपकविहीन और अन्धकारमय होते थे। पापी और हिंसक जन्तुओं से लोग भयभीत थे। वे फल के लोभी और कुरूप होते थे।[129]

पाद-टिप्पणी

1. *वनपर्व,* 190, 21-26; *श्रीविष्णुपुराण,* 6.1.54
2. वही, 190. 26-43
3. *शान्तिपर्व,* 228. 49-55; *अनुशासनपर्व,* 111. 62; *जातक,* 1.77
4. वही, 228. 56-76
5. *जातक,* 1. 77
6. *मत्स्यपुराण,* 144. 65-69
7. *श्रीहरिवंशपुराण,* 3. 20-21
8. वही, 3. 38-40
9. वही, 4. 25-29
10. *नारदपुराण,* 41.21.100
11. *श्रीमद्भागवतपुराण,* 2.12.2. 7-10
12. वही, 2.12.2. 12-15
13. वही, 2.12.3. 38
14. वही, 2.12.3. 39-42
15. *भविष्यपुराण,* 2.2.5. 15-16
16. वही, 2.4.25. 68-81
17. *ब्रह्मपुराण,* 230. 53-54
18. वही, 231. 18-21
19. वही, 231. 23
20. वही, 231. 37-40
21. *ब्रह्मवैवर्तपुराण, प्रकृतिखंड,* 7. 20-23
22. वही, 7. 28
23. वही, 7. 52-53; *श्रीकृष्णखंड,* 90. 38-40
24. वही, 90. 40
25. वही, 90. 46
26. *वनपर्व,* 188. 38
27. वही, 188. 58-62; 190.15, 49 एवं 52
28. वही, 190. 26-43

29. *अनुशासनपर्व,* 61. 25-29; *मत्स्यपुराण,* 144. 33-37
30. वही
31. वही, *मत्स्यपुराण,* 144. 33-37
32. वही, 61. 30
33. *शान्तिपर्व,* 228. 49-56; *अनुशासनपर्व,* 111. 62; *जातक,* 1.77
34. वही
35. वही, 228. 60-65
36. *मत्स्यपुराण,* 144. 33-37
37. वही, 144. 46-48
38. वही, 144. 60-69
39. *श्रीहरिवंशपुराण,* 3. 8-9
40. वही,
41. वही, 3. 20-21
42. वही, 4. 40-41; *ब्रह्मपुराण,* 231. 79-81
43. *नारदपुराण,* 41. 21-100; *श्रीमद्भागवतपुराण,* 1.1.62
44. *श्रीमद्भागवतपुराण,* 1.1.64; 1.3. 46-51
45. वही, 2.12.2.3
46. वही, 2.12.2. 4-6
47. वही, 2.12.2. 9-11
48. वही, 2.12.3. 35-36
49. वही, 2.12.3. 39-40
50. *भविष्यपुराण,* 2.4.24. 34-44; 2.4.6. 38-41; 2.4.5. 18-19
51. वही, 2.4.24. 63-68
52. वही, 2.4.25. 68-81; *ब्रह्मपुराण,* 230. 40-42
53. *ब्रह्मपुराण,* 230. 40-42
54. वही, 230. 43
55. वही, 230. 51-52
56. वही, 230 53-58
57. वही, 231. 24-26
58. वही, 231. 47-51
59. वही, 231. 74-78
60. *ब्रह्मवैवर्तपुराण, प्रकृतिखंड,* 7. 14-16
61. वही, 7. 17-18
62. वही, 7. 49-51
63. वही, 7.57; *श्रीकृष्णखंड,* 90-54
64. वही, *श्रीकृष्णखंड,* 90.34
65. *वनपर्व,* 188. 29-33; 190. 11-14
66. वही, 188. 52-53; जातक, 1.77
67. वही, 190. 21-26; *विष्णुपुराण,* 6.1.54
68. वही, 190. 26-43; *ब्रह्मपुराण,* 230. 13-14
69. वही

70. *अनुशासनपर्व*, 61. 25-29
71. *शान्तिपर्व*, 228. 49-59; *अनुशासनपर्व*, 111.62 एवं 85
72. वही, 107. 30
73. *मत्स्यपुराण*, 273.48; *ब्रह्मपुराण*, 230.10.1234
74. *श्रीहरिवंशपुराण*, 3. 8-9
75. वही, 3. 22-26
76. वही, 3.27
77. वही, 3. 38-40; *ब्रह्मपुराण*, 230. 11
78. वही, 4. 24
79. *नारदपुराण*, 41. 21-100; *ब्रह्मपुराण*, 231. 8-9
80. *श्रीमद्भागवतपुराण*, 1.1.70
81. वही, 1.3. 46-51
82. वही, 1.3. 55-58
83. वही, 1.4. 11-14
84. वही, 1.1.16.24; *ब्रह्मपुराण*, 230.28; 231.7
85. *वही*, 2.12.2.3; *ब्रह्मपुराण*, 230.11
86. वही, 2.12.2. 4-6
87. वही, 2.12.2. 9-15
88. वही, 2.12.3. 25-42
89. *भविष्यपुराण*, 2.2. 1-3; 2.1. 1-6
90. वही, 2.2. 15-21
91. वही, 2.4. 1-16
92. वही, 2.5. 16-17
93. वही, 2.6. 6-25
94. वही, 2.9. 3-20
95. वही, 2.12.19
96. वही, 2.19. 14-15
97. वही, 2.29. 1-8
98. वही, 2.30. 4-9
99. वही,
100. वही, 2.4.1. 45-46; 2.4.2. 21-28
101. वही, 2.4.5. 18-19
102. वही, 2.4.23. 63-65
103. वही, 2.4.23. 125-132
104. वही, 2.4.6. 38-41
105. ब्रह्मपुराण, 230. 13-14
106. वही, 230. 19-20
107. वही, 230. 21-22
108. वही, 230. 36-37
109. वही, 230.73; 231.6
110. वही, 231. 8-10

111. वही, 231.11
112. वही, 231.16
113. वही, 231.20
114. वही, 231.28
115. वही, 231. 29-30
116. वही, 231. 36-41
117. वही, 231. 52-54
118. *ब्रह्मवैवर्तपुराण, प्रकृतिखंड,* 7. 18-19
119. वही, 7. 22-23
120. वही, 7. 25-26
121. वही, 7.27
122. वही, 7. 30-31
123. वही, 7.33
124. वही, 7.34
125. वही, 7.35-37
126. वही, 7.54-55
127. *वही, श्रीकृष्णखंड,* 90.40
128. वही, 90. 52-53
129. वही, 90. 56-58

19

स्त्रियाँ

कलियुग में स्त्रियाँ नाटे कद की और बहुत सन्तान पैदा करनेवाली होती थीं। वे मुख से व्यभिचार करनेवाली होने लगीं। वे कठोर और कटुवादिनी होतीं। उन्हें रोना ही अधिक पसन्द था। पति की आज्ञा में वे नहीं रहतीं। स्त्रियाँ वेश्यावृत्ति को अपनाने लगीं।[1] गुरु की पत्नी शिष्यगमन करतीं।[2] 5-6 या 7-8 वर्ष की स्त्रियाँ गर्भधारण करने लगीं। योग्य पतियों को धोखा देकर पत्नियाँ सेवकों और पशुओं से व्यभिचार करतीं। वीर पुरुषों की स्त्रियाँ पति के जीते हुए भी परपुरुषों से व्यभिचार करती थीं।[3] कन्याएँ स्वयं वर चुन लेती थीं।[4] रोती-बिलखती स्त्रियों का अपहरण हो जाता था।[5] स्त्रियाँ दासी के रूप में ब्राह्मणों को दान दी जातीं।[6] स्त्रियाँ पतियों पर अत्याचार करने लगीं। सन्तानों के लालन-पालन पर वे ध्यान नहीं देतीं।[7]

गृहस्वामिनियाँ घर में इधर-उधर बिखरे हुए कुदाल, दराँती (हंसुआ), पिटारी, काँसे के बर्तन आदि सामानों का देखभाल नहीं करती थीं।[8] दासियाँ सुन्दर हार एवं अन्य आभूषण पहनकर मनोहर वेशधारण करतीं और दुराचारिणी स्त्रियों की भाँति चलती-फिरतीं, खड़ी होतीं और कटाक्ष करती रहती थीं। वे सारे कुकृत्य करती थीं। क्रीड़ा, रति और बिहार के अवसरों पर स्त्रियाँ पुरुषवेश धारण करके पुरुषों के साथ आनन्द करती थीं।[9]

सास-ससुर के सामने बहू सेवकों पर शासन करने लगीं। पति को वे आदेश देतीं और सबके सामने पति को बुलाकर बात करती थीं। अपने पतियों की सेवा वे छोड़ दी थीं। अपने पति से वे सन्तुष्ट नहीं थीं।[10] ब्राह्मणियाँ शूद्रों से समागम करती थीं।[11] स्त्रियाँ अपने पुत्रों से मिलकर पति की हत्या करा देती थीं।[12]

कोसल राज्य में स्त्रियाँ कृषिकार्य करती थीं। धूप में फैलाए हुए धान्य आदि भींगने के डर से अन्दर लेकर चली जाती थीं। कुमारियाँ आयु प्राप्त होने से पहले ही, आदमियों से संसर्गकर, ऋतुमती तथा गर्भिणी हो, बेटा-बेटी की वृद्धि करने लगीं। क्षुद्रवृक्षों के पुष्पित होने की तरह वे ऋतुमती होकर कम आयु में सन्तानवाली हो जाती थीं। उच्चकुलवाली कन्याएँ नीचकुलवालों से ब्याही जाती थीं। कुलीन लड़कियों से अकुलीन सहवास करते थे। स्त्रियाँ पुरुषलोभी, सुरालोभी, आभरण लोभी, बाजारों में घूमने की

लोभी, लौकिक चीजों की लोभी, निडर, निर्लज्ज एवं व्यभिचारिणी थीं। अपने स्वामी द्वारा खेती, पशुपालन आदि कर्म से बड़ी कठिनाई से कमाए धन को जारों के साथ शराब पीकर, माला-गन्ध-विलेपन में लगाकर नाश कर देती थीं। घर के अन्दर वे आवश्यक कार्य का भी ख्याल नहीं रखती थीं और घर के अन्दर की चहारदीवारी के ऊपर से, छिद्रों तक में से अपने जार को देखती थीं। बोने के लिए रखे बीज को भी कूटकर यवागु-भत्त-खाजा आदि बना-खाकर उड़ा देती थीं। तरुण पत्नियाँ पतियों को अपने वश में रखती थीं। घर के नौकर-चाकर, गौ-भैंस, आभूषण, रत्न आदि सब कामीस्त्रियों के अधीन रहता था। अपने पतियों को वे नाना प्रकार से गाली देकर एवं उनके मन को पीड़ित कर नौकर-चाकरों की तरह अपने वश में रखतीं और विलासी जीवन व्यतीत करती थीं।[13]

स्त्रियाँ योनी विक्रय करती थीं।[14] सुकुमारता, रूप एवं रत्न का सम्पर्क लुप्त हो गया; वे केवल केश विन्यास करके ही अपने को सन्तुष्ट समझती थीं। माला, चन्दन और उत्कृष्ट वस्त्राभरण का उपयोग समाप्त हो गया। स्त्री के सिवाय लोगों को उपभोग की कोई सामग्री पसन्द नहीं थी। समस्त पृथ्वी वृथारूपगर्विता और दुश्चरित्रा नारियों से भर गई थी। स्त्रियों की संख्या पुरुषों से अधिक थी।[15] गवेधुक (कौड़िल्ला) का वे अलंकार तथा सोहाग के लिए शंख की केवल एक चूड़ी पहनती थीं।[16] वे अपने सास से काम लेती थीं। वे मनचाहे पुरुषों से दुष्कर्म करातीं।[17] सोए पति को धोखा देकर वे अन्य पुरुष से रमण के लिए चली जाती थीं। उनके मुख में केवल धर्म की वार्ता थी, व्यवहार में नहीं।[18]

शूद्रा, विधवा और वेश्याओं से रमण करने में ब्राह्मण थोड़ा भी संकोच नहीं करते थे।[19] स्त्रियाँ असुरक्षित थीं।[20] उनकी श्रेष्ठता का आधार शील-संयम नहीं बल्कि रति कौशल था।[21] स्त्रियों में दुष्टता एवं कुलटापन की वृद्धि थी।[22] वे नाटी, ज्यादा खानेवाली और ज्यादा सन्तान पैदा करनेवाली थीं। वे कुल-मर्यादा का उल्लंघन करते हुए लाज-हया को त्याग चुकी थीं। वे कड़वी बोलतीं और चोरी तथा कपट में निपुण थीं। उनमें साहस बढ़ गया था।[23] राजपरिवार की कन्याओं का विवाह 12 वर्ष की आयु में हो जाता था।[24] वैश्य स्त्रियाँ पति की अनुपस्थिति में परपुरुषों से रमण करातीं थीं किन्तु पकड़े जाने पर राजा गधे पर बिठाकर उन्हें जंगल में भिजवा देता था।[25] स्त्रियाँ लज्जाहीन हो गईं।[26] विवाहित वैश्य स्त्री अन्य पुरुषों से गुप्त सम्बन्ध रखती थीं।[27]

गौड़ देश में राजा की स्त्रियाँ लँगड़ी, ज्वर, मूर्च्छा आदि से पीड़ित थीं। कन्याएँ कामातुर होकर जंगल में एवं समुद्रतट पर विचरण करती रहती थीं। स्त्री के वश में राजा रहता था। रानियाँ चरित्रहीन थीं।[28] राजा की दासी का अपहरण होता था।[29]

पुष्पावती नगरी में राजकन्याओं का अवैध सम्बन्ध ब्राह्मणों से रहता था।[30] कान्यकुब्ज में मन्दिर जानेवाली स्त्रियाँ अपने को असुरक्षित महसूस करती थीं।[31] अपने पति की सहमति से ब्राह्मणी गर्भधारण के लिए अन्य पुरुषों के पास जाती थीं।[32] महर्षि की कन्या को राजा भोगता था।[33] वैश्य कन्याओं का ब्राह्मण से अवैध सम्बन्ध रहता

था। धर्म के बहाने स्त्रियों का ब्राह्मण शोषण करते थे।[34]

मनोनुकूल स्त्री मिलना कठिन था। स्त्री का संग्रह श्रेयकर था।[35] अधिकांश युद्ध स्त्रियों के कारण होते थे।[36] 16 वर्ष की कन्या विवाह योग्य समझी जाती थी।[37] कल्पसिंह की स्त्रियों से क्षत्रियों ने सम्पर्क स्थापित किया जिससे वर्णसंकरों की उत्पत्ति हुई।[38] राजान्या नामक पृथु की रानी ने मागध नामक पुत्र उत्पन्न किया जिसे मागध नामक ग्राम मिला।[39] कलियुग के दूसरे चरण में बिना पतियों वाली स्त्रियों से काफी सन्तानें हुईं जो वर्णसंकर थे।[40] धनहीन पतियों को स्त्रियाँ छोड़ देती थीं। धनवान ही उनका पति होता था।[41] वे बहुत सन्तानवाली, गुरु एवं पति की आज्ञा नहीं माननेवाली और स्वामी की आज्ञा का उल्लंघन करनेवाली होती थीं। अल्प भाग्यवाली स्त्रियाँ दोनों हाथों से सिर खुजलाती थीं। वे स्वामी की आज्ञा का उल्लंघन करती थीं। अपना पेट भरने में लगी रहतीं, क्रोधी स्वभाव वाली, देह संस्कार से रहित, कठोर तथा झूठी होती थीं। कुलांगनाएँ स्वभाव से दुष्ट, सदा लालसा से युक्त तथा पुरुषों से नाजायज सम्बन्ध रखती थीं।[42]

5, 6 तथा 7 वर्ष की होने पर स्त्रियाँ सन्तानोत्पत्ति करने लगीं।[43] कलियुग में स्त्रियाँ धन्य थीं।[44] मन, कर्म तथा वाणी से पति की सेवामात्र करने से स्त्रियाँ पुरुषों के समान लोकों को प्राप्त कर लेतीं किन्तु ऐसी स्त्री नहीं मिलती थी। पुरुष जिन लोकों को महान क्लेश से भी नहीं प्राप्त कर पाता उसे स्त्रियाँ पतिसेवा से प्राप्त कर लेती थीं। ऐसी स्त्री शायद ही थी। पति-सेवा में वे तत्पर नहीं रहती थीं। पतिसेवा करनेवाली स्त्री पुण्य को प्राप्त करती थी।[45] 16वें वर्ष में वे सन्तान उत्पन्न करने लगीं। वे भग-विक्रय करती थीं।[46] स्त्रियों की सुकुमारता एवं रूप नष्ट हो चुके थे।[47]

स्त्रियाँ पुरुषों को अपने नियन्त्रण में रखती थीं। घर-घर की स्त्रियाँ व्यभिचारिणी (पुंश्चली) थीं। वे अपने स्वामियों का निरन्तर तर्जना-भर्त्सना करती थीं।[48] पुंश्चली स्त्रियाँ पतिव्रता कही जाती थीं।[49] अधिकांश स्त्रियाँ बौनी और रोगी होती थीं। वे 8वें वर्ष में युवती और गर्भिणी हो जाती थीं। प्रत्येक वर्ष के अन्त में वे बच्चा पैदा करतीं और 16वें वर्ष वृद्धा हो जाती थीं। हजारों में से कोई एक स्त्री बन्ध्या होती थी। चारों वर्णों के लोग कन्या-विक्रय करते थे। माता, स्त्री, बहू, सभी जार (उपपति) से जीविका प्राप्त करने में तत्पर रहती थीं। पुरुष कन्याओं एवं भगिनियों के जारपति द्वारा अपनी जीविका चलाते थे।[50] पुंश्चली, पति-पुत्रहीन, कुटनी एवं रजस्वला स्त्रियाँ ब्राह्मणों के भोजनालयों में भोजन बनाने का काम करती थीं। स्त्रियों में कोई नियम नहीं था।[51] कलियुग के प्रारम्भ में पुंश्चली स्त्रियाँ भयभीत रहने के बावजूद गुप्त पाप करती थीं।[52] ग्राम्य धर्म (स्त्री-सम्भोग) की प्रधानता के कारण विवाह स्त्री की स्वीकृति पर निर्भर करता था।[53]

स्त्रियाँ पतिव्रता नहीं थीं। घर-घर में पुंश्चली थीं जो अपने पति को अपमानित करतीं और पति सेवक के समान पत्नी से सदा भयभीत रहता था।[54] जार (उपपति) को वे मिष्ठान, भोजन, पान और वस्त्र-चन्दन प्रदान करतीं किन्तु अपने दुःखी पति को भोजन भी नहीं देती थीं।[55] स्त्री पति की हत्या करके कामवश जारपति को कुतूहल से

अपना लेती थी।[56] स्त्रियों के आवभगत में लोग रहते थे। स्त्रियों के बन्धुओं को मान्यता प्राप्त होती थी और उनका गौरव निरन्तर बढ़ता जा रहा था।[57] अधिकांश स्त्रियाँ झगड़ालु, सन्तानहीनता, कामुकी और सदैव जारपति के साथ रहती थीं।[58]

पाद-टिप्पणी

1. *वनपर्व,* 188. 40-42; 190. 52 एवं 80-81
2. वही, 188. 46-49; 190. 51
3. वही, 188. 60-64; 190. 15; 190. 49; 190. 52
4. वही, 190. 35-36
5. *अनुशासनपर्व,* 61. 31-32
6. *शान्तिपर्व,* 46. 49. 4536
7. वही, 228. 49-59; *अनुशासनपर्व,* 111. 62 एवं 85
8. वही, 228. 60-64
9. वही, 228. 67-70; वनपर्व, 190. 17; *नारदपुराण,* 41. 21-100
10. वही, 228. 71-80; *अनुशासनपर्व,* 111. 52-54; *वनपर्व,* 190. 43; *जातक* 1.77
11. *अनुशासनपर्व,* 111.89
12. वही, 127. 16; जातक, 1.77
13. *जातक,* 1.77 (महासुपिन जातक)
14. *श्रीहरिवंशपुराण,* 3.12; *ब्रह्मपुराण,* 230.21 एवं 29-31
15. वही, 3. 22-24; *ब्रह्मपुराण,* 230. 15-16
16. *वही,* 3. 36-37
17. वही, 3. 38-39; 4.25; *ब्रह्मपुराण,* 230. 29-31
18. वही, 4. 10-15
19. *नारदपुराण,* 41. 21-100
20. *श्रीमद्भागवतपुराण,* 1.1.16. 22-24
21. वही, 2.12.2.3; *भविष्यपुराण,* 2.1. 5-60
22. वही. 2.12.3. 30-31; *भविष्यपुराण,* 2.1. 5-65
23. वही, 2.12.3. 33-34; *ब्रह्मपुराण,* 230.28
24. *भविष्यपुराण,* 2.2. 10-30
25. वही, 2.4. 41-59; 2.5. 14-17
26. वही, 2.5. 16-17
27. वही, 2.9. 3-20
28. वही, 2.11. 3-34; 2.12. 1-19
29. वही, 2.13. 1-8
30. वही, 2.14. 1-48
31. वही, 2.15. 19-20
32. वही, 2.18. 1-35

33. वही, 2.19. 1-15
34. वही, 2.20. 1-10; *पंचतन्त्र की कहानियाँ* (भगवान सिंह), पृ. 38-42
35. वही, 2.30. 4-9
36. वही, 2.3.11; 2.3.12; 2.3.13
37. वही, 2.3.21.65
38. वही, 2.4.1. 45-46
39. वही, 2.4.21. 3-20
40. वही, 2.4.24. 34-36
41. *ब्रह्मपुराण,* 230. 17-18
42. वही, 230. 29-31
43. वही, 230. 40-42
44. वही, 230. 61; *जातक,* 3. 269. पृ. 71-75
45. वही, 230. 73-77
46. वही, 231. 10-11
47. वही, 231. 22
48. *ब्रह्मवैवर्तपुराण,* प्रकृतिखंड, 7. 20-21
49. वही, 7. 33-34
50. वही, 7. 40-43
51. वही, 7. 55-56
52. वही, श्रीकृष्णखंड, 90. 24-25
53. वही, 90.35
54. वही, 90.38
55. वही, 90.39
56. वही, 90.46
57. वही, 90. 50-51
58. वही, 90.58, 60-61

20

राजा

20.1

द्वापर युग के अन्तिम चरण में कलियुग का असर दिखाई देने लगा था। इसी समय राजा नल हिरण्य, सुवर्ण, रथादिवाहन और बहुमूल्य वस्त्र जुआ में हारता जा रहा था। उसने मन्त्रियों और प्रजा से मिलना बन्द कर दिया। अपनी रानी दमयन्ती को उसने निकाल देने का निश्चय किया। राजा विवेकहीन होने लगे थे।[1] ऋतुपर्व के सहयोग से राजा नल ने जब अश्वविज्ञान जान लिया तो कलियुग कमजोर हो गया किन्तु नल कलियुग के कुप्रभाव से पूर्णतः मुक्त नहीं हुआ। वह और उसकी पत्नी नष्ट हो गए।[2]

कलियुग में म्लेच्छ राजा शासन करने लगे। आन्ध्र, शक, पुलिन्द, यवन, कम्बोज, वाह्लीक तथा आभीर देश के राजा म्लेच्छ थे।[3] राजा द्वारा लगाए गए कर के भार से गृहस्थ लुटेरे बन गए थे।[4] मूर्ख राजा सब तरह के उपायों से दूसरों के धन का अपहरण करता था।[5] उसके द्वारा लगाए हुए करों के भार से पीड़ित लोग धैर्य छोड़कर चल दिए और शूद्रों की सेवा में रहकर धर्मविरुद्ध कार्य करने लगे। ऐसा कलियुग के सन्ध्यांश में होने लगा था।[6] राजा के कर्मचारी यज्ञ के नाम पर प्रजा को लूटते थे। लोगों को डरा-धमकाकर वे निष्ठुरतापूर्वक धन ले लेते थे। वृद्ध, बालक, दीन और अन्धे असुरक्षित तथा राजा सुरक्षित था।[7] राज्य की उन्नति रुक गई थी और शत्रुओं का प्रभाव बढ़ गया था। राजा प्रजा की रक्षा करने में समर्थ नहीं था। उसके मन्त्री अयोग्य थे।[8] रोती-बिलखती स्त्रियों का अपहरण हो जाता था और उनके पति-पुत्र रोते-पीटते रह जाते थे।[9] राजा के प्रमाददोष से लुटेरे प्रबल होकर प्रजा को लूटते थे। प्रजा को मदद करने में राजा जिस समय सक्षम नहीं रहा उसे *मूर्तिमान कलियुग* कहा गया।[10] उस राजा को *कलियुग* कहा गया जो प्रजा की रक्षा नहीं करता, प्रजा के धन को लूटता-खसोटता और जिसके पास योग्यमन्त्री नहीं थे।[11] राष्ट्र का अधिक दोहन करने से राजा दरिद्र हो गया था। राज्य में प्रजा को पीड़ित करनेवाले राजकर्मचारी राजा के विनाश के सूचक थे।[12] दोषी को दंडित करने से हिचकिचानेवाला राजा नपुंसक और बुद्धिहीन माना जाता था। मगर, मत्स्य एवं अन्य जानलेवा जीव राजनीति के राजकीय पुरुष थे। दुष्ट अधिकारियों

के कारण किसी भले मनुष्य का रहना मुश्किल था। राजारूपी दुर्ग के प्रकोप से बचने का उपाय विद्वान पुरुष भी नहीं जानते थे। राज्य गहन अन्धकार से आछन्न और दुःख से परिपूर्ण था।[13]

जरासन्ध, अशोक और उसका भाई हार्दिक्य, पौरव, वाह्लीकवंशी प्रह्लाद, कम्बोज नरेश चन्दवर्मा, अनुपदेश का राजा असुर मृतपा, द्रूमसेन, काशीराज, पांड्यदेश का राजा, मगध देश का राजा जयत्सेन, निषादनरेश, कलिंग नरेश कुहर, कंस, कालि का अंश दुर्योधन, दुःशासन, शिखंडी आदि शासकों को नाशक कहा गया है।[14] कृष्ण जब वन में सो रहे थे तो एक शिकारी ने मृग समझकर उन पर बाण छोड़ दिया जो उनके तलवे में लगा और मृत्यु हो गई।[15] महाभारत युद्ध के बाद सभी पांडव नरेशों का दुःखद अन्त हुआ।[16] अर्जुन का गांडीव धनुष किसी काम का नहीं रहा। रेगिस्तानी इलाके में भूख-प्यास के कारण सभी पांडवों की मृत्यु हो गई।[17] राजा *कलियुग* का कारण था।[18]

अधार्मिक एवं कंजूस (बौद्ध) राजाओं के कारण धर्म घटा और अधर्म बढ़ा। कृपण राजा पंडितों, परम्परागत दक्षों, कार्य सम्पादन करने की सामर्थ्य रखनेवालों और महाबुद्धिमानों को यश नहीं देते थे। धर्म सभा तथा न्यायालयों में वे पंडित, व्यवहारकुशल एवं दक्ष अमात्य को नहीं रखते थे। वे कम ज्ञान रखनेवाले तरुण से न्यायालय का काम कराते थे। योग्य-अयोग्य में अन्तर करने की उनमें क्षमता नहीं थी। अधार्मिक लोभी मनुष्यों को मूर्ख राजा न्यायाधीश बनाते जो पाप-पुण्य का भेद न कर, सभा में बैठ न्याय करते हुए दोनों प्रत्यर्थियों से रिश्वत लेकर खाते थे। राजा जाति सम्पन्न कुलपुत्रों पर शंका करके उन्हें अपमानित करते थे। वे किसी काम के नहीं रहे। वे कृपण हो गए। पुराने कुलीन पुरुष कोई उपाय न देखकर जीविका प्राप्त करने की इच्छा से कलयुगी ऐश्वर्यशालियों (राजाओं) पर निर्भर रहकर जीविका चलाते थे। नीचवर्ण के राजाओं को उच्चवर्णवाले कुलीन अब अपनी लड़कियाँ देने लगे। जो ऐश्वर्यशाली कहलाता उसके खजाने में 1 लाख कर्षापण मात्र होता था। सभी जनपदवासियों से राजा अपना ही काम करवाता था। अपना कामकाज छोड़कर पीड़ित एवं दुःखी लोग राजाओं के लिए ही पूर्वअन्न, अपरअन्न (आषाढ़ी-श्रावणी) बोते, रखवाली करते, काटते, दलाई करते, ढुवाते, ऊख की खेती करते, यन्त्र बनाते, यन्त्र चलाते, गुड़ आदि पकाते, पुष्पोद्यान तथा फलोद्यान लगाते और यहाँ-वहाँ उत्पन्न पूर्व-अन्न आदि को लेकर राजा के कोठों को ही भरते थे। राजा अधार्मिक, पक्षपाती, अन्यायी, लोभी और रिश्वतखोर था। ऊख के यन्त्र में ऊख की गाँठ को पेरने की तरह वह मनुष्यों को पेरता था और नाना प्रकार के टैक्स (बलि) लगाकर प्रजा का धन ग्रहण करता था। अधार्मिक राजा के कारण ही राजकर्मचारी, ब्राह्मण-गृहपति, निगम तथा जनपद (देहात) के निवासियों से लेकर श्रमण ब्राह्मणों तक सब मनुष्य (बौद्ध) अधार्मिक हो गए। ऐसे शासकों के राज्य में विषम एवं कठोर हवाएँ चलने लगीं। राजा हस्तशिल्प में अकुशल और युद्ध में अविचारक होते थे। अकुलीन ऐश्वर्यशाली राजा और कुलीन दरिद्र होने लगे। राजा के समक्ष, राजद्वार में, अमात्यों के समक्ष तथा न्यायालयों में अकुलीनों का कथन ही निश्चय तथा सुप्रतिष्ठित

माना जाने लगा।[19]

शूद्र ही अधिकतर राजा होते थे।[20] राजा प्रमति पूर्वजन्म में विष्णु था और इस जन्म में मनु के वंश में भूतल पर उत्पन्न हुआ था। कलियुग में वह चन्द्रमा का पुत्र था। 32 वर्ष की अवस्था में उसने 20 वर्षों तक धर्महीनों का नाश किया। इसके पश्चात् उसकी विशाल सेना गंगा और यमुना के बीच सिद्धि को प्राप्त हुई। इस तरह सभी अधार्मिक राजाओं का नाश हो गया। कुछ प्रजाएँ शेष रहीं जिन पर कलियुग प्रभावी रहा।[21]

मगध में वृहद्रथवंशीय एवं अवन्तिदेश में वीतिहोत्रवंशीय राजाओं के समाप्त होने पर पुलक अपने स्वामी रिपुंजय को मारकार उसके पुत्र को गद्दी पर बैठाया। पुलक से उत्पन्न हुआ वह बालक शक्ति के बल पर सामन्तों द्वारा वन्दनीय हो गया। उसकी शासन-नीति धर्म-विरोधी थी। उसने 23 वर्षों तक राज्य किया। उसके बाद राजा विशाखयूप ने 50 वर्षों तक, सूर्यक 21 वर्षों तक और उसका पुत्र नन्दिवर्धन 30 वर्षों तक शासन किया। इन शासकों के यश का अपहरण करके शिशुनाग राजा हुआ जिसने वाराणसी में अपने पुत्र को गद्दी पर बैठाया और स्वयं गिरिव्रज (मगध) में 40 वर्षों तक शासन किया। उसका पुत्र काकवर्ण 26 वर्षों तक, क्षेमवर्मा 36 वर्ष, क्षेमजीत 24 वर्ष, बिम्बिसार 28 वर्ष, अजातशत्रु 25 वर्ष, अजातशत्रु का पुत्र दशक 35 वर्ष, उदासी 33 वर्ष और नन्दिवर्धन ने 40 वर्षों तक राज्य किया।[22] अपने राज्यकाल के चौथे वर्ष में उदासी ने गंगा के दक्षिण में कुसुमपुर बसाया। महानन्दी ने 43 वर्षों तक शासन किया। ये 10 राजा शिशुनागवंश के थे।[23] शिशुनागवंशीय शासकों ने 360 वर्षों तक शासन किया। ये सभी निम्नकोटि के क्षत्रिय थे।[24]

कलियुग में इक्ष्वाकुवंशीय 24 शासकों ने, 27 वर्षों तक पांचाल शासकों ने, 24 वर्ष काशी के शासकों ने, हैहयवंशीय शासक 28 वर्षों तक, कलिंगदेशीय शासकों ने 32 वर्ष, अश्मक (महाराष्ट्री) शासकों ने 25 वर्षों तक, कुरुदेशी 26 वर्षों तक, मैथिल 28 वर्षों तक, शूरसेन देश (माथुर मंडल) के शासकों ने 23 वर्षों तक तथा विविहोत्रवंशीय शासकों ने 20 वर्षों तक शासन किया। इन सभी शासकों ने एक समय में ही शासन किया।[25] महानन्दि का पुत्र महापद्म कलियुग के अंश के रूप में शूद्रा के गर्भ से उत्पन्न होने से शूद्र हुआ। उसने 88 वर्षों तक एकछत्र शासन किया।[26] महापद्मवंश में सुकल्प आदि 8 पुत्र हुए जिन्होंने क्रमशः 12 वर्षों तक शासन किया। महापद्म के पुत्रों को कौटिल्य ने उखाड़ दिया और सौ वर्षों तक राज्य किया। इसके बाद मौर्य शासकों ने शासन किया। शतधन्वा ने 6 वर्षों तक शासन किया। शतधन्वा का पुत्र वृहद्रथ ने 70 वर्षों तक राज्य किया। शकशासक 30 वर्षों तक शासक रहा। शक का नाती 70 वर्षों तक, उसका पुत्र राजा दशरथ ने 8 वर्षों तक एवं उसका पुत्र 79 वर्षों तक राज्य किया। ये 10 मौर्यवंशीय राजा 137 वर्षों तक शासन किए। उसके बाद शुंगवंशीय सेनापति पुष्यमित्र वृहद्रथवंशियों का विनाश करके स्वयं राजा बन बैठा और 36 वर्षों तक शासन किया।[27]

अग्निमित्र 8 वर्ष, वसुज्येष्ठ 7 वर्ष, वसुमित्र 10 वर्ष, अन्धकराजा 2 वर्ष, उसका पुत्र पुलिन्द 3 वर्ष, वज्रमित्र 14 वर्ष, समाभाग 32 वर्ष एवं देवभूमि 10 वर्षों तक शासन

किया।[28] राजा देवभूमि का अमात्य शुंगवंशीय वासुदेव राजा को मारकर शासक बना और कांवायन के नाम से 9 वर्षों तक शासन किया। उसका पुत्र भूमिमित्र ने 14 वर्षों तक शासन किया। ये शुंगभृत्य शासक कांवायन नाम से जाने गए। ये द्विज और परमधार्मिक थे। इनके शासनकाल में ही आन्ध्रवंशीय शासक शासन करने लगे।[29] शिशुक प्रथम आन्ध्र राजा हुआ जिसने 23 वर्षों तक शासन किया। उसके छोटे भाई कृष्ण 18 वर्षों तक, उसका पुत्र शातकर्णी 10 वर्षों तक, उसका पुत्र पुर्णोत्संग 18 वर्षों तक, स्कन्धस्तम्भि 18 वर्षों तक, शान्तकर्णि 56 वर्षों तक, उसका पुत्र लम्बोदर 18 वर्षों तक, उसका पुत्र आपीतकल 12 वर्षों तक, मेघस्वाति 18 वर्षों तक, स्वाति 18 वर्षों तक, स्कन्धस्वाति 7 वर्षों तक, मृगेन्द्रस्वातिकर्ण 3 वर्षों तक, कुन्तलस्वातिकर्ण 1 वर्ष तक, हाल 5 वर्षों तक, मुन्तलक 5 वर्षों तक, पुरीन्द्रसेन, शान्तिकर्ण 1 वर्ष तक, चकोरस्वातिकर्ण छह मास, शिवस्वाति 28 वर्षों तक, गौतमीपुत्रशातकर्णी 21 वर्षों तक, उसका पुत्र पुलोमा 28 वर्षों तक, शिवश्रीपुलोमा 7 वर्षों तक, शान्तिकर्ण का पुत्र शिवस्कन्ध 29 वर्षों तक, यज्ञश्रीशान्तिकर्णिक 29 वर्षों तक, उसका पुत्र विजय 6 वर्षों तक, उसका पुत्र चंडश्रीशान्तिकर्ण ने 10 वर्षों तक और पुलोमा द्वितीय 7 वर्षों तक शासन किया।[30]

7 गर्दभिलवंशीय शासकों ने शासन किया। तुषारों, गुरूंडों, हूणों और यवनशासकों ने भी शासन किया। ये सभी म्लेच्छ और लोभी थे। इनके शासनकाल में अधार्मिकों (जैन एवं बौद्ध) की संख्या में अपार वृद्धि हुई। कलियुग में इन सबका नाश हो गया।[31] प्रजा असत्कर्मपरायण, निर्बल, लूटपाट के शोक से जर्जरित, अनावृष्टि से पीड़ित, परस्पर एक-दूसरे के संहार के इच्छुक, आश्रयहीन, भयभीत एवं घोर संकट से ग्रस्त होकर नदियों के तटों और पर्वतों पर वास करने लगी।[32] राजवंशों के नष्ट हो जाने पर सारी प्रजा घर-द्वार से विहीन, स्नेहरहित, निर्लज्ज, भाई-मित्र आदि का त्याग करनेवाली, वर्णाश्रमधर्म से भ्रष्ट, अधर्म में लीन, पत्ते मूल और फलों का आहार करनेवाली, पत्तों और मृगचर्म के वस्त्र रूप में धारण करनेवाली हो गई तथा जीविका के लोभ में इधर-उधर पलायन करने लगी।[33] शुंगवंशीय ब्राह्मणराज के बाद सारा समाज पतित हो गया। सारी प्रजाएँ मिथ्या व्यवहार में लीन, लोभी, धर्म, अर्थ एवं काम से हीन, वैदिक एवं स्मार्त नियमों के पालन से विमुख, वर्णाश्रम-धर्म की मर्यादा से विहीन और दुर्बलात्मा हो गई। उनके सभी सन्तान वर्णसंकर थे।[34]

राजा इन्द्रियों का दास, प्रजा की रक्षा करने में असमर्थ और यज्ञादि सत्कर्मों से विमुख थे।[35] वे तस्करी का काम करते थे।[36] कुरूप राक्षस एवं चुगली पसन्द राजे ही शासन करते थे।[37] वे राक्षस बड़ी-बड़ी सेना लेकर देश-विदेश में घूमते हुए लोगों का भक्षण करते फिरते थे।[38] राज्य की उन्नति रुक गई थी और शत्रुओं का प्रभाव बढ़ गया था।[39]

ऊँचे-ऊँचे कुल दुर्गति को प्राप्त हो गए और नीच कुल ऐश्वर्यशाली बन गए थे। प्रजा से राजा दिन-भर बेगार लेता और उन्हें अपने घरों के खाली कोठों की ओर देखने

तक का समय नहीं मिल पाता था।[40] राजा का एकमात्र काम धन संग्रह करना था। प्रजा के साथ वे अन्याय करते थे। कर के भार से प्रजा पीड़ित थी। राजकर्मचारी निवासियों को कठोरतापूर्वक पीटते थे। म्लेच्छ राजा धर्म का तिरस्कार करते थे।[41] शूद्र शासक गाय-बैल को ठोकरों से मारते थे।[42] जिस समय परीक्षित जंगलदेश का शासक था उसी समय कलियुग का प्रवेश उसके क्षेत्र में हो गया।[43] उसी के बाद शूद्र पृथ्वी पर शासन करने लगे। ये शासक ब्राह्मण से सेवा कराते थे।[44] सत्पुरुषों के घर में जब भागवतकथा में बाधा पड़ने लगी तो शूद्र राजा होने लगे।[45]

शिशुनाग कलियुग का प्रथम शासक था। इस शासक के काल से 360 वर्ष तक के सभी शासक कलियुग में हुए। महानन्दि की शूद्रा पत्नी के गर्भ से नन्द का जन्म हुआ जिसे महापद्म भी कहा गया। उसने क्षत्रिय राजाओं का विनाश किया और इसके बाद के सभी राजा शूद्र थे।[46] शिशुनाग के 8 पुत्रों ने 100 वर्षों तक शासन किया। इनका नाश कौटिल्य ने किया जिसे वात्स्यायन एवं चाणक्य के नाम से भी जाना जाता है। इसके बाद मौर्यवंश के शासक हुए।[47] चन्द्रगुप्त मौर्यराजवंश का संस्थापक था। उसका पुत्र वारिसार और वारिसार का पुत्र अशोकवर्द्धन था। अशोक का पुत्र सुयश, सुयश का संगत, संगत का शालिशूक और शालिशूक का पुत्र सोम शर्मा था। सोम शर्मा का शतधन्वा और शतधन्वा का पुत्र वृहद्रथ हुआ। इन शासकों ने 137 वर्षों तक शासन किया। वृहद्रथ का सेनापति पुष्पमित्रशुंग था जो अपने स्वामी को मारकर गद्दी पर बैठा। पुष्पमित्र का पुत्र अग्निमित्र और अग्निमित्र का पुत्र सुज्येष्ठ था। सुज्येष्ठ का वसुमित्र, वसुमित्र का भद्रक और भद्रक का पुलिन्द, पुलिन्द का घोष और घोष का पुत्र वज्रमित्र था। वज्रमित्र का भागवत और भागवत का पुत्र देवभूति था। शुंगवंश के इन नरपतियों ने 112 वर्षों तक शासन किया।[48]

शुंगों के बाद कण्ववंश के शासक हुए। ये पहले के शासकों की तुलना में कम गुणवाले थे। अन्तिम शुंगनरेश देवभूति बड़ा ही लम्पट था। उसे उसका मन्त्री कण्ववंशी वासुदेव ने हत्या कर डाली और स्वयं शासक बन बैठा। वासुदेव का पुत्र भूमित्र, भूमित्र का नारायण और नारायण का पुत्र सुशर्मा था। इन कलियुगी शासकों ने 345 वर्षों तक शासन किया। अन्तिम शासक सुशर्मा का शूद्र सेवक बली अन्ध्रजाति का और अतिदुष्ट था। सुशर्मा को मारकर वह कुछ समय तक शासक बना रहा। उसके बाद वली का भाई कृष्ण राजा हुआ। कृष्ण का पुत्र श्रीशान्तकर्ण और उसका पुत्र पौर्णमास था। पौर्णमास का लम्बोदर और लम्बोदर का पुत्र चिबिलक हुआ। चिबिलक का मेघस्वाती, मेघस्वाती का अटमान, अटमान का अनिष्टकर्मा, अनिष्टकर्मा का हालेय, हालेय का तलक, तलक का परीषभीरु और परीषभीरु का पुत्र सुनन्दन था। सुनन्दन का पुत्र चकोर और चकोर के 8 पुत्र थे जो बटु कहलाए। इनमें सबसे छोटे का नाम शिवस्वाति था। वह बड़ा वीर था। शिवस्वाति का गोमतीपुत्र और उसका पुत्र पुरीमान था। मेदःशिरा का पिता पुरीमान, शिवस्कन्द का पिता मेदःशिरा, यज्ञश्री का पिता शिवस्कन्द, विजय का पिता यज्ञश्री और चन्द्रविज्ञ एवं लोमधि के पिता यज्ञश्री थे। इन 30 शासकों ने 456 वर्षों तक शासन

किया।[49]

इसके बाद अवभृति-नगरी के 7 आभीर, 10 गर्दभी और 16 कंक शासक हुए। ये बड़े लोभी थे। पुनः 8 यवन, 14 तुर्क 10 गुरूंड और 11 मौन शासक हुए। मौनों के अतिरिक्त शेष शासकों ने 1 हजार 99 वर्षों तक और 11 मौन शासकों ने तीन सौ वर्षों तक शासन किया। इन शासकों के बाद किलिकिला नगर में भूतनन्द राजा हुआ। उसका भाई वंगिरि, वंगिरि का भाई शिशुनन्दी तथा यशोनन्दी और प्रवीरक ने 106 वर्षों तक शासन किया।[50] इन्हें 13 पुत्र थे और ये सभी शासक वाह्लिक कहलाए। इनमें से 7 ने आन्ध्र प्रदेश पर शासन किया तथा 7 शासकों ने कोशल पर शासन किया। कुछ विदूर-भूमि के शासक और कुछ निषध देश के शासक हुए।[51]

विश्वस्फूर्जि मगध का शासक बना। इसे प्रथम पुरंजय और द्वितीय पुरंजय भी कहा गया। इस शासक के कारण ब्राह्मण एवं उच्चवर्ण पुलिन्द, यदु और मद्र आदि म्लेच्छ जाति में परिणत हो गए। ब्राह्मण, क्षत्रिय एवं वैश्यों का नाश करके उसने शूद्रों की रक्षा की। उसकी राजधानी पद्मवती थी और क्षत्रियों का नाश करते हुए उसने अपना राज्य हरिद्वार से प्रयाग तक विस्तृत किया।[52]

घोर कलियुग में सौराष्ट्र, अवन्ती, आभीर, शूर, अर्बुद और मालव के ब्राह्मण संस्कारहीन थे। यहाँ के शासक शूद्रों के समान थे। सिन्धुतट, चन्द्रभागा का तटवर्ती प्रदेश कोंतीपुरी और कश्मीर पर शूद्रों एवं वैश्यों का राज्य स्थापित था। ये सभी राजा परले सिरे के झूठे, अधार्मिक और स्वल्प दान करनेवाले थे। छोटी बात को लेकर भी ये क्रोध से आगबबूला हो जाते थे। स्त्री, बच्चों, गायों एवं ब्राह्मणों को ये मारते थे। दूसरों की स्त्री और धन हथिया लेने को ये शासक सदा उत्सुक रहते थे। इनकी शक्ति और आयु थोड़ी थी। अपने कर्त्तव्य का पालन ये नहीं करते थे। लूट-खसोटकर अपनी प्रजा का खून चूसते थे। प्रजा भी आपस में एक-दूसरे का शोषण एवं उत्पीड़ित करती थी।[53]

घूस देना या धन खर्च करने में असमर्थ व्यक्ति को न्याय दुर्लभ था।[54] ब्राह्मण, क्षत्रिय, वैश्य और शूद्रों में जो बली होता राजा बन बैठता था। राजा निर्दय और क्रूर थे। वे लुटेरों के समान लोभी थे। वे प्रजा का धन और पत्नियों को लूट लेते थे। सूखा पड़ने पर भी राजा प्रजा से तरह-तरह का कर वसूलता था।[55] कड़ाके की सर्दी और पाला पड़ने, बाढ़ आने और गर्मी पड़ने पर भी वह उत्पात मचाता था।[56]

20.2 पृथ्वी की हँसी

कलियुग में पृथ्वी ने जब देखा कि राजलोग उस पर विजय प्राप्त करने के लिए उतावले हो रहे थे तो वह हँसने लगी और सोची कि यह कितने आश्चर्य की बात थी कि वे राजा जो स्वयं अपनी मौत के खिलौने थे, उसे जीतना चाहते थे। राजाओं से यह बात छिपी नहीं थी कि वे एक न एक दिन मर जाते, फिर भी वे व्यर्थ में ही मुझे जीतने की कामना

करते थे। इस कामना से अन्धा होने के कारण वे पानी के बुलबुले के समान क्षणभंगुर शरीर पर विश्वास कर बैठते और धोखा खाते थे। वे सोचते कि वे पहले पाँचों इन्द्रियों पर विजय पा लेते, भीतरी शत्रुओं को वश में करते क्योंकि इनको जीते बिना बाहरी शत्रुओं को जीतना कठिन था। उसके बाद शत्रुओं के मन्त्रियों अमात्यों, नागरिकों, नेताओं और समस्त सेनाओं को भी वश में कर लेते। जो भी उनके विजयमार्ग में काँटा बोता उसे वे अवश्य जीत लेते। इस प्रकार धीरे-धीरे क्रम से सारी पृथ्वी उनके अधीन हो जाती और तो समुद्र ही उनके राज्य की खाई का काम करता। इस प्रकार वे अपने मन में अनेक आशाएँ बाँध लेते थे और उन्हें यह बात नहीं सूझती कि उनके सिर पर काल सवार था।[57] वहीं तक नहीं, जब एक द्वीप उनके वश में हो जाता था, तब वे दूसरे द्वीप पर विजय करने के लिए बड़ी शक्ति और उत्साह के साथ समुद्र यात्रा करते थे। अपने मन को, इन्द्रियों को वश में करके लोग मुक्ति प्राप्त करते थे, परन्तु वे लोग उनको वश में करके भी थोड़ा-सा भू-भाग ही प्राप्त करते थे। इतने परिश्रम और आत्मसंयम का यही तुच्छ फल था। बड़े-बड़े मनु और उनके वीरपुत्र पृथ्वी को ज्यों-की-त्यों छोड़कर जहाँ से आए थे, वहीं खाली हाथ लौट गए, उसे अपने साथ न ले जा सके। अब वे मूर्ख राजा उसे युद्ध में जीतकर वश में करना चाहते थे।[58] जिनके चित्त में यह बात दृढ़मूल हो गई थी कि यह पृथ्वी उनकी है, उन दुष्टों के राज्य में उसके (पृथ्वी) लिए पिता-पुत्र और भाई-बहन भी आपस में लड़ बैठते और एक-दूसरे को मारते एवं स्वयं मर मिटते थे।[59]

पृथु, पुरुरवा, गाधि, नहुष, भरत, अर्जुन, मान्धाता, सगर, राम, खट्वांग, धुन्धुमार, रघु, तृणबिन्दु, ययाति, शर्याति, शान्तनु, गय, भगीरथ, कुवलयाश्व, ककुस्थ, नल, नृग, हिरण्यकशिपु, वृत्रासुर, लोकद्रोही रावण, नमुचि, शम्बर, भौमासुर, हिरण्याक्ष और तारकासुर तथा बहुत से दैत्य एवं शक्तिशाली नरपति हो गए। ये सब लोग सबकुछ समझते थे, शूर थे, किन्तु सब मृत्यु के ग्रास बने। उन्होंने अन्तःकरण से यही समझा कि पृथ्वी उनकी थी किन्तु विकराल काल ने उनकी लालसा पूरी न होने दी। उनकी कहानीमात्र शेष रही।[60]

20.3 कलियुग के तीन हजार वर्ष व्यतीत होने पर अवन्तिपुरी में शंख नामक राजा राज्य करता था।[61] राजा काश्यप ने 120 वर्ष तक शासन किया।[62] ब्रह्मावर्त का राजा आर्य पृथु था जिसके पुत्र का नाम मागध था। राजा मागध ने मागध देश को आर्य प्रदेश से अलग कर दिया।[63] मागध को देश नामक पुत्र था जिसे उसका हिस्सा देने के पश्चात् उसने यज्ञानुष्ठान क्रिया और उसे शिशुनाग नामक पुत्र हुआ जिसने सौ वर्ष तक राज्य किया। शिशुनाग का पुत्र काकवर्मा 90 वर्ष, काकवर्मा का पुत्र क्षेमधर्मा 80 वर्ष, क्षेमधर्मा का पुत्र क्षेत्रौजा 70 वर्ष, क्षेत्रौजा का पुत्र वेदमिश्र 60 वर्ष, उसका पुत्र अजातरिपु 50 वर्ष, अजातरिपु के दर्भक 40 वर्ष, दर्शक के उदयाश्व 30 वर्ष, उदयाश्व के नन्दवर्धन 20 और नन्दवर्धन को नन्द नामक पुत्र हुआ जिसकी माँ शूद्रा थी।[64]

विष्णु ने गौतम के रूप में जन्म ग्रहण किया। बौद्धधर्म को अपनाकर गौतम ने

पटना में 10 वर्ष तक राज्य किया। शाक्यमुनि ने 20 वर्षों तक शासन किया। उसका पुत्र शाक्यसिंह था जिसका जन्म कलियुग के 2 हजार 7 सौ वर्ष बीत जाने के बाद हुआ। इसी राजा ने वेदमार्ग को नष्ट किया। इसने 60 वर्ष तक शासन किया और इसी अवधि में सभी मनुष्य बौद्धधर्म के अनुयायी हो गए। शाक्यसिंह का पुत्र बुद्धसिंह ने 15 वर्षों तक शासन किया। बुद्धसिंह का पुत्र चन्द्रगुप्त 60 वर्षों तक शासन किया। उसने पौरसाधिपति का सुलूवस्य की पुत्री से विवाह किया। चन्द्रगुप्त का पुत्र बिन्दुसार भी 60 वर्षों तक शासन किया। उसका पुत्र अशोक भी शासक रहा।[65] राजा प्रमर ने 4 योजन में विस्तृत अनन्त प्रदेश में अंवावतीनगरी को राजधानी बनाकर शासन किया।[66]

परिहार नामक राजा ने चित्रकूट पर्वत प्रदेश में शासन किया। उसकी राजधानी कलिंजर थी। वह बौद्धहन्ता था। राजपुत्र नामक प्रदेश में चपहानि ने शासन किया। उसकी राजधानी अजमेर थी जहाँ सुन्दर भवन थे और 4 वर्णों के लोग रहते थे। शुक्ल नामक भूपाल आनर्त प्रदेश के द्वारका नगरी में रहता था।[67] 3710 वर्ष कलियुग में बीतने के पश्चात् प्रमर राजा ने 6 वर्ष तक राज्य किया। प्रमर का पुत्र महामह ने 3 वर्ष और महामह के देव, देव के देवदूत और देवदूत के गन्धर्वसेन ने 50 वर्षों तक राज्य किया। शेष और शेष का पुत्र भूप ने भी शासन किया। गन्धर्वसेन ने अपने पुत्र राजा शंख का अभिषेक करके वन में चले। शंख ने 30 वर्षों तक राज्य किया।[68]

कलियुग के तीन हजार वर्ष बीतने पर शकों का विनाश करने और आर्यधर्म की वृद्धि के लिए विक्रमादित्य का जन्म हुआ।[69] वाराणसी का राजा प्रताप मुकुट था। उसकी रानी महादेवी थी। वज्रमुकुट उसका पुत्र था। वहाँ सभी वर्णों के लोग रहते थे। राजकुमार वज्रमुकुट का प्रेमीमित्र बुद्धिदक्ष मन्त्री-पुत्र था। दोनों घोड़े पर सवार होकर जंगल में गए और एक तालाब के पास पहुँचे जहाँ एक शिवालय था। उसी समय कर्णाटक के राजा दन्तवक्र की कन्या पद्मावती तालाब में क्रीड़ा कर रही थी। उसकी सखियाँ भी थीं। वज्रमुकुट उसे चाहने लगा। वह अपने मित्र बुद्धिदक्ष के साथ कर्णाटक प्रदेश पहुँचा और दोनों एक वृद्धा के घर ठहरे। वृद्धा की मदद से वज्रमुकुट का पद्मावती से कई बार मिलन हुआ। पद्मावती ने कुछ मिठाई खाने को दिया जिसमें जहर था। बुद्धिदक्ष समझ गया। तब वज्रमुकुट पद्मावती को जान से मारने का चाल चला। किन्तु ऐसा नहीं हुआ और पद्मावती के साथ वज्रमुकुट का गन्धर्व विवाह हो गया।[70]

20.4 यमुना के तट पर स्थित धर्मस्थलपुरी में गुणाधिप शासन करता था।[71] राजा प्रजा को सुरक्षा प्रदान करने में असमर्थ था।[72] सुख प्राप्ति के लिए राजाधर्मशील ने धर्मपुर गाँव में दुर्गा मन्दिर बनवाया।[73] मिथिला में राजा का कंठ भूख-प्यास से सूखता था। वे हिरण का मांस खाते और नौकर को बिना वेतन दिए ही काम कराते थे। उनके राजकुमारियों का विवाह नौकर से होता था।[74] गौड़ देश के वर्धन नगर में राजा गुणेश्वर शासन करता था। वह वेदमार्ग का विरोधी और जैन धर्म का समर्थक था।[75] वह स्त्री के वश में रहता था। फलतः राज्य की इतनी क्षति होने लगी कि राजा गुणेश्वर का नाश हो गया। राजा को योग्य कन्या नहीं मिल पाती थी।[76] चरित्रहीन रानियों के कारण राजा

संन्यास लेकर जंगल में चले जाते थे।[77] राजा की दासी एवं धन-द्रव्य का अपहरण होता था।[78] चोरों के अत्याचार से प्रजा को बचाने में राजा असफल था। वह स्वयं चोरी करता और चोरों की सरदारी भी किया करता था। राजा की दासी को अपहृत करके चोर अपना रखैल बना लेते थे। चोरों से राजा के सैनिक पराजित हो जाते थे।[79]

दक्षिण प्रदेश में राजा का मन्त्री राजा को ही धोखा देता था।[80] राजा अपनी स्वार्थपूर्ति के लिए ब्राह्मण बालक को बलि चढ़ाता था।[81] धनाभाव में राजा और उसकी रानी लकड़ी ढोने का काम करते थे।[82] राजा के आदमी मणि-मोतियों का व्यापार करनेवाले व्यापारियों को पकड़कर धन छीन लेते थे। निर्दोष दंडित होते थे।[83] मगधाधिपति महानन्दी सूकरों एवं मुर्गों का मांस खाने के अलावा मद्यपान करता और वेश्यागामी था। उसका स्वभाव शूद्र के समान था।[84]

20.5 कलियुग में युधिष्ठिर वत्सराज का बलखान नामक पुत्र शिरीष नगर के अधिनायक हुए। अर्जुन ब्रह्मानन्द नामक पुत्र के रूप में उत्पन्न हुआ। कान्यकुब्ज प्रदेश में राजा रत्नभानु के पुत्र लक्ष्मण के रूप में नकुल का जन्म हुआ। भीष्म सिंह का पुत्र देव सिंह के रूप में सहदेव का जन्म हुआ। पृथिवीराज नामक राजा के रूप में धृतराष्ट्र का जन्म अजमेर में हुआ। अजमेर में ही द्रौपदी का जन्म वेला के नाम से हुआ। कर्ण का तारक के नाम से जन्म हुआ।[85] महावती नामक पुरी में कृष्ण का जन्म उदय सिंह के नाम से हुआ जिसके पिता का नाम देशराज और माता का नाम देवकी था।[86] कृष्ण के तेजपुंज से आल्हार (आल्हा) का जन्म हुआ। कलियुग में इन्द्रप्रस्थ (दिल्ली), पांचाल (पंजाब), कुरुक्षेत्र, कपिला, अन्तर्वेदी, व्रजथ्य, अजमेर, मरूधन्वा, गौर्जर (गुजरात), महाराष्ट्र, द्राविड़, कलिंग, अवन्ती, उडुप, बंग (बंगाल), गौड़, मागध और कोशल—ये 18 राज्य स्थापित हुए। इनके अलग-अलग शासक थे जिनकी भाषा और धर्म अलग-अलग थे। सौ वर्ष के बाद शकादि गुणों ने उनके धर्म का विनष्ट होना सुनकर अपने अनेक सहायक वृन्दों समेत, जो सिन्धुनदी, हिमालय पर्वत और समुद्र मार्ग से इस आर्य प्रदेश में आए थे, आर्यों पर विजय प्राप्त कर, उन्हें लूट-पाटकर और इनकी स्त्रियों का अपहरण कर अपने देश लौट गए।[87] उसी समय विक्रमादित्य का पौत्र राजा शालिवाहन ने शकों, चीन और तैत्तिरि (तातार) देश में उत्पन्न बाह्लीक, कामरूप, रोम तथा खुर (खुरासन) के राजाओं को हराकर और बाँधकर उनके कोश को ले लिया। शालिवाहन ने म्लेच्छों और आर्यों की अलग-अलग मर्यादा स्थापित की। आर्यों के राष्ट्र का नामकरण सिन्धुस्थान हुआ। उसने म्लेच्छों का स्थान सिन्धुपार के प्रदेश में स्थापित किया।[88] उसने हिमालय के एक टीले की यात्रा की। वहाँ हूण प्रदेश के मध्य में एक शुभ मूर्तिवाले पुरुष का दर्शन किया जो गोरा और श्वेत वस्त्र से सुसज्जित था। वह ईश पुत्र था जो म्लेच्छ धर्म का प्रवक्ता और सत्यवर्त का पारायण था। सत्यहीन और मर्यादाविहीन को ठीक करने के लिए वह आया था। शालिवाहन ने उस म्लेच्छ पूजक को नमस्कार कर लौटा और अश्वमेघ यज्ञ (हयमेधमचीकरत्) किया।[89]

शालिवाहन के वंश में 10 राजाओं ने 5 सौ वर्ष तक राज्य किया किन्तु शालिवाहन

के बाद मर्यादा विलीन होती गई। अन्तिम राजाभोज के समय तो मर्यादा नाममात्र की रह गई। अतः राजाभोज ने मर्यादा को स्थापित करने के लिए दिग्विजय के लिए 10 हजार सेना के साथ प्रस्थान किया। उसके साथ कालिदास भी थे। उसने गन्धार प्रदेश के म्लेच्छों और कश्मीर के नारवों (दुष्टों) को हराकर उनका खजाना ले लिया। उसी समय म्लेच्छ गुरु महामद (मोहम्मद) अपने शिष्यों के साथ अपने धर्म का प्रचार कर रहा था।[90] कालिदास ने नवार्णमन्त्र का 10 हजार जप करके हजार आहुति-प्रदान की जिसमें भस्म होकर महामद म्लेच्छों का देवता हो गया। उसके शिष्य भयभीत होकर वाहीक देश चले गए। वहाँ अपने गुरु महामद का भस्म ले जाकर जहाँ स्थापित किए वह स्थान मदहीनपुर के नाम से जाना गया।[91] राजाभोज ने तीन वर्णों में संस्कृत वाणी और शूद्रों में प्राकृत भाषा स्थापित की। उसी ने आर्यावर्त नामक देश स्थापित किया जहाँ आर्य रहते थे। विन्ध्य के अन्त में वर्णसंकरगण तथा सिन्धु पार के मुसलमान (मुसलवन्तश्च) रहते थे। ईसा मसीह का धर्म बर्बर, तुष तथा सभी द्वीपों में स्थापित हो गया।[92]

राजाभोज के कुल में क्रमशः सात राजा और हुए जो भाग्यहीन थे और तीन सौ वर्ष के भीतर ही उनका राज्य समाप्त हो गया। सातवाँ राजा वीरसिंह था। उसके कुल का दसवाँ राजा गंगासिंह हुआ। क़ान्यकुब्ज प्रदेश में जयचन्द्र, इन्द्रप्रस्थ में तोमर कुलभूषण अनंगपाल और ग्राम-राष्ट्रपाल (जमीन्दार) के रूप में अनेक राजा हुए। अग्निवंश के क्षत्रिय शासकों के काल में गाय और ब्राह्मण की स्थिति इतनी अच्छी हो गई कि कलियुग में द्वापर के समान धर्म हो गया।[93] सभी म्लेच्छ राजा आर्य धर्म के अनुयायी हो गए। कलियुग डर गया।[94] किन्तु बाक्सर (बक्सर) नामक गाँव में व्रतपा नामक आभीरी (अहीरिन) ने दुर्गा की उपासना किया और उसके दो बलशाली पुत्र हुए जिनके प्रयास से कलियुग निडर हो गया।[95]

राजा देवपाल, रत्नभानु, गंगासिंह, धुन्धकार, कृष्ण कुमार, पृथिवीराज, प्रद्योत, विद्योत, परिमल, भीष्मसिंह, जयचन्द्र आदि कलियुग में शासक थे।[96] दासीपुत्री संयोगिनी का पृथ्वीराज ने हरण किया।[97] रोगी राजा भीष्म सिंह को काशी में वटवृक्ष के नीचे सोने की चर्चा है।[98] इन सभी राजाओं के बीच सदा युद्ध होते रहते थे। युद्ध में सफलता सैनिक योग्यता पर नहीं बल्कि शिव आदि देवताओं पर निर्भर करता था।[99]

पृथ्वी पर घोर कलियुग के वर्तमान होने पर राजा विक्रमादित्य ने कैलास से मुनियों को बुलाया।[100] नेत्रसिंह के आक्रमण करने से कलियुग में बौद्धों का विनाश होने लगा और भारत से वे चीन चले गए। उन्होंने आर्य सेनाओं को परास्त भी किया था।[101] अन्त में वे आर्यों से पराजित हो गए और आर्य प्रदेश में प्रवेश नहीं करने का निर्णय लिये।[102]

कल्पसिंह की स्त्रियों से क्षत्रियों ने सम्पर्क स्थापित किया जिससे वर्णसंकरों की उत्पत्ति हुई। ये वर्णसंकर वैश्यों की वृत्ति करते और म्लेच्छों के साथ रहते थे।[103] पृथ्वीराज का प्राणान्त सहोद् दीन (सहाबुद्दीन) ने किया। पृथ्वीराज की स्त्रियों का उपभोग सहोद्दीन और उसके आदमियों ने किया जिससे वर्णसंकर की उत्पत्ति हुई।[104] कलियुग के आगमन के 68 हजार वर्ष व्यतीत होने पर म्लेच्छों का भारत में आगमन हुआ।[105]

महामोद (मुहम्मद गोरी) को लुटेरा और कलिमूर्ति कहा गया है जिसने कई नगरों का नाश किया।[106] ब्राह्मण को राजा वेत की छड़ी से ताड़ित करता और लौह-जंजीर से हाथ-पैर बाँधकर जेल में डाल देता था।[107]

तिमिरलिंग के सरूष नामक पुत्र ने दिल्ली में बैठकर वेदमार्ग के अनुयायियों का विनाश किया। बाबर ने 20 वर्ष राज किया। होमायु ने देवताओं को अपमानित किया, फलतः विष्णु की कृपा से सैनिकों ने होमायु (हुमायूँ) को पराजित कर निकाल दिया। महाराष्ट्रों की सहायता से शेषशाक ने दिल्ली के म्लेच्छराज को अपने अधीन किया। बाबर ने भी देवों को भ्रष्ट किया। होमायु ने अपने पुत्र अकबर का ठीक से लालन-पालन किया। अकबर जब गद्दी पर बैठा तो केशव, गानसेन, वैजवाक् और माधव को जो सभी म्लेच्छ थे तथा बीरबल, मानसिंह आदि को अपने दरबार में रखा।[108] अकबर का पुत्र सलोमा (सलीम जहाँगीर) और सलोमा का पुत्र खुर्दभ (खुर्रम) था। खुर्रम का बेटा नवरंग (औरंगजेब) देवभंजक था। ब्राह्मण शिवाजी ने नवरंग को मार दिया। फलरूष नामक म्लेच्छ ने मुगलकुल का नाश किया और दस वर्ष शासन किया। नादिरशाह ने खुरजा प्रदेश में प्रवेश किया और आर्यों को हराया। उसका पुत्र भी शासन किया जिसे हराकर महाराष्ट्र का माधव ने दिल्ली पर शासन किया।[109]

राजा पुष्यमित्र ने सभी प्रदेश में आर्य धर्म का पुनः प्रसार किया।[110] पुष्यमित्र के मरने के सोलह सौ वर्ष पश्चात् कलियुग में अच्छे राजाओं का नाश हो गया। छोटे-छोटे राजाओं ने पृथक-पृथक अपना आधिपत्य स्थापित किया। चार सौ वर्ष के उपरान्त कालमाली नामक राजा नैषधराज्य के प्रदेश में राजसिंहासन पर बैठा और अनेक छोटे-छोटे राजाओं को अपने अधीन कर लिया।[111] कलियुग में भगवान सौराष्ट्रनगरी के राजा के यहाँ सोमनाथ के नाम से अवतरित हुए। राजा सोमनाथ के शासनकाल में क्षत्रिय वर्ण की संख्या काफी बढ़ गई। उसने राज्यकाल में ही उसके नाम पर संवत् आरम्भ हुआ। कलियुग की दशा खराब हो गई। तब कलि ने अपने अंश से गुर्जर (गुजरात) प्रदेश में सिंहिका नामक आभीरी (अहीरिन) के गर्भ से जो सिंहमांस का भक्षण करती थी, जन्म ग्रहण किया। उसका नाम राहु था। राहु के शासनकाल में सभी म्लेच्छ होने लगे।[112] भोग सिंह और केलि सिंह के प्रयास से कलि की अत्यन्त वृद्धि हुई।[113]

जिसके पास हाथी-घोड़ा होता वही राजा माना जाने लगा।[114] राजा कर्णभेदी (सुनी हुई बातों पर चलनेवाला), वषट्कार से रहित, अभिमानी, लोगों को पथभ्रष्ट करनेवाले, सर्वभक्षी, मिथ्याव्रती, मूर्ख, धनलोलुप, लोभी, क्षुद्र, तुच्छसाधनों से युक्त, लोकव्यवहार को बिगाड़नेवाले, धर्मभ्रष्ट, दूसरों के रत्नों के अपहर्ता, परस्त्रीगामी, कामी, दुरात्मा, छली तथा दुःसाहसी होते थे।[115] राजाओं में प्रताप नहीं था।[116] राजा लोग स्वल्प धर्म करते थे।[117] प्रजा द्वारा राजा नित्य ताड़ित किया जाता और राजा प्रजाओं को पीड़ित करता था।[118] नौकर राजा[119] को मारकर स्वयं सिंहासन पर बैठ जाता था।[120] कौड़ियों से भरे घड़े का स्वामी *अध्यक्ष* (राजा) और कौड़ियों से भरे अनेक घड़े रखनेवाला *राजेन्द्र* कहा जाता था।[121]

पाद-टिप्पणी

1. *वनपर्व,* 58. 1-14; 5. 9-18; 62. 16-29
2. वही, 72. 29-43; 76.17-21
3. वही, 188. 34-39; 190. 52; *ब्रह्मपुराण,* 231. 4-5
4. वही, 188. 46-47
5. वही, 190. 38-39; *ब्रह्मपुराण,* 231. 4
6. वही, 190. 64-65
7. *अनुशासनपर्व,* 61. 21-25
8. वही, 61. 26-32
9. वही, 61. 26-30
10. *शान्तिपर्व,* 12. 30
11. *अनुशासनपर्व,* 61. 32
12. वही, 91. 25
13. वही, 91. 49-43
14. *आदिपर्व,* 67. 73-133
15. *मौसलपर्व,* 4. 12-24
16. वही, 1. 13 एवं 28-31
17. *महाप्रस्थान,* 2. 3-25; 3. 2-22
18. *उद्योगपर्व,* 132. 18-19
19. *जातक,* जिल्द 1, महासुपिनजातक, संख्या 77, पृ. 446-59
20. *मत्स्यपुराण,* 144. 38-39
21. वही, 144. 60-64
22. वही, 272. 1-11
23. वही, 272. 11-12
24. वही, 272. 13
25. वही, 272. 14-17
26. वही, 272. 18-20
27. वही, 272. 21-27
28. वही, 272. 28-31
29. वही, 272. 32-37
30. वही, 273. 1-16
31. वही, 273. 17-28
32. वही, 273. 29-33
33. वही, 273. 34-35
34. वही, 273. 38-46
35. *श्रीहरिवंशपुराण,* 3.4-6
36. वही, 3. 35-36
37. वही, 4. 16
38. वही, 4. 26-28
39. *अनुशासनपर्व,* 61. 30

40. *जातक,* 1.77
41. *नारदपुराण,* 41. 21-100
42. *श्रीमद्भागवतपुराण,* 1.1.12. 27-30
43. वही, 1.1. 16-10
44. वही, 1.1.16. 19-22
45. वही, 1.2.7.38
46. वही, 2.12.1.7-9
47. वही, 2.12.1 10-12
48. वही, 2.12.1. 13-18
49. वही, 2.12.1. 19-28
50. वही, 2.12.1 29-33
51. वही, 2.12.1.3 34-35
52. वही, 2.12.1. 36-37
53. वही, 2.12.1. 38-43
54. वही, 2.12.2. 4
55. वही, 2.12.2. 7-10
56. वही
57. वही, 2.12.3. 1-4
58. वही, 2.12.3. 5-6
59. वही, 2.12.3. 7-8
60. वही, 2.12.3. 9-14
61. *भविष्यपुराण,* 2.5. 27-28
62. वही, 2.6.16
63. वही, 2.6. 17-23
64. वही, 2.6. 17-35
65. वही, 2.6. 36-44
66. वही, 2.6. 46-49
67. वही, 2.7. 1-4
68. वही, 2.7. 5-11
69. वही, 2.7. 15-16
70. वही, 2.1. 1-65
71. वही, 2.2. 1-3
72. वही, 2.5.31; *ब्रह्मपुराण,* 230. 37-38
73. वही, 2.6. 1-5
74. वही, 2.8. 1-30
75. वही, 2.10. 2-31
76. वही, 2.11. 3-34
77. वही, 2.12. 1-19
78. वही, 2.13. 5-8
79. वही, 2.13. 13-43; *ब्रह्मपुराण,* 231. 8-9
80. वही, 2.16. 1-20

81. वही, 2.19. 1-15
82. वही, 2.29. 1-8
83. वही, 2.29. 9-62
84. वही, 2.34. 1-8
85. वही, विक्रमाख्यानकाल, 3.1. 22-30
86. वही, 3.1. 31-34
87. वही, 3.2. 9-16
88. वही, 3.2. 17-20
89. वही, 3.2. 21-34
90. वही, 3.3. 1-6
91. वही, 3.3. 7-22
92. वही, 3.3. 23-32
93. वही, 3.4. 1-9
94. वही, 3.4. 10-13
95. वही, 3.4. 17-31
96. वही, 3.5. 1-38
97. वही, 3.6. 1-63
98. वही, 3.7. 6-13
99. वही, 3.8. 4-32; 3.9; 3.10
100. वही, 3.28.16
101. वही, 2.3.29. 28-38
102. वही, 2.3.29. 50-52
103. वही, 2.4.1. 45-46
104. वही, 2.4.2. 21-28
105. वही, 2.4.3. 4-6
106. वही, 2.4.3. 65-68
107. वही, 2.4.8. 31-44
108. वही, 2.4.22. 3-26
109. वही, 2.4.22. 30-77
110. वही, 2.4.23. 50-52
111. वही, 2.4.23. 66-70
112. वही, 2.4.23. 101-132
113. वही, 2.4.24. 23-27
114. *ब्रह्मपुराण,* 230.37
115. वही, 231. 56-60
116. *ब्रह्मवैवर्तपुराण,* प्रकृतिखंड, 7.28
117. वही, श्रीकृष्णखंड, 90.26
118. वही, 90. 40
119. *पुष्यमित्रशुंग*
120. वही, 90. 45
121. वही, 90. 54

21

धर्म

कलियुग में गंगा का महत्त्व बढ़ गया।[1] त्रेता और द्वापर सभी वस्तुओं को नष्ट करनेवाला था।[2] जो भी अपने धर्म में तत्पर था उसे आय थोड़ी होती थी। अधर्म बलवान था। धर्मिष्ठ मनुष्य अल्पायु और दरिद्र तथा अधार्मिक दीर्घायु और समृद्धशाली थे।[3] सतयुग में नारायण के शरीर का रंग श्वेत, त्रेता में पीला, द्वापर में लाल और कलियुग में काला हो गया। कलिकाल में 3 हिस्सा अधर्म और 1 हिस्सा धर्म रहा।[4] सबलोग शुभकर्म एवं यज्ञादि छोड़ दिए थे।[5] सभी वर्णों का मन अपने धर्म से च्युत हो गया था। गौ की उत्पत्ति कथा सुनकर कलियुग के सारे दोषों से छुटकारा पाया जा सकता था।[6] देवताओं, पितरों, गुरुजनों तथा अतिथियों को अन्न दिए बगैर लोग स्वयं भोजन कर लेते थे।[7] लोग आश्रमवासी और महात्माओं से द्वेष रखते थे।[8] किसी में पवित्रता नहीं रह गई। गुरु की सेवा शिष्य नहीं करते थे। वे गुरु का उपदेश भी नहीं मानते थे। कुछ गुरु शिष्यों को मित्र बना लिए थे। वेदवेत्ता और ज्ञानी लोग खेती आदि कार्यों में संलग्न और मूर्ख लोग श्राद्ध का अन्न खाते थे। गुरु शिष्य की सेवा और सन्देशवाहक का काम करते थे। कुल का आचार्य यदि निर्धन होता तो उसे निरन्तर शिष्यों की डाँट-फटकार सुननी पड़ती थी।[9]

फूटे वर्तन में कलियुग का वास कहा गया।[10] समस्त प्राणियों का नाश करने के लिए अधर्म प्रकट हो चुका था। अधर्म की स्त्री निऋति से भय, महामय और मृत्यु नामक 3 पुत्र हुए।[11] अधार्मिक राजा (बौद्ध) के कारण राजकर्मचारी एवं सभी लोग अधार्मिक हो गए।[12] हंस (ब्राह्मण) कौवे (बौद्ध) के अनुयायी बन गए। वस्तु लोभी बेशर्म भिक्षु काफी संख्या में होने लगे। चविर आदि वस्तुओं के लोभ में वे औरों को उपदेश देते थे। बिना लोभ के वे उपदेश नहीं देते थे। अन्य भिक्षु बाजार, चौराहों, राजकार आदि में बैठकर कर्षापण, अर्धपाद, माषक तथा रूपी आदि सिक्कों तक के लिए उपदेश देते थे। जीव हिंसा, चोरी, असत्य भाषण, माया (छल-कपट-दम्भ) का माहौल था और तपस्वियों की हत्या होती थी। मन-वचन-कर्म से प्रयत्न करने पर भी जीविका की समस्या बनी रहती थी।[13] कुछ लोग देवताओं की पूजा करते तो कुछ लोग धर्म को दूषित करते थे।[14] अधर्म की ओर लोगों की विशेष रुचि रहती थी। आचार-विचार तामसिक हो गए थे। सम्पूर्ण वेद विद्यमान रहते हुए भी नहीं के बराबर हो गए। यज्ञों का विनाश हो गया। धर्म का

चतुर्थांश मात्र शेष रहा।[15] व्याकुल होकर लोग देवताओं और गृहों को त्याग देते थे।[16] लोग कामपरायण औरं तपस्या से हीन थे। न कोई अत्यन्त सात्विक होता और न साधु स्वभाव और न सत्यवादी। नास्तिक अपने को परब्रह्म का भक्त बताते थे।[17]

सारा विश्व कलियुग से प्रभावित था। कलियुग के भूगर्भ से कश्यपवंश के जो सेनानी योगी उत्पन्न हुए उन्होंने ही पुनः अश्वमेध यज्ञ प्रारम्भ किया। मनुष्यों की इन्द्रियाँ पूर्व प्रकृति का त्याग कर दी थीं। लोगों का आचार भ्रष्ट हो गया था। दान लेना-देना दुष्कर हो गया था। अतिसामान्य धर्माचरण से ही बहुत बड़ा फल मिल जाता था। चारों आश्रमों का धर्म शिथिल पड़ गया था। अतिसाधारण तपस्या करके लोग सिद्धि प्राप्त कर लेते थे। कलियुग के अन्तिम चरण में थोड़ा भी धर्मानुष्ठान करनेवाले धन्य माने जाते थे। अल्प प्रयास से इस युग में बहुत पुण्य प्राप्त हो जाता था। धर्म का नाश होने से लोग (ब्राह्मण-क्षत्रिय) व्याकुल थे। हविपंचयज्ञहीन हो गई थी। पंक्तिभेद समाप्त और सभी लोग एकसाथ बैठकर भोजन करते थे।[18] लोगों (वैश्य, शूद्र एवं स्त्रियाँ) में धर्मज्ञान बिल्कुल अनुपस्थित था। विधवाएँ एवं संन्यासी मिलकर सन्तान पैदा करते थे। यज्ञ कोई नहीं करता था।[19]

परलोक में लोगों का सन्देह बढ़ गया था। दुराचारी भी ब्राह्मणों में दोष देखते थे और ऐसा करके अपने को महान समझते थे। लोग बिना मतलब के प्रतिज्ञा करते और शपथ लेते थे।[20] शास्त्रों का अर्थ होता जो मूर्ख चाहते थे। वृद्धजनों से उपदेश लिए बिना ही लोग अपने को भारी विज्ञान समझते थे। सभी कवि हो गए थे। ठग, सुरासेवी, ब्रह्मवादी एवं जारजा कन्या का पाणिग्रहण करनेवाले को अधिकार नहीं रहने के बावजूद ऐसे दम्पत्ति ही अश्वमेधयज्ञ का अनुष्ठान करते थे।[21] उपकार के बदले कोई प्रत्युपकार नहीं करता था। अधर्म का संचार होने से समस्त प्रजा अधर्मी हो गई। उनकी आयु घटने से बल क्षीण हो गया और बल क्षीण होने से रंग बदल गया। अतः उनमें व्याधिकष्ट बढ़ गया। व्याधिकष्ट बढ़ने से लोगों में निर्वेद उत्पन्न हुआ। निर्वेद की उत्पत्ति से आत्मतत्व का बोध हुआ। आत्मतत्व का ज्ञान होने से पुनः धर्म का संचार होगा और सतयुग का आविर्भाव होगा।[22]

कुछ लोग धर्मपरायण होकर मध्यस्थ वृत्ति (बौद्ध धर्म) का अवलम्बन करते थे। कुछ लोग अपनी विवेक शक्ति की सहायता से तर्क-वितर्क करते थे। कुछ लोग प्रत्यक्ष और अनुमान में से अनुमान प्रमाण को स्वीकार करते और कुछ लोग प्रत्यक्ष के सिवायं और किसी प्रमाण को नहीं मानते थे। अधिकांश लोग वैदिक मत को त्याग दिए थे। पांडित्याभिमानी तथा नास्तिकतापरायण मूढ़ व्यक्ति ही धर्मलोप के मूल कारण थे। उन्हें थोड़ा भी शास्त्र ज्ञान नहीं था। वे केवल घोर दाम्भिक होकर व्यर्थ के तर्कों से प्रसन्नता प्रकट करते थे। बहुत ही कम लोग दान तथा सत्य का सहारा दयापूर्ण चित्त से करते थे। ज्यादा लोग सर्वभक्षी, निर्लज्ज, निर्दय और अजितेन्द्रिय थे। सांसारिक वैराग्य के उत्पन्न होते ही लोग अति अल्प प्रयत्न से सिद्धि प्राप्त कर लेते थे।[23] सन्ध्या-वन्दना शेष नहीं रहा।[24] संकटकाल में साधु शुश्रूषा तथा साधु दर्शन के प्रति उत्सुकता बढ़ गई।

दुर्व्यवहार में न्यूनता आने लगी। सत्य का प्रादुर्भाव होने लगा। इच्छाएँ पूर्ण न होने से लोग धर्मात्मा होने लगे। इन्द्रिय शक्ति क्षीण होने से लोगों को कुत्सित वृत्ति के लिए अवकाश नहीं मिलता था। इस स्थिति में लोगों को धर्म अच्छा लगने लगा। धर्मभाव की वृद्धि से कलियुग में ह्रास होने की सम्भावना बढ़ी।[25] शायद ही कोई धर्मात्मा यज्ञों का अनुष्ठान करता था। क्रिया योग में विरले ही कोई तत्पर था। धर्म परायण मनुष्य को देखकर सब लोग ईर्ष्या और निन्दा करते थे। व्रत और सदाचार नष्ट हो गए। ज्ञान और यज्ञादि की यही दशा थी। उपद्रव होते रहते थे। सभी एक-दूसरे के दोष को बतानेवाले थे और स्वयं पाखंडपूर्ण आचार में तत्पर रहते थे।[26]

घोर कलियुग में द्विज वेदों को भूल चुके थे। वे अधर्म में आसक्त और वितंडावादी थे। पहले श्रेष्ठ आसनों पर द्विज बैठकर धर्म का उपदेश देते और शूद्र नीचे बैठकर सुनते थे किन्तु कलियुग में श्रेष्ठ आसनों पर शूद्र बैठकर उपदेश देने लगे। अधर्म ही लोगों का भाई-बन्धु था। सभी विश्वासघाती, क्रूर, अधार्मिक और कठोर थे।[27]

जब द्विजों ने यज्ञ करना बन्द किया तो कलियुग की वृद्धि होने लगी। कलियुग का स्वरूप जानते हुए जो विष्णु की भक्ति में तत्पर थे उसे कलि बाधा नहीं देता था। कलियुग में दान सर्वश्रेष्ठ था। सतयुग में जो पुण्यकर्म 10 वर्षों में, त्रेता में 1 वर्ष और द्वापर में 1 माह में सिद्ध होता कलियुग में 1 दिन में सिद्ध हो जाता था। सतयुग में ध्यान, त्रेता में यज्ञ, द्वापर में भगवान का पूजन से मनुष्य जिस फल को प्राप्त करता कलियुग में वह फल केवल शिव का कीर्तन से प्राप्त हो जाता था। शिव का नाम लेनेवाला कोई नहीं था; जो एक बार शिव का नामोच्चारण करता वह कृतार्थ हो जाता था। कलियुग में ईश्वर का स्मरण करनेवाले देवताओं के लिए भी पूज्य थे।[28]

पुष्कर, प्रयाग, काशी, गोदावरी (नासिक), हरिद्वार, कुरुक्षेत्र, श्रीरंग और सेतवन्धु कलियुग से पीड़ित थे। पृथ्वी छूने योग्य न रह गई और न देखने योग्य। यहाँ कहीं भी मंगल दिखाई नहीं देता था। जीवों से उपेक्षित होकर पृथ्वी जर्जर हो गई थी। सभी वस्तुएँ सारहीन थीं।[29] जिस दिन कृष्ण का देहावसान हुआ उसी दिन कलियुग आ गया। यह सम्पूर्ण साधनों में बाधा डालनेवाला था।[30] जिनका चित्त निरन्तर काम, क्रोध, लोभ और तृष्णा में तपता रहता वे भी तपस्या का ढोंग करते थे, अतः तप सारहीन हो गया था।[31] मन पर काबू न होने के कारण तथा लोभ, दम्भ और पाखंड का आश्रय लेने के कारण एवं शास्त्र का अभ्यास न करने से ध्यानयोग का फल मिट गया था।[32]

भक्ति

भक्ति ही केवल ब्रह्मसायुज्य (मोक्ष) की प्राप्ति करनेवाली थी।[33] भक्ति की दासी मुक्ति थी जो पाखंड रूप से पीड़ित होकर क्षीण होने लगी; ज्ञान-वैराग्य ही रहा।[34] ज्ञान-वैराग्य भी उपेक्षा होने के कारण उत्साहहीन और वृद्ध हो गए थे। केवल भक्ति घर-घर में थी।[35] भक्ति विषयक महोत्सव की समाज में प्रधानता रही। प्रेत, पिशाच, राक्षस एवं दैत्य से

मुक्ति भक्ति से मिलती थी। तप, ज्ञान, वेदाध्ययन और कर्म आदि से नहीं बल्कि भक्तिमात्र से भगवान वशीभूत होते थे। कलियुग में भक्ति ही सार था। भक्ति से कृष्ण उपस्थित हो जाते थे। जो लोग भक्ति से द्रोह करते थे वे तीनों लोक में दुःख पाते थे। भक्ति के अलावा व्रत, तीर्थ, योग, यज्ञ और ज्ञानचर्चा की आवश्यकता नहीं थी।[36] कलियुग में यज्ञ, व्रत और तप तथा ज्ञान से बढ़कर सप्त श्रवण था।[37] श्रीमद्‌भागवत के सेवन, श्रवण, पाठ अथवा दर्शन से ही मनुष्य के चूँकि सारे पाप नष्ट हो जाते थे। इसलिए इसे सप्त श्रवण कहा गया।[38] भक्ति प्रायः नष्ट हो चुकी थी। कथामृत से सींचकर इसे पुष्ट किया गया था। भक्ति पर कलियुग की दृष्टि नहीं थी।[39]

शक्तिशाली कलियुग

कलियुग ने देवताओं का सौभाग्य छीन लिया। सत्य, पवित्रता, दया, क्षमा, त्याग, सन्तोष, सरलता, शम, दम, तप, समता, तितिक्षा, उपरति, शास्त्र विचार, ज्ञान, वैराग्य, ऐश्वर्य, वीरता, तेज, बल, स्मृति, स्वतन्त्रता, कौशल, कान्ति, धैर्य, कोमलता, निर्भीकता, विनय, शील, साहस, उत्साह, सौभाग्य, गम्भीरता, स्थिरता, आस्तिकता, कीर्ति, गौरव और निरअहंकारता कलियुग के शिकार बन चुके थे। संसार पापमय हो चुका था। देव, पितर, ऋषि, साधु, सभी वर्ण, आश्रमों के मनुष्य शोकग्रस्त थे; लक्ष्मी अभागी हो गई थी।[40]

शूद्रराजा गाय-बैल को इस तरह मारते जैसे उनका कोई स्वामी ही न था। धर्मरूपी बैल एक पैर से खड़ा काँप रहा था और ताड़ना से पीड़ित और भयभीत होकर मूत्र-त्याग करता था। धर्मरूपी गाय की भी यही स्थिति थी। धर्मरूपी गाय-बैल को कलियुग एक पैर भी खड़ा रहने देना नहीं चाहता था। अर्जुन के पौत्र परीक्षित ने कलियुग को मारना चाहा किन्तु वह परीक्षित के पैरों पर गिर पड़ा। परीक्षित ने कलियुग को सभी जगहों से निकालकर 4 स्थानों—जुआ, मद्यपान, स्त्रीसंग और हिंसा में रहने की अनुमति प्रदान की जहाँ क्रमशः असत्य, मद, आसक्ति और निर्दयता नामक अधर्म निवास करते थे। पुनः उसे पाँचवाँ स्थान धन (सुवर्ण) मिला। अतः कलियुग के 5 निवास-स्थान हो गए—झूठ, मद, काम, वैर और रजोगुण। इस तरह, जब तक परीक्षित सम्राट थे, तब तक कलियुग का कोई प्रभाव नहीं था किन्तु जिस दिन जिस क्षण श्रीकृष्ण ने पृथ्वी का परित्याग किया उसी समय पृथ्वी पर कलियुग आ गया।[41] सत् पुरुषों के घर में भी भागवतकथा में बाधा पड़ने लगी तो ब्राह्मण, क्षत्रिय तथा वैश्य पाखंडी हो गए और शूद्र राजा होने लगे![42]

धर्म, सत्य, पवित्रता, क्षमा, दया, आयु, बल और स्मरणी शक्ति का लोप हो गया था। धनी लोग ही कुलीन, सदाचारी और गुणी माने जाते थे। वैश्य-शूद्र शासकों के काल में जिसके हाथ में शक्ति थी वही धर्म और न्याय की व्यवस्था अपने अनुकूल कर लेता था।[43] बाल आदि सँवारकर कपड़े-लत्ते से लैस हो जाना ही स्नान समझा जाता था। दूर के तालाब को तीर्थ और निकट के तीर्थ गंगा-गोमती, माता-पिता की उपेक्षा की जाती

थी।[44] यश के लिए धर्म का सेवन किया जाता था।[45] वर्ण और आश्रमों का धर्म बतानेवाला वेद-मार्ग नष्टप्राय हो गया था।[46] कलियुग में अधर्म के चारों चरण अत्यन्त बढ़ गए थे। फलतः धर्म के चारों चरण क्षीण हो गए।[47] मूर्ख ऊँचे सिंहासन पर बैठकर धर्म का उपदेश देते थे।[48] सभी वस्तुएँ दूषित और सभी स्थान अपवित्र थे किन्तु श्रीकृष्ण का कीर्तनमात्र से सतयुग का फल मिल जाता था।[49]

म्लेच्छ राजा न्यूह विष्णुभक्त था।[50] पन्थों की संख्या बढ़ गई।[51] म्लेच्छाचार्य मूसा द्वारा म्लेच्छमत का प्रसार करने से देवों की पूजा और संस्कृत भाषा का नाश हो गया।[52] कलियुग के हजार वर्ष व्यतीत होने पर काश्यप नामक द्विज का ब्रह्मावर्त प्रदेश में आगमन हुआ जिसकी पत्नी का नाम आर्यावती था। उससे 10 पुत्र–उपाध्याय, दीक्षित, पाठक, शुक्ल, मिश्र, अग्निहोत्री, द्विवेदी, त्रिवेदी, पांडेय और चतुर्वेदी उत्पन्न हुए।[53] राजा मागध ने यज्ञानुष्ठान किया।[54]

वेदविरोधी राजाशाक्य सिंह के शासनकाल में सभी मनुष्य बौद्धधर्म के अनुयायी हो गए।[55] अर्बुद पर्वत के शिखर पर एक श्रेष्ठ कान्य कुब्ज ब्राह्मण ने वेदमन्त्र के प्रभाव से 4 क्षत्रियों को उत्पन्न किया जिसमें प्रमर सामवेदी, चपहानि यजुर्वेदी, त्रिवेदी और शुक्ल अथर्ववेद के ज्ञाता थे। इन चारों ने अशोक को अपने अधीन कर करीब 4 लाख बौद्धों का नाश किया।[56] राजा परिहार बौद्धहन्ता था।[57] विष्णु ने गौतम के रूप में जन्म लिया।[58] चंडिकादेवी के समक्ष नरबलि की परम्परा थी।[59]

कलियुग में वेदोक्त धर्म विपरीत दिखाई देने लगा। संस्कृतमिश्रित दूसरी भाषाओं का महत्त्व बढ़ गया। अधर्म का बोलबाला बढ़ा। देववृन्द कमजोर एवं असहाय हो गए।[60]

दुर्गादेवी की कृपा से विवाह हो पाता था और इसके बदले देवी को एक धोबी द्वारा सिर चढ़ाने की चर्चा है।[61] गौड़ देश के वर्धननगर का राजा गुणेश्वर वेदमार्ग का विरोधी था। इस क्षेत्र में विष्णु को कामी, शिव को क्रोधी, ब्रह्मा को लोभी, इन्द्र को दम्भी, यम को मोही और कुबेर को अभिमानी कहा जाता था। जैन धर्मी निभयानन्द का महत्त्व बढ़ गया था।[62] महाबली देवी की कृपा से ही प्रजा को चोरों के अत्याचार से मुक्ति मिल पाती थी। अधर्मी को स्वर्ग और धर्मात्मा को नरक में स्थान मिलता था।[63] पापी ब्राह्मण वृन्दावन में पहुँचकर बहुलाष्टमी के दिन राधाकुंड में स्नान कर पाप से मुक्त हो जाते थे।[64] कान्य कुब्ज प्रदेश में ब्राह्मण नवदुर्गा का व्रत करते थे।[65] अपनी स्वार्थ पूर्ति के लिए राजा ब्राह्मण बालक का बलि चढ़ाता था। लोग नरभक्षी थे।[66]

यज्ञानुष्ठान में देवता को प्रसन्न करने के लिए द्रव्य सबसे महत्त्वपूर्ण हो गया।[67] चन्द्रमा पृथ्वी पर गतिहीन हो गया।[68] विष्णु सत्यनारायण हो गए। धनवान बनने के लिए, पुत्रप्राप्ति, राज्यलाभ, अन्धे को नेत्र, भयभीत को निर्भय और सभी कामनाओं की पूर्ति का उपाय सत्यनारायण की पूजा हो गया।[69] सत्यनारायण की पूजा करने से जीवनकाल में ही कामनाएँ सफल होने लगीं। इनका आगमन काशीपुरी में हुआ।[70] कलियुग में सत्यनारायण पूजा दरिद्रता का नाशक था।[71] कलियुग अधर्म द्वारा उत्पन्न और यमराज के यहाँ जाने के लिए रस्सी के समान था। संन्यास मार्ग पाखंड से दूषित

था। वानप्रस्थ था ही नहीं। कहीं-कहीं ब्रह्मचर्य प्रचलित था।[72] सारा विश्व दम्भ-पाखंडपूर्ण और बौद्धराज्य से आक्रान्त था।[73] क्षत्रिय शासकों के काल में गाय और ब्राह्मण की स्थिति इतनी अच्छी हो गई कि कलियुग में द्वापर के समान धर्म हो गया।[74] सभी म्लेच्छा राजा आर्यधर्म के अनुयायी हो गए। कलियुग डर गया किन्तु बाक्सर (बक्सर) नामक गाँव में व्रतपा नामक आभीरी (अहीरिन) ने दुर्गा की उपासना किया और उसके दो बलशाली पुत्र हुए जिनके प्रयास से कलियुग निडर हो गया।[75] युद्ध में सफलता सैनिक योग्यता पर नहीं बल्कि शिव आदि देवताओं पर निर्भर करता था।[76] कलियुग में ब्रह्म पूजन ही उत्तम था।[77] देवों की तृप्ति के लिए शालिग्राम की पूजा करने मात्र से महर्षि, देवता और पितृगण प्रसन्न होते थे। तीनों द्विजाति के लोगों द्वारा मात्रचन्दनादि से शालिग्राम की पूजा की जाती थी।[78] बौद्धों का विनाश होने से वे चीन चले गए।[79] विष्णु का मरण हो गया। कुछ धार्मिक मनुष्यों की आयु सौ वर्ष होती थी।[80]

भोगवर्मा को कलिवर्मा नामक पुत्र हुआ जिसने महाकाली का उत्सव किया। भगवती खुश हो गई और अपने को वहाँ कालीरूप में स्थापित किया।[81] दानवगण वेदधर्म का उल्लंघन करके देवों का नाश करते थे।[82] तीनों वर्णों के लोग यज्ञ करना छोड़ दिए थे।[83] बौद्धधर्म की प्रधानता थी।[84] जिन देवों ने वेद की निन्दा और बौद्धशास्त्र की रचना की वे सब कुष्ठरोग से पीड़ित हो गए। कुष्ठ रोग के कारण ही बौद्ध नंगे रहते थे। विष्णु के पूर्वार्द्धभाग से नेमिनाथ और उत्तरार्द्धभाग से बुद्ध का आविर्भाव हुआ। सिन्धु तटवासी यवनों की भाषा का व्यवहार और बौद्ध दर्शन किया करते थे।[85]

कलियुग के दो हजार सात सौ वर्ष व्यतीत होने पर गौतमबुद्ध हुए जिन्होंने समस्त तीर्थों में यन्त्र की स्थापना की। इनके सभी शिष्य शिखा-सूत्रहीन होकर वर्णसंकर हो गए। दस करोड़ आर्य बौद्धपथगामी थे। अग्निवंश के 40 राजपुत्र क्षत्रियगणों ने अपने यहाँ से बौद्धों को निकाल दिया और विंध्यपर्वत के दक्षिण में बहुत से आर्यों को संस्कारपूर्वक निवास कराया। उन आर्यों ने दक्षिण में वर्ण व्यवस्था को सुदृढ़ किया।[86] गुरूंड (अंग्रेज) बौद्धमत के अनुयायी थे किन्तु उनके हृदय में ईशामत के प्रति विनम्रता थी।[87] देवों और पितरों की पूजा नहीं होती थी। केवल पिशाचों की पूजा होती थी।[88]

गुजरात के राजा राहु के शासनकाल में वेद एवं देव समाप्त हो गए।[89] सभी तीर्थ और चारों वेद पृथ्वी को त्याग दिए।[90] जैसे-जैसे पाखंड बढ़ा वैसे-वैसे कलि में वृद्धि होती गई।[91] वेदों में लोगों का विश्वास और प्रेम घटा तथा पाखंड बढ़ा तो कलि में वृद्धि होती गई। लोग विष्णु की पूजा नहीं करते थे। देवता, ब्राह्मण, वेद तथा शुद्धि का महत्त्व नहीं रहा।[92] शायद ही कोई ब्राह्मण रह गया था।[93] कलियुग में मनुष्य तप, ब्रह्मचर्य तथा जप आदि का फल प्राप्त करता था।[94] वह अल्प प्रयास से ही महान धर्म प्राप्त कर लेता, अतः सन्तोषप्रद था। कलि में अल्पप्रयास से धर्म सिद्ध हो जाता था। सतयुग में धर्म का आराधना पाप था। कलि में धर्माचरण करनेवाले धन्य थे।[95] परलोक पर किसी का विश्वास नहीं था।[96] नक्षत्र का ज्ञाता कोई नहीं था।[97] जारज, क्रूरकर्मी तथा शराबी ब्रह्मवादी होते और अश्वमेधयज्ञ करते थे। वे शूद्रों का यज्ञ कराते और अभक्ष्य-भक्षण

करते थे।[98] शूद्र शासकों के काल में शूद्र ब्राह्मण का रूप धारण कर लिए और संन्यासी कहलाने लगे।[99]

काशी और वृन्दावन के अलावा सभी तीर्थ कलियुग के 5 हजार वर्ष व्यतीत होने पर समाप्त हो गए। कलियुग के 10 हजार वर्ष के बाद भगवान की शालग्राममूर्ति और जगन्नाथ का अन्त हो गया। वैष्णवगण, पुराण, शंख, श्राद्ध, तर्पण और वेदोक्तकर्म का अन्त हो गया। सन्त, सत्य, धर्म, वेद, ग्राम के देवता, व्रत, तपस्या और उपवास समाप्त हो गए। बिना तुलसी के विष्णुपूजा होती थी।[100] लोग एकादसीव्रत से रहित, धर्मशून्य तथा हरि की चर्चा से विमुख हो गए।[101] सन्ध्यावन्दन एवं यज्ञोपवीत आदि संस्कार बन्द हो गए थे।[102] चारों वर्णों के लोग धर्महीन एवं पुण्यहीन थे। लाखों में कोई एक पुण्यवान था।[103] पातकीलोग तपस्वी एवं वैष्णवधर्म को माननेवाले विष्णु भक्त कहे जाते थे। धूर्त लोग भिक्षु के वेष में निन्दा एवं उपहास करते रहते थे। भूत, प्रेत आदि के उपासक लोकप्रिय थे। वे नाममात्र के ज्ञानी एवं वंचक किन्तु पूजित थे।[104]

भगवान के नाम का लोग विक्रय करते थे। अपनी कीर्ति बढ़ाने के लिए वस्तु का दान लोग स्वयं करते किन्तु पुनः वापस ले लेते थे। देववृत्ति, ब्राह्मणवृत्ति अथवा गुरुकुलवृत्ति समाप्त हो चुकी थी।[105] विप्र पंचयज्ञ नहीं करते और अमावस्या की रात्रि में भोजन करते थे। यज्ञोपवीत का त्यागकर सन्ध्यावन्दन और शौचकर्म से लोग विहीन थे।[106] कलियुग के प्रारम्भ में धर्म निर्बल और कृश हो गया और उसका एक पैर शेष रहा। कुछ लोग दिन-रात अधर्म करने में ही संलग्न रहते थे। कुछ लोग अधर्म करने पर भयभीत होते और उसे गुप्त रखने का प्रयत्न करते थे। धार्मिक पुरुष सदा डरे रहते और अधर्मी भी काँपते रहते थे।[107] व्रतों और धर्मों के पालनकर्ताओं की संख्या नगण्य थी। सभी लोग मनमाना करते, स्वच्छन्द थे। जब तक तीर्थ, साधु-महात्मा, ग्राम देवता और शास्त्र रहे तथा पूजा-पद्धति विद्यमान रही, तभी तक कुछ तप, सत्य तथा स्वर्ग दायक धर्म का अंश बना रहा।[108] तीर्थ आदि के समाप्त हो जाने पर धर्म का अंश भी नष्ट हो गया। अमावस्या में चन्द्रमा की भाँति धर्म किसी तरह शेष रहा।[109] कलियुग में भगवान पृथ्वी पर 10 हजार वर्ष रहे और उतने ही दिन देवों की प्रतिमाएँ, शास्त्र और पुराण पूजित थे। 5 हजार वर्षों तक गंगा आदि तीर्थ और ढाई हजार वर्षों तक ग्राम देवता एवं विद्वानों के वेद स्थायी रहे। कलियुग के अन्त में पूर्ण अधर्म स्थित हो गया।[110]

अब मन्त्र द्वारा विवाह नहीं होता था। लोगों के बीच क्षमा और सत्य नहीं रहा।[111]

पाद-टिप्पणी

1. *वनपर्व*, 85. 89-91
2. वही, 149. 7
3. वही, 188. 44-53

4. वही, 189, 32-33; 190.20
5. वही, 190. 29-30
6. *अनुशासनपर्व,* 77. 32; *शान्तिपर्व,* 69. 91-92
7. *शान्तिपर्व,* 228. 57-58; *अनुशासनपर्व,* 111. 62 एवं, 85; *जातक,* 1.77
8. वही, 228. 66
9. वही, 228. 71-80
10. *अनुशासनपर्व,* 127. 16
11. *आदिपर्व,* 67. 53-65
12. *जातक,* 1. 77
13. वही
14. *मत्स्यपुराण,* 144. 41-42; 145. 5
15. वही, 144. 43-49; 145.6
16. वही, 144. 62-63
17. वही, 145. 10-19
18. *श्रीहरिवंशपुराण,* 2. 32-34 एवं 44-45; 3.1-7; 3.21
19. वही, 3. 11-13
20. वही, 3. 28-29
21. वही, 3. 30-35
22. वही, 4. 3-5
23. वही, 4. 6-15
24. वही, 4. 23-24
25. वही, 4. 42-47
26. *नारदपुराण,* 41. 1-20
27. वही, 41. 21.100
28. वही
29. *श्रीमद्भागवतपुराण,* (गीताप्रेस, गोरखपुर संस्करण), 1.1. 28-30 एवं 57-62
30. वही, 1.1. 66-67
31. वही, 1.1.73
32. वही, 1.1. 74-76
33. वही, 1.2.4
34. वही, 1.2. 11
35. वही, 1.2. 12-13
36. वही, 12.2. 14-21
37. वही, 1.3. 52
38. वही, 1.3. 62-64
39. वही, 1.3. 70-72
40. वही, 1.1.16. 24-33
41. वही, 1.1.17. 1-6, 22-40; 1.1.18. 5-6
42. वही, 1.2.7. 38
43. वही, 2.12.2. 1-2; *ब्रह्मपुराण,* 230. 27
44. वही, 2.12.2. 4-6

45. वही, 2.12.2. 7-10
46. *वही,* 2.12.2.11; *ब्रह्मपुराण,* 231. 4-5
47. वही, 2.12.3.24
48. वही, 2.12.3.38
49. वही, 2.12.3.45 एवं 51-52
50. *भविष्यपुराण,* 2.5. 2-3
51. वही, 2.5. 27-28
52. वही, 2.5. 28-29
53. वही, 2.6. 1-7
54. वही, 2.6. 17-25
55. वही, 2.6. 44-44
56. वही, 2.6. 45-48
57. वही, 2.7. 1-3
58. वही, 2.6.36
59. वही, प्रतिसर्गपर्व, 2.3. 22-25
60. वही, 2.5. 11-14; *ब्रह्मपुराण,* 230. 11
61. वही, 2.6. 6-25
62. वही, 2.10. 2-31
63. वही, 2.13. 16-43
64. वही, 2.14. 40-48
65. वही, 2.15. 1-4
66. वही, 2.19. 1-15
67. वही, 2.22. 1-22
68. वही, 2.23. 9-10
69. वही, 2.24. 19-22
70. वही, 2.24. 36-38
71. वही, 2.25.5
72. वही, 2.30. 4-9
73. वही, 2.32. 7-10
74. वही, 2.3.4. 4-9
75. वही, 2.3.4. 10-31
76. वही, 2.3.8. 4-32; 3.9; 3.10
77. वही, 2.3.22.12
78. वही, 3.22. 13-17
79. वही, 2.3.29. 28-38
80. वही, 2.4.5. 17-19
81. वही, 2.4.4. 16-18
82. वही, 2.4.6. 59-60
83. वही, 2.4.12
84. वही, 2.4.12. 27-29
85. वही, 2.4.20. 70-87

86. वही, 2.4.21. 28-35
87. वही, 2.4.22. 74-75
88. वही, 2.4.23.71-84
89. वही, 2.4.23. 96-132
90. वही, 2.4.6. 38-40
91. *ब्रह्मपुराण,* 230. 45
92. वही, 230. 48-49
93. वही, 230. 58
94. वही, 230. 63
95. वही, 230. 78-82
96. वही, 231. 27-28
97. वही, 231. 30-31
98. वही, 321. 231. 32-35
99. वही, 231.56, 60-61
100. *ब्रह्मवैवर्तपुराण,* प्रकृतिखंड, 7. 10-16
101. वही, 7. 17-18
102. वही, 7.24-25
103. वही, 7. 29-30
104. वही, 7. 33-34
105. वही, 7. 44-46
106. वही, 7. 53-54
107. वही, कृष्णखंड 90. 24-25
108. वही, 90. 27-28
109. वही, 90. 29-30
110. वही, 90. 31-34
111. वही, 90. 35-36

22

भूगोल-पशु-फसल

22.1 भूगोल

वर्षा कम होती थी।[1] बार-बार उल्कापात होते थे। गर्मी बढ़ गई थी। सूर्य राहु से ग्रस्त हो गया था। समय पर वर्षा नहीं होती थी।[2] बादल बरसने का ढंग दिखा, गरजकर, बिजली चमकाकर, बिना बरसे ही भाग जाते थे।[3] छह ऋतुएँ समय पर नहीं होती थीं।[4] मेघ ऐसा वर्षा करता कि बैल की एक सींग भीगती और दूसरी सूखी रह जाती थी।[5] भूमि ऊसर और नीरस हो गई थी।[6] वर्षा ऋतु में भयानक हवा बहती थी और कंकड़-पत्थर उड़ते थे।[7] नक्षत्रों का ग्रह संग्रह विच्छिन्न हो गया और दिशाओं के भाव विपरीत हो गए थे। पग-पग पर बाधाएँ थीं।[8] प्रबल आँधी और भयंकर वर्षा से सारा संसार दूषित था।[9] नदियों के तट की भूमि पर कुदाल से खेती की जाती थी। अनावृष्टि से सूखा और भोजन के अभाव में लोग आत्महत्या करते थे।[10] अकाल और सूखा से प्रजा पीड़ित थी।[11] कड़ाके की सर्दी, पाला और बाढ़ तथा गर्मी से भी वह पीड़ित थी।[12] बादलों में बिजली चमकती किन्तु वर्षा नहीं होती थी।[13] वज्रघात से काफी क्षति होती थी।[14] सूखा के कारण लोग मूल, पत्र, फल आदि खाकर तपस्वी की तरह रहते थे।[15] कहीं-कहीं वृष्टि होती, वायु जोर से बहती और धूप कम होती थी।[16]

कलियुग के 5 हजार वर्ष व्यतीत होने पर गंगा, सरस्वती और भागीरथी नदियों का अस्तित्व समाप्त हो गया।[17] नद, नदी, बावली और झरने जल से शून्य हो गए थे।[18] पृथ्वी फसल (सस्य) से हीन थी।[19] कन्दराएँ और तालाब-सरोवर आदि जलाशय जल एवं कमल से रहित थे। मेघ जल से शून्य थे।[20] गर्मी एवं अतिवृष्टि से काफी लोगों एवं जन्तुओं की मृत्यु होती थी।[21]

22.2 पशु-पक्षी

गाय कम दूध देती थीं। दूध देनेवाली गायों का आदर होता था।[22] अच्छे पक्षियों की संख्या घटी और कौवों की संख्या बढ़ गई।[23] मनुष्य का मांस खानेवाले हिंसक जीव

देवालयों में शयन करते थे।[24] गायों के नष्ट हो जाने से लोग भेंड़ और बकरी का दूध पीने लगे।[25] बछड़े भी हल जोतते थे।[26] पशुओं को घर में बाँध दिया जाता था और मात्र चारा-पानी देकर छोड़ दिया जाता था।[27] उल्लू, बाज, मुर्गा, गीध, हंस, कलहंस, चक्रवाक, तोता, मृग, रीछ, सृमर (छोटी जाति के मृग), हाथी, लंगूर, गाय, बैल, घोड़ा, नाग, पन्नग आदि का जन्म कलियुग में हुआ।[28] गौओं की संख्या घट गई। हल खींचनेवाले बैल कमजोर पड़ गए।[29] गौओं के अभाव में लोग बकरी पालते थे।[30] गाय-बैल को ठोकर से मारा जाता था।[31] गौएँ बकरियों की तरह छोटी-छोटी और कम दूध देती थीं।[32] दूध नहीं देनेवाली गायों को लोग त्याग देते थे।[33] गौड़ देश में गाय का महत्त्व बढ़ा।[34] अग्निवंश के क्षत्रिय शासकों के काल में गाय की स्थिति इतनी अच्छी हो गई कि कलियुग में द्वापर के समान धर्म हो गया।[35] बकरियों का दूध मिलता था।[36] हिंसक जन्तुओं की संख्या बढ़ी और गाय की संख्या घटी।[37] दो वर्ष के बछड़े हल में जोते जाते थे।[38] दूध के लिए लोग बकरियाँ रखते थे।[39] गाय बिना दूध वाली होती थीं।[40] गौएँ दूध से रहित थीं। स्वल्प दुग्ध में मक्खन-घृत नहीं निकलता था।[41]

22.3 कृषि-फूल-फसलें

सुगन्धित पदार्थ उतने सुगन्धित नहीं होते थे। रसीले पदार्थ भी उतने स्वादिष्ट नहीं होते थे।[42] फल-फूल कम होने लगे।[43] भूमि में बोए बीज ठीक से नहीं जमते थे।[44] लोग जौ, गेहूँ आदि अनाज पैदा होनेवाले निषिद्ध प्रदेशों में जाकर बस गए। क्रूर लोग बगीचों और वृक्षों को कटवा दिए।[45] अच्छी तरह वर्षा नहीं बरसने तथा बादल फट जाने से खेत कुम्हला गए और अकाल पड़े। लोक की अवनति होने लगी। आदमी टोकरी-कुदाली हाथ में लेकर मेड़ बाँधने के लिए निकल जाते थे।[46] वर्षा के अभाव में सूखा पड़ने से कृषि कर्म मुश्किल हो गया। तालाब, सरोवर निर्जल हो गए। जलाभाव से फसलें कुम्हला गईं। कहीं खूब वर्षा होने से अच्छी खेती होती थी।[47] खेतों में बोया बीज भी नष्ट हो चुका था।[48]

पृथ्वी फलहीन थी, बीज और फूल नष्ट हो चुके थे।[49] धान, जौ, गेहूँ आदि के पौधे छोटे-छोटे होने लगे थे।[50] पृथ्वी फलहीन हो गई।[51] वृक्षों में शमीवृक्ष, अन्नों में चना, श्यामा आदि छोटे अन्न मिलते थे।[52] अधिकतर भूमि ऊसर होती थी।[53]

तालाबों एवं नदियों में खेती होती थी। खेतों में अच्छी फसल नहीं होती थी। कृषि से आय नहीं होती थी।[54] भूमि में खेती की फसल नष्ट थी।[55]

वृक्षों में फल कम लगते थे।[56] एक हाथ के वृक्ष होते थे।[57] वृक्ष साग (शाक) के आकार के होने लगे। ताड़, नारियल और कटहल राई के समान और अन्य फल उनसे भी छोटे होते थे।[58] पीपल के वृक्ष को लोग काट डालते थे। वृक्षों की संख्या घट गई। वृक्ष फल-फूल से हीन थे। फल स्वादिष्ट नहीं होते थे। अन्न-जल भी स्वाद रहित थे।[59]

पाद-टिप्पणी

1. *वनपर्व,* 188. 50; *जातक,* 1.77
2. वही, 190. 76-80; *मत्स्यपुराण,* 144.31-32; ब्रह्मपुराण, 230. 24-25
3. *जातक,* 1.77
4. *श्रीहरिवंशपुराण,* 3.14
5. वही, 3.18
6. वही, 3.21
7. वही, 3.27; *ब्रह्मपुराण,* 230. 27-28
8. वही, 3.38; *ब्रह्मपुराण,* 231.16 एवं 27-28
9. वही, 4.15
10. *नारदपुराण,* 41. 21-100
11. *श्रीमद्भगवतपुराण,* 1.1.16. 19-21; *ब्रह्मपुराण,* 230. 26
12. वही, 2.12.2. 7-10
13. वही, 2.12.2.15
14. वही, 2.29. 9-62
15. *ब्रह्मपुराण,* 230. 26
16. वही, 231. 53-55
17. *ब्रह्मवैवर्तपुराण,* प्रकृतिखंड, 7. 10-11
18. वही, 7.29
19. वही, 7. 26-27
20. वही, श्रीकृष्णखंड, 90.59
21. वही, 90. 62-63
22. *वनपर्व,* 188.43; 190.16; *ब्रह्मपुराण,* 230.23
23. वही, 188.44; 190.17 एवं 21
24. वही, 188. 60-64
25. वही, 190. 21-22; *श्रीविष्णुपुराण,* 6.1.54
26. वही, 190. 26-27
27. *शान्तिपर्व,* 228. 60-62
28. *आदिपर्व,* 67. 67-72
29. *श्रीहरिवंशपुराण,* 3. 14-18
30. वही, 3. 27-28
31. *श्रीमद्भागवतपुराण,* 1.1.16. 20-22
32. वही, 2.12.2.14
33. वही, 2.12.3.36
34. *भविष्यपुराण,* 2.10 6-17
35. वही, 3.4. 1-9
36. *ब्रह्मपुराण,* 230. 53-54
37. वही, 231. 13-15
38. वही, 231. 17
39. वही, 231. 30

40. *ब्रह्मवैवर्तपुराण,* प्रकृतिखंड, 7.27
41. *वही,* श्रीकृष्णखंड, 90. 41-42
42. *वनपर्व,* 188. 40-41; *ब्रह्मपुराण,* 230. 50-51
43. वही, 188. 43-44; 190. 16-17 एवं 21
44. वही, 188. 51; *जातक,* 1.77
45. वही, 190. 44 एवं 57-58
46. *जातक,* 1.77
47. वही
48. *श्रीहरिवंशपुराण,* 3. 22-26
49. *नारदपुराण,* 40. 21-100
50. *श्रीमद्भागवतपुराण,* 2.12.2.15
51. *भविष्यपुराण,* 2. 5-17
52. *ब्रह्मपुराण,* 230. 51-53
53. वही, 231. 20
54. *ब्रह्मवैवर्तपुराण,* 7. 33-34
55. वही, श्रीकृष्णखंड, 90. 41-42
56. वही, प्रकृतिखंड, 7. 26-27
57. वही, 7.57
58. वही, श्रीकृष्णखंड, 90. 54-55
59. वही, 90. 60-61

23

पलायन

लोग जौ, गेहूँ आदि अनाज पैदा होनेवाले निषिद्ध प्रदेशों में जाकर बस गए। बेगार लेनेवालों तथा कर लेनेवालों से पीड़ित होकर ब्राह्मण आश्रमों में चले गए और फल-फूल खाकर जीवन-निर्वाह करने लगे। वे नदियों, पर्वतों और दुर्गम स्थानों में आश्रय लिये।[1] गर्मी के कारण फसल नष्ट हो जाने से लोग स्वदेश छोड़कर अन्य गाँवों-नगरों में आश्रय लेने लगे।[2] कर (बलि) से पीड़ित लोग कुछ भी देने में असमर्थ थे। फलतः ग्राम-निगम आदि को छोड़कर राज्य के सीमान्त में जाकर रहने लगे। हीन जाति के लोगों ने पीड़ित ऊँची जातिवालों को भगा दिया।[3]

विसूचिका, प्लेग, भुखमरी, अकाल आदि के कारण समाज में स्थिरता नहीं थी। लोग एक स्थान से दूसरे स्थान पर पलायन करते रहते थे। व्याकुल होकर लोग गृहों को त्याग देते थे।[4] अकाल से पीड़ित होने के कारण जीविका का अभाव रहता और लोग अपने जनपद से पलायन कर दूसरे देश में शरण लेने लगे। कुछ लोग भागकर नदियों, समुद्र-तटवर्ती भागों तथा पहाड़ों पर शरण लेने लगे। बल्कल और काला मृगचर्म ही उनका परिधान होता था। वर्णाश्रम धर्म से भ्रष्ट होकर वे घोर संकर धर्म में आस्था करने लगे थे। भक्ष्याभक्ष्य का विचार लुप्त हो गया। मृग, सूअर, वृषभ तथा अन्य वनचारी जीवों को वे खाने लगे। नदियों और समुद्रों के किनारे के निवासी मछली पकड़कर खाते थे। अभक्ष्य भोजन के दोष के कारण सारी प्रजा एक वर्ण की हो गई और वर्ण धर्म नष्ट हो गया। पशु-पक्षी मछली के समाप्त होने पर लोग कन्द-मूल खोदकर खाने लगे। लोग गृह से रहित और फल-फूल पर ही जीवन निर्वाह करते थे।[5] करभार से पीड़ित लोग नगरों से वनों में चले गए और वहीं रहने लगे।[6] राक्षस राजाओं के डर से मानवगण सर्वथा सम्बलहीन, भूख-प्यास तथा भय से व्याकुल हो और बाल-बच्चों को कन्धे पर लादकर सपरिवार स्वदेश से कौशिकी नदी पारकर चले गए और अंग, बंग, कलिंग, मेकल तथा ऋषि जनप्रिय गिरिकन्दराओं में आश्रय लिये। हिमालय की तलहटी, समुद्रतट तथा जंगल में खाली जगह मिलना मुश्किल था। लोग जंगलों में म्लेच्छों के साथ निवास करते थे। रक्षक ही संहारक बन गए थे। मृग, मत्स्य, पक्षी, व्याघ्रादि हिंस्र पशु, सर्प, कटि, शाक तथा फलों पर वे जीवन निर्वाह करते थे। मुनियों के समान वे चीर, वृक्षपत्र, वल्कल तथा

मृगचर्म पहनते थे। गिरिकन्दराओं में रहते हुए वे छाग, महिष, गन्दर्भ तथा ऊँट पालते थे। जल प्राप्ति के लिए वे नदियों का बहाव रोक दिए थे। ब्याज पर पकवान्न की बिक्री करके वे परस्पर काम चलाते थे। एकसाथ रहकर आपस में वे विवाद करते रहते थे। सन्तानों की संख्या बढ़ती गई; फिर भी लोग निपूतों जैसा जीवनयापन करते थे। काफी गरीबी थी और धर्म की दुर्दशा चरम सीमा पर पहुँच गई थी।[7]

सारहीन, क्रियाशून्य तथा उद्वेगकारीकाल उपस्थित होने पर मनुष्य कर के भार से पीड़ित होकर पलायन कर गए और वन में आश्रय लिये।[8] यज्ञों के नष्ट हो जाने पर राक्षस, हिंसक पशु, कीड़े, चूहे तथा साँप लोगों को काटने लगे।[9] मनुष्य स्वयं रक्षक, स्वयं चोर तथा उपद्रवों से कातर होकर देश-देश में अपना-अपना अलग-अलग संघ बना लिये। भय के मारे अपने बाल-बच्चों को लेकर लोग कौशिकी नदी को पारकर भाग गए और अंग, बंग, कलिंग, कश्मीर तथा कोशल देश में जाकर बस गए। हिमालय की तराई तथा क्षार समुद्र के तटप्रान्त में पलायन करनेवाले लोग जीर्णपत्तियाँ खाकर, वृक्षों के छाल तथा चर्म पहनकर किसी तरह दिन काटते और वनों में म्लेच्छों के साथ निवास करते थे।[10] मृग, मत्स्य, पक्षी, हिंसक जीव, साँप तथा कीड़ों के साथ रहकर लोग मधु, शाक, फल तथा कन्द खाकर रहते और वल्कल एवं चर्म पहनकर मुनि की तरह रहते थे। वे बीज नहीं बोते बल्कि बकरे, भेड़ें, गधे तथा ऊँट पालते थे। जल के लिए बाँध बाँधकर नदियों की धाराओं को रोकते थे।[11]

पाद-टिप्पणी

1. *वनपर्व,* 190.44, 57-61; *ब्रह्मपुराण,* 230. 36-37
2. वही, 190.80 एवं 86
3. *जातक,* 1.27
4. *मत्स्यपुराण,* 144. 29-32
5. वही, 144. 69-83
6. *श्रीहरिवंशपुराण,* 4.24
7. वही, 4. 30-66; *श्रीमद्भागवतपुराण,* 2.12.2. 7-10
8. *ब्रह्मपुराण,* 231. 64
9. वही, 231. 65
10. वही, 231. 66-72
11. वही, 231. 73-77

24

नगर-जनपद-चोरी-लूट

24.1 जर्जर नगर

जनपद शून्य हो गया।[1] नगरों की चहारदीवारी तथा गाँवों के घर गिर गए थे किन्तु इनका मरम्मत नहीं हो पाता था।[2] कर के भार से पीड़ित लोगों द्वारा पलायन करने से ग्राम-निगम उजड़ गए। लोग राज्य (कोसल) के सीमान्त में जाकर रहने लगे। मध्यम प्रान्त (युक्त प्रान्त, बिहार) सूना और प्रत्यन्त घना-वसा हो गया।[3] वाणिज्यवृत्ति के सिवाय जीवनयापन का कोई और साधन नहीं था।[4] करभार से पीड़ित लोग नगरों से पलायन कर गए और वनों में रहने लगे।[5]

तीर्थों में नाना प्रकार के अत्यन्त घोर कर्म करनेवाले, नास्तिक और नारकी पुरुष भी रहते थे, अतः तीर्थ प्रभावहीन हो गए थे।[6] राजाओं की आपसी लड़ाई से कई देश उजड़ गए थे।[7] पांचालदेश से पूर्व का प्रदेश मागध था। मागध के आग्नेय में कलिंग, दक्षिण में अवन्त, नैऋत्य में आनर्त, पश्चिम में सिन्धु देश, वायव्य में कैकय देश, उत्तर में मद्र देश और ईशान में कोणिंद देश था! ये सभी आर्य प्रदेश थे।[8] अनन्त प्रदेश की राजधानी अंवावती नगरी थी। राजा प्रमर यहाँ शासन करता था।[9] चित्रकूट प्रदेश की राजधानी कलिंजर थी। राजपुत्र प्रदेश की राजधानी अजमेर थी जहाँ सुन्दर भवन थे और सभी वर्णों के लोग रहते थे। द्वारका नगरी आनर्त प्रदेश की राजधानी थी। वाराणसी राजधानी थी।[10]

यमुना नदी के तट पर धन-धान्य से परिपूर्ण धर्मस्थल नामक सुन्दरपुरी थी।[11] वर्द्धमान एक प्रशासनिक शहर था।[12] कांचनपुर में वैश्यों के रहने की चर्चा है।[13] गौड़ देश में शहर से बाहर खाने-पीने का बिल्कुल अभाव था। शहर में जुआ खेलने और मद्यमांस का भक्षण करनेवालों का बोलबाला था। व्यापारियों से वे धन वसूलते रहते थे।[14] सत्यनारायण भगवान का आगमन काशीपुरी में हुआ।[15]

कलियुग में भोगवर्मा को कलिवर्मा नामक पुत्र हुआ। इसी खुशी में उसने महाकाली का उत्सव किया। भगवती खुश हो गई और अपने को वहाँ कालीरूप में स्थापित की। हर्षातिरेक होने से वहाँ असंख्य पुष्पों में कलियाँ निकल आईं। काली द्वारा एक मनोहर

नगर का निर्माण हुआ, जो कलिकाता (कलकत्ता) नाम से प्रख्यात हुआ।[16] शान्ति वर्मा ने शान्तिपुर और गंगादत्त ने गौड राष्ट्र में नदीहा नामक नगरी का निर्माण किया।[17] सिकन्दर ने भारत में कांचीपुर, अयोध्या, हरिद्वार, मथुरा, काशीपुरी, उज्जयनी और प्रयाग में बौद्ध यन्त्रों (स्तूपों) की स्थापना की।[18] गुरूंडों (अंग्रेजों) ने अपनी राजधानी कलकत्ता में स्थापित की।[19] कालमाली नामक राजा नैषध राज्य के प्रदेश में गद्दी पर बैठा और छोटे-छोटे राजाओं को हराकर यमुना नदी के किनारे अपनी राजधानी स्थापित किया।[20] सौराष्ट्र नगरी के राजा के यहाँ भगवान सोमनाथ के रूप में अवतरित हुए।[21]

कुछ गाँव एवं नगर जनरहित हो गए थे और भयानक मालूम होते थे। ऐसे गाँवों एवं नगरों में छोटी-छोटी झोंपड़ियाँ बनाकर लोग रहते थे। ग्राम एवं नगर इस प्रकार जंगल का रूप ले चुका था।[22]

24.2 चोरी लूट-खसोट

दीन, असहायों तथा विधवाओं का धन लोग हड़प लेते थे। सज्जन पुरुषों पर लोग बार-बार आक्रमण करते और उनका धन छीन लेते थे। सगा भाई भी भाई का धन हड़प लेता था।[23] आग लगने या चोरी होने पर अपने लोग ही खुश होते थे।[24] लज्जा का परित्याग करके लोग जौ, धान, तिल, उड़द, कुलसी, सरसों, चना, मटर, मूँग, गेहूँ, तीसी आदि अनाजों की चोरी करते थे।[25] दही, घी, पूआ, खीर, लोहा, चाँदी का बर्तन, ऊनी वस्त्र, अंशुक (महीन कपड़े), सूती वस्त्र, चन्दन आदि चोरी कर लेते थे। धन के लोभ में निहत्थे को लोग हथियार से मार डालते थे। पुरुष स्त्री की हत्या कर डालता था।[26]

घोर कलियुग में भूख से पीड़ित जनता एक-दूसरे को मारकर खाने लगी। समस्त प्राणियों का नाश करने के लिए अधर्म प्रकट हो चुका था।[27] लोग स्त्री, बालक और गौओं को मारते, परस्पर मारकाट करते और अपहरण कर अपना स्वार्थ सिद्ध करते थे। कष्ट का बाहुल्य हो गया था। डाकुओं का प्रकोप बढ़ गया था। झुंड में इकट्ठे होकर लोग एक-दूसरे की वस्तु लूट लेते और एक-दूसरे को मार देते थे। प्रजा में परस्पर भय बना रहता था। अपने-अपने प्राणों की चिन्ता लगी रहती थी। क्रूरता का बोलबाला था। लोग स्नेह और लज्जा से रहित थे।[28] नौकर मालिक से होड़ करके उसका सर्वस्व डकार जाने का प्रयत्न करता था।[29] कन्या का अपहरण होता था।[30] राजा की दासी का अपहरण होता।[31] संसार के सभी लोग चोर थे। वे एक-दूसरे का धन अपहरण करते थे। अल्प आय से ही वे धनाढ्य बन गए थे। मार्ग में चोर मिलते थे। लोभ के अधीन होकर सभी लोग झूठ बोलते हुए परस्पर एक-दूसरे का धन बेईमानी कर लेते थे।[32] विकटयुद्ध और भयंकर आतंक से सारा संसार दूषित था।[33] सभी लोग मूर्ख, स्वार्थी, लोभी, क्षुद्र, नीच वेशधारी, व्यवहार शून्य, परधनहारी, कामी, दुरात्मा, छल-कपट परायण और उग्र साहसी हो चुके थे। सभी अन्न चोर, वस्त्र चोर और गोबर तक के चोर थे। भक्ष्य, भोज्य, उपहार तथा साधारण वस्तु की भी चोरी करने में वे नहीं हिचकते थे। चोर

भी चोरों से अपनी वस्तु नहीं बचा पाते थे। तस्करों द्वारा तस्करों का नाश होता था।[34]

चोरों का प्रकोप बढ़ गया था। चोरों से मुकाबला करने के लिए लोग काष्ठयन्त्र का प्रयोग करते थे।[35] शूद्र और वैश्य शासक लूट-खसोटकर अपनी प्रजा का खून चूसते थे। प्रजा भी एक-दूसरे को उत्पीड़ित करती थी।[36] राजा लुटेरों के समान लोभी थे। प्रजा का धन और पत्नियों को वे छीन लेते थे।[37] झूठ-कपट, तन्द्रा-निद्रा, हिंसा-विषाद, शोक-मोह, भय और दीनता की प्रधानता थी। लुटेरों से देश-गाँव के वासी परेशान थे।[38] राजा के आदमी मणि-मोतियों का व्यापार करनेवाले व्यापारियों का धन छीन लेते थे। व्यापार असुरक्षित और वैश्यों का जीना मुश्किल था। निर्दोष दंडित होते थे।[39] चोर मन्दिर में घुसकर स्त्रियों के आभूषण का अपहरण कर लेते थे।[40]

कलियुग के प्रारम्भ में दुष्टों, डाकुओं और चोरी का अंकुर उत्पन्न होने लगा।[41] लुटेरों, चोरों और दुष्टों से भले लोग अति पीड़ित थे।[42] शहर के जुआड़ी एवं मद्यमांस खानेवाले व्यापारियों से धन वसूलते थे। चोरी का माल रखने के लिए गुप्त स्थान होता जहाँ चोर अपना माल छिपाकर रखते थे। धन-द्रव्य का अपहरण होता था।[43] एक चोर की चर्चा है जिसे चारों वर्णोंवाली सात पत्नियाँ थीं। चोरों के अत्याचार से प्रजा को बचाने में राजा असफल था। वह स्वयं चोरी करता और चोरों का सरदारी भी। उसकी दासी को चोर अपना रखैल बना लेते थे। उसके सैनिक चोरों से पराजित हो जाते थे।[44] चोर ब्राह्मणों की सम्पत्ति चुरा लेते थे और विरोध करने पर मार डालते थे। चोर वैष्णव का रूप धारण कर पाचक (रसोइया) का काम राजा के यहाँ करते और धन के लोभ में राजा को विषमिश्रित भोजन दे देते थे।[45] चोर-डाकुओं ने छोटे-छोटे मनुष्यों को लूटकर राजा पुष्यमित्रशुंग को अत्यन्त दुःखी बना दिया।[46]

लोग सस्यहर्ता, तेलहर्ता, भक्ष्य-भोज्यहर्ता, डाली (करंड) अपहर्ता, चोरों के चोर तथा हत्यारों के हत्यारा होते थे।[47] चोरों का चोरों द्वारा नाश कर दिए जाता था।[48]

पाद-टिप्पणी

1. *आदिपर्व,* 188.39
2. *शान्तिपर्व,* 228. 60-61
3. *जातक,* 1.77
4. *श्रीहरिवंशपुराण,* 3.20
5. वही, 4.24
6. *श्रीमद्भागवतपुराण,* 1.1.72
7. वही, 1.1.16. 23-24
8. *भविष्यपुराण,* 2.6. 17-25
9. वही, 2.6. 49
10. वही, 2.7.1.11

11. वही, 2.2. 1-4
12. *वही, प्रतिसर्गपर्व,* 2.3 1-2
13. वही, 2.4. 41-59
14. वही, 2.2.12. 15-19; 2.13. 1-8
15. वही, 2.2.24. 37-38
16. वही, 2.4.4. 16-18
17. वही, 2.4.4. 23-27
18. वही, 2.4.21. 46-49
19. वही, 2.4.22. 74-75
20. वही, 2.4.23. 66-70
21. वही, 2.4.23. 96-100
22. *ब्रह्मवैवर्तपुराण,* प्रकृतिखंड, 7. 31-32
23. *आदिपर्व,* 190. 30-35
24. *शान्तिपर्व,* 288. 77-78
25. *अनुशासनपर्व,* 111. 71-72 एवं 83; *शान्तिपर्व,* 228. 71-80; *वनपर्व,* 190. 43, 50 एवं 74-75
26. वही, 111. 99-123; वनपर्व, 190. 58
27. *आदिपर्व,* 67. 53-56
28. *मत्स्यपुराण,* 144. 43-49; 144. 60-65; 145.6
29. *श्रीहरिवंशपुराण,* 3.9
30. *भविष्यपुराण,* 2.5.31
31. वही, 2.23.8
32. वही, 3. 19-21; *वनपर्व,* 190. 21-26; *श्रीविष्णुपुराण,* 6.1.54
33. वही, 4.15
34. वही, 4.16-23
35. *नारदपुराण,* 41. 21-100
36. *श्रीमद्‌भागवतपुराण,* 2.12.1 40-43
37. वही, 2.12.2. 7-10
38. वही, 2.12.2. 30-31
39. *भविष्यपुराण,* 2.29. 9-62
40. वही, 2.33. 17-21
41. *ब्रह्मवैवर्तपुराण,* श्रीकृष्णखंड, 90. 24
42. वही, 90. 40
43. वही, 2.13. 1-8
44. वही, 2.13. 9-43
45. वही, 2.4.9. 51-64
46. वही, 2.4.23. 50-52
47. *ब्रह्मपुराण,* 231. 62-63
48. वही

25

कलियुग में इतिहास

25.1

बी.एन.एस. यादव लिखते हैं, "कुल मिलाकर देखने पर पाते हैं कि चतुर्दिक ह्रास का काल माने जानेवाले इस युग के विवरणों में, गड्ड-मड्ड तरीके से, जाने कितनी ही घटनाओं और प्रवृत्तियों का उल्लेख किया गया है—जैसे विदेशी आक्रमण; काफी हद तक विदेशियों (यवनों, शकों, हूणों आदि) तथा सीमावर्ती लोगों की शिरकत से बने एक बड़े शासक अभिजात वर्ग का उदय; अकाल और सूखे—जैसे प्राकृतिक विपत्तियाँ; नगरों के ह्रास तथा वाणिज्य-व्यापार और मुद्रा-आधारित अर्थव्यवस्था के ह्रास के रूप में लक्षित आर्थिक स्थिति में गिरावट; शूद्रों के उत्थान, वैश्यों के पतन तथा पुराने शासक अभिजात वर्ग और पुरोहित अभिजनों की अवनति के रूप में चातुर्वर्ण्य में उत्पन्न व्याघात; सामाजिक संघर्ष में वृद्धि; भारी करों तथा अत्याचारपूर्ण बेठ-बेगार के उल्लेखों के रूप में प्रतिबिम्बित उदीयमान शासक वर्ग के शोषणकारी कार्य और किसानों की तज्जनित परवशता; परम्परा-विरोधी धर्मों का प्रभाव तथा परम्परा से चले आ रहे नैतिक एवं धार्मिक मूल्यों का पतन।"[1]

कलियुग में ब्राह्मणों की कष्टमय दशा की ओर ध्यान देते हुए आर.एन. नन्दी बताते हैं कि चौथी सदी के आरम्भ से लेकर पाँचवीं सदी के अन्त तक की कालावधि ब्राह्मणों के लिए खासतौर से कष्टप्रद और नए-नए रास्ते तलाशनेवाली साबित हुई। इस दौरान उन्होंने नए सिरे से यजमान बनाना शुरू किया, यहाँ तक कि स्वरोजगार जैसे ग़ैरपरम्परावादी तरीके अपनाते हुए अपने जीविका-निर्वाह के लिए नए साधन तलाश किए, जैसे—फलित ज्योतिष, भविष्य कथन, चिकित्सा व्यवसाय, शूद्रों के धार्मिक कृत्यों में सेवा—सहायता, वेदाध्ययन, मूर्तिपूजा—अर्चना आदि—आदि।[2]

तीसरी से लेकर पाँचवीं सदियों के बीच जो आरम्भिक पुराण साहित्य रचे गए उनमें इस संकटावस्था के द्योतक पर्याप्त प्रमाण उपलब्ध हैं। इन सदियों में रचे गए पुराणों में से *विष्णुपुराण, वायुपुराण* और *मत्स्यपुराण* विशेष रूप से उल्लेखनीय हैं। इन तीनों पुराणों में कलियुग का वर्णन करने के सिलसिले में तत्कालीन समाज जिन संक्रमणकालीन दीर्घ

और दुःखद परिस्थितियों से गुजर रहा था तथा उसके सामाजिक एवं आर्थिक ढाँचे में जिस प्रकार के दूरगामी परिवर्तन दृष्टिगोचर हो रहे थे उन सबके प्रमाण उपलब्ध हैं। विशिष्ट पौराणिक कथन शैली में इस संक्रमण काल को द्वापर का अन्त और कलियुग का प्रारम्भ कहा गया तथा चारों पौराणिक युगों में कलियुग को निकृष्टतम घोषित किया गया।[3]

कलियुग के अभिलक्षणों का सावधानीपूर्वक अध्ययन-विश्लेषण करने पर पता चलता है कि इनमें से अधिकांश अभिलक्षण जिन नवीन घटनाओं के द्योतक हैं उनमें से कुछ घटनाएँ वस्तुतः भारत में मध्यकालीनतावाद के निर्धारक पक्षों से सम्बन्धित हैं। ये घटनाएँ हैं : नगर-सभ्यता का ह्रास और ग्राम-आधारित निर्वाह-व्यवस्था की संवृद्धि; जाति-व्यवस्था में आया बिंधन (कठोर नियतम में बँधना) और विशाखन (अनेक जातियों--उपजातियों में बँटना); वर्णसंकर सन्तानों का आधिक्य; आवश्यक और उपयोगी कलाओं के काम में लगे दस्तकारों को 'अपवित्र' और 'अस्पृश्य' घोषित कर उनकी भर्त्सना करना; नगरवासी ब्राह्मणों के एक महत्त्वपूर्ण अंश का ग्रामीणी-आवास (गाँवों में जा बसना); सामाजिक असुरक्षा और राजनीतिक अराजकता; मन्दिर-केन्द्रित उपासना या पूजा पद्धति पर आधारित लोक धर्म का प्रसार; भक्ति सम्प्रदाय का प्रचलन आदि-आदि।[4]

25.2 पुराणों में जितने भी दान सम्बन्धी कर्मकांडों का उल्लेख है उन सबके पीछे ब्राह्मणों का यही सचेतन और सुव्यवस्थित प्रयास छिपा प्रतीत होता है कि अनिच्छुक यजमानों को पातकों या पाप कर्मों का भय दिखाकर और उनसे छुटकारा पाने के उपाय सुझाकर अपने लिए जीवन निर्वाह के आवश्यक साधन जुटा लिए जाएँ। इस उद्देश्य की पूर्ति के लिए यह कहानी गढ़ी गई कि कलियुग आ गया है और इस युग में पुण्य कर्म स्वतः ही कम होते जाएँगे और उतनी ही मात्रा में पातक के प्रभाव में आ सकते हैं अतः उन्हें चाहिए कि उन पातकों के अशुभ प्रभाव से बचने के लिए वे दान-पुण्य आदि करते रहें।[5]

वैदिक यज्ञ-व्यवस्था संस्कार-आधारित उपहार-विनिमय प्रथा में आई अवनति के परिणामस्वरूप पौरोहित्य व्यवसाय में विविधीकरण उत्पन्न हुआ। पुराणों में बार-बार इस बात पर बल दिया जाता रहा कि घोर निर्धनता से पीड़ित होने की अवस्था में ब्राह्मण यदि ब्राह्मणों के लिए वर्जित व्यवसाय अपना लें और शूद्र यजमानों के लिए पौरोहित्य कर्म करने लगें तो इन्हें अनुचित नहीं माना जाना चाहिए। इस प्रकार की निर्धनता का कारण पारम्परिक पौरोहित्य कर्मों से जीविकोपार्जन न कर पाना ही था। वेदाध्ययन अवनति की ओर अग्रसर था तथा विशेषतः वेदविहित यज्ञ सम्बन्धी कर्मकांडों का प्रचलन कम होता जा रहा था। वैदिक पद्धति में निष्णात अग्निहोत्री ब्राह्मणों की जीविका के साधन कम होते जा रहे थे। लगभग सभी आरम्भिक पुराणकारों ने इस सोचनीय स्थिति का रोना रोया है। उन्होंने कहा कि कलियुग का आरम्भ हो चुका है और इसका कारण और परिणाम दोनों ही वेदविहित यज्ञों में आई कमी को माना जा सकता है। राजा और

प्रजा दोनों ही यज्ञों से विरत हो चुके थे, इसलिए कलियुग शुरू हुआ। अन्ततोगत्वा कुछ ब्राह्मण वर्गों ने वेदविहित परम्परागत कर्त्तव्यों का त्याग कर दिया। ब्राह्मण समुदाय में से कई ब्राह्मण वर्ग अपने जीवन निर्वाह के लिए या तो दान में मिली भूमि पर खेती करते थे या फिर कृषि मजदूरों से खेती करवाते थे।[6] *मत्स्यपुराण* (143. 11-17; 144. 17-18) के आधार पर नन्दी लिखते हैं कि द्वापरकाल के अन्त और कलियुग के प्रारम्भ में यज्ञ समाप्ति पर पशुबलि को लेकर ब्राह्मणों के बीच मतभेद होने लगे। कई ब्राह्मण पशु बलि को अधर्म मानते हुए उसका विरोध करने लगे। इस विरोध के बावजूद जब वसुधर नरेश के यह घोषित करने पर कि पशु बलि से सम्पन्न होनेवाला यज्ञ न्यायोचित और परम्परा के अनुकूल है तो पशु बलि देकर यज्ञ की समाप्ति हुई। इस पर उन ब्राह्मणों ने राजा को शाप दे दिया। इस कथा से स्पष्ट हो जाता है कि पशु बलि प्रधान यज्ञ कर्म का कुछ पुरोहित वर्ग विरोध करने लगे थे और इस तरह ब्राह्मण समुदाय उन्हीं दिनों वर्गों में विभाजित हो गया था।[7]

विष्णुपुराण पुरोहितों के इस कर्म-विचलन को अर्थात् उनकी पथभ्रष्टता को कलियुग के शीघ्र आरम्भ के लिए जिम्मेदार ठहराया है।[8] *कूर्मपुराण* में तो बल देकर यहाँ तक कहा गया है कि कलियुग में कोई मूर्ख ब्राह्मण ही अपने जीविका निर्वाह के लिए वेद विहित यज्ञ बलि का पौरोहित्य अपनाएगा। *कूर्मपुराण* की रचना 5वीं और 8वीं सदियों के बीच मानते हुए आर.एन. नन्दी बताते हैं कि इसमें तत्कालीन सामाजिक वास्तविकता का इस तरह से यथार्थ चित्रण हुआ है अन्यथा आरम्भिक पुराणों में तो बलि प्रधान यज्ञ कर्म के स्थान पर तपस्या की शुरुआत को केवल श्रोत्रिय ब्राह्मणों के व्यावसायिक व्यवहार का 'उल्लंघन' मात्र कहकर सन्तोष कर लिया गया था।[9]

कलियुग के प्रारम्भिक चरण में विदेशी आक्रमणों, विदेशियों का भारत में बसना तथा कुछ विदेशियों और कुछ सीमावर्ती लोगों का शासक-अभिजात वर्ग के रूप में उदय के फलस्वरूप 4 वर्णों वाली सामाजिक व्यवस्था जड़ से हिल गई। अर्थव्यवस्था में भी बदलाव हुए। कलियुग के दौरान सामाजिक संघर्ष की झलक भी दिखाई देती है। शहरी जीवन में जर्जरता बढ़ी। बन्द किस्म की कृषि-अर्थव्यवस्था का परिपक्व तस्वीर तैयार होने लगी। पूर्व मध्यकाल की पृष्ठभूमि इन्हीं सारे तत्त्वों पर आधारित थी। कलियुग में मुख्यतः व्यापारिक नगरों की संख्या में कमी, ग्रामीण अर्थव्यवस्था, बन्द अर्थतन्त्र, कर देनेवाले शासकों की संख्या में वृद्धि और नगरों का गाँवों में बदलने का माहौल बना रहा। ये सारी विशेषताएँ उत्तर गुप्तकाल से भारी मात्रा एवं भारी गुण में दिखाई देने लगती हैं। वैसे निगम जो वाणिज्य और उद्योग के शहरी केन्द्र थे, वे गुप्तोत्तरकाल में गाँव माने जाने लगे।[10] कलियुग में नगरों की आर्थिक विशेषता, क्षेत्रफल, आबादी और संख्या में गिरावट आने लगी। राजकीय संरक्षण एवं प्रोत्साहन का अभाव, विदेशी आक्रमण, आन्तरिक अशान्ति, राजनीतिक बिखराव, छोटे-छोटे राज्य-प्रदेश, बन्द अर्थव्यवस्था, बेगार तथा भारी करों से उत्पन्न कठिनाइयाँ और कर के बोझ से परेशान शहरवासियों का गाँवों में जाकर बसना तथा व्यापार के बदले कृषि कार्य में निश्चितता तथा निश्चित

आय की बात सोचना, आर्थिक मन्दी और व्यापार में सिक्कों का कम-से-कम प्रयोग—ये सारी बातें कलियुग में दिखाई देने लगती हैं। इन तथ्यों को पुरातात्विक साक्ष्य भी प्रमाणित करते हैं।[11]

सतयुग, त्रेता, द्वापर और कलियुग के अध्ययन से स्पष्ट है कि यह धार्मिक काल विभाजन विशेष रूप में ब्राह्मणों की सुविधाओं और इन सुविधाओं में क्षत्रियों से था, अतः इस वर्ण को भी ब्राह्मणों ने अपने साथ रखा। इन अवकाश भोगियों के वर्ग में ही धनाढ्य वैश्य भी शामिल कर लिए गए। तत्कालीन आबादी में इन सभी की संख्या कुल आबादी की करीब 20 प्रतिशत से अधिक नहीं थी। वैश्यों, शूद्रों, स्त्रियों, म्लेच्छों, चांडालों आदि की संख्या 80 प्रतिशत से कम नहीं होगी। इस 80 प्रतिशत के बिना धर्म का काम चल सकें किन्तु इतिहास का नहीं। इतिहास इन्हीं लोगों का वास्तविक प्रतिनिधि होता है। ये 80 प्रतिशत लोग ही उत्पादक वर्ग रहे हैं जिनकी कोख से अवकाशभोगी जन्म लेता है।

अगर सम्पूर्ण आबादी के अधिकांश भाग को आधार बनाकर देखा जाए तो जैन, बुद्ध, चन्द्रगुप्त मौर्य, अशोक और कनिष्क के काल को कलियुग से सम्बोधित करना उचित नहीं जान पड़ता। जैन से कनिष्क तक के काल में वैदिक धर्म, वैदिक वर्ण व्यवस्था, ब्राह्मणों और क्षत्रिय शासकों की दशा भले ही अच्छी नहीं रही किन्तु सामान्य वैश्य, शूद्र, म्लेच्छ, चांडाल और स्त्रियों की दशा अर्थात् करीब 80 प्रतिशत आबादी की दशा खराब नहीं रही। क्षत्रियों की दशा भी बुरी नहीं कही जाएगी क्योंकि प्रशासनिक नेतृत्व न सँभालकर ये लोग जैन और बौद्ध जैसे विश्व प्रसिद्ध धर्मों का नेतृत्व सँभाले रहे। प्रशासन और अर्थव्यवस्था पर म्लेच्छों, शूद्रों और वैश्यों का एकच्छत्र स्वामित्व रहा। धार्मिक क्षेत्रों में स्त्रियों ने जमकर भाग लिया। धनाढ्य स्त्रियों का विलासमय जीवन का चित्रण म्लेच्छ-शूद्र शासकों के काल में देखने को मिलता है।

अतः 80 प्रतिशत आबादी के चश्मे से इतिहास में झाँकने पर स्पष्ट है कि महावीर जैन और गौतमबुद्ध के काल से लेकर कुषाण शासक कनिष्क और उसके बाद के कुषाण शासकों के काल तक स्त्रियों, म्लेच्छों, शूद्रों और वैश्यों की दशा उतनी ही अच्छी रही जितनी तथाकथित सतयुग में वर्ण व्यवस्था के कारण ब्राह्मणों की। इस काल की पुरातात्विक सामग्रियाँ, सिक्के, देशी-विदेशी साहित्य और अन्य अवशेष इस तथ्य को स्पष्ट रूप से प्रमाणित करते हैं।

25.3 इतिहास अपनी दृष्टि से इस धार्मिक काल विभाजन की ओर जब देखता है तो सबसे पहले यह पता लगाता है कि सतयुग, त्रेता, द्वापर और कलियुग की अवधारणा का जन्म कब हुआ। *महासुपिनजातक* का रचनाकाल अगर 5वीं सदी ई.[12] मानें तो यह कह सकते हैं कि इस धार्मिक कालविभाजन की चर्चा सबसे पहले *महाभारत* में है।[13] इस महाकाव्य में वर्णित इस अंश का रचनाकाल बी.एन.एस. यादव चौथी सदी ई. का बताते हैं। कृष्ण की मृत्यु के दिन से कलियुग का प्रारम्भ हुआ।[14] ऐतिहासिक अवशेषों के आधार पर इतिहासकार *महाभारत* की घटना (भूमि के लिए कौरवों एवं पांडवों में

छोटे पैमाने पर लड़ाई) ई.पू. 1000 से 700 ई. पू. के बीच[15] या ई. पू. दसवीं सदी[16] का मानते हैं। अतः उत्तर वैदिककाल के उत्तरार्द्ध से कलियुग का प्रारम्भ माना जा सकता है। वैदिककालीन वर्ण व्यवस्था ई. पू. दसवीं सदी से लड़खड़ाने लगी थी। *श्रीमद्भागवतपुराण*[17] में वर्णित बात को अगर स्वीकारें कि जिस दिन बुद्ध का जन्म मगध में हुआ उसी दिन से कलियुग प्रारम्भ हुआ तो इतिहास की दृष्टि से यही प्रमाणित होता है कि ई. पू. छठी शताब्दी से वर्ण व्यवस्था के अस्तित्व पर खतरा उत्पन्न हो गया क्योंकि गैर ब्राह्मण गौतमबुद्ध धार्मिक नेता बन गए; जबकि धर्म पर वर्ण व्यवस्था के अनुसार पूर्ण नियन्त्रण ब्राह्मणों का होना चाहिए था। पुनः *श्रीमद्भागवतपुराण* में चर्चा है कि जिस समय राजानन्द का राज्य स्थापित हुआ तभी से कलियुग प्रारम्भ हुआ।[18] इतिहास की दृष्टि से इसे देखा जाए तो स्पष्ट है कि क्षत्रियों के बदले शूद्र शासक बनने लगे और वैदिक वर्ण व्यवस्था को तत्कालीन माहौल ने अस्वीकृत कर दिया।

इस तरह स्थापित समाज व्यवस्था के नियमों के उल्लंधन का अर्थ कलि अथवा उसके लक्षणों का प्रकट होना माना गया। कलि का अर्थ था कर्मवाद की उपेक्षा तथा उसकी जगह पर पाखंडी सम्प्रदायों एवं गैर-ब्राह्मणीय विदेशी शासकों का बोलबाला।[19] मात्र वर्ण व्यवस्था को आधार मानकर सम्पूर्ण सामाजिक एवं आर्थिक परिवेश को प्रधान आधार मानकर न कि मात्र वर्ण व्यवस्था को, इतिहासकार इतिहास की स्पष्ट एवं निष्पक्ष तथा पूर्ण तस्वीर बना पाते हैं।

कलियुग में यह भी बताया गया है कि व्यापारों का पतन हो गया, नगर गाँव में और फिर जंगल में बदल गए, वैश्य निर्धनतावश शूद्र का पेशा अपना लिये, सिक्कों से खरीद-बिक्री नहीं होती, अनाज खरीदे-बेचे जाने लगे, वैश्य अब कृषि ही करते थे, कौड़ी से खरीद-बिक्री होती थी, राजा अपनी सुरक्षा में सदा लगे रहते थे, प्रजा की रक्षा करने के बदले वे प्रजा को लूटकर इतना पीड़ित करते कि लोग अन्य जगहों पर पलायन कर गए, सूखा-बाढ़ से प्रजा परेशान थी, धनाभाव में परिवारों में कलह बढ़ गए, राजा चोरों का सरदार बन गया, कृषकों की दशा अति खराब थी, नदियों और पोखर के तल में कृषि होती और फिर भी अन्न ठीक से उत्पन्न नहीं होते थे आदि-आदि—ये सभी विशेषताएँ ईसवी सन् की तीसरी सदी और उसके बाद से ही पाई जाने लगी। नगरों के द्वितीय चरण के बाद भारत के अधिकांश भागों में नगरों के पतन का सिलसिला तीसरी सदी के बाद प्रारम्भ हुआ। व्यापारिक पतन का गहरा सम्बन्ध व्यापारिक नगरों के पतन से था।[20]

25.4 अवकाशभोगी और उत्पादक वर्ग

सामाजिक तनाव और संघर्ष का दूसरा नाम अगर कलियुग को माना जाए तो यह तनाव परिपक्व ढंग से ई. पू. छठी शताब्दी से प्रारम्भ हुआ। एक तरफ थे अवकाशभोगी जो वैदिक वर्ण व्यवस्था के माध्यम से उत्पादक वर्ग के रक्त और मज्जा से अपने चेहरों का

रंग गुलाबी बनाए रखने में सदा विश्वास करते एवं प्रयत्नशील रहते थे। अधिकांश ब्राह्मण और शासकवर्ग ही अवकाशभोगी थे। दूसरी तरफ उत्पादक वर्ग थे जिसमें अधिकांश थे वैश्य, शूद्र, म्लेच्छ और स्त्रियाँ जो ई. पू. 8वीं शताब्दी से ही अवकाशभोगियों के प्रभाव, दबाव, अत्याचार और शोषण के विरुद्ध जागरूक होने लगे थे। चार्वाक् दर्शन अवकाशभोगियों को नापसन्द था। अवकाशभोगी अपनी जीविका तक के लिए कोई काम नहीं करते थे।

मगध में लोहे की खोज ने तत्कालीन अर्थव्यवस्था पर एक अचरजकारी असर डाला। लोहा शोधनेवाली धमन-भट्ठियों ने उत्पादित लोहे को गुणात्मक रूप में शोधित कर लेने में सफलता हासिल की। मौर्यकाल में यह विकास उत्कर्ष पर पहुँचा। लोहे की खोज और उत्पादन-परिशोधन का मतलब था—कुल्हाड़ियों, गैंतियों, फावड़ों-कुदालों, फालों (हल का फाल), कीलों-मेखों, गाड़ी के पहियों के लिए धातु की रिमों, असंख्य नए हस्तशिल्पों के औजारों और उपकरणों, तलवारों तथा इसी तरह की अन्य वस्तुओं का उत्पादन। चमड़ा शोधने और चमड़ा उत्पादों को और ज्यादा अच्छा बनाने हेतु रासायनिक प्रक्रियाओं का विकास हुआ। नए शिल्प विकसित हुए। सड़कें बनीं। अच्छे और बड़े जहाजों का निर्माण हुआ। व्यापार और परिवहन में तेजी से विस्तार हुआ। सोनार, कसेरा, लोहार, ठठेरा, बढ़ई, बुनकर, तमेरा आदि शिल्पकारों को ज्यादा सामान बनाने के लिए मिलने लगा। इसका प्रमाण न केवल कौटिल्य का *अर्थशास्त्र* और मेगास्थनीज का *यात्रा-विवरण* है बल्कि खुदाई से प्राप्त सामग्रियाँ भी इसे प्रमाणित करती हैं। मुद्रा पर आधारित अर्थव्यवस्था, अधिक फैले हुए गाँवों के स्थान पर वास्तविक कस्बों और शहरों ने एक-दूसरे का अनुसरण किया अर्थात् एक स्थान की देखादेखी दूसरे स्थान पर विकास की प्रक्रिया प्रारम्भ हुई। शहरों में व्यापारियों और शिल्पियों के संघ बनने लगे। इस नई अर्थव्यवस्था के विकास और सुरक्षा हेतु शक्तिशाली केन्द्रीकृत प्रादेशिक राज्यों की जरूरत महसूस हुई, जो इस तीव्र गतिवाले विकास के संचालन का उपकरण बन सके। मौर्यों के अधीन, राज्य ने अर्थव्यवस्था की सम्पूर्ण शाखाओं खासकर खान और व्यापार की कुछ निश्चित शाखाओं का विकास किया। विशाल सेनाएँ और सरकारी नौकरों का जाल बिछ गया। अनगिनत शुल्क और कर लगाए गए। किसानों की पैदावार में से बहुत कुछ राज्य ने वसूल किया। भौगोलिक विस्तार हुए।

इन सभी कामों को करनेवाले कौन लोग थे ? ये लोग थे : शूद्र, वैश्य, अछूत, अनेक आदिम जनजातियाँ, दास, ग्रामीण शिल्प, कस्बों के कारीगर, मजदूर, स्वामित्व के वास्तविक अधिकार रखनेवाले अनेक स्तरोंवाले जोतदार कृषक, स्वतन्त्र कृषक, युद्धबन्दी आदि। *मनुस्मृति* सबसे अधिक कठोर, निर्लज्ज और गैर-बराबरी व्यवस्था देनेवाली कृति है। सारी स्मृतियों में एक बात समान है कि शूद्रों का यह कर्त्तव्य था कि वे उच्च तीनों वर्गों की सेवा करें और किसी तरह धन संचय करने की अनुमति उन्हें नहीं थी। वैश्यों को भी प्रायः यह कहा गया कि वे ब्राह्मणों और क्षत्रियों की सेवा करें। यह भी लिखा गया कि शूद्र और वैश्य अपने से उच्च वर्णों की टहल-चाकरी करने को मजबूर नहीं किए

जाएँगे; यदि वे अपने कर्त्तव्यों को पूरा करने में विफल रहते हैं तो घोर कलियुग आ जाएगा और समाज वर्णसंकर हो जाएगा। कलियुग अर्थात् सामाजिक अराजकता और दुरवस्था। वर्णसंकर का शाब्दिक अर्थ है चार वर्णों का रक्त मिश्रण। स्मृति में वर्ण संकर का अर्थ निम्न वर्णों द्वारा अपने कर्त्तव्यों का उल्लंघन करना था। उच्च वर्ण के लोग किसी भी स्थिति में यह नहीं चाहते थे कि कृषि, पशुपालन और दस्तकारी के धन्धों में लगे निम्न लोगों के शारीरिक श्रम को गँवा बैठे। शासकवर्ग का निदेश था कि उत्पादनकर्त्ता अपना काम करता रहे। इनके द्वारा काम से इनकार करना अक्षम्य अपराध था। लुटेरों द्वारा प्रजा को लूटते समय राजा अगर प्रजा की मदद नहीं करता तो उस स्थिति को *महाभारत* में मूर्तिमान कलियुग कहा गया।[21] राजा से ब्राह्मण को घोड़ा, गाय, दासी, हाथी, गाँव आदि दान नहीं मिलनेवाले काल को कलियुग और फूटे बर्तन में कलियुग का वास कहा गया।[22]

उच्च परिवारों द्वारा खाने के बाद बचे हुए भोजन को शूद्र को खाने के लिए दिया जाता था। उन्हें सोने-पहनने के जीर्ण-शीर्ण चिथड़े और मैले-कुचले वस्त्र दिए जाते थे। शूद्रों को नाममात्र की मजदूरी दी जाती थी। मजदूरी नहीं देनेवालों को दंडित करने का कोई विशेष प्रावधान नहीं था किन्तु शूद्र किसी काम को करने से इनकार करता या अपने काम को पूरी लगन के साथ नहीं करता था तो उसे न केवल उस दिन किए गए अपने काम की मजदूरी से हाथ धोना पड़ता था बल्कि जुर्माना अदा करने या शारीरिक सजा पाने के लिए तैयार रहना पड़ता था। कोई शूद्र अपने मालिक की तरफ आँख उठाकर देख लेता था या उसके सामने असम्मानजनक तरीके से कुछ कह देता था, तो इस अपराध के लिए भारी दंड का प्रावधान था। अधीनता से इनकार करना सबसे असह्य था। कुछ स्मृतियों में शूद्रों द्वारा अपने स्वामियों के प्रति उपयोग में लाए जानेवाले आदर-सूचक शब्दों तक का प्रावधान कर दिया गया था। इसके विपरीत, शूद्रों के प्रति कहे जानेवाले शब्दों को जानबूझकर अपमानजनक बनाया गया था ताकि उनके भीतर नीचता की आत्मस्वीकृति का संस्कार पैदा किया जा सके। अपने स्वामी के समक्ष वह यदि अभद्र भाषा का प्रयोग करता तो उसकी जीभ काट लेने का प्रावधान था। ऋण लेने पर शूद्र को सबसे अधिक ब्याज देना पड़ता था। अपराध करने पर सबसे ज्यादा दंड शूद्र को देने का प्रावधान था। उत्तराधिकार के कानून भी जाति-व्यवस्था के अनुसार भिन्न-भिन्न थे। धनी एवं प्रभुत्वशाली वर्ग कानूनी या गैरकानूनी ढंग से अपने से नीची जातियों से विवाहित स्त्रियाँ या रखैल रखता था। स्मृतियों का मानना था कि रक्त के इस तरह के अपवित्र मिश्रण (वर्णसंकर) से निम्नतम मिश्रित जातियों की उत्पत्ति हुई। हमारे पुरोहित तन्त्र ने इस बात को दोष मानते हुए बहुत सावधानी से अपनी व्यवस्थाएँ लागू कीं। यदि किसी ब्राह्मण या क्षत्रिय से अपनी जाति या अपने से निम्न जाति से अनेक पत्नियाँ या रखैल थीं तो उसकी सम्पत्ति का, उनसे उत्पन्न सन्तानों में बँटवारा पत्नी या रखैल की जाति के अनुसार होता था। उदाहरण के लिए उसकी वैश्य या शूद्र या चांडाल जाति से उत्पन्न सन्तानों को उसकी अपनी जाति से उत्पन्न सन्तान की तुलना

में सम्पत्ति का बहुत थोड़ा सा हिस्सा प्राप्त होता था। अनुलोम बच्चे प्रतिलोम की तुलना में उच्चतर स्थिति प्राप्त करते थे।

शूद्रों को वैदिक रीति से विवाह करने की अनुमति नहीं थी। उनके विवाह राक्षस या पैशाच विवाह कहे जाते थे, जिनका मतलब अपहरण और बलात्कार से ज्यादा नहीं था। शूद्रों में तलाक देना बहुत आसान था। वैश्यों और शूद्रों एवं स्त्रियों को सामान्यतया वेदाध्ययन तथा बौद्धिक कार्यों में शामिल होने की अनुमति नहीं थी। पाप-योनि में जन्मे होने के कारण ये तीनों अशुद्ध माने जाते थे। *श्रीमद्भगवतगीता* में इन तीनों को कुत्तों और सूअरों की श्रेणी में रख गया है। *महाभारत*[23] में शूद्र को कुत्ता और भेड़िया के समान बताया गया है। क्षत्रिय, वैश्य और शूद्र का काम करनेवाले ब्राह्मण को दास, कुत्ता, भेड़िया और निन्दित पशु कहा गया है। पुनः ब्राह्मणों को सलाह दी गई है कि वे क्षत्रियों के अधीन रहनेवाले दास, कृषि, व्यापार, सूदखोरी, व्यभिचारिणी स्त्रियों के साथ व्यभिचार और कुटिलता को छोड़ दें। ऐसा काम करनेवाले ब्राह्मणों को शूद्र बताया गया है।[24] इन्हें दास के समान पंक्ति से बाहर भोजन कराया जाता था। शूद्रों को द्वेषी, हिंसक, आत्म प्रशंसक, तुनक मिजाज, असत्य-भाषी, अतिलालची, कृतघ्न, विपथगामी, आलसी-प्रमादी और अशुद्ध बतलाया गया है। अछूतों और चांडालों को विशेष तौर पर अशुद्ध, अविश्वासी, असत्यभाषी, चोर, दया के पात्र, क्रोधी और लालची बतलाया गया है। उसी शूद्र को पेशा बदलने की अनुमति थी जो पुत्र उत्पन्न कर लिया था और धृति, क्षमा, मन का निग्रह, चोरी का त्याग, बाहर-भीतर की पवित्रता, इन्द्रियों का निग्रह, सात्विक बुद्धि, सात्विक ज्ञान, सत्य भाषण और क्रोध का अभाव इन दस धर्मों का पालन करता था।[25]

25.5 वास्तविकता यही थी कि जब ब्राह्मण इन दस धर्मों का पालन नहीं करता था तो शूद्र के लिए इन धर्मों का पालन कैसे सम्भव था। शूद्र और दास का पेशा करने के बावजूद ब्राह्मण अपने पद पर बना रहा। *महाभारत*[26] में ही लिखा है कि चांडाल, म्लेच्छ, पाखंडी, शास्त्र-विरुद्ध कर्म करनेवाले, बलवान, गायक, नर्तक आदि को प्रयत्नपूर्वक वश में रखनेवाले राजा की जड़ मजबूत समझी जाती थी।

महाभारत[27] में एक ब्राह्मण की चर्चा है जो मध्यदेश के किसी सम्पन्न गाँव में एक दस्यु के यहाँ भिक्षा माँगने गया। दस्यु ने उसे अन्न एवं एक युवती दासी दिया जो पति से रहित थी और ब्राह्मण दासी के साथ रहकर जीविका चलाने लगा। परशुराम ने लगभग सभी क्षत्रियों को मार डाला तो उनकी स्त्रियों से वैश्य और शूद्र अनाचार (स्वैरप्रचारिणः) करने लगे।[28] राजा मरूत के वंश के कई क्षत्रिय बालक शिल्पी और सुनार आदि जातियों के आश्रित होकर रहने लगे। इससे स्पष्ट है कि शूद्रों को कीड़ा-मकोड़ा समझा गया किन्तु वे थे नहीं। प्रतिशोध की आग उनके मन में थी। अपनी दशा के प्रति वे बेचैन थे और ब्राह्मण ग्रन्थों ने जिसे जघन्य अपराध कहा उसे भी करने का वे साहस रखते थे। ब्राह्मण एवं क्षत्रियों ने इनकी स्त्रियों को दास बनाया और इसका बदला लेने के लिए वे सदा मौके की तलाश में जान की बाजी लगाकर रहते थे। उनमें विरोध और प्रतिहिंसा का

भाव था।

महाभारत में चर्चा है कि द्वापर में 12 वर्षों तक भयंकर सूखा पड़ा। कितनी ही नदियाँ अदृश्य हो गईं। खेती, पशु, बाजार-हाट चौपट हो गए। नगर-गाँव नष्टप्राय हो गए। भूख से पीड़ित मनुष्य एक-दूसरे को खाने लगे। सारे नियमों को त्यागकर महर्षि विश्वामित्र भूख से पीड़ित होकर इधर-उधर दौड़ लगाने लगे। एक दिन वे चांडालों की बस्ती में जा पहुँचे। वहाँ चारों ओर टूटे-फूटे घरों के खपड़े और ठीकरे बिखरे पड़े थे। कुत्तों के चमड़े छेदनेवाले हथियार रखे हुए थे, सूअरों और गदहों की टूटी हड्डियाँ, खपड़े और घड़े चारों ओर भरे थे। मुर्दों के ऊपर से उतारे गए कपड़े चारों ओर फैलाए गए थे और वहीं से उतारे हुए फूल की मालाओं से उन चांडालों के घर सजे हुए थे। उनकी कुटिया सर्प के केंचुलों की मालाओं से विभूषित एवं चिन्हित थे। मुर्गों और गदहों की आवाज तथा चांडाल कठोर वचनों का प्रयोग एक-दूसरे को कर रहे थे। वहाँ के देवालय के भीतर उल्लू की आवाज गूँजती रहती थी। घरों को लोहे की घंटियों से सजाया गया था और झुंड के झुंड कुत्ते उन घरों को घेरे हुए थे। इस मुहल्ले में विश्वामित्र घूम-घूमकर भीख माँगते फिरे किन्तु कुछ भी नहीं मिला। इतने ही में उन्होंने देखा कि तुरन्त के शस्त्र द्वारा मारे हुए कुत्ते की जाँघ के मांस का एक बड़ा सा टुकड़ा पड़ा था। रात में जब सब सो गए तो विश्वामित्र उस मांस को चुराने के लिए कुटिया में घुसे किन्तु चांडाल जगा था। उसने विश्वामित्र को पकड़कर मारना चाहा तो जान बचाने के लिए उन्होंने अपना परिचय चांडाल को दिया और मांस-चोरी का कारण भूख बताया। चांडाल ने उन्हें समझाया कि कुत्ता सियार से भी अधम होता था और कुत्ते की जाँघ का भाग तो सबसे अधिक अधम होता था। विश्वामित्र ने कहा, "मेरे प्राण शिथिल हो रहे हैं और श्रवणशक्ति नष्ट हो रही है। मुझे भक्ष्य और अभक्ष्य का विचार नहीं रह गया है। मैं प्राण देकर धर्म की रक्षा नहीं कर सकता।" अतः वे कुत्ते की जाँघ ले ही गए और पत्नी सहित खाने का विचार किया।[29]

25.6 गाँव के लोग अपनी आवश्यकता की पूर्ति (नमक और लोहा छोड़कर) स्वयं करते थे। गाँव के लोगों, जैसे—कृषकों, बुनकरों, बढ़इयों, सुनारों, कुम्हारों, कांस्यकारों, तेली, ताम्रकारों, अर्धछूत चमारों, अछूत चमारों या अन्य किसी के पास आवश्यकता से अधिक अर्थात् अतिरेक नाम का कुछ नहीं था। गाँवों में एक बन्द प्राकृतिक अर्थव्यवस्था थी। बाहर की दुनिया से ऐसे गाँवों का कोई रिश्ता नहीं था। इस सामाजिक ढाँचे को कोई राजनीतिक शक्ति नहीं तोड़ सकती थी। इस बन्द सामाजिक ढाँचे को कुशल धातुकारों की मदद से बढ़िया औद्योगिक व्यवस्था ही नष्ट कर सकती थी किन्तु हमारे पूर्वज ऐसा नहीं कर पाए। जहाँ आवश्यकताएँ स्थिर होतीं वहाँ नवीनता, प्रोत्साहन और आविष्कार की प्रक्रियाएँ अवरुद्ध हो जाती हैं। रूढ़िवाद और अन्धविश्वास सर्वोच्च शासक बन जाते हैं। निम्न एवं दीन वर्गों का शोषण स्वाभाविक हो जाता है। मूर्तिपूजकों की भयानक देवमूर्ति बलि चढ़े मनुष्यों की खोपड़ियों से ही अमृत पीने लगता है। जाति व्यवस्था मजबूत ढंग से परम्परावादी होती गई और सामाजिक, बौद्धिक एवं सांस्कृतिक

जीवन गतिरुद्ध होते गए। श्रमिकों यानी नाई, ताम्बुलिव, मदिराकार, सुनार, कसेरा, तमेरा, बढ़ई, कुम्हार, बुनकर, जुलाहे, मोची और चमड़े का काम करनेवाले, राजमिस्त्री आदि के उत्पादन के उपकरणों, औजारों और साधनों की गतिहीनता बढ़ी।

शूद्र और वैश्य अपना खून-पसीना एक करके मेहनत करते किन्तु ब्राह्मणों-क्षत्रियों की तुलना में घटिया जीवन जीते थे। इसका कारण क्या है ? क्या यह कि उनके आध्यात्मिक और सांसारिक स्वामी (ब्राह्मण एवं क्षत्रिय) भौतिक ताकत के बल पर उनका शोषण-उत्पीड़न करते थे ? नहीं, ऐसा कतई नहीं था। ब्राह्मण और क्षत्रिय स्वर्ग एवं पृथ्वी के स्वामी थे; इसका कारण था पूर्वजन्म में उनके द्वारा किए गए पुण्यकार्य। इसके विपरीत शूद्र और वैश्य इस पृथ्वी पर दुख से भरा जीवन (मेहनत करने के बावजूद) अपने पूर्वजन्म में किए गए पापकर्मों की वजह से बिताते थे। अतः तत्कालीन जीवन में शूद्रों और वैश्यों की मुक्ति नहीं हो सकती थी। उच्च जीवन जीने के लिए पुण्यकर्म करना आवश्यक था। पुण्यकर्म का अर्थ अपने से उच्च वर्णों की सेवा बिना किसी संकोच और क्लेश का भाव मन में लाए करना था।[30] तभी वे अपने अगले जन्म में वर्णक्रम में उच्च स्थान पाते अर्थात् उच्चतर जाति में पैदा होते। स्पष्ट था, 'इस जन्म में अपना कर्त्तव्य करो और अगले जन्म में उसका पुरस्कार प्राप्त करो।' इस दर्शन का विकास उपनिषद काल में हुआ। गुप्तकाल में यह दर्शन पूरी तरह हिन्दू मानस को अपने घेरे में ले लिया।

25.7 इस शोषण के खिलाफ जन-असन्तोष के रूप में बौद्ध धर्म को पाते हैं। बुद्ध ने वैदिक व्यवस्था, उपनिषदीय आत्मा और जाति-व्यवस्था का एक सीमा तक विरोध किया। उनके अधिकांश समर्थक वैश्य, शूद्र और अछूत थे। लोकमत ने ब्राह्मण पुरोहितों द्वारा जनता को लूटने और छलने के लिए गढ़े गए पुनर्जन्म और कर्म के सिद्धान्त को मानने से खुलेआम इनकार किया। इस सामाजिक असन्तोष को बढ़ाने और उपनिषदों द्वारा पैदा किए गए रूढ़िवादी बन्धनों को काटने की प्रेरणा, यूनानियों द्वारा भारत पर किए गए आक्रमणों और शकों तथा कुषाणों के व्यापक कबीलाई आप्रवासन ने दी। ये लोग चातुर्वर्ण्य की धर्मतन्त्रीय संरचना से किसी भी रूप में बँधे हुए नहीं थे। मौर्य, शक, कुषाण और सातवाहन काल में दस्तकारी और देशीय एवं अन्तर्देशीय व्यापार का विकास हुआ। इसका मुख्य आधार धातुकार एवं श्रमिक वर्ग अर्थात् वैश्य-शूद्र था। अतः इससे श्रमिक वर्ग के आत्म गौरव, आत्म विश्वास और स्वाग्रहशीलता में वृद्धि हुई और रूढ़िवादी बन्धनों को काटने की प्रेरणा मिली।

वैदिक वर्णव्यवस्था को मानने से वैश्य, शूद्र, अछूत इत्यादि इनकार करने लगे तो मनु ने इन्हें हिंसक, आलसी, झूठा, दगाबाज, जानवर आदि कहना शुरू किया। निम्न वर्गों में जब असन्तोष बढ़ा तो इस दशा को कलियुग से सम्बोधित किया गया। चातुर्वर्ण्य व्यवस्था का छिन्न-भिन्न होने को कलियुग कहा गया किन्तु वास्तविकता यह थी कि शासक और उत्पीड़क वर्ग ने इस असन्तोष को अव्यवस्था और अराजकता से जोड़ दिया। *महाभारत* में इस बात पर दुःख व्यक्त किया गया कि वैश्यों एवं शूद्रों ने क्षत्रियों की विधवाओं एवं अविवाहित कन्याओं के साथ दुर्व्यवहार किया और क्षत्रिय बालकों

को सुनार के यहाँ रहकर काम करना पड़ा। *वायुपुराण* में प्रमिति को भगवान माधव का अवतार माना गया है जिसने सशस्त्र सेना बनाई और म्लेच्छ तथा निम्न जातियों का नाश किया। इन सब कारणोंवश उत्पादक वर्ग ने हिंसा का आश्रय लिया और उच्च वर्गों की घोर अवज्ञा की। फलतः कलियुग के माध्यम से इस असन्तोष पर निषेध लगाने का प्रयास किया गया। मनुवादियों का मानना था कि जो दस्तकारी का काम करें, वे सोचने का काम नहीं करें और जो सोचने-विचारने का काम करें (ब्राह्मण-क्षत्रिय) वे फावड़ा-कुदाल को हाथ न लगाएँ। यह नकारात्मक छवि थी।

मनुवादी माहौल, जाति और ग्राम संरचना की सीमित एवं संकीर्ण व्यवस्था की वजह से प्राचीन भारत में यान्त्रिकी का विकास उतना नहीं हो सका। यन्त्र-विज्ञान और इससे सम्बद्ध विज्ञानों के विकास के लिए विशेषकर इस बात की जरूरत होती है कि वैज्ञानिक स्वयं ही मिस्त्री का काम भी करे किन्तु यहाँ तो मिस्त्री को अछूत बनाकर रखा गया, वह वैज्ञानिक कहाँ से बन पाता। निरोग आदमी चिकित्सक का कद्र नहीं करता था। अतः वैद्य चाहता था कि बीमारी फैले। अभाव में मित्रता नष्ट होने लगी। एक पक्के बनिया की भाँति भगवान ने लाभ-हानि का हिसाब जोड़ते हुए मक्कारों, फरेबियों और भ्रष्टाचारियों का साथ देना शुरू कर दिया क्योंकि उनका नाम सबसे अधिक वे ही लेने लगे थे। उनको न बचाने से भगवान की बदनामी होती और पूजा-पाठ बन्द होने तक का डर बना रहता। भगवान की आड़ में जो ढोंग और व्यभिचार करते उनकी आबरू का ध्यान रखना भगवान का पवित्र कर्त्तव्य एवं जिम्मेदारी थी। लोक में भगवान की महिमा का बढ़ना इन्हीं पर निर्भर था।[31]

ब्राह्मण को परिभाषित करते हुए *महाभारत*[32] में बताया गया है कि बड़ी से बड़ी आपत्ति में पड़ने पर भी जो क्रोधित न हो वह ब्राह्मण है। जिसका ब्रह्म (वेद) ही परम धन है, आत्मज्ञान ही स्वर्ग है तथा वेदों का स्वाध्याय करना ही श्रेष्ठ तप है वही ब्राह्मण है।[33] वही ब्राह्मण है जिसके कुल में बच्चे से लेकर बूढ़े तक बाप-दादों की परम्परा से चले आनेवाले धार्मिक कार्य का भार सँभालते हैं किन्तु उसके लिए मन में कभी खेद का अनुभव नहीं करते हैं। जो विनीत भाव से विद्याध्ययन करते हैं, इन्द्रियों को संयम में रखते हैं और मीठे बचन बोलते हैं, जो शास्त्रज्ञान और सदाचार दोनों से सम्पन्न हैं, सभाओं में बोलते समय हंस-समूहों की भाँति जिनके मुख से मेघ के समान गम्भीर स्वर से मनोहर मंगलमयी एवं अच्छे ढंग की कही गई बातें सुनाई देती हैं, वे ही ब्राह्मण हैं।[34] इस परिभाषा की कसौटी पर शायद ही कोई ब्राह्मण खरा उतरे। अधिकांश ब्राह्मण अहंकारी, लालची और किसी भी सीमा तक पतित होनेवाले ही दिखाई देते थे। सादा जीवन बिताने के बावजूद वे अहंकार और दर्प की सीमा तक चौकस एवं सतर्क थे। चातुर्वर्ण्य के रूप में शूद्रों और वैश्यों पर ब्राह्मण-क्षत्रिय प्रभुत्व-इसी बुनियाद पर हिन्दू धर्म का उदय हुआ। यह तथ्य इससे प्रमाणित किया जा सकता है कि चारों वर्णों का जन्मदाता ब्रह्म को बताया गया।[35] ब्रह्म को पूर्ण, निराकार, सार्वकालिक, परिवर्तन से परे, चिन्तन से परे और निर्गुण माना गया है। अतः चातुर्वर्ण्य को भी परिवर्तन से परे माना

गया जिसके अनुसार ब्राह्मण, क्षत्रिय, वैश्य और शूद्र का विभाजन ब्रह्म अर्थात् परिवर्तन से परे है। इस व्यवस्था को कड़ाई से माननेवालों को मरने के बाद मोक्ष का लालच दिया गया। इस व्यवस्था के सहारे वैश्यों एवं शूद्रों का शोषण आसानी से किया जा सकता था।

वैश्य, शूद्र और अछूत जब तक सामाजिक-धार्मिक अधिकारियों द्वारा बताए गए अपने कर्त्तव्यों का निर्वाह करते थे और अपनी सीमाओं में रहते थे, तब तक उन्हें किसी तरह की हिंसा और शारीरिक कष्ट नहीं भोगना पड़ता था। किन्तु कोई निचले वर्ण का व्यक्ति, वर्ण-कर्त्तव्यों की अपनी सीमाओं का उल्लंघन करके किसी तरह की आजादी की माँग करता तो यही सभ्यता उसके प्रति अत्यन्त असहिष्णु हो उठती थी। उस समय अपने-अपने वर्णों की सीमाओं में रहना ही सबसे बड़ा धर्म था, उनकी सीमाओं का उल्लंघन करने की अनुमति और आजादी नहीं थी। सामान्य जीवन में भी शूद्रों-अछूतों के साथ क्रूरता, तुच्छता और असम्मानकारी व्यवहार किया जाता था। सादा जीवन बिताने के बावजूद ब्राह्मण चौकस एवं सतर्क थे कि हिन्दू समाज में आध्यात्मिक और सामाजिक सत्ता के अभिरक्षक थे। वे स्वयं को शुद्ध मानते और दूसरों को अशुद्ध। वे श्रेष्ठ थे और वैश्य-शूद्र निकृष्ट। वे इस बात से सुपरिचित थे कि सामाजिक जीवन की वास्तविकता में उनके एक-एक शब्द कानून जैसा था। अतः उनके लिए भौतिक आनन्द को स्वीकार करने के बजाय समाज के शासक वर्ग का अंग बने रहने और आध्यात्मिक सन्तोष प्राप्त करते रहने में ही ज्यादा लाभ था। वैसे, यज्ञ के अवसर पर वे अविवाहित, अति सुन्दर और स्वर्णाभूषणों से अलंकृत सैकड़ों कन्याओं की माँग कर बैठते थे।[36]

हमारी इस सभ्यता को प्राचीन वैश्य-शूद्र-अछूत किस दृष्टि से देखते थे ? उनका विश्वास था कि उनका जीवन इसके अलावा और कुछ हो ही नहीं सकता था। उनका विश्वास था कि उनके तत्कालीन कष्टों और पीड़ाओं का कारण उनके द्वारा पिछले जन्म में किए गए पापकर्म थे। अतः उनका यह कर्तव्य था कि वे इस तरह के जीवन से सन्तुष्ट रहते जिसे न केवल परमात्मा बल्कि स्वयं प्रकृति ने निश्चित किया था। वे स्वयं मानने लगे थे कि तत्कालीन जीवन में उन्हें अपने से श्रेष्ठ वर्णों की खुशी से और विनम्रतापूर्वक टहल-चाकरी करनी है, जिसे अगले जन्म में उन्हें बेहतर जीवन व्यतीत करने को मिले। इस सामाजिक संरचना ने वैश्यों एवं शूद्रों को तंग से तंग दायरे में सीमित रखा ताकि वे अन्धविश्वासों का मूकवाहक और परम्परा का दास बने रहें।

25.8 वैदिककाल के बाद ब्राह्मण-उपनिषदकाल में कृषि अवस्था में संक्रमण ने उत्पादक श्रम में लगी आम जनता और उदयमान अवकाशभोगी वर्ग के बीच पैदा हो रही वर्ग-भेद की खाई को गहरा कर दिया। यह अवकाशभोगी वर्ग काम नहीं करता था अपितु काम करनेवाले वर्ग के उत्पादन पर निर्भर था। परिणामस्वरूप एक तरफ ब्राह्मण क्षत्रिय और दूसरी तरफ वैश्य-शूद्र के बीच संघर्ष घनीभूत हुआ। इस वर्णभेद ने मानसिक और शारीरिक श्रम को अलग कर दिया। वैश्य-शूद्र सोचने-विचारने के काम से वंचित होते गए। सोचने-विचारने (ब्राह्मण) तथा सिद्धान्त निर्माताओं (क्षत्रिय) को कृषि-हल को

स्पर्श करने तक के लिए निषिद्ध कर दिया गया। इसका परिणाम यह हुआ कि सोचने-विचारनेवालों के नियन्त्रण एवं अधिकार में काम करनेवाला वर्ग आ गया। मानसिक काम करनेवाले वर्ग ने शारीरिक श्रम करनेवाले वर्ग को अपना दास बना लिया। इसका खतरनाक परिणाम हुआ कि सभ्यता के विकास के क्रम में समूचा श्रेय सोचने-विचारनेवालों को मिला। इस खतरनाक तथ्य को वैश्य-शूद्र बिना किसी 'लेकिन-परन्तु' के स्वीकार करें इसके लिए वेदान्तियों ने ब्रह्म की अवधारणा को स्थापित किया कि उत्पादन और सेवा करना दोनों निम्न वर्णों का परम धार्मिक कर्तव्य था। वैश्यों एवं शूद्रों ने इसे भी स्वीकार लिया तो शारीरिक श्रम को अति अपमानजनक बतलाते हुए उत्पादक वर्ग को सुअरों और कुत्तों के समकक्ष रख दिया गया। चातुर्वर्ण्य के दैवी विधान का उल्लंघन करनेवालों को नरकगामी बताया गया।

आत्रेय ब्राह्मण में लिखा है, "ब्राह्मणों और क्षत्रियों की शक्ति सामान्य हितों के लिए एकसूत्र में बँधी और क्षत्रियों को अपनी सत्ता के लिए ब्राह्मणों की ताकत की जरूरत हुई। पवित्र सत्ता (ब्राह्मण) के हथियार त्याग और तपस्या है; राजसत्ता के हथियार घोड़े, रथ, कवच, धनुष और बाण हैं। ब्राह्मण उपहार लेनेवाला, सोमरस पान करनेवाला एक जीविकाखोजी प्राणी है। वैश्य उच्चवर्णों का सम्मान करनेवाला, उच्च वर्णों का भक्ष्य और उच्च वर्णों की इच्छानुसार पीड़ा तक को स्वीकार करनेवाला प्राणी है। शूद्र दूसरों का सेवक है; उसे जब चाहें तब हटाया जा सकता है और उसका वध किया जा सकता है।' *मनुस्मृति*[37] में लिखा है, 'परमात्मा ने शूद्रों को एक ही काम सौंपा है, कि वे अन्य तीनों उच्च वर्णों की विनम्रतापूर्वक सेवा करें। शूद्र को दासोचित कर्म के लिए बाध्य किया जा सकता है, भले ही वह क्रीत (मोल लिया गया) हो अथवा अक्रीत, क्योंकि ब्रह्मा (स्वयंभू) ने उसे ब्राह्मण के दास के रूप में पैदा किया है। जिस शूद्र को स्वामी ने मुक्त कर दिया हो, उसे भी दासता से छुटकारा नहीं मिल सकता; जो जन्म से ही दास हो, उसे भला कौन मुक्त कर सकता है ?[38] शूद्र को किसी भी हालत में धन जमा नहीं करने दिया जाना चाहिए, भले ही वह इसमें सक्षम हो, क्योंकि धन जमा कर लेनेवाला शूद्र ब्राह्मणों को दुख पहुँचाता है।[39] उसे ऐसे यान्त्रिक धन्धों और दस्तकारी के विभिन्न कामों को करना चाहिए, जिनको करने से द्विजों की भली-भाँति सेवा हो सके।'[40]

गौतम स्मृति में लिखा है, 'शूद्र को सत्यवादी, विनम्र और निष्कलंक होना चाहिए। उसे उच्च वर्णों की सेवा करनी चाहिए। उसे अपना जीवन-यापन उन्हीं की कृपा के अनुसार बिताना चाहिए। वह उनके द्वारा त्यागे गए जूतों, छातों, कपड़ों और चटाइयों का उपयोग करेगा। उनकी जूठन खाएगा। हस्त उद्योग का धन्धा अपनाकर वह जीवन-निर्वाह कर सकता है।[41] यदि वह जानबूझकर वेद पाठ सुनता है तो उसके कानों में पिघले हुए सीसे अथवा लाख से भर दिया जाएगा। यदि वह वैदिक मन्त्रों का पाठ करता है तो उसकी जीभ काट डाली जाएगी। यदि वह इन मन्त्रों को कंठस्थ करता है तो उसके शरीर को बीच से चीर दिया जाएगा। यदि वह बैठने, सोने, बातचीत करने अथवा सड़क पर टहलने में द्विजों की बराबरी करता है तो उसे शारीरिक दंड दिया जाएगा।'[42]

मनु लिखता है, 'विधर्मियों (पुनर्जन्म में विश्वास नहीं रखनेवाले), जाति-व्यवस्था की अवमानना करनेवालों, पाखंडियों, मुक्तिचिन्तकों और दुरंगीचालोंवाले व्यक्तियों से बोलना भी नहीं चाहिए।[43] जिस समाज में नास्तिक लोगों की बहुतायत होती है, वह समाज शीघ्र ही नष्ट हो जाता है।[44] तर्कशास्त्रियों, भौतिकवादियों, वैज्ञानिक और समाज सुधारकों से मनु घृणा करता था।

पाद-टिप्पणी

1. बी.एन.एस. यादव, 'कलियुग के वर्णन और समाज का प्राचीनकाल से मध्यकाल में संक्रमण', *इतिहास* (भारतीय इतिहास अनुसन्धान परिषद् की शोध-पत्रिका), अंक 1, जनवरी, 1992, राजकमल प्रकाशन, नई दिल्ली, 1992, पृ. 66-67
2. रमेन्द्रनाथ नन्दी, *प्राचीन भारत में धर्म के सामाजिक आधार* (अनु.) नई दिल्ली, 1998, पृ. 10-11
3. वही,
4. वही
5. वही
6. वही
7. *वही,* पृ. 70-71; मगधनरेश बिम्बिसार जिस समय गौतमबुद्ध को प्रणाम करके उनके समक्ष बैठा उस समय हजारों ब्राह्मण भी बिन्दुसार के साथ बैठकर गौतमबुद्ध के प्रति आदर भाव प्रदर्शित कर रहे थे। (*महावग्गपाली,* सं. द्वारिकादास शास्त्री, बौद्धभारती, वाराणसी, 1998, पृ. 55)।
8. वही
9. वही, पृ. 72
10. रामशरण शर्मा, 'फ्यूडलिज्म रिटच्ड' *द इंडियन हिस्टॉरिकल रिव्यू,* अंक 2, नई दिल्ली, 1974, पृ. 326 और आगे।
11. रामशरण शर्मा, 'डिके ऑफ गैंजेटिक टाउंस इन गुप्त एंड पोस्ट-गुप्त टाइम्स', *जर्नल ऑफ इंडियन हिस्ट्री,* गोल्डेन जुबली वॉल्यूम, दिल्ली, 1973, पृ. 135 और आगे।
12. बी.एन.एस. यादव अपने प्रसिद्ध शोधलेख ('कलियुग के वर्णन और प्राचीनकाल से मध्यकाल में समाज का संक्रमण', *भारतीय सामन्तवाद,* सं. द्विजेन्द्र नारायण झा, अनु. आदित्य नारायण सिंह, दिल्ली, 2000, पृ. 88-127) में महासुपितनजातक को *महाभारत* के रचनाकाल से बाद का और अश्वघोषकालीन 5वीं सदी ई. का मानते हैं।
13. वही
14. *श्रीमद्भागवतपुराण,* 1.1. 66; 2.12.2.33; *मत्स्यपुराण,* 273. 49-50
15. रोमिला थापर, *भारत का इतिहास,* नई दिल्ली, 1989, पृ. 25
16. रामशरण शर्मा, *पूर्वमध्यकालीन भारत का सामन्ती समाज,* दिल्ली, 1996, पृ. 40
17. *श्रीमद्भागवतपुराण,* 1.1.3.23; 2.12.2.33
18. वही, 2.12.2. 31-32
19. रामशरण शर्मा, *पूर्वोद्धत,* पृ. 40
20. रामशरण शर्मा, *अर्बन डिके इन इंडिया,* नई दिल्ली, 1987
21. *शान्तिपर्व,* 12.29

22. वही, 12.30; *अनुशासनपर्व*, 61.4-32; 127.16
23. वही, 62.3-6
24. वही, 63.12-14; 296.89
25. वही,
26. वही, 94.5
27. वही, 168. 30-46
28. वही, 49. 63-83
29. वही, 141. 12-102
30. वही, 293. 11-12
31. *पंचतन्त्र की कहानियाँ* (भगवान सिंह), नेशनल बुक ट्रस्ट, नई दिल्ली, 1995, पृ. 67
32. *अनुशासनपर्व*, 1.27
33. वही, 8.3
34. वही, 8. 4-7
35. *शान्तिपर्व*, 319. 90
36. *अनुशासनपर्व*, 103.90
37. *मनुस्मृति*, 1.91
38. वही, 8. 413-14
39. वही, 10. 129
40. वही, 10. 99-100
41. *गौतमस्मृति*, 10. 51-60
42. वही, 12. 4-7; *शान्तिपर्व*, 296. 29
43. *मनुस्मृति*, 4.30; *शान्तिपर्व*, 322.5
44. वही, 8. 22

26

कलियुग और सामन्तवाद

26.1

कलियुग की कई विशेषताओं में वर्णसंकरता की समस्या भी रही। चारों वर्णों के बीच रक्त का मिश्रण ही वर्णसंकरता था। इसके फलस्वरूप एक सामाजिक तनाव का माहौल बन गया। कलियुग और सामन्तवाद में परस्पर सम्बन्ध को ध्यान में रखकर डी.एन. झा लिखते हैं कि वैश्यों और शूद्रों ने आर्थिक उत्पादन के लिए अपना श्रम देना रोक दिया। इससे पारम्परिक व्यवस्था में गड़बड़ी होने लगी। इसका मुख्य कारण दोहरा सामाजिक अन्तर्विरोध था--एक तो वैश्यों के साथ ब्राह्मणों और क्षत्रियों का विरोध और दूसरे शूद्रों के साथ ब्राह्मणों का विरोध। इससे पारम्परिक ब्राह्मणीय व्यवस्था कमजोर हुई। दास प्रथा के जो थोड़े बहुत तत्त्व शेष रह गए होंगे वे और भी दुर्बल पड़ गए। ईस्वी सन् की आरम्भिक सदियों से सामाजिक तनाव के कई लक्षण दिखाई देने लगे। इस समय से पुरोहितों, सैनिक सरदारों, प्रशासकों आदि के भरण-पोषण के लिए उन्हें सीधे भूराजस्व आवंटित किया जाने लगा। ये लोग अधिशेष की वसूली और उसके उपभोग के लिए प्राधिकृत हो गए। इसे डी.एन. झा सामन्ती लगान कहते हैं। कलिसिद्धान्त का महत्त्व इस बात में निहित है कि आन्तरिक सामाजिक परिवेश में सामन्ती संरचना के मूल तत्त्वों को समझा जा सकता है।[1]

कलियुग और सामन्तवाद दोनों का सम्बन्ध शहरी केन्द्रों का ह्रास और सिक्कों के चलन में कमी से था। कलियुग में जिस सामाजिक संकट (वर्ण संकर) की बात प्रारम्भिक धर्मशास्त्रों में की गई है वह *महाभारत* और *पुराणों*[2] के तीसरी सदी के उत्तरार्द्ध और चौथी सदी के पूर्वार्द्ध के अवतरणों में अधिक प्रकट रूप में सामने आया। यह वह दौर था जब इस संकट के सामाजिक, आर्थिक और राजनीतिक परिणाम स्पष्ट दिखाई देने लगे। इस प्रकार, कलियुगी संकट की स्थिति क्रमिक रूप से सामने आई और यही बात प्राक्सामन्ती समाज के पतन और अधिशेष अधिग्रहण की पुरानी पद्धति के स्थान पर नई पद्धति की प्रतिष्ठा पर भी लागू होती है। किन्तु अधिग्रहण की नई पद्धति में संकट के समाधान की क्षमता शायद नहीं थी। फलतः यह संकट बाद के काल में भी जारी

रहा और नई सामाजिक संरचना की एक महत्त्वपूर्ण विशेषता बनी रही।[3]

कलियुग का वर्णन कई आरम्भिक पुराणों में हुआ है और यदि हम मध्यकालीन पुराणों की ओर ध्यान दें तो भी कलियुग के वर्णन के कम-से-कम तीन समूहों की पहचान की जा सकती है, जिनका सम्बन्ध 3-4वीं, 8वीं एवं 10वीं सदियों से है।[4] अधिकांश पुराणिक वर्णन पारम्परिक एवं पुनरावृत्ति मूलक हैं, इसलिए उनका कालक्रम अनिश्चित हो जाता है। इसके बावजूद इनका ऐतिहासिक महत्त्व है।

अभिलेखों में भी कलियुग की चर्चा है। सातवाहन अभिलेखों में गौतमीपुत्र सातकर्णी को वर्णसंकर समाप्त करने का श्रेय दिया गया है।[5] पल्लव अभिलेख के अनुसार विष्णुगोपवर्मन और सिंहवर्मन के सम्बन्ध में कहा गया है कि कलियुग के दोष से अवसन्न धर्म का उद्धार करने के लिए सदा सन्नद्ध रहते थे।[6] वाकाटक अभिलेखों[7] में प्रवरसेन द्वितीय की प्रशंसा की गई है कि उसने कृतयुग की पुनर्स्थापना की। इसे कलियुग में व्याप्त संकट की स्थिति का अप्रत्यक्ष उल्लेख माना जा सकता है। काठियावाड़ क्षेत्र से प्राप्त छठी शताब्दी के एक अभिलेख में कलियुग में ब्राह्मण से शक्तिशाली क्षत्रियों को उत्पन्न बताया गया है।[8] 7वीं सदी में पुलकेसिन द्वितीय के प्रसिद्ध ऐहोल अभिलेख में पिष्ठपुर को कलिकाल की रीति-नीतियों के लिए दुर्गमदुर्ग बताया गया है।[9] कर्णाटक से प्राप्त एक राष्ट्रकूट अभिलेख में राजा द्वारा कलियुग को दूर भगा देने की चर्चा है।[10] कलियुग को भगाकर कृतयुग को स्थापित करने की चर्चा अन्य राष्ट्रकूट अभिलेखों में है।[11] उड़ीसा के 5-6ठी सदी ई. के अभिलेखों में कलियुग की चर्चा है।[12] पांड्यराजा अरिकेसरी (7वीं सदी) के एक अभिलेख के अनुसार राजा ने महादान के बल पर कलिकाल पर विजय प्राप्त की।[13] पूर्वमध्यकालीन कई अभिलेखों में कलियुग की चर्चा है।[14]

कार्पस इंसक्रिप्शनम इंडिकरम् (जिल्द 1, पृ. 8-10, 30-33) में कल्प की चर्चा है जिसका अर्थ काल की वह लम्बी अवधि जिसके अन्त में विश्व का प्रलय होता है। रूद्रदामन (150 ई.) के जूनागढ़ अभिलेख में आया है--वायु जिसका वेग युग के अन्त के समान घोर (भयानक) था (*एपिग्राफिया इंडिका,* जिल्द 8, पृ. 36 एवं 43)। पल्लव राजाओं (तीसरी या चौथी ई.) के आरम्भिक शिलालेखों में लिखा है—कलियुगदोषावसन्नधर्मोद्धरणनित्यसन्नद्धस्य अर्थात् कलियुग के बुरे प्रभावों के कारण गर्त में पड़े धर्म को निकालने में सदैव तत्पर। गुप्तकाल (415-16 ई.) के 96वें वर्ष के एक अभिलेख में ध्रुव शर्मा को कृतयुग के सद् धर्म का पालक कहा गया है। *एपिग्राफिया इंडिका,* (जिल्द 8) में वर्णित तालगुंड अभिलेख में कलियुग की ओर संकेत है।[15]

गुप्तनाथों द्वारा पोषित विशाल साम्राज्य को पतनोन्मुख दौर में यशोवर्मन के अल्पकालिक पराक्रमों की, जिनमें हूणराज मिहिरकुल-विजय भी शामिल है, प्रशस्ति करते हुए मन्दसौर शिलाभिलेख (लगभग 525-35 ई.) कलियुग को सदाचरण का विनाश करनेवाला युग कहता है। मौखरी-राज ईशानवर्मन का हरहा प्रस्तरलेख (विक्रम् संवत् 611-533-34 ई.) सबसे पहला तिथि-अंकित अभिलेख है जिसमें कलिकाल के अनुभव

से शासक वर्ग की आत्मा पीड़ित दिखाई देती है। इस अभिलेख के 23 श्लोकों में से 6 में उस अशान्त अवस्था का वर्णन है जो इस काल में कलि द्वारा उत्पन्न माने गए भीषण सामाजिक तथा राजनीतिक संकट का परिणाम है। इस राजवंश के शासकों की इस बात के लिए प्रशस्ति की गई है कि उन्होंने कलियुग के प्रबल प्रभावों से अस्त-व्यस्त सामाजिक आचार नियमों को पुनः प्रतिष्ठित करने का प्रयत्न किया।[16] अभिलेखों में पुराणों के समान कलियुग का विशद् वर्णन देखने को नहीं मिलता है किन्तु इतना स्पष्ट है कि तीसरी सदी ई. के आसपास से भारतीय समाज में संकट का माहौल बन गया और नवीन सामाजिक संरचना विकसित हुई। कलियुग की अवधारणा में समाहित लगातार जारी रहनेवाले संकट और सामाजिक संघर्ष के वास्तविक महत्त्व का अनुमान उन प्रशस्थियों से लगाया जाता है जिनमें राजाओं को कलियुग का विनाश करके राजसत्ता को सार्थकता प्रदान करनेवालों के रूप में चित्रित किया गया है।[17]

कलियुग में व्याप्त सामाजिक संकट प्राक्-सामन्ती और सामन्ती समाज के बीच एक कड़ी का काम किया। यह संकट भारत के उन्हीं भागों में व्याप्त रही जहाँ ब्राह्मणीय व्यवस्था काफी सुप्रतिष्ठित हो चुकी थी। इस व्यवस्था का सम्बन्ध भूमिदान से था जिसका चलन और भूस्वामी मध्यवर्ती वर्ग का उदय सबसे पहले सीमावर्ती, पिछड़े और जनजातीय इलाकों में हुआ। इसका प्रारम्भ महाराष्ट्र में ईस्वी सन् की दूसरी सदी से और मध्य प्रदेश का बड़ा क्षेत्र 4-5वीं सदी से इस व्यवस्था से प्रभावित हो गया। पूर्वी भारत अर्थात् पश्चिम बंगाल और बांग्लादेश 5-6ठी शताब्दी में भूमिदान से विकसित भूस्वामी मध्यवर्ती वर्ग से प्रभावित हुआ। 6-7वीं सदियों में इस प्रथा से उड़ीसा का क्षेत्र प्रभावित होने लगा। भूमिदान, भूस्वामी मध्यवर्ती वर्ग, ब्राह्मणीय व्यवस्था और कलियुग में इसके चरमराने का सिलसिला असम में 7वीं सदी और केरल में 8वीं सदी में प्रारम्भ हुआ। भूमिदान या ग्रामदान का प्रारम्भिक चरण की शुरुआत उन इलाकों में हुई जहाँ काफी जमीन उपलब्ध थी। इसके कारण सामाजिक संघर्ष और इससे उत्पन्न संकट की स्थिति स्वाभाविक थी। कृषि का अभूतपूर्व विस्तार इसी प्रक्रिया का परिणाम था।[19] इसके बाद की स्थिति का सम्बन्ध अगर प्रशासन से रहा तो सामन्तवाद किन्तु ब्राह्मण और ब्राह्मणवादी व्यवस्था से रहा तो कलियुग का विषय हो गया। कलियुग भी सामन्तवादी व्यवस्था का अंग हो गया। शासकों एवं प्रशासन की जर्जर दशा का विशद् वर्णन कलियुग में है किन्तु ब्राह्मण प्रधान केन्द्र हैं।

सामन्तवादी तथ्यों को अधिक स्पष्ट करने के लिए डी.एन. झा ने दो अभिलेखों का जिक्र किया है जो कलियुग के ऐतिहासिक तथ्यों को समझने के लिए काफी उपयोगी हैं। पूर्वपांड्यराजा परान्तक नेडुंजर्देयन (लगभग 767-811 ई.) के वेलविकुटिट दानपत्र में कलभ्रों के आक्रमण के फलस्वरूप एक ब्रह्मदेव के ब्राह्मणों के हाथों से निकल जाने का जिक्र हुआ है, और एक अन्य पूर्वपांड्य राजा परान्तक वीरनारायण (करीब 862-907 ई.) के दलवैपुरम अभिलेख में शूद्रों द्वारा अनुदत्त गाँवों का अतिक्रमण करने का स्पष्ट उल्लेख हुआ है। अभिलेखों के विश्लेषण के आधार पर कर्णाटक के बारे में यह राय

जाहिर की गई है कि ब्राह्मणों और सामन्तों के बीच, पड़ोसी गाँवों के माफी जमीनों के ब्राह्मण मालिकों के बीच तथा कृषक गाँवों और जिन सामन्तों के इलाकों के वे अंग थे, उनके बीच 12वीं सदी ई. में संघर्ष उभरने लगे।[19] रामशरण शर्मा ने कलियुग को सामाजिक संकट तथा परिवर्तन का काल माना है।[20] ब्रजनन्दन सिंह यादव ने कलियुग को प्राचीन और मध्य के बीच का संक्रमणकाल बताया है।[21] दोनों विद्वानों के शोधलेख कलियुग के परिवेश में सामाजिक, आर्थिक एवं राजनीतिक बिखराव की ओर इंगित करते हैं, जिनका सामन्तवादी व्यवस्था से प्रत्यक्ष सम्बन्ध रहा।

26.2 शूद्र और दास

महाभारत में कलियुग का जो विवरण मिलता है उसे बी.एन.एस. यादव कलियुग का सबसे पुराना विवरण मानते हैं।[22] कलियुग से सम्बद्ध जिन बातों का वर्णन *महाभारत* में है उसे वे चौथी सदी का बताते हैं। पुराणों में चौथी सदी के बाद के कलयुगी तथ्यों का वर्णन है क्योंकि पुराणों की रचना चौथी सदी के पूर्व प्रारम्भ नहीं हुई।[23] इस तथ्य की प्रत्यक्ष/अप्रत्यक्ष जानकारी रामशरण शर्मा[24] और आर.के. द्विवेदी[25] द्वारा लिखित लेखों से भी प्राप्त की जा सकती है।

अन्य सैकड़ों प्राचीन ग्रन्थों के समान *महाभारत* भी मिथक और सामाजिक कल्पनाओं पर आधारित है किन्तु ऐतिहासिक चेतना की पूर्ण अनुपस्थिति नहीं है। *ऋग्वेद* का पुरूरवा हाड़-मांस का बना मनुष्य था जो एक अप्सरा से प्रेम करता था। *शतपथ ब्राह्मण* में वही पुरूरवा अप्सरा के प्रेम में डूबकर स्वयं देवत्य की कामना करने लगता है और वही पुरूरवा *महाभारत* में न केवल देवत्व प्राप्त कर लेता, बल्कि चन्द्रवंश के पुरखों में उसका महत्त्वपूर्ण स्थान बन जाता है।[26] *महाभारत* में यज्ञ का काफी वर्णन है। लोगों का विश्वास था कि निर्दोष सम्पन्न यज्ञों से अलौकिक शक्ति प्राप्त होती थी। युधिष्ठिर ने प्रसिद्ध राजसूययज्ञ किया। यज्ञ के माध्यम से ब्राह्मण कल्याण की गारंटी देते और बदले में चल सम्पत्ति क्षत्रिय के घर से ब्राह्मण के यहाँ जाती थी। *महाभारत* का सम्बन्ध मुख्यरूप से पश्चिमी घाटी से रहा जिसे मध्यदेश कहा गया।[27] समाज में प्रचलित भातृक-बहुपतित्व प्रथा के लुप्तप्राय-चरण में द्रौपदी का पाँचों पांडवों से विवाह हुआ था जिसे शास्त्र,सम्मत प्रामाणिक करने के लिए पुनर्जन्म सिद्धान्त से मदद ली गई। अति महत्त्वपूर्ण तथ्यों की ओर ध्यान केन्द्रित कराते हुए रोमिला थापर यह भी बताती हैं कि *महाभारत* वंश से राज्य के संक्रमणवाली सामाजिक अवस्था को प्रतिबिम्बित करता है। इस महाकाव्य का आदर्श चरित्र देवता नहीं बल्कि मनुष्य हैं जो सारी राजनीतिक गतिविधियों के मुख्य केन्द्र में हैं; देवता तो इन मनुष्यों के पार्श्व में हैं।[28] भगवान कृष्ण की दशा ऐसी ही है। पुराने देवताओं पर तो कभी-कभी कटाक्ष भी किए गए हैं।[29]

ऐतिहासिक दृष्टि डालने से पता चलता है कि घोर कलियुग में वैश्यों की स्थिति में गिरावट हुई और वे शूद्रों की स्थिति में पहुँच गए। *महाभारत* का कलियुग शहरों के

पतन का आभास देता है। चौथी सदी से शहरों के पतन की बात रामशरण शर्मा भी स्वीकार करते हैं। यह महाकाव्य कलियुग के अन्त की एक अनैतिहासिक स्थिति का निर्देश देता है। इसी के साथ-साथ सामाजिक परिवर्तन के ऐतिहासिक चरणों को समझने में भी इस काव्य का कलियुग उपयोगी है।

महाभारत में कलियुग के दौरान शूद्रों द्वारा सम्पत्ति अर्जित करके अपनी दशा बेहतर बनाई जाने लगी थी। द्विजों की सेवा करने को उन्हें बाध्य करना अब आसान नहीं रहा। शूद्रों में कई वर्ग विकसित हुए जो स्वयं पर आश्रित थे। कलियुग की विशेषताओं का वर्णन करने के सिलसिले में *महाभारत* बताता है कि पोखरों के तल में खेती होने लगी; हल के बदले कुदाल का उपयोग होने लगा और बछड़ों से खेत जोते जाते थे। ये सारे कार्य सम्भवतः निर्धन लोगों द्वारा की जाती थी। डी.एन.एस. यादव के अनुसार ऐसे गरीब लोगों में ज्यादातर शूद्र ही थे। वे या तो स्वयं कठिन परिश्रम करके जीविका का प्रबन्ध कर पाते थे या मामूली साधनों से छोटे-छोटे पराश्रित पट्टेदारों के रूप में खेती का काम करते थे।[30] इन्हें दास भी कहना अनुचित नहीं होगा क्योंकि अन्त्यवृत्ति का अर्थ दासवृत्ति भी होता है।[31] शूद्र दासवृत्ति से भी जीविका चलाते थे।[32]

एक दास की प्रमुख विशेषताएँ पराधीनता और सम्पत्तिहीनता थी। इसकी सम्पुष्टि *महाभारत* से होती है। इस काव्य में वैश्यों के अधःपतन की चर्चा है। *महाभारत* में वर्णन है कि घोर कलियुग में समृद्ध राज्यों तथा नगरों का अस्तित्व मिट गया। नगर के क्रीड़ा-स्थल तथा चैत्य आखेटवाले पशु-पक्षियों का शरण स्थल मात्र बनकर रह गया। चारों वर्णों के लोगों के पास बहुत थोड़ी सम्पत्ति रह गई। धनी लोग भी अल्प सम्पत्ति ही जमा कर पाते थे। इससे मुद्रा का अभाव परिलक्षित होता है। अरण्यपर्व के अध्ययन से पता चलता है कि कलियुग के अन्तिम चरण में ब्राह्मण, क्षत्रिय और वैश्य रक्त मिश्रण के कारण शूद्र हो गए। अस्पृश्य क्षत्रिय तथा वैश्यों का कर्म करने लगे और क्षत्रिय तथा वैश्य अस्पृश्य का काम करने लगे। म्लेच्छों ने बड़े पैमाने पर शोषण का रास्ता अपनाया। अनेक राजा म्लेच्छ थे। वैश्यों का अधःपतन हुआ। जमीन की मिल्कियतवाले स्वतन्त्र वैश्य-कृषक अब आश्रित और अधीन स्थिति में पहुँच रहे थे। वे कृषि-व्यापार का त्याग करके मामूली कारीगरों की तरह शूद्र का पेशा करने लगे। वे दासता और कारीगरी से जीविका चलाने लगे। वाणिज्य-व्यापार छोड़कर वैश्य तेली और चावल कूटने का काम करने लगे। बहुत से वैश्य राजपुत्र सरदारों के आश्रित हो गए।[33] इस तरह वे स्थानीय आवश्यकताओं द्वारा निर्धारित धन्धों से अपनी जीविका चलाने लगे। शूद्र आश्रित किसान के रूप में दास और सेवक हो गए। कृषिकार्य पहले वैश्यों का पेशा था किन्तु शूद्र अब पट्टेदार, बटाईदार और खेतिहर मजदूर बन गए। यह प्रक्रिया 12वीं सदी में परिपक्व हो चुकी थी।[34] शूद्रों द्वारा सम्पत्ति अर्जित करने और उनकी आर्थिक दशा में सुधार की चर्चा *महाभारत* में ही कर दी गई है।[35]

वायुपुराण[36] में दुःख प्रकट किया गया है कि कलियुग में भृत्य और दास सुहृदय स्वामियों से वंचित हो जाएँगे। इस उक्ति को यादव दासप्रथा के विघटन का संकेत मानते

हैं।[37] जिनके पास छोटी जोतें थीं वे बहुत से दास और भृत्य नहीं रखना चाहते होंगे। जिन थोड़े से लोगों के पास अब भी काफी जमीन बची थी या जिन्होंने बहुत सी जमीन अर्जित कर ली थी उनके लिए भी दासों की अकुशलता या आज्ञाहीनता के कारण दासश्रम अलाभकर हो गया था। दास अब आश्रित किसान और खेतिहर मजदूर बनकर काम करने लगे थे। यह काम पहले वैश्य करते थे। दास शब्द का अर्थ अब वैतनिक मजदूर समझा जाने लगा, यद्यपि सभी मामलों में ऐसा नहीं होता था। वराहमिहिर-कृत *वृहत् संहिता* की टीका (10वीं सदी) में भट्टोत्पल ने दास और दासी की व्याख्या क्रमशः कर्मकर (नौकर, वैतनिक मजदूर) और कर्मकरी के रूप में की है। इस प्रकार 9वीं-10वीं सदियों तक सच्चे अर्थों में दास[38] कहलानेवाले लोगों की संख्या कम होती गई।

बी.एन.एस. यादव[39] एक महत्त्वपूर्ण तथ्य की ओर ध्यान दिलाते हैं कि प्रायः सभी नौकर और मजदूर अपने-अपने मालिकों की हद तक अस्वतन्त्र माने जाते थे। यह स्पष्ट था कि दासप्रथा के ह्रास के बाद आश्रित श्रमिक भर्ती करने की प्रवृत्ति विकसित होने लगी थी। इस स्थिति में मालिकों से जुड़े नौकरों और मजदूरों से भिन्न स्थिति आश्रित मजदूरों की थी। नौकर और मजदूर की तुलना में आश्रित मजदूरों पर स्वामी का दबाव कम था। नौकरों से सभी प्रकार के काम कराए जाते थे। मजदूरों से भी हाँक-हाँककर काम कराया जाता कि वह दिन-भर काम करके, मजदूरी लेकर चला जाए।

जमीन की मिल्कियतवाले पहले के स्वतन्त्र वैश्य-किसान कलिकाल में आश्रित और अधीन स्थिति में पहुँचने लगे थे। शहरों की जर्जरता, सामन्त सरदारों तथा भूस्वामी श्रीमन्तों के उदय तथा न्यूनाधिक बन्द किस्म की कृषि-अर्थव्यवस्था की बढ़ती हुई प्रमुखता के कारण वैश्य सौदागरों एवं व्यापारियों का पतन होने लगा था। कलियुग के वर्णन में इन सभी प्रवृत्तियों का प्रतिबिम्ब दिखाई पड़ता है। व्यापारिक गिरावट के साथ-साथ नगरों के पतन में राजनीति की भूमिका भी महत्त्वपूर्ण रही। कलियुग में सूखा और अकाल तथा बीमारियों से पीड़ित प्रजा को राजा से कोई सहायता नहीं मिलती थी। पीड़ित प्रजा से राजा और उसके आदमी कठोरतापूर्वक धन वसूलते थे। चोरों से प्रजा पीड़ित थी। इस स्थिति में लोग नगर छोड़ अन्य स्थानों में जाकर बसने लगे। *महासुपिजातक* के अध्ययन से पता चलता है कि करभार से पीड़ित लोग नियमों को छोड़ अन्य स्थानों में चले गए। 5वीं सदी के बाद बौद्धधर्म की दशा भी खराब होने लगी थी। कलियुग में बहुत से बौद्धभिक्षु बौद्धनियमों का पालन नहीं करने लगे थे। देश-विदेश के शासकों द्वारा किए गए आक्रमण और इनसे बर्बाद शहरों की चर्चा भी कलियुग में है। ऐसे आक्रमणों से पीड़ित प्रजा शहरों को छोड़ दिए। ऐसे आक्रमणों से नगर गाँवों में और कई गाँव वीरान जंगलों में बदल गए। पराजित राजा ब्राह्मणों, शूद्रों और म्लेच्छों का काम करने लगे। कई राजा निषिद्ध प्रदेशों में जाकर बस गए। घूस देना या धन खर्च करने में असमर्थ व्यक्ति को न्याय दुर्लभ था। राजा निर्दय और क्रूर थे।[40]

इन सब कारणोंवश नगरों के पतन का सिलसिला आरम्भ हुआ। व्हेनत्सांग ने वैशाली, पाटलिपुत्र, कोसलराज्य आदि के पतन की चर्चा की है। दक्षिण भारत में

होन्नावर, बादामी, कल्याणी, ऐहोल, मान्यखेट, हलेवीद, कोल्हापुर आदि शहर भी बर्बाद हुए।[41] रामशरण शर्मा ने पतन होनेवाले शहरों पर वृहद् प्रकाश डाला है।[42] कलियुग और सामन्तवाद के ये सारे लक्षण रहे। कलियुग में नगरों के क्षेत्रफल और आबादी में कमी का कई स्थानों पर वर्णन है। गुप्त एवं गुप्तोत्तर चरणों में नष्ट शहरों को पुरातत्व भी प्रमाणित करते हैं।

26.3 कलियुग में वैसे राजा थे जिनके कोष में मात्र लाख मुद्रा थे। कौड़ियों से भरे घड़े का स्वामी *राजा* और कई घड़ों में कौड़ियाँ रखनेवाला *राजेन्द्र* कहलाता था। जिस किसी के पास रथ, घोड़े और हाथी होते वही अपने को राजा कहता था। इन कलयुगी उदाहरणों से स्पष्ट है कि गुप्तोत्तरकाल से राजा की स्थिति दयनीय होने लगी। चन्द्रगुप्त मौर्य के पास जहाँ 60 हजार सेनाएँ थीं वहाँ हर्षवर्द्धन के पास एक लाख सेनाएँ थीं। राजा ज्यादा असुरक्षित महसूस करता था और प्रजा पर सेनाओं के बल पर अपना दबाव बनाए रख सकता था। मुद्रा का अभाव, कीमती धातुओं का अभाव, वाणिज्य-व्यापार की अवनति तथा असुरक्षा का उल्लेख कलियुग के विवरणों में पाते हैं और सामन्तवादी युग का भी यही हाल था। कलियुग में अकाल, महामारी और दमनात्मक कराधान की वजह से नगरों के उजड़ जाने की बात कही गई है। ऐसा ही विवरण *गाथासप्तशती, वृहद्संहिता, अवन्तिसुन्दरीकथा, दशकुमारचरित* और *यशस्तिलकचम्पूकाव्य* आदि पूर्वमध्यकालीन साहित्य में देखने को मिलती है।[43] छठी सदी से लेकर तेरहवीं सदी तक के उपलब्ध साहित्यिक स्रोतों [*कादम्बरी* (7वीं सदी), *आदिपुराण* (9वीं सदी), *नलचम्पू* (10वीं सदी) और *यशस्तिलकचम्पू* (10वीं सदी), *विक्रमांकदेवचरित* (11वीं सदी), *कुमारपालचरित,* (12वीं सदी) एवं *बसवपुराण* (13वीं सदी)] का सर्वेक्षण करते हुए नन्दी लिखते हैं कि इन कृतियों में नगरों और शहरी जीवन का जो चित्र प्रस्तुत किया गया है वह सर्वत्र लगभग समान और परम्परागत है किन्तु वस्तुतः वर्णन की यह परम्परा या काल्पनिकता केवल छठी से दसवीं तक के साहित्य में ही देखने को मिलती है क्योंकि तब के लेखकों के पास नगरों और शहरी जीवन के बारे में लिखने के लिए कुछ भी नया नहीं था। पर बाद के स्रोतों में अर्थात् 11वीं से लेकर 14वीं सदी तक की लगभग सभी मुख्य कृतियों में नगर-आधारित व्यावसायिक गतिविधियों से सम्बद्ध महत्त्वपूर्ण सामग्रियाँ उपलब्ध हैं।[44]

छठी से तेरहवीं सदी तक लगातार बढ़ती जा रही नगरों की संख्या से सम्बद्ध जो पुरालेखीय साक्ष्य उपलब्ध हैं कदाचित् वे इस तथ्य की ओर संकेत करते प्रतीत होते हैं कि राजनीतिक शक्ति के बृद्धिगत विघटन के फलस्वरूप सामन्ती प्रशासन के केन्द्रों में लगातार बढ़ोतरी होती जा रही थी। छठी से दसवीं सदी के बीच नगरों की संख्या में वृद्धि की गति अतिमन्द रही। इस काल के नगर या तो प्रशासनिक सत्ता के केन्द्र रहे या *स्कन्धवार* (अस्थायी सैनिक छावनियाँ)। दूसरी तरफ 11वीं से 13वीं सदी के बीच नए-नए नगर बसते गए और पहलेवाले कई नगरों का जीर्णोद्धार भी होता रहा। इन नए नगरों में धर्म, प्रशासन, विनिर्माण और व्यापार को केन्द्र बनाकर व्यावसायिक

गतिविधियाँ बढ़ती रहीं। दोनों कालावधियों के नगरों के बीच जो गुणात्मक अन्तर था उसकी पुष्टि उपलब्ध पुरातात्विक प्रमाणों और नगर-वर्गीकरण के लिए प्रयुक्त पारिभाषित शब्दावली-दोनों से हो जाती है।[45] छठी से लेकर दसवीं सदी तक के नगरों के लिए प्रायः *पुर, राजधानी—दुर्ग* और *स्कन्धावार* जैसे शब्दों का प्रयोग हुआ है और कलियुग में ये शब्द अपरिचित नहीं हैं। किन्तु 11वीं सदी के नगरों के लिए प्रयोग किए गए *पट्टन, नगर, महापट्टन, बनजुवट्टन* और *महानगर*[46] जैसे शब्द कलियुग के लिए परिचित नहीं मालूम पड़ते हैं।

पाद-टिप्पणी

1. *भारतीय सामन्तवाद,* सं. द्विजेन्द्रनारायण झा, अनु. आदित्यनारायण सिंह, दिल्ली, 2000, पृ. 6-7
2. आर.सी. हाजरा (*स्टडीज इन द पुराणिक रेकॉर्ड्स ऑन हिन्दू राइट्स एंड कस्टंस,* दूसरा संस्करण, दिल्ली, 1975) के आधार पर रामशरण शर्मा (*पूर्वमध्यकालीन भारत का सामन्ती समाज एवं संस्कृति,* नई दिल्ली, 1996, पृ. 57-58) लिखते हैं कि *वायुपुराण* तथा *ब्रह्मांडपुराण* में युगधर्म के जो वर्णन मिलते हैं उनका काल 200-275 ई. माना गया है और *विष्णुपुराण* वाले वर्णनों का काल तीसरी सदी का अन्तिम या चौथी सदी का प्रथम चरण बताया गया है। कलि के जिस रूप का वर्णन *कूर्मपुराण* (1.29) में हुआ है उसे शायद 700-800 ई. का बताया जाता है। इसी प्रकार *पद्मपुराण* के युगधर्म सम्बन्धी 36वें अध्याय (28-51) को सम्भवतः 8वीं सदी के पूर्वार्ध का माना जाता है। *मत्स्यपुराण* का युगधर्म (165वाँ अध्याय) को 950 ई. के आसपास का बताते हैं। इसी प्रकार *पद्मपुराण* का अध्याय 101, 105 और 110 को 950 ई. के बाद का और 1400 ई. के पूर्व का बताया गया है। *ब्रह्मांडपुराण* का अध्याय 223-31 को करीब 900-1200 ई. के बीच का माना गया है। *युगपुराण* को रामशरण शर्मा (*वही,* पृ. 61) तीसरी सदी ई. का मानते हैं।
3. *भारतीय सामन्तवाद,* पृ. 7-8
4. *वायुपुराण, ब्रह्मांडपुराण, विष्णुपुराण, कूर्मपुराण, पद्मपुराण, मत्स्यपुराण, ब्रह्मपुराण* आदि।
5. *एपिग्राफिया इंडिका,* VII, 8
6. *वही,* V, पृ. 50-51; VIII, 15
7. *कार्पस इंसक्रिप्सनम इंडिकरम,* V.3,4, एवं 14
8. *वही,* IV.38,35 एवं 39
9. *वही,* VIII, 5
10. *वही,* VI, 1 एवं 23
11. *वही,* VI, 4 एवं 11
12. उपिन्दर सिंह, *किंग्स, ब्राह्मणाज एंड टेंपल्स इन ओड़िसा,* नई दिल्ली, 1974, पृ. 114-15
13. *एपिग्राफिया इंडिका,* XXXIII, 4
14. *वही,* VI, 25; XVII, 1, 14 एवं 21; ये सभी अभिलेख *भारतीय सामन्तवाद* (सं. द्विजेन्द्रनारायण झा) की भूमिका में उल्लिखित हैं।
15. पांडुरंग वामन काणे, *धर्मशास्त्र का इतिहास,* द्वितीय भाग, उत्तर प्रदेश हिन्दी संस्थान, लखनऊ, चतुर्थ संस्करण, 1992, पृ. 984
16. बी.एन.एस. यादव, 'कलियुग के वर्णन—' *इतिहास,* पृ. 82

17. *भारतीय सामन्तवाद,* पृ. 10-11
18. *वही*
19. *वही*
20. रामशरण शर्मा, 'सामाजिक संकट तथा परिवर्तन का काल', *भारतीय सामन्तवाद,* सं. द्विजेन्द्रनारायण झा, पृ. 63-87
21. ब्रजनन्दन सिंह यादव, 'कलियुग के वर्णन और प्राचीनकाल से मध्यकाल में समाज का संक्रमण', *भारतीय सामन्तवाद,* सं. द्विजेन्द्रनारायण झा, पृ. 88-127; ब्रजनन्दन सिंह यादव, 'आरम्भिक भारत में सामन्ती सम्बन्धों के उदय की समस्या;' *भारतीय सामन्तवाद,* सं. द्विजेन्द्रनारायण झा, पृ. 255-305
22. बी.एन.एस. यादव, 'कलियुग के वर्णन और समाज का प्राचीनकाल से मध्यकाल में संक्रमण', *इतिहास,* भारतीय इतिहास अनुसन्धान परिषद् की शोध-पत्रिका, अंक 1 जनवरी, 1992, पृ. 83
23. *वही*
24. 'डिके ऑफ गैंजेंटिक टाउंस इन गुप्त एंड पोस्ट-गुप्त टाइम्स', *जर्नल ऑफ इंडियन हिस्ट्री कांग्रेस* (गोल्डेन जुबली वॉल्यूम), 1973, पृ. 135
25. 'क्रिटिकल स्टडी ऑफ द चेंजिंग सोशल आर्डर ऐट युगान्त, ऑर द एंड ऑफ द कलिएज', *डी. डी. कोसम्बी कमेमोरेशन वॉल्यूम,* सं. लल्लनजी गोपाल, वाराणसी, पृ. 290
26. रोमिला थापर, *आदिकालीन भारत की व्याख्या,* (अनु. मंगलनाथ सिंह), नई दिल्ली, 1998, पृ. 129-31
27. *वही,* 132-33
28. *वही,* 133-34
29. *ऋग्वेद* का प्रमुख नायक *महाभारत* में विष्णु का सेवक बन गया है। विष्णु का स्थान बराबर उठता जा रहा है। इन्द्र की शक्ति अब ऋषियों के समान हो गई। कृष्ण विष्णु के अवतार हैं और तत्कालीन राजनीति और धर्म तथा देवता के बीच ज्यादा महत्त्वपूर्ण हो गए, *वही,* पृ. 153
30. वी.एन.एस. यादव, *पूर्वोद्धृत,* पृ. 67-68
31. *वृहज्जातक* (वराहमिहिर), 12.15
32. एम.सी. भट्टाचार्य, *सम ऐस्पेक्ट्स ऑफ इंडियन सोसायटी फ्रॉम सिर्का सेकंड सेंचुरी बी.सी. टु सिर्का फोर्थ सेंचुरी ए.डी.,* कलकत्ता, 1978, पृ. 193
33. *स्कन्दपुराण,* 3.2.39
34. बी.एन.एस. यादव, *सोसायटी एंड कल्चर इन नॉदर्न इंडिया इन द ट्वेल्थ सेंचुरी,* इलाहाबाद, 1973, पृ. 14
35. वी.एन.एस. यादव, कलियुग के वर्णन—*इतिहास,* पृ. 67
36. *वायुपुराण,* 58.42
37. वी.एन.एस. यादव, *पूर्वोद्धृत,* पृ. 68
38. बाण (*हर्षचरित*) के अनुसार अपने सच्चे अर्थ में दास सर्वथा दीनहीन, अधम और प्रबल बन्धन में जकड़े व्यक्ति की तस्वीर उपस्थित करता था।
39. *पूर्वोद्धृत,* पृ. 70-71
40. *वनपर्व,* 188.37; 190.18, 31-34; 41-44, 55; *अनुशासनपर्व,* 6.4, 25-32; *मत्स्यपुराण,* 144.38; *श्रीहरवंशपुराण,* 3. 4-6, 28-29; 4. 11-14; *शान्तिपर्व,* 12.30; *मौसलपर्व,* 4. 12-14, 28-31; *जातक,* 1.77, *मत्स्यपुराण,* 39.64; *नारदपुराण,* 41.21-100; *श्रीमद्भागवतपुराण,* 1.1.12. 27-30; 1.1.16.10, 19-22; 1.2.7.38; 2.12.3. 1-14
41. ओम् प्रकाश प्रसाद, *डिके एंड रिवायवल ऑफ अर्बन सेंटर्स इन मेडियवल साउथ इंडिया*

(600-1200), जानकी प्रकाशन, पटना, 1989, 156-67

42. रामशरण शर्मा, *अर्बन डिके इन इंडिया,* नई दिल्ली, 1987
43. रमेन्द्रनाथ नन्दी, *प्राचीनभारत में धर्म के सामाजिक आधार,* नई दिल्ली, 1998, पृ. 20-21
44. *वही,* पृ. 23 एवं 25
45. *वही,*
46. ओम् प्रकाश प्रसाद, *पूर्वोद्धृत,* पृ. 168-71

27

ज्योतिष और कलियुग

पितामह सिद्धान्त के मत से *युग* का अर्थ होता है सूर्य और चन्द्रमा के 5 वर्ष।[1] *महाभारत* में भी युग का यही अर्थ बताया गया है।[2] ब्रह्मगुप्त का कथन है कि युगों, मनुष्यों एवं कल्पों का सिद्धान्त जो आर्यभट्ट द्वारा प्रतिपादित था, स्मृतियाँ द्वारा प्रतिपादित सिद्धान्त से भिन्न था।[3]

महाभारत[4], *मनुस्मृति,*[5] *विष्णु धर्मसूत्र,*[6] *विष्णुपुराण,*[7] *मार्कंडेयपुराण,*[8] *ब्रह्मपुराण,*[9] *मत्स्यपुराण*[10] एवं ब्रह्मगुप्त जैसे ज्योतिषियों के ग्रन्थों में युगों एवं मंवन्तरों के सिद्धान्त की चर्चा मिलती है। कृत, त्रेता, द्वापर एवं कलियुग तथा *सन्ध्या* (जो प्रत्येक युग के पूर्व का काल है) एवं *सध्यांश* (जो प्रत्येक युग के उपरान्त का काल है) मिलकर 12 हजार वर्ष होते हैं अर्थात् कृत, त्रेता, द्वापर और कलियुग क्रम से 4 हजार, 3 हजार, 2 हजार, 1 हजार वर्षों की अवधि के होते हैं तथा सन्ध्या एवं सन्ध्यांश क्रम से 4 सौ, 3 सौ, 2 सौ, 1 सौ वर्षों की अवधियों के द्योतक है किन्तु ये दिव्य वर्ष हैं। प्रत्येक दिव्य वर्ष 360 मानवीय वर्षों के बराबर होता है, अतः चारों युगों के मानव वर्षों की जानकारी के लिए हमें 12 हजार में 360 का गुणा करना होगा (अर्थात् वास्तविक संख्या 43 लाख 20 हजार है)।

आर्यभट्ट (कालक्रियापाद 10) ने कहा है कि जब महायुग के (कृत, त्रेता एवं द्वापर) 3 पाद और 3600 वर्ष व्यतीत हो चुके थे तो वे 23 वर्ष के थे। आज की गणना के अनुसार वे 499 ई. में 23 वर्ष के थे। इस तरह उनका जन्म 476 ई. में हुआ था। वराहमिहिर ने *पंचसिद्धान्तिका* में बहुत से ज्योतिष सिद्धान्तों के आँकड़ों का निष्कर्ष दिया है, जिसमें रोमक सिद्धान्त भी सम्मिलित है, जिसके विषय में ब्रह्मगुप्त का कथन है कि वह स्मृतियों के बाहर की वस्तु है, क्योंकि इसने (रोमक सिद्धान्त) युगों, मंवन्तरों एवं कल्पों को, जिन्हें स्मृतियों ने कालगणना में उपयोगी माना है, छोड़ दिया है।

कलियुग के आरम्भ की तिथि के विषय में वराहमिहिर[11] का कहना है कि जब युधिष्ठिर राज्य कर रहे थे तो चित्रशिखंडी नक्षत्र मघा में था। यह काल शक-संवत् में 2526 वर्ष जोड़कर उपस्थित किया गया है। इसके अनुसार युधिष्ठिर कलियुग के 653वें वर्ष में माने जाएँगे (आज की गणना के अनुसार), न कि द्वापर में या कलियुग के आरम्भ में।

वराहमिहिर द्वारा रचित *पंचसिद्धान्तिका*[12] एवं *बृहत्संहिता*[13] में प्रयुक्त *शकेन्द्रकाल* या शकभूपाल के समान ही *शककाल* को मानना अनुचित नहीं होगा। वराहमिहिर ने ऐसा कोई संकेत नहीं किया है जिससे हम इन शब्दों में कोई अन्तर कर सकें। यदि भास्कर वर्मा के निधानपुर ताम्रपत्रों की उचित समीक्षा की जाए तो वराहमिहिर की स्थिति में बल प्राप्त हो जाता है। इन ताम्रपत्रों ने भास्कर वर्मा की वंशावली को निश्चित करने के लिए उस नरक से आरम्भ किया है जिसका पुत्र भगदत्त कौरवों की ओर से लड़ा था और अर्जुन द्वारा मारा गया था।[14] भास्कर वर्मा 7वीं शताब्दी में हर्षवर्द्धन का समकालीन था। वह पुष्य वर्मा से 12वीं पीढ़ी में था। अर्जुन से मारे जानेवाले भगदत्त का पुत्र वज्रदत्ता था जिसके वंशजों ने कामरूप (आसाम) पर तीन हजार वर्षों तक राज्य किया और तब पुष्यवर्मा राजा हुआ। यदि हम प्रत्येक राज्यकाल के लिए 20 वर्षों की औसत अवधि मानें तो पुष्यवर्मा पाँचवीं शताब्दी के आरम्भ में पड़ता है। यदि हम पुष्यवर्मा एवं वज्रदत्त के बीच के 3 हजार वर्ष जोड़ दें तो वज्रदत्त को ई. पू. 2500 में पाते हैं जो *महाभारत* के सम्भावित काल का द्योतक है। यह वराहमिहिर की गणित तिथि (युधिष्ठिर के राज्यकाल की तिथि) 653 कलियुग (ई. पू. 2448) की समीपता का द्योतक है। महाभारत की लड़ाई ई. पू. 3101 में होने को यदि स्वीकारें या यह मानें कि कलियुग इसी समय से आरम्भ हुआ, तो पुष्यवर्मा, जो महाभारत के 3 हजार वर्षों के उपरान्त आविर्भूत हुआ, ई. पू. 101 में रखा जाएगा और ऐसी स्थिति में पुष्यवर्मा एवं भास्कर वर्मा में 700 या 750 वर्षों का अन्तर पड़ जाएगा। 12 राजाओं के लिए 700 या 750 वर्षों की अवधि से प्रत्येक राजा के लिए लगभग 60 वर्षों का राज्यकाल मानना पड़ेगा जो सम्भव नहीं है। अतः निधानपुर अभिलेख से महाभारत की तिथि ई. पू. 3101 नहीं जँचती, बल्कि इससे वराहमिहिर की ई. पू. 2500 वाली तिथि को बल मिल जाता है।

वेलंडि गोपाल अय्यर[15] ने महाभारत द्वारा प्रस्तुत ज्योतिष-आँकड़ों की जाँच की है और *बृहत्संहिता* के शब्दों की भ्रामक व्याख्या करके तथा कलियुग के आरम्भ के सम्बन्ध में मलावार के कोल्लम युग को ई. पू. 1177 का बताकर यह निष्कर्ष निकाला है कि महाभारत युद्ध ई. पू. 1194 के अन्तिम भाग में हुआ था। यह सिद्धान्त, स्पष्टतः, उपर्युक्त सिद्धान्तों के विरुद्ध में उठ खड़ा होता है।

जे.एस. करंदीकर (सम्पादक, *केसरी,* पूना) द्वारा महाभारत एवं पुराणों के ज्योतिष-आँकड़ों की जाँच की है और यह निष्कर्ष निकाला है कि महाभारत का युद्ध ई. पू. 1931 में हुआ था। पी.वी. काणे[16] इस तर्क से सहमत नहीं हैं। पी.सी. सेनगुप्त[17] का मानना है कि महाभारत युद्ध करीब 2449 में हुआ। यह भी एक सम्भावित तिथि है जिसके पीछे *बृहत्संहिता* की परम्परा का प्रमाण है (युधिष्ठिरकाल के उपरान्त शकूकाल 2526 वर्षों के उपरान्त आता है)।[18] के.एल. दफ्तरी[19] ने महाभारत की सभी ज्योतिष-सम्बन्धी उक्तियों को बड़े परिश्रम के साथ जाँचकर निष्कर्ष निकाला है कि महाभारत युद्ध ई. पू. 1197 में हुआ। पी.वी. काणे दफ्तरी के मत से सहमत नहीं हैं।[20] सेनगुप्त ने भी दफ्तरी के विचार को अमान्य ठहराया है।[21] के.बी. अभयंकर ने काफी

खोजबीन के पश्चात् ई. पू. 3101 को महाभारत का सही काल बताया है।[22] उन्होंने सम्भवतः दफ्तरी और सेनगुप्त की आलोचनाओं का अध्ययन नहीं किया था। निष्कर्षतः, महाभारत की तिथि को ज्योतिष के आँकड़ों से सिद्ध करना सरल नहीं है, क्योंकि उसी विधि से अन्य विद्वान ई. पू. 1193 एवं ई. पू. 3101 के बीच में भूलते दृष्टिगोचर होते हैं।

इसके कई कारण हैं। *महाभारत* में वर्णित बहुत से संकेत अथवा संज्ञाएँ सुसंगत नहीं हैं; बहुत से विद्वानों ने इस *महाकाव्य* का भरतयुद्ध के उपरान्त केवल तीन वर्षों में अर्थात् बहुत अल्प अवधि में लिखा जाना माना है;[23] युद्ध के समय की तिथि पंजिका (पंचांग) के विषय में ठोस जानकारी नहीं है और बहुत से विद्वान मानते हैं कि तत्कालीन व्यवहृत पंजिका *ऋग्वेद* के वेदांग ज्योतिष के नियमों से मेल खाती थी। इसे स्वीकारना मुश्किल है कि उस समय मासों का अन्त अमावस्या से होता था या पूर्णिमा से अर्थात् वे *अमान्त* थे अथवा पूर्णिमान्त।[24] वैदिककाल में भी मास पूर्णिमान्त होता था, इसमें कोई विवाद नहीं है। उदाहरणार्थ, *तैत्तिरीय संहिता* के अनुसार पूर्वाफाल्गुनी वर्ष की अन्तिम रात्रि है और उत्तराफाल्गुनी उसका मुख (अर्थात् आरम्भ) *तैत्तिरीय संहिता* (7.4.8.2) के अनुसार चित्रा पूर्णमासी वाले वर्ष का मुख है, किन्तु *शांखायन ब्राह्मण* (4.4) का कहना है कि फाल्गुनी पूर्णमासी वर्ष का मुख है। *महाभारत* में किसी भयानक घटना के अत्यधिक अशुभ सूचक तत्त्वों को एक ही स्थान पर एकत्र कर दिया गया है; जबकि इनकी विशेषताएँ भिन्न-भिन्न हैं।[25] उदाहरणार्थ अरुन्धती वशिष्ठ के पास गई,[26] घोड़ी ने गाय के बछड़े को जन्म दिया, कुतिया ने श्रृंगाल जन्मा[27] तथा देवताओं की प्रतिमाएँ काँप उठीं, हँस पड़ीं एवं रक्त उगलने लगीं।[28] कई बार ऐसा कहा गया है कि चन्द्र और सूर्य का ग्रहण अनुचित तिथि (अपर्वणि) में हुआ है या दोनों राहु से ग्रसित हुए हैं।[29] इन्हीं श्लोकों में आया है कि सूर्य और चन्द्र के ग्रहण एक ही दिन हुए और एक ही मास के 13वें दिन हुए। इन मतभेदों पर उतना ध्यान नहीं देते हुए इतना ही कहना पर्याप्त है कि कुसमय में होनेवाले ग्रहणों से विपत्तियाँ घिर आती हैं। वराहमिहिर का कहना है कि यदि चन्द्रग्रहण सूर्यग्रहण के पहले या उपरान्त एक ही पक्ष में प्रकट होता है तो भयंकर फल दीख पड़ते हैं।[30]

जब कृष्ण ने कौरवों से शान्ति स्थापना की चर्चा आरम्भ कर दी तब से जो ज्योतिष सम्बन्धी आँकड़े हमारे पास हैं, उनकी भी चर्चा आवश्यक है। उद्योगपर्व (83.6-7) में आया है कि कृष्ण ने शान्तिदूतता का कार्य शरद ऋतु के अन्त में और जाड़े के आगमन पर जबकि चन्द्र रेवती नक्षत्र में था या मैत्र मुहूर्त में था, तब कार्तिक मास में आरम्भ किया।[31] आश्विन और कार्तिक *शरद* ऋतु के द्योतक हैं तथा मार्गशीष और पौष *हेमन्त* के, किन्तु यह श्लोक एक कठिनाई उत्पन्न करता है। कार्तिक की पूर्णिमा को चन्द्र कृत्तिका नक्षत्र में और 3 दिन पहले अर्थात् कार्तिक शुक्ल द्वादशी के दिन वह रेवती नक्षत्र में होता है। यदि हम इसे 'शरदंते' शब्द के साथ ले जाएँ तो मास पूर्णिमान्त हो जाता है; किन्तु दूसरे अर्थ में (यदि मास अमान्त हो) यह कहना अत्यन्त अनुचित होगा

कि कार्तिक शुक्ल द्वादशी के दिन शरदन्त था। असफल होने पर कृष्ण पांडवों के पास लौट आए और दुर्योधन से जो कुछ बातचीत हुई थी, उसकी चर्चा की। इसमें कार्तिक शुक्ल द्वादशी के बाद कुछ दिन अवश्य लगे होंगे। कृष्ण ने जो बातें कही उनमें दो महत्त्वपूर्ण हैं—पहली यह कि दुर्योधन ने अपने मित्रों से कहा, 'युद्ध के लिए कुरुक्षेत्र को चलो; आज चन्द्र पुष्य नक्षत्र में है।'[32] यदि कृष्ण अपने शान्तिकार्य के लिए उस समय तक चले जबकि चन्द्र रेवती नक्षत्र में था (कार्तिक शुक्ल पक्ष के 12वें दिन) तो दुर्योधन के ये शब्द उनकी उपस्थिति में कहे गए या कार्तिक कृष्ण पंचमी के दिन (या मार्गशीर्ष कृष्ण पंचमी के दिन) कहे गए। कृष्ण की दूसरी महत्त्वपूर्ण बात वह है जो उन्होंने कर्ण से, जिसे उन्होंने अपनी ओर मिलाना चाहा, कही, 'यह वह सौम्य मास है जब ईंधन एवं चारा सरलता से प्राप्त होता है, यह वह समय है जो न अधिक गर्म है, न ठंडा; आज से 7वें दिन अमावस्या होगी, उस दिन संग्राम किया जा सकता है, उस दिन इन्द्र देवता का रक्षण प्राप्त होता है।' अतः उनकी यह बात मास के शुक्ल पक्ष की अष्टमी या उसके आसपास हुई होगी, किन्तु उस मास का नाम क्या है ? यदि गणना पूर्णिमान्त से होती थी तो वह मास मार्गशीर्ष था, यदि गणना अमान्त थी तो कार्तिक। पुनः, इन्द्र ज्येष्ठा नक्षत्र का देवता है और अमावस्या में ज्येष्ठा नक्षत्र पाया जाना चाहिए।[33] आजकल यह कार्तिक अमावस्या में सम्भव है, मार्गशीर्ष अमावस्या को ज्येष्ठा नक्षत्र में नहीं पाया जाता। किन्तु उपर्युक्त कथन *उद्योगपर्व* (142.16-18) एवं *शल्यपर्व* (35.10) के कथन का विरोधी है क्योंकि वहाँ चन्द्र पुष्य में कहा गया है। यदि कर्ण से कृष्ण ने उस दिन बात की जबकि चन्द्र अमावस्या वाले ज्येष्ठा नक्षत्र में था, तो *शल्यपर्व* की उक्ति से प्रकट होता है कि युद्ध का आरम्भ कार्तिक अमावस्या के 16वें या 17वें दिन से होगा, किन्तु यह बात कहीं अन्य स्थान पर नहीं पाई जाती। इसी प्रकार बहुत से ज्योतिष सम्बन्धी आँकड़े उपस्थित किए जा सकते हैं, जिनके आधार पर युद्ध-समय सम्बन्धी व्याख्याएँ उपस्थित की जाती हैं।

महाभारत युद्ध के आरम्भ की तिथि एवं नक्षत्र के विषय में गहरा मतभेद है। श्लोकों के शब्दों को इधर-उधर परिवर्तित कर बहुत सी अटकलें की गई हैं। शाप अथवा अनिष्टकारी वचन, अशुभ चिह्न, स्वप्न, हस्तविद्या, अलौकिक वचनों का श्रवण, मनौती (प्रार्थना स्वीकृत हो जाने पर किसी देवता को भेंट आदि देने का वचन), फलित ज्योतिषियों द्वारा भविष्यवाणियाँ—कदाचित् ही ये सब सत्य के द्योतक हैं।

पाद-टिप्पणी

1. वराहमिहिर, पंचसिद्धान्तिका, 21.1
2. शान्तिपर्व, 11.38
3. ब्राह्मस्फुट सिद्धान्त, 11.10

4. वनपर्व, अध्याय 149 एवं 188; शान्तिपर्व, 69.231-32
5. मनुस्मृति, अध्याय 1
6. विष्णुधर्मसूत्र, 19.1-21
7. विष्णुपुराण, 1.3, 6.3
8. मार्कंडेयपुराण, 46
9. ब्रह्मपुराण, 229-30
10. मत्स्य पुराण, 142-44
11. वृहत्संहिता, 13.3
12. पंचसिद्धान्तिका, 1.8
13. वृहत्संहिता, 8. 20-21
14. द्रोणपर्व, अध्याय 29
15. दि क्रोनलॉजी ऑव एंश्येंट इंडिया, अध्याय 2, पृ. 51-104
16. धर्मशास्त्र का इतिहास, जिल्द 2, लखनऊ, 1982, पृ. 990
17. जर्नल ऑफ बम्बे एशियाटिक सोसायटी, 1937, जिल्द 3, पृ. 101-19
18. पी.सी. सेनगुप्त, वही, 1938, जिल्द 4, पृ. 393-413
19. नागपुर विश्वविद्यालय व्याख्यानमाला, 1942
20. धर्मशास्त्र का इतिहास, जिल्द 2, पृ. 990
21. जर्नल ऑफ एशियाटिक सोसायटी ऑफ बंगाल, 1943, जिल्द 9, पृ. 221-28
22. बी.ओ.आर.आई., 1944, जिल्द 25, पृ. 116-36
23. आदिपर्व, 62. 52 एवं 56.32
24. कनिष्ककाल के खरोष्ठी के अभिलेखों से पता चलता है कि उत्तर-पश्चिम भारत में उन दिनों मास पूर्णिमान्त थे (एपिग्राफिया इंडिका, जिल्द 18, पृ. 266 एवं जिल्द 19, पृ. 10)। अपरार्क (पृ. 423) ने ब्रह्मपुराण से 'अश्वयुक् कृष्णपक्षे तु श्राद्धं कार्यं दिने दिने' उद्धृत कर कहा है कि भाद्रपद कृष्णपक्ष को इस श्लोक में आश्विन का कृष्ण पक्ष कहा गया है। भविष्यपुराण (उत्तरपर्व, 132.17) में फाल्गुन की पूर्णिमा मास के अन्त की द्योतक है। मत्स्यपुराण (159. 4-6) में आया है कि स्कन्द एवं विशाख चैत्र के कृष्ण पक्ष के 15वें दिन उत्पन्न हुए थे और चैत्र के शुक्ल पक्ष में 5वें दिन इन्द्र ने दोनों से एक लड़का उत्पन्न किया तथा छठे दिन उसे राजा के रूप में अभिषिक्त कर दिया। इससे पता चलता है कि मत्स्य में चैत्र पूर्णिमान्त है, अमान्त नहीं।
25. उद्योगपर्व, 143. 5-29; भीष्मपर्व, 2. 16.33
26. भीष्मपर्व, 2.31
27. वही, 3.6
28. वही, 2.26; वृहत्संहिता, 45.8
29. वही, 3.28 एवं 32.33; अश्वमेधिक, 77.15
30. वृहत्संहिता, 5.26, 97-98
31. शतपथ ब्राह्मण, 10.4.2.18, 25 एवं 27; तैत्तरिय ब्राह्मण, 3.10.1.1.
32. उद्योगपर्व, 150.3
33. वही, 142. 16-18

28

निष्कर्ष

प्राचीन ग्रन्थों में जितना विशद् वर्णन कलियुग का है उतना सतयुग का नहीं और जितना विशद् वर्णन सतयुग का है उतना त्रेता और द्वापर का नहीं है। कलियुग की अधिकांश जानकारी पुराणों से होती है। *महाभारत* और *जातक*[1] भी इसके अध्ययन के लिए काफी उपयोगी हैं। पार्जिटर ने महाभारतकाल अर्थात् ई. पू. 10वीं सदी से लेकर प्रारम्भिक गुप्तकाल तक को कलियुग माना है।[2] कलियुग का अर्थ कर्मवाद की उपेक्षा तथा उसकी जगह पर पाषंडी सम्प्रदायों एवं गैर-ब्राह्मणीय विदेशी शासकों का बोलबाला बताया गया है।[3] सुविधाभोगियों के लिए कलियुग विशेष चिन्ता का कारण था।

कलियुग का अध्ययन प्रायः धार्मिक दृष्टिकोण से किया जाता है, फलतः विश्वास मात्र से काम चल जाता है। इस अतिलोकप्रिय शब्द का अध्ययन अगर ऐतिहासिक दृष्टि से किया जाए तो प्रमाण, तर्क और वैज्ञानिक दृष्टि की आवश्यकता पड़ती है। धर्म ग्रन्थों में वर्णित बातों पर विश्वास कर लेने से इतिहास का काम नहीं चल सकता। धर्म के नाम पर सामाजिक बिखराव और ऊँच-नीच के भेदभाव को दूर करने में इतिहास प्रारम्भ से ही एक असरदार और अनुभवशील चिकित्सक की भूमिका निभाता रहा है। धार्मिक कालविभाजन का सबसे विवादास्पद और अन्तिम चरण कलियुग है। जिसका प्रयोग जनसाधारण आसानी से करता रहता है। धार्मिक और इतिहास की दृष्टि से कलियुग को समझना आवश्यक है।

कलियुग का अर्थ झगड़ा, लड़ाई-भिड़ाई, असहमति और मतभेद का युग होता है। इस अवधारणा का निर्माण सुविधाभोगियों द्वारा विशेषकर ब्राह्मणों एवं क्षत्रियों द्वारा किया गया। इनका मानना था कि देवी-देवताओं के सम्बन्ध से मनुष्य सीधे पृथ्वीलोक में आया और वर्णव्यवस्था का निर्माण हुआ। जो भी व्यवस्था थी वह धर्म पर आधारित थी। धर्म के 4 पैर थे। पहला पैर ब्राह्मण, दूसरा क्षत्रिय, तीसरा वैश्य और चौथा शूद्र था। चारों वर्ण (ब्राह्मण, क्षत्रिय, वैश्य और शूद्र) जब अपने-अपने कर्तव्यों का पालन वैदिक ग्रन्थों के अनुसार जिनका निर्माण देवताओं ने किया था, करते थे तो सतयुग था। इस व्यवस्था के गड़बड़ाने से सबसे पहले ब्राह्मणों को कठिनाई हुई तो माना गया कि धर्म का पहला पैर नष्ट हो गया। तीन पैर पर धर्म जब आधारित था तो सतयुग समाप्त

और त्रेतायुग का आगमन हो गया। इस युग में क्षत्रियों द्वारा अपने धार्मिक कर्तव्य का पालन नहीं किया जाने लगा तो धर्म का दूसरा पैर नष्ट हो गया और मात्र दो पैर पर आधारित धर्मयुग द्वापर के नाम से जाना जाने लगा। ब्राह्मणों एवं क्षत्रियों के साथ-साथ वैश्य भी जब अपने धार्मिक-वैदिक कर्तव्य का पालन करना त्याग दिए तो धर्म का तीसरा पैर नष्ट हुआ और कलियुग आ गया। इस युग में शूद्रों का बोलबाला था, अतः इस युग को स्थापित समाज व्यवस्था के नियमों के उल्लंघन के रूप में लिया गया। वैदिक सुविधाभोगियों के अनुसार कलि का मतलब था कर्मवाद की उपेक्षा तथा उसकी जगह पर पाषंडी सम्प्रदायों एवं गैर-ब्राह्मणीय विदेशी शासकों का बोलबाला। इन आर्यवंशों ने अपने को भारत का मूल निवासी माना।

इस परिवर्तनशील व्यवस्था को अपने स्वार्थ हेतु पुनः पहले जैसा कर देना सम्भव नहीं रहा तो शान्तिपर्व[4] में कहा गया कि देश और काल के अनुरूप धर्म-अधर्म और अधर्म धर्म बन जाता है। कलियुग में वैदिक व्यवस्था चरमराने लगी। वैदिक कालीन अवकाशभोगियों के लिए यह दीनदशा का द्योतक था। धर्मस्वामी और क्षत्रिय वर्ग (शासक वर्ग) विशेष पीड़ित होने लगे। वैश्यों और शूद्रों की दशा कैसी हो गई ? मुख्य रूप से इन्हीं चारों वर्णों को आधार बनाकर कलियुग की अवधारणा परिपक्व हुई किन्तु दो नए तत्त्व इसमें जुड़ गए—विदेशी और स्त्रियाँ। कलियुग में सुविधाभोगी वैश्यों के साथ थोड़ा मुलायम बने रहे किन्तु शूद्रों, स्त्रियों एवं विदेशियों (म्लेच्छों) की स्थिति में बेहतरी को देखना उन्होंने बर्दाश्त नहीं किया। उस काल को उन्होंने मात्र कलियुग कहा जब ब्राह्मणों एवं क्षत्रियों का बड़ा हिस्सा वैदिक वर्ण व्यवस्था का पालनकर्त्ता बना रहा। धीरे-धीरे ऐसे लोगों की संख्या घटती गई और अधिकांश ब्राह्मण एवं क्षत्रिय भी कलयुगी समाज के सहयोगी बनने लगे अर्थात् वैदिक वर्ण व्यवस्था का उल्लंघन करने लगे तो इस काल को घोर कलियुग कहा जाने लगा। इस युग में वैदिक व्यवस्था के समर्थक अवकाशभोगियों की संख्या इतनी नगण्य हो गई कि उन्हें कोई पूछने तक के लिए तैयार नहीं था। कलयुगी भीड़ से वे किनारे होते गए।

अब तीसरे चरण की शुरुआत हुई। इस चरण में शूद्र-म्लेच्छ ऊँचे सिंहासनों पर बैठकर धर्म का उपदेश देने लगे। जिसके हाथ में शक्ति थी वही धर्म और न्याय की व्यवस्था अपने अनुकूल कर लेता और तथाकथित शूद्र और म्लेच्छ (विदेशी) इस कार्य में अग्रणी थे। स्त्रियाँ अधिक स्वतन्त्र हो चुकी थीं। वे प्रेम विवाह करतीं और पुरुषों के समान विवाहोपरान्त भी पुराने प्रेमी से सम्बन्ध बनाए रखती थीं। वैदिक धर्म, यज्ञ, पूजा-पाठ, व्रत और ब्राह्मणों के लिए आदरभाव—ये सभी कार्य अब स्त्रियों को पसन्द नहीं थे। अपने अधिकार के प्रति उनकी भी जागरूकता बढ़ी। परिवार में उनकी धाक भी बढ़ी। बहुत से ब्राह्मण एवं विदेशी शासकों एवं ब्राह्मण धर्म-विरोधी शासकों के यहाँ सेवक हो गए। जैन धर्म एवं बौद्ध धर्म जैसे वैदिक धर्म के विरोधी धर्मों के समर्थन में बहुत से ब्राह्मण एवं क्षत्रिय महत्त्वपूर्ण भूमिका निभाने लगे। इन धर्मों के प्रति वैश्यों, शूद्रों, म्लेच्छों और स्त्रियों का सहयोग पहले से ही प्राप्त था।

इस घोर कलियुग का विरोध करते-करते अवकाश भोगी, जिनकी संख्या नगण्य हो गई, थकते गए। धर्म को एक ही पैर पर टिके रहने के लिए वे क्रोध, विरोध नहीं बल्कि अनुरोध करने लगे। कहा जाने लगा कि जो फल तपस्या, योग और समाधि से भी नहीं मिलता वही फल श्रीहरिकीर्तन से ही भलीभाँति मिल जाता था। कलियुग सारयुक्त था ब्राह्मण घर-घर एवं जन-जन को भागवतकथा सुनाते थे। भक्ति ही मोक्ष की प्राप्ति करनेवाली थी। भक्ति घर-घर में थी। प्रेत, पिशाच, राक्षस एवं दैत्य से मुक्ति अब भक्ति से मिलती थी। वेदाध्ययन और कर्म आदि से नहीं बल्कि भक्तिमात्र से भगवान वशीभूत होने लगे। भक्ति ही सार था। भक्ति से कृष्ण उपस्थित हो जाते थे। व्रत, तीर्थ, योग, यज्ञ और ज्ञानचर्चा की अब कोई आवश्यकता नहीं थी। भागवतगीता की ध्वनि से सारे दोष नष्ट हो जाने लगे। यज्ञ, व्रत और तप तथा ज्ञान से बढ़कर सप्ताह श्रवण था। श्रीमद्‌भागवत के सेवन, श्रवण, पाठ अथवा दर्शन से ही चूँकि सारे पाप नष्ट हो जाते थे इसीलिए इसे *सप्त श्रवण* कहा गया। कलियुग में सभी वस्तुएँ दूषित थीं, सभी स्थान अपवित्र थे किन्तु एक गुण था कि केवल भगवान श्रीकृष्ण का *कीर्तनमात्र* करने से सतयुग का फल अब मिलने लगा।

इस तरह वैदिक ब्राह्मणों ने अपने अस्तित्व के लिए घोर कलियुग से समझौता कर लिया। जिन क्षेत्रों में ब्राह्मणों को राजकीय संरक्षण प्राप्त था या जिस काल में पुष्यमित्र शुंग या सातवाहन के समान ब्राह्मण शासक रहे उस काल या शासक की घोर कलियुग में भी ब्राह्मण प्रशंसा करते नहीं थकते थे। उन्होंने यहाँ तक कह डाला कि पुष्यमित्रशुंग के काल में सतयुग के लक्षण दिखाई देने लगे थे। कोसल नरेश ब्राह्मणों को आश्रय प्रदान किया था, अतः ब्राह्मण सदा इस बात को लेकर सावधान थे कि उनकी सुविधाएँ यहाँ से समाप्त न हो जाएँ। इसीलिए *महासुपिन जातक*[5] में स्वप्न के माध्यम से ब्राह्मणों ने कलयुगी विशेषताओं का वर्णन करते हुए कोसल नरेश को समझाने का प्रयास किया कि व्यवस्था ठीक बने रहने के लिए वह ब्राह्मणों को संरक्षण प्रदान करता रहे। वैश्यों और शूद्रों ने जब वर्ण व्यवस्था का विरोध किया तो कलियुग और ब्राह्मण-क्षत्रिय भी शामिल होकर इसी में रम गए तो घोर कलियुग हो गया।

पुराणों के अनुसार द्रौपदी एवं कृष्ण की मृत्यु के दिन से ही कलियुग का प्रारम्भ हो गया। महावीर जैन और गौतमबुद्ध के काल में कलियुग विकराल रूप धारण कर लिया। *भविष्यपुराण* के अनुसार यह व्यवस्था अंग्रेजों के शासनकाल तक चलती रही। इस तरह वैदिककाल के प्रथमार्द्ध में सतयुग और उत्तरार्द्ध में त्रेता, द्वापर तथा अन्तिम चरण अर्थात् महावीर जैन और गौतमबुद्ध के जन्म के थोड़ा पहले से कलियुग का प्रारम्भ हुआ।

जैन-बुद्ध से लेकर अंग्रेजी हुकूमत तक कलियुग के तीन चरण रहे। प्रथम चरण में वैश्यों और शूद्रों की अधिकांश आबादी ने वैदिक वर्ण व्यवस्था का पालन करना छोड़ दिया। परिपक्व कलियुग में कुछ ब्राह्मण और क्षत्रिय भी वर्ण व्यवस्था के विरुद्ध कार्य करने लगे। वैदिक वर्ण व्यवस्था का पालन करनेवालों की संख्या नगण्य हो गई। अतः

कलियुग को चुनौती देनेवाला कोई नहीं रहा। कलि के प्रथम चरण में समस्त संसार ऊपर से नीचे, दूसरे चरण में सातों लोक पाताल में और तीसरे चरण में भूतलोक भारत के मनुष्यों से भर गया। समस्त नरकुंडों में यहीं के लोग भर गए। मनुष्यों की औसत आयु 60 वर्ष थी। कलि के दूसरे चरण में 40 वर्ष और तीसरे चरण में 26 वर्ष और अन्त में 20 वर्ष हो गई।

वर्णसंकर के अनुसार जातियाँ दिखाई देने लगीं। सभी वर्ण संकर पाखंडी, म्लेच्छ तथा अनेक रूपधारी हो गए। कलि ने सभी मनुष्यों को अनेक जातियों में बनाकर और अनेक पन्थ के प्रदर्शक बनाकर उन्हें अपने धर्म से वंचित कर दिया एवं अपनी स्थिति सुदृढ़ कर लिया। जल को पानी, भोजन को कक्कन, सप्तसिन्धु के स्थान पर हप्त हिन्दू, रविवार को संडे, फाल्गुमास को फरवरी और 60 को सिक्सटी कहा जाने लगा। ब्राह्मण के पुत्र जुआड़ी, कुल मर्यादा नाशक, विषयी और नास्तिक होने लगे। युधिष्ठिर वत्सराज का बलखान नामक पुत्र और शिरीष नगर के अधिनायक हुए। अर्जुन ब्रह्मनन्द नामक पुत्र के रूप में उत्पन्न हुआ। कान्य कुब्ज प्रदेश में राजा रत्नमानु के पुत्र लक्ष्मण के रूप में नकुल का जन्म हुआ। भीष्म सिंह का पुत्र देवसिंह के रूप में सहदेव का जन्म हुआ। पृथ्वीराज नामक राजा के रूप में धृतराष्ट्र का जन्म अजमेर में हुआ। अजमेर में ही द्रौपदी का जन्म वेला के नाम से हुआ। कर्ण का तारक के नाम से जन्म हुआ। महावती नामक पुरी में कृष्ण का जन्म उदयसिंह के नाम से हुआ जिसके पिता का नाम देशराज और माता का नाम देवकी था।

अग्निवंश के क्षत्रिय शासकों के काल में गाय और ब्राह्मण की स्थिति इतनी अच्छी हो गई कि कलियुग में द्वापर के समान धर्म हो गया। सभी म्लेच्छ राजा आर्य धर्म के अनुयायी हो गए। कलियुग डर गया। किन्तु बाक्सर (बक्सर) नामक गाँव में *व्रतपा* नामक आभीरी (अहीरिन) ने दुर्गा की उपासना की और उसके दो बलशाली पुत्र हुए जिनके प्रयास से कलियुग निडर हो गया। कलियुग में भगवान सौराष्ट्र नगरी के राजा के यहाँ सोमनाथ के नाम से अवतरित हुए। राजा सोमनाथ के शासनकाल में क्षत्रिय वर्ग की संख्या काफी बढ़ गई। कलियुग की दशा खराब हो गई। तब कलि ने अपने अंश से गुर्जर (गुजरात) प्रदेश में सिंहिका नामक आभीरी (अहीरिन) के गर्भ से जो सिंह मांस का भक्षण करती थी, जन्म ग्रहण किया। उसका नाम राहु था। राहु के शासनकाल में सभी म्लेच्छ होने लगे। भोगा सिंह और केलिसिंह के प्रयास से कलियुग की दशा पुनः सुदृढ़ हो गई।

सिन्धु तट, चन्द्रभागा का तटवर्ती प्रदेश, कोंतीपुरी और कश्मीर में कई शासक वैश्य थे। वैश्य कन्या को राजा और ब्राह्मण पत्नी के रूप में रखने लगे। कण्व ने म्लेच्छों को संस्कृत भाषा का ज्ञान कराया। जनपद शून्य हो गए। नगरों की चहारदीवारी तथा गाँवों के घर गिर गए थे किन्तु कोई मरम्मत करानेवाला नहीं रहा। भोगवर्मा ने काली से खुश होकर *कलिकता नगरी* बसाया। चोरों के अत्याचार से प्रजा को बचाने में राजा असफल था। वह स्वयं चोरी करता था और चोरों का सरदारी भी। वैष्णव का रूप धारण करके

चोर राजा के यहाँ रसोइया का काम करते और धन के लोभ में राजा को विषमिश्रित भोजन दे दिया करते थे। चोर-डाकुओं ने छोटे-छोटे मनुष्यों को लूटकर राजा पुष्यमित्र शुंग को अत्यन्त दुःखी बना दिया।

अर्जुन का पौत्र परीक्षित जंगल देश का राजा बना तो कलियुग का प्रवेश उसके क्षेत्र में हो गया। उसी के बाद शूद्र पृथ्वी पर शासन करने लगे। परीक्षित ने जब कलियुग को मारना चाहा तो वह परीक्षित के पैरों पर गिर पड़ा। उसने कलियुग को सभी जगहों से निकालकर चार स्थानों—जुआ, मद्यपान, स्त्रीसंग और हिंसा में रहने की अनुमति प्रदान की जहाँ क्रमशः असत्य, मद, आसक्ति और निर्दयता नामक अधर्म निवास करते थे। पुनः उसे 5वाँ स्थान धन (स्वर्ण) मिला। इस तरह जब तक परीक्षित सम्राट थे तब तक कलियुग का कोई प्रभाव नहीं था किन्तु जिस दिन जिस क्षण श्रीकृष्ण ने पृथ्वी का परित्याग किया उसी समय पृथ्वी पर कलियुग आ गया।

यज्ञानुष्ठान में देवता को प्रसन्न करने के लिए द्रव्य सबसे महत्त्वपूर्ण हो गया। विष्णु सत्यनारायण हो गए। इनका आगमन काशीपुरी में हुआ। सत्पुरुषों के घर में जब भागवतकथा में बाधा पड़ने लगी तो शूद्र राजा होने लगे। शिशुनाग कलियुग का प्रथम शासक था। कलियुग अधर्म द्वारा उत्पन्न और यमराज के यहाँ जाने के लिए रस्सी के समान था। कलि के दो हजार सात सौ वर्ष व्यतीत होने पर गौतमबुद्ध हुए जिन्होंने समस्त तीर्थों में यन्त्र की स्थापना की। इनके सभी शिष्य शिखा-सूत्रहीन होकर वर्णसंकर हो गए। देवों और पितरों की पूजा नहीं होती बल्कि पिशाचों की पूजा होती थी।

कलियुग के हजार वर्ष व्यतीत हो जाने पर देवकन्या आर्यावती के पति कण्व के संयोग से 10 पुत्रों—उपाध्याय, दीक्षित, पाठक, शुक्ल, मिश्र, अग्निहोत्री, द्विवेदी, त्रिवेदी, पांडेय और चतुर्वेदी का जन्म हुआ। बारह वर्ष में उनका विवाह उपाध्यायी, दीक्षिता, पाठकी, शुक्लानी, मिश्राणी, अग्निहोत्राणी, द्विवेदिनी, त्रिवेदिनी, पांडयानी और चतुर्वेदिनी से हुआ। इनसे 16-16 पुत्र उत्पन्न हुए। मिस्र देश जाकर कण्व ने 10 हजार म्लेच्छों को संस्कृत भाषा का ज्ञान कराया।

ब्राह्मण वेदों का अपहरण करते थे। वे बौद्ध धर्म में शामिल हो गए। शूद्रों को वे 'आप' कहकर सम्बोधित करते थे। सभी वर्णों के साथ वे भोजन करते थे। शूद्रों से सताए ब्राह्मण भय से पीड़ित थे। उनका कोई रक्षक नहीं था। बेगार लेनेवालों और कर लेनेवालों से पीड़ित होकर वे एकान्त आश्रमों की ओर चले और फल-मूल खाकर जीवन-निर्वाह करने लगे। नदियों, पर्वतों एवं दुर्गम स्थानों में राजाओं से पीड़ित रहने के कारण भी जाकर बसे। कुछ ब्राह्मण मोहग्रस्त होकर काफी धन एकत्रित कर लिए थे। बहुतों में भुखमरी व्याप्त थी। अब उन्हें घोड़ा, गाय, दासी, अलंकृत हथिनी, गाँव, खेत, घर आदि दान में नहीं मिलता था। उनके अनिष्ट-चिन्तन, अल्पाध्याय, दुराचार और शास्त्र-ज्ञानहीनता-रूप जैसे कर्मदोषों से प्रजा को सदा भय बना रहता था। मन्त्रों को जानने की अभिलाषा से वे मन्त्र को जाननेवाले शूद्रों की उपासना करते थे। देव एवं ऋषियों का जो हित करता वही उनका प्रिय होता था।

गुणहीन ब्राह्मणों के कारण अश्वमेध यज्ञ क्षत्रियों द्वारा नहीं किया जाता था। ब्राह्मण धनुष-बाण धारण करके क्षत्रियों का पेशा अपना लिये थे। धनलोभी ब्राह्मण व्रतों का खंडन करते थे। धर्म का आचरण छोड़ वे व्यर्थ विवाद में फँसे रहते थे। केवल दम्भ के लिए ही वे श्राद्ध, स्नान और शौच करते थे। असमय में सन्ध्यादि कर्म करते थे। म्लेच्छों से दान ग्रहण करते थे। शूद्रा, विधवा और वेश्याओं से वे रमण करने में थोड़ा भी संकोच नहीं करते थे। प्रतिदिन भीख माँगने से वे घर में नौकर बनकर रहना पसन्द करने लगे। संन्यासी भी अपनी स्वार्थपूति के लिए शिष्यों से सम्बन्ध बनाए रखते थे। ब्राह्मण की पहचान अब मात्र यज्ञोपवीत से होने लगी। वस्त्र, दंड-कमंडलु आदि से ही ब्रह्मचारी, संन्यासी आदि आश्रमियों की पहचान होती थी। एक-दूसरे का चिह्न स्वीकार कर लेने से ही किसी भी आश्रम में उनका प्रवेश हो जाता था। बोलचाल में चालाक ही पंडित माना जाता था। अधार्मिक राजा (गैर ब्राह्मण धर्म का समर्थक) के कारण राज कर्मचारी एवं सभी लोग अधार्मिक हो गए। हंस (ब्राह्मण) कौवे (गैर ब्राह्मण धर्म) के अनुयायी बन गए। वस्तुलोभी बेशर्मभिक्षु काफी संख्या में होने लगे। चीवरादि वस्तुओं के लोभ में वे औरों को उपदेश देते थे। बिना लाभ के वे उपदेश नहीं देते थे। न कोई अत्यन्त सात्विक होता, न साधु स्वभाव और न सत्यवादी। नास्तिक अपने को परब्रह्म का भक्त बताते थे। कलियुग में गंगा का महत्त्व बढ़ गया।

कलियुग के अन्तिम चरण में थोड़ा भी धर्मानुष्ठान करनेवाले धन्य माने जाते थे। धर्म का नाश होने से लोग (ब्राह्मण-क्षत्रिय) व्याकुल थे। पंक्ति भेद समाप्त और सभी लोग एक साथ बैठकर भोजन करते थे। लोगों (वैश्य, शूद्र, म्लेच्छ एवं स्त्रियाँ) में धर्मज्ञान बिल्कुल अनुपस्थित था। विधवाएँ एवं संन्यासी मिलकर सन्तान पैदा करते थे। परलोक में लोगों का सन्देह बढ़ गया। दुराचारी भी ब्राह्मणों में दोष देखते थे। लोग झूठी प्रतिज्ञा करते और शपथ लेते थे। शास्त्रों का अर्थ वही होता जो मूर्ख चाहते थे। वृद्धजनों से उपदेश लिये बिना ही लोग अपने को भारी विद्वान समझते थे। सभी कवि हो गए थे। ठग, सुरासेवी, ब्रह्मवादी एवं जारजा कन्या का पाणिग्रहण करनेवाले को अधिकार नहीं रहने के बावजूद ऐसे दम्पति ही अश्वमेध यज्ञ का अनुष्ठान करते थे। कुछ लोग धर्म परायण होकर मध्यस्थ वृत्ति (बौद्ध धर्म) का अवलम्बन करते थे। कुछ लोग अपनी विवेक शक्ति की सहायता से तर्क-वितर्क करते थे। कुछ लोग प्रत्यक्ष और अनुमान में से अनुमान प्रमाण को स्वीकार करते और कुछ लोग प्रत्यक्ष के सिवाय और किसी प्रमाण को नहीं मानते थे। वैदिकमत का अधिकांश लोग त्याग कर दिए थे।

पहले श्रेष्ठ आसनों पर द्विज बैठकर धर्म का उपदेश देते और शूद्र नीचे बैठकर सुनते थे किन्तु कलियुग में श्रेष्ठ आसनों पर शूद्र बैठकर उपदेश देने लगे। सभी विश्वासघाती, क्रूर, अधार्मिक और कठोर थे। कलियुग ने देवताओं का सौभाग्य छीन लिया। शूद्र राजा गाय-बैल को इस तरह मारते जैसे उनका कोई स्वामी ही न था। धर्मरूपी बैल एक पैर पर खड़ा काँप रहा था और ताड़ना से पीड़ित और भयभीत होकर मूत्र-त्याग करता था। धर्मरूपी गाय की भी यही स्थिति थी। धर्मरूपी गाय-बैल को

कलियुग एक पैर पर भी खड़ा रहने देना नहीं चाहता था।

गृहस्वामिनियाँ घर में इधर-उधर बिखरे हुए कुदाल, दराँती (हँसुआ), पिटारी, काँसे के बर्तन आदि सामानों की देखभाल नहीं करती थीं। दासियाँ सुन्दर हार एवं अन्य आभूषण पहनकर मनोहर वेश धारण करतीं और दुराचारिणी स्त्रियों की भाँति चलती-फिरतीं, खड़ी होतीं और कटाक्ष करती रहती थीं। वे सारे कुकृत्य करती थीं। क्रीड़ा, रति और विहार के अवसरों पर वे पुरुष वेश धारण करके पुरुषों के साथ आनन्द करती थीं। सास-ससुर के सामने बहू सेवकों पर शासन करने लगीं। पति को वे आदेश देतीं और सबके सामने पति को बुलाकर बात करती थीं। अपने पतियों की सेवा वे छोड़ दी थीं। अपने पतियों से वे सन्तुष्ट नहीं थीं। ब्राह्मणियाँ शूद्रों से समागम करती थीं। अपने पुत्रों से मिलकर वे पति की हत्या करा देती थीं। घर की सम्पत्ति पर वे अपना अधिकार रखतीं।

ब्राह्मण और चांडालों का काम करके क्षत्रिय जीविका चलाते थे। प्रजा की वे रक्षा नहीं करते और उनसे धन ऐंठने का मौका ढूँढ़ते रहते थे। मान एवं अहंकार के मद में वे चूर रहते थे। प्रजा को दंडित करने में वे अधिक रुचि रखते थे। उनकी संख्या नगण्य हो गई। प्रजा को मदद करने में राजा जिस समय सक्षम नहीं रहा उसे *मूर्तिमान कलियुग* कहा गया। उस राजा को कलियुग कहा गया जो प्रजा की रक्षा नहीं करता, प्रजा के धन को लूटता-खसोटता और जिसके पास योग्य मन्त्री नहीं थे। राष्ट्र का अधिक दोहन करने से राजा दरिद्र हो गया था। राज्य में पीड़ित करनेवाले राजकर्मचारी राजा के विनाश के सूचक थे। दोषी को दंडित करने का साहस राजा में नहीं रहा। मत्स्य, मगर एवं अन्य जानलेवा जीव राजनीति के राजकीय पुरुष थे। दुष्ट अधिकारियों के कारण किसी भले मनुष्य का रहना मुश्किल था। राजारूपी दुर्ग के प्रकोप से बचने का उपाय विद्वान पुरुष भी नहीं जानते थे। राज्य गहन अन्धकार से आछन्न और दुःख से परिपूर्ण था।

जो ऐश्वर्यशाली कहलाता उसके खजाने में एक लाख कर्षार्पण मात्र होता था। ऊख के यन्त्र में ऊख की गाँठ को पेरने की तरह राजा मनुष्यों को पेरता था और नाना प्रकार के टैक्स (बलि) लगाकर प्रजा का धन ग्रहण करता था। अधार्मिक राजा के कारण ही राजकर्मचारी, ब्राह्मण-गृहपति, निगम तथा जनपद (देहात) के निवासियों से लेकर श्रमण ब्राह्मणों तक सब मनुष्य अधार्मिक हो गए। ऐसे शासकों के राज्य में विषम एवं कठोर हवाएँ चलने लगीं। राजा हस्तशिल्प में अकुशल और युद्ध में अविचारक होते थे। अकुलीन ऐश्वर्यशाली राजा और कुलीन दरिद्र होने लगे। राजा के समक्ष, राजद्वार में, अमात्यों के समक्ष तथा न्यायालयों में अकुलीनों का कथन ही निश्चय तथा सुप्रतिष्ठित माना जाने लगा।

राजा प्रमति पूर्वजन्म में विष्णु था और इस जन्म में मनु के वंश में भूतल पर उत्पन्न हुआ था। कलियुग में वह चन्द्रमा का पुत्र था। 32 वर्ष की अवस्था में उसने 20 वर्षों तक धर्महीनों का नाश किया। इसके पश्चात् उसकी विशाल सेना गंगा और यमुना के बीच सिद्धि प्राप्त हो गई। इस तरह सभी अधार्मिक राजाओं का नाश हो गया। कुछ

प्रजाएँ शेष रहीं जिन पर कलियुग प्रभावी रहा। घूस देना या धन खर्च करने में असमर्थ व्यक्ति को न्याय दुर्लभ था। ब्राह्मण, क्षत्रिय, वैश्य और शूद्रों में जो बली होता वही राजा बन बैठता था।

सूर्य राहु से ग्रस्त हो गया था। समय पर वर्षा नहीं होती थी। बादल बरसने का ढंग दिखाकर, गरजकर, बिजली चमकाकर, बिना बरसे ही भाग जाते थे। छह ऋतुएँ समय पर नहीं होती थीं। नक्षत्रों का ग्रह संग्रह विछिन्न हो गया। नदियों के तट की भूमि पर कुदाल से खेती की जाती थी। अनावृष्टि से सूखा और भोजन के अभाव में लोग आत्महत्या करते थे। अकाल और सूखा से प्रजा पीड़ित थी। वज्रघात से काफी क्षति होती थी। भूमि में बोए बीज ठीक से नहीं जमते थे। लोग जौ, गेहूँ आदि अनाज पैदा होनेवाले निषिद्ध प्रदेशों में जाकर बस गए। वर्षा के अभाव में खेत कुम्हला जाते थे। तालाब, सरोवर निर्जल हो गए। कहीं खूब वर्षा होने से अच्छी खेती होती थी। गाएँ कम दूध देती थीं। अच्छे पक्षियों की संख्या घटी। बछड़े भी हल जोतते थे। पशुओं को घर में बाँध दिया जाता और मात्र चारा-पानी देकर छोड़ दिया जाता था। हल खिंचनेवाले बैल कमजोर पड़ गए। राजाओं की आपसी लड़ाई से कई देश उजड़ गए।

कर एवं बेगार लेनेवालों से पीड़ित होकर लोग, जौ, गेहूँ आदि अनाज पैदा होनेवाले निषिद्ध प्रदेशों में जाकर बस गए। गर्मी से नष्ट हुए फसल के कारण लोग स्वदेश छोड़कर अन्य गाँवों-नगरों में आश्रय लेने लगे। हीन जाति के लोगों ने पीड़ित ऊँची जातिवालों को भगा दिया। विसूचिका, प्लेग, भुखमरी, अकाल आदि के कारण समाज में स्थिरता नहीं थी। व्याकुल होकर लोग गृहों को त्याग देते थे। जीविका के अभाव में लोग अपने जनपद से पलायन कर दूसरे देश में शरण लेने लगे। समुद्रों के किनारे के निवासी मछली पकड़कर खाते थे। अभक्ष्य भोजन के दोष के कारण सारी प्रजा एक वर्ण की हो गई और वर्ण धर्म नष्ट हो गया। पशु-पक्षी-मछली के समाप्त होने पर लोग कन्द-मूल खोदकर खाने लगे। गृह से रहित लोग फल-फूल पर जीवन-निर्वाह करते थे। राक्षस राजाओं के डर से मानवगण सर्वथा सम्बलहीन, भूख-प्यास तथा भय से व्याकुल होकर और बाल-बच्चों को कन्धे पर लादकर स्वदेश से कौशिकी नदी पारकर चले गए और अंग, बंग, कलिंग, मेकल तथा ऋषि जनप्रिय गिरिकन्दराओं में आश्रय लिये। हिमालय की तलहटी, समुद्रतट तथा जंगल में खाली जगह मिलना मुश्किल था।

इन तथ्यों के आधार पर कह सकते हैं कि कृष्ण की मृत्यु, द्रौपदी की मृत्यु और बौद्धधर्म का उदयकाल से लेकर ब्रिटिश शासनकाल तक भारत और शेष संसार कलियुग के आतंक से पीड़ित रहा। जिस काल में पुष्यमित्र शुंग जैसा कोई ब्राह्मण शासक रहा उस समय कलियुग की दशा खराब रही। कलियुग पर प्रकाश डालनेवाले *महाभारत, जातक, विष्णपुराण, श्रीमद्भगवतपुराण, ब्राह्मणपुराण, नारदीयपुराण, ब्रह्मवैवर्तपुराण, हरिवंशपुराण* आदि ग्रन्थ धर्मनाथों और क्षत्रिय शासकों की सुविधाओं से सतयुग, त्रेता और द्वापर युग के प्रथमार्द्ध को जोड़ा है। इनकी असुविधाओं को कलियुग का मुख्य आधार बनाया गया है। शूद्रों, म्लेच्छों और स्त्रियों की बेहतर स्थिति से इन ग्रन्थों

को दुःख है। शूद्रों, म्लेच्छों, स्त्रियों और कुछ सीमा तक वैश्यों की खराब दशा पर ही धर्मनाथ एवं शासनकर्ताओं जैसे सुविधा एवं अवकाशभोगियों की अच्छी दशा आधारित थी। इन वर्णनों में से इतिहास की खोज करना कठिन कार्य है। कालक्रम, राजाओं के नाम, समाजार्थिक दशा में विकास या गिरावट को इन ग्रन्थों में कोई स्थान नहीं दिया गया।

लक्ष्मी और दरिद्र संवाद

कलियुग में धन का महत्त्व बढ़ गया। इसी के साथ नैतिकता का महत्त्व घटा। इस तथ्य को धार्मिक मन्त्र से भी प्रमाणित किया गया। लक्ष्मी को धन का और नैतिकता को दरिद्रता का प्रतीक माना गया। ब्रह्मपुराण में इसे कथा का रूप प्रदान कर आर्थिक महत्त्व के लक्ष्य को तत्कालीन समाज के समक्ष रखने का प्रयास किया गया।

लक्ष्मी और दरिद्रा परस्पर विवाद करते हुए संसार में आईं। अपने को बड़ा प्रमाणित करने के लिए दोनों में तनाव बढ़ते गया। लक्ष्मी का कहना था कि प्राणियों का कुल, शील और जीवन वही थी। उसके बिना प्राणी जीते हुए भी मरे के समान थे।[6] उससे अलंकृत साधारण मनुष्य भी सम्मान पाता था। निर्धन मनुष्य शिव के समान शक्तिशाली होने पर भी सबसे अपमानित होता था। 'दो' शब्द को सुनते ही देह में रहनेवाले धी, श्री, ह्री शान्ति और कीर्ति ये पाँच देवता तुरन्त देह से निकलकर चले जाते थे। मनुष्य में तब तक ही सारे गुण और महत्ता रहती थी जब तक वह दूसरों से याचना नहीं करता था। यदि पुरुष याचक बन गया था तब सारे गुण और गौरव समाप्त हो जाते थे। मनुष्य तब तक ही सर्वश्रेष्ठ, सब गुणों का घर और सब लोगों का पूज्य होता था, जब तक वह दूसरों से याचना नहीं करता था। निर्धनता महापाप और बहुत बड़ा कष्ट था। निर्धन को न तो मान मिलता, न कोई उससे बात करता और न कोई उसे स्पर्श तक करता था। अतः लक्ष्मी श्रेष्ठ थी।[7]

दरिद्रा (नैतिकता) का मानना था कि लक्ष्मी सदा पापियों के साथ रहा करती थी। विश्वासपात्रों के साथ वह नित्य छल, कपट और झूठ तथा ठगी का व्यवहार करती थी। उसे पाने से मनुष्य जितना सुख प्राप्त करता उससे अधिक पश्चात्ताप करता था। मनुष्यों को सुरापान से भी उतना नशा नहीं होता जितना नशा लक्ष्मी के साथ रहने से, चाहे वह विद्वान ही क्यों न हो। लक्ष्मी सदा पापकर्म करनेवालों के साथ रमा करती थी। इसके विपरीत दरिद्रा हमेशा योग्य, धर्मप्रेमी एवं अच्छे लोगों के पास रहती थी। वह सर्वदा सज्जन, विद्वान, शूर, बुद्धिमान, साधु, शिव और विष्णु के भक्त, महान कृतज्ञ सदाचार-परायण, शान्त और गुरुसेवा में तत्परता दिखानेवाले लोगों के समीप रहती थी, अतः वही श्रेष्ठ थी। इतना ही नहीं, वह शुद्ध ब्राह्मण, पवित्रात्मा, व्रत-प्रेमी, त्यागी भिक्षु और निर्भीकजनों के समीप ही वास करती थी; जबकि लक्ष्मी राजा के चापलूसों, सेवकों, पापी, निर्दयी, दुष्ट, चुगलखोर, हत्यारे, शठ, विकृत अनार्य, कृतघ्न, धर्मद्रोही, मित्रद्रोही,

अनिष्ट करनेवाले और रूखे लोगों से ही सर्वदा प्रेम करती थी।[8]

इस तरह आपस में विवाद करते हुए वे दोनों ब्रह्मा से पूछने गईं कि उनमें श्रेष्ठ कौन थी—लक्ष्मी या दरिद्रा तो ब्रह्मा ने उन्हें पृथ्वी और अप (जल) के पास यह विचार देते हुए जाने की सलाह दी कि स्त्रियों के विवाद का निपटारा स्त्रियाँ ही जानती थीं, अन्य नहीं। तब लक्ष्मी और दरिद्रा पृथ्वी तथा अप् के साथ गौतमी नदी के पास गईं। गौतमीगंगा ने दोनों की बातों को सुना और लोकपालों, पृथ्वी और अप् को सुनाती हुई[9] लक्ष्मी की प्रशंसा करते हुए दरिद्रा से बोली कि भुक्तिश्री, मुक्ति, स्मृति, लज्जा, धृति, क्षमा, सिद्धि, पुष्टि, शान्ति, जल और पृथ्वी एवं आत्मशक्ति, इसके बाद औषधियाँ, श्रुति, शुद्धि, उजेलीरात, आकाश, ज्योत्स्ना (चाँदनी), आशीर्वाद, स्वस्ति, व्याप्ति, माया, उषा, शिवा अथवा जो कुछ इस लोक में था—वह सारा चराचर लक्ष्मी से व्याप्त था। ब्राह्मणों, धीरों, क्षमावानों, साधुओं, विद्वानों अथवा अन्य भुक्ति मुक्ति के अनुरागियों में जो कुछ रमणीयता या सुन्दरता दिखाई देती थी वह सब कुछ लक्ष्मी का ही प्रसार था। सारा जगत लक्ष्मीमय था। जिस किसी में जो कुछ उत्कृष्टता दिखाई देती वह सबकुछ लक्ष्मीमय था, उससे रहित कोई भी वस्तु नहीं। ऐसा कह गंगा ने दरिद्रा को चले जाने को कहा और तब से गंगाजल दरिद्रा का शत्रु बन गया।[10]

निष्कर्षतः धार्मिक दृष्टि से काल को चार भागों में—सतयुग, त्रेता, द्वापर और कलियुग—बाँटा गया। सनातन धार्मिक नियमों का पालन करनेवालों की संख्या में जैसे-जैसे कमी होती गई वैसे-वैसे युग बदलते गए। धार्मिक नियमों का उल्लंघन करने से देवी-देवता नाराज हुए, फलतः पृथ्वी पर तरह-तरह की समस्याओं का जन्म हुआ। समाज में अव्यवस्था फैली और लोगों की समस्याओं में अपार वृद्धि होने लगी। पेशा बदलनेवालों की संख्या बढ़ती गई। गाँव और शहर पीड़ित होने लगे। सतयुग शुद्ध आनन्द और उल्लास का युग था। इस युग में किसी के मन में अधर्म (वर्ण व्यवस्था का उल्लंघन) का विचार नहीं उठा। इस युग में जब कुछ दोष आए तब त्रेतायुग का प्रादुर्भाव हुआ। इस युग में राम का आदर्श राज्य-रामराज्य था। द्वापर में महाभारत का युद्ध हुआ और धर्म के क्रमिक गिरावट के अन्तिम चरण में कलियुग का प्रवेश हुआ।[11]

धर्म में तर्क की गुंजाइश नहीं है। इस पर तर्क करनेवालों को धर्मग्रन्थों ने नरकभोग का प्रावधान किया है। कलियुग का आरम्भ आज (2001 ई.) से मात्र 5102 वर्ष पहले से हुआ है। कलियुग का सम्पूर्ण वर्ष 4 लाख 32 हजार मानव वर्षों का बताया गया है। अतः अभी हम कलियुग की देहली पर पहुँचे हैं। हमारी कल्पना से आज यह बाहर की बात है कि शेष 4 लाख 27 हजार वर्षों में कौन-कौन सी घटनाएँ एवं दुर्घटनाएँ घटेंगी।

पाद-टिप्पणी

1. जातक, 1.77
2. रामशरण शर्मा, *पूर्वमध्यकालीन भारत का सामन्ती समाज एवं संस्कृति*, राजकमल प्रकाशन, नई दिल्ली, 1996, पृ. 40
3. वही
4. 79.31
5. वही
6. ब्रह्मपुराण, 137, 1-4
7. वही, 137, 9-14
8. वही, 137, 16-24
9. वही, 137. 25-31
10. वही, 137, 32-41
11. रामशरण शर्मा, *पूर्वमध्यकालीन भारत का सामन्ती समाज एवं संस्कृति*, राजकमल प्रकाशन, नई दिल्ली, 1996, पृ. 39

सन्दर्भ-ग्रन्थ सूची

अग्निपुराण, (सं.) हरिनारायण आप्टे, आनन्दाश्रम प्रेस, पुणे, 1900

अलका शुक्ल, *पाराशरस्मृति-सामाजिक, धार्मिक एवं सांस्कृतिक विश्लेषण,* परिमल प्रकाशन, दिल्ली, 1990

आदिपुराण (जिनसेन), (सं.) पन्नालाल जैन, काशी 1963

आर.के. द्विवेदी, 'ए क्रिटीकल स्टडी ऑफ द चेंजिंग सोशल आर्डर ऐट युगान्त : ऑर द एंड ऑफ कलिएज' ललनजी गोपाल (सं.) *डी.डी. कोसाम्बी कॉम्मेमोरेशन वॉल्युम,* वाराणसी, 1977

आर.सी. हाजरा, *स्टडीज इन द पुराणिक रेकॉर्ड्स ऑन हिन्दू राइट्स एंड कस्टम्स,* दिल्ली, 1975

उपिन्दर सिंह, *किंग्स, ब्राह्मणाज एंड टेम्पल्स इन ओड़िसा,* नई दिल्ली, 1974

एफ.ई. पार्जिटर, *द पुराण टेक्स्ट्स ऑफ द डाइनेस्टीज ऑफ द कलि एज, ऑक्सफोर्ड,* 1913 पुनर्मुद्रण, चौखम्बा संस्कृत सीरीज, 1962

एम.सी. भट्टाचार्य, *सम ऐस्पेक्ट्स ऑफ इंडियन सोसायटी फ्रॉम सिर्का सेकंड सेंचुरी बी. सी. टु सिर्का फोर्थ सेंचुरी ए. डी.,* कलकत्ता, 1978

ऐतरेय ब्राह्मण (सायण भाष्य) आनन्दाश्रम ग्रन्थमाला, पूना 1931

ओम् प्रकाश प्रसाद, *डिके एंड रिवायवल ऑफ अर्बन सेंटर्स इन मेडियवल साउथ इंडिया,* नई दिल्ली, 1987

कूर्मपुराण, कलकत्ता, 1890

काशी प्रसाद जायसवाल, 'क्रोनलॉजिकल टोटल्स इन पुरानिक क्रॉनिकल एंड द कलियुग एरा', *जर्नल ऑफ द बिहार एंड ओड़िसा रिसर्च सोसायटी,* जिल्द III, खंड 2

काशी प्रसाद जायसवाल, 'हिस्टॉरिकल डाटा इन द गर्ग संहिता एंड द ब्राह्मीन इम्पायर' *जर्नल ऑफ द बिहार एंड ओड़िसा रिसर्च सोसायटी,* जिल्द XIV, संख्या 3

गरुड़पुराण (अनु.) एम.एन. दत्त, कलकत्ता, 1908

जातक (6 खंडों में), हिन्दी, भदन्त आनन्द कौसल्यायन, हिन्दी साहित्य सम्मेलन, प्रयाग

तैत्तिरीयब्राह्मण, सं. राजेन्द्रलाल मित्र, कलकत्ता, 1855

तैत्तिरीयसंहिता (सायण भाष्य), आनन्दाश्रम संस्कृत सिरीज, पूना 1905

थामस वाटर्स, *ऑन युवान च्वांग्स ट्रेवल्स इन इंडिया,* दिल्ली, 1961

द्विजेन्द्र नारायण झा (सं.) *भारतीय सामन्तवाद*, दिल्ली, 2000
नारदस्मृति, अनु. जे. जोली, *सेक्रेड बुक्स ऑफ दि ईस्ट में संकलित*, जिल्द 33, ऑक्सफोर्ड, 1889
नेमीचन्द्र शास्त्री, *आदिपुराण में प्रतिपादित, भारत*, वाराणसी, 1968
पंचतन्त्र की कहानियाँ (सं.) भगवानसिंह, नेशनल बुक ट्रस्ट, नई दिल्ली, 1996
पांडुरंग वामन काणे, *धर्मशास्त्र का इतिहास* (6 जिल्दों में), उत्तर प्रदेश हिन्दी संस्थान, लखनऊ, 1992
पाराशरस्मृति, मनोहर भाष्य सहित, बनारस संस्कृत सीरीज, वाराणसी, 1907
बटुकनाथ भट्टाचार्य, *द कलिवर्ज्जाज*, कलकत्ता, 1943
ब्रह्मपुराण (अनु. तारणीश झा), हिन्दी साहित्य सम्मेलन, प्रयाग, 1976 (शक 1898)
ब्रह्मवैवर्तपुराण, (अनु. तारणीश झा), हिन्दी साहित्य सम्मेलन, इलाहाबाद, 1985
ब्रह्मांडपुराण, वेंकटेश्वर प्रेस, बम्बई, 1935
बृहन्नारदीय पुराण, कलकत्ता, 1891
बी.एन.एस. यादव, 'कलियुग के वर्णन और समाज का प्राचीनकाल से मध्यकाल में संक्रमण', *इतिहास*, भारतीय इतिहास अनुसन्धान परिषद् की शोध-पत्रिका, अंक 1 जनवरी, 1992, राजकमल प्रकाशन, नई दिल्ली, 1992
बी.एन.एस. यादव, 'द एकाउंट्स ऑफ द कलि एज एंड द सोशल ट्रांजीशन फ्राम एंटिक्विटी टू द मिडिल एजेज', *इंडियन हिस्टॉरिकल रिव्यू*, इंडियन काउंसिल ऑफ हिस्टॉरिकल रिसर्च, संख्या 1 एवं 2, नई दिल्ली, 1978
बी.एन.एस. यादव, *सोसायटी एंड कल्चर इन नार्दन इंडिया इन द ट्वेल्फ्थ सेंचुरी*, इलाहाबाद, 1973
बृहत्संहिता (वराहमिहिर), (दो जिल्दों में), सं. सुरेशचन्द्र मिश्र, नई दिल्ली, 1997
भविष्य महापुराण (दो खंडों में) (अनु.) पं. बाबूराम उपाध्याय, हिन्दी साहित्य सम्मेलन, प्रयाग, 12 सम्मेलन मार्ग, इलाहाबाद, शक 1918, सन् 1997
मत्स्यपुराण, (तीन जिल्दों में) कल्याण, गीता प्रेस, गोरखपुर
मनुस्मृति, अनु. सर विलियम जोंस, कलकत्ता, 1794
मनुस्मृति, निर्णयसागर, बम्बई, 1946
महाभारत, (6 जिल्दों में) गीताप्रेस, गोरखपुर
महावग्गपाली, (सं.) द्वारिकादास शास्त्री, बौद्ध भारती, वाराणसी, 1998
रमेन्द्रनाथ नन्दी, *प्राचीन भारत में धर्म के सामाजिक आधार* (अनु.) नई दिल्ली, 1998
रामशरण शर्मा, *अर्बन डिके इन इंडिया* (300-1000), नई दिल्ली, 1987
रामशरण शर्मा, *आस्पेक्ट्स ऑफ पॉलिटिकल आइडियाज एंड इंस्टीच्यूशंस इन एंशएंट इंडिया*, दिल्ली, 1996
रामशरण शर्मा, *इंडियन फ्यूडलिज्म* (300-1200), कलकत्ता, 1965
रामशरण शर्मा, 'डिके ऑफ गैंजेटिक टाउंस इन गुप्त एंड पोस्ट-गुप्त टाइम्स', *जर्नल*

ऑफ इंडियन हिस्ट्री कांग्रेस, गोल्डन जुबली वॉल्यूम, दिल्ली, 1973

रामशरण शर्मा, द कलि एज : ए पीरियड ऑफ सोशल क्राइसिस, एस.एन. मुखर्जी (सं.), *हिस्ट्री एंड सोसायटी* : (एसेज इन ऑनर ऑफ प्रोफेसर ए.एल. बाशम), कलकत्ता, 1982

रामशरण शर्मा, *पूर्वमध्यकालीन भारत का सामन्ती समाज और संस्कृति,* राजकमल प्रकाशन, नई दिल्ली, 1996

रामशरण शर्मा, 'फ्यूडलिज्म रिटच्ड', *द इंडियन हिस्टॉरिकल रिव्यू,* अंक 2, 1974

रोमिला थापर, *आदिकालीन भारत की व्याख्या* (अनु.) नई दिल्ली, 1998

रोमिला थापर, *भारत का इतिहास,* नई दिल्ली, 1989

वायुपुराण (सं.) आर. के मित्र (दो जिल्दों में), कलकत्ता, 1880

वायुपुराण (सं.) एच.एन. आप्टे, आनन्दाश्रम, संस्कृत सीरीज, पूना, 1995

विजय कुमार ठाकुर, मिथ ऐज हिस्ट्री *अध्यक्षीय भाषण, आन्ध्र प्रदेश हिस्ट्री कांग्रेस, हैदराबाद,* 19-21 जनवरी, 2001

शतपथ ब्राह्मण (हिन्दी), गंगाप्रसाद उपाध्याय, प्राचीन वैज्ञानिक अध्ययन अनुसन्धान संस्थान, दिल्ली, 1967

स्कन्दपुराण, वेंकटेश्वर प्रेस, बम्बई, 1810

श्रीमद्भागवतपुराण, (दो जिल्दों में) गीताप्रेस संस्करण

श्रीविष्णुपुराण, गीताप्रेस, गोरखपुर

श्रीहरिवंशपुराण (टीका श्रीपंडित रामतेज पांडेय), चौखम्बा संस्कृत प्रतिष्ठान, दिल्ली, 1996

शतपथब्राह्मण, (सं.) ए. वेबर, लन्दन, 1885

सुनील कुमार सिंह, *द कलिएज : ए स्टडी इन द ट्रांजीशन फ्राम एंसियंट टु मेडियवल इन इंडियन हिस्ट्री,* (पी-एच.डी. थीसिस, पटना विश्वविद्यालय, पटना, 1988)

हेमवती शर्मा, *नारदीय पुराण का सांस्कृतिक अध्ययन,* बाँकेबिहारी प्रकाशन, आगरा, 1999